Landschaftsführer in der Reihe DuMont Dokumente

W0064818

Zur schnellen Orientierung – die wichtigsten Orte und Sehenswürdigkeiten Islands auf einen Blick:

(Auszug aus dem ausführlichen Ortsregister S. 362–367)

Akureyri	132	Mývatn	39
Eldgjá	75	Öræfajökull	78
Gullfoss	156	Reykholt	144
Heimaey	84	Reykjanes	85
Hekla	69	Reykjavík	227
Ísafjörður	112	Skaftafell-Nationalpark	148
Laki	77	Snæfellsnes	88
Landmannalaugar	72	Þingvellir-Nationalpark	146
Melrakkaslétta	136	Tröllaskagi	134
Missetäter-Wüste (Ódáðahraun)	46	Vatnajökull	91

In der vorderen Umschlagklappe: Island, Übersichtskarte

In der hinteren Umschlagklappe: Reykjavík

Achim Schnütgen

Island

Vulkaninsel zwischen Europa
und Amerika

DuMont Buchverlag Köln

Titelbild: Leuchtturm und Pferd auf der Landspitze Sauðanes, nordwestlich von Siglufjörður (Nordisland)
Innenklappe: Beginn der Saga von St. Olaf aus dem Flateyjarbók (spätes 14. Jh.). Dargestellt ist der Tod
des norwegischen Königs Olaf im Jahr 1030
Rückseite: Fischkutter im Hafen von Djúpivogur am Berufjörður (Südostisland)
Frontispiz: Der Seljalandsfoss am Südwesthang des Eyjafjallajökull. Nach der Lithographie in »Voyage en
Islande et au Groenland« von Paul Gaimard (Paris 1842)

Meiner Frau

© 1988 DuMont Buchverlag, Köln
3. Auflage 1990
Alle Rechte vorbehalten
Satz: Rasch, Bramsche
Druck: Graphischer Großbetrieb Interdruck
Buchbinderische Verarbeitung: Druckerei »Hermann Duncker«, Leipzig

Printed in the German Democratic Republic   ISBN 3-7701-1791-3

Inhalt

Vorwort 9

Einleitung 11

Geologischer Aufbau und Entwicklung der Insel 15

Das Baumaterial – Die Gesteine Islands 15
Island als Bestandteil des Mittelatlantischen Rückens – Seine Entstehung 18
Die erdgeschichtliche Entwicklung der Insel bis heute 20

Die Landschaften Islands, Nationalparks und geologische
Sehenswürdigkeiten 32

Vulkanlandschaften 33
Allgemeines zum isländischen Vulkanismus 33
Das Mývatn-Gebiet 39
Die Missetäter-Wüste (Ódáðahraun) 46
Vulkane im Süden 67
Die Vulkaninseln im Südwesten 82
Reykjanes – Islands jüngste Halbinsel 85
Die Halbinsel Snæfellsnes – Island en miniature 88

Im Bann der Gletscher 91
Allgemeines zur Vergletscherung 91
Zwischen Lang- und Hofsjökull – Eismassen, Vulkane und Kieswüsten 95
Zwischen Hofs- und Vatnajökull (Sprengisandurvegur) 101
Þórsmörk – Idylle zwischen zwei großen Gletschern 104
Im Vorfeld des Vatnajökull – Zwischen Breiðamerkurjökull und Djúpivogur 106

Die Küstenlandschaften mit ihrem Hinterland 108
Zur Entstehung der Küsten 109
Fjordlandschaften – Nordwest-Halbinsel (Vestfirðir) 111
Die Fjordlandschaft im Osten (Austfirðir) 113

INHALT

Die nördliche Fjordlandschaft (Eyjafjörður – Skagafjörður) 132
Melrakkaslétta – Die ›Ebene der Füchse‹ 136
Die Bucht Húnaflói 140
Die Bucht Faxaflói (ohne Reykjavík und Nachbarstädte) 142
Der Südwesten – Grasbewachsene Niederungen 144

Nationalparks 146
Þingvellir-Nationalpark 146
Skaftafell-Nationalpark 148
Jökulasárgljúfur-Nationalpark (Jökulsá-Schlucht) 150

Wasserfälle und Thermalquellen 154

Die Tier- und Pflanzenwelt 161

Die natürliche Vegetation Islands und ihre Geschichte 161
Die vorzeitliche Pflanzenwelt Islands 163
Einzelne Pflanzengesellschaften 165

Die Tierwelt und ihre Besonderheiten 169
Islands Ureinwohner – Der Eisfuchs 169
Verwilderte Einwanderer – Die Rentiere 170
Nutztiere – Schaf und isländisches Pferd 171
Islands Vogelwelt – Vom Küstenbewohner zum Einsiedler im Landesinneren 173

Die Landnahme und Geschichte Islands 208

Der Siedlungsgang – Zeit und Ursachen der Besiedlung 208
Die Zeit des Freistaates und der Fremdherrschaft 214
Der wirtschaftliche Aufschwung und die Wiedererlangung der Unabhängigkeit 219
Die Geschichte des Fischfangs 220
Die Bedeutung der Landwirtschaft im Wandel der Zeit 223
Wirtschaftsentwicklung und Lebensstandard auf Island heute 226

Reykjavík 227
Die Entwicklung Reykjavíks 228
Die Lage der Stadt 229
Der Tjörnin und seine Umgebung 231
Das Reykjavíker Heizungssystem 250

Die Entdeckung Amerikas durch Seefahrer isländischer Abstammung 251

Das kulturelle Erbe und Kunst 254

Die isländische Sprache 254

Das Schrifttum – Von den Sagas bis Laxness 257
Die Sagas und die mittelalterlichen Manuskripte 257
Snorri Sturluson – Der große Poet, Gelehrte und Staatsmann 261
Das Ende der Saga-Zeit – Ein Zeitalter der ›Sprachlosigkeit‹ 263
Von der Reformation zur Aufklärung 265
Literatur der Neuzeit 268

Die Kunst Islands 272
Isländische Malerei 272
Bildhauerei 274
Holzschnitzerei 275
Gold- und Silberschmiedekunst 276

Architektur – Vom Langhaus zum Betongebäude 277
Das isländische Gehöft im Laufe der Zeit 277
Von der Torfkirche zur Betonkirche 283

Praktische Reisehinweise 289

Vor Reiseantritt 289

Informationsstellen 289
Kartenmaterial 290
Reisepapiere/Kraftfahrzeugpapiere 291
Diplomatische Vertretungen 291
Reisezeit (Klima) 291
Bekleidung/Ausrüstung 293
Devisenvorschriften 293
Zollbestimmungen 293

Anreise 294

Mit dem Flugzeug 294
Mit dem Schiff 295

Kurzinformationen von A bis Z 295

Apotheken 295
Ärztliche Versorgung 295
Auskünfte/Nützliche Adressen 295
Autofahren 296
Autovermietung 297
Autowerkstätten 299
Briefmarken 299
Camping 299

INHALT

Diplomatische Vertretungen in Island 302
Einkäufe und Souvenirs 303
Elektrizität 303
Entfernungen 303
Essen und Trinken 304
Feiertage und Feste 306
Fotografieren 307
Geld und Geldwechsel/Banken 307
Kurioses und Originelles 308
Lesetips 308
Museen, Galerien und andere Sehenswürdigkeiten 308
Nationalparks 315
Verhalten in der Natur/Naturschutz 315
Öffnungszeiten 317
Post 317
Preisniveau 317
Radfahren 317
Radio und Fernsehen 317
Religion 317
Routen/Ausflüge 318
Sport 324
Sprache 326
Tabak und Alkohol 326
Taxi 326
Telefonieren 326
Theater, Oper, Konzert 326
Trinkgeld 327
Unterkünfte 327
Verkehrsmittel 335
Vogelwelt 339
Zeit 342
Zeitungen/Zeitschriften 342

Literaturauswahl 345
Hinweise zur Aussprache des Isländischen 347
Erklärung isländischer geographischer Begriffe (Glossar) 347
Erklärung allgemeiner geologischer und geographischer Begriffe (Glossar) 351
Abbildungsnachweis 360
Register 361

Vorwort

Island war wegen seiner vielfältigen vulkanischen Erscheinungen bereits im vergangenen Jahrhundert das Ziel von Forschungsreisen. Bedingt durch die besonderen klimatischen Verhältnisse und den fehlenden Reisekomfort war eine Islandreise bis in dieses Jahrhundert ein recht abenteuerliches Unterfangen und erforderte eine intensive Vorbereitung. Ein Hauch von Abenteuer ist auch heute noch mit einem Besuch der Insel im Nordatlantik verbunden, denn man fährt in ein Land, das wegen seines Klimas, seiner Polnähe, seines Vulkanismus, seiner vielen ungebändigten Flüsse und auch wegen seiner Vergletscherung immer wieder eine Herausforderung für den Besucher ist. In diesem Landschaftsführer soll der Leser und potentielle Islandbesucher mit den dort wirkenden geologischen Prozessen vertraut gemacht werden, um den Aufbau und die Vielfalt der einzigartigen isländischen Landschaft und die Auseinandersetzung der Inselbewohner mit den Naturgewalten kennen und verstehen zu lernen, was letztendlich auch zum Erhalt des letzten großen Naturparadieses von Europa beitragen soll.

Die beschriebenen Teilgebiete Islands sind – soweit es möglich war – nach landschaftlichen Gesichtspunkten geordnet. **Auf der Übersichtskarte im vorderen Innendeckel verweisen entsprechende Seitenzahlen auf die Detailkarten im Text. Die Legende für die Gebiets- und Routenkarten befindet sich auf Seite 40.**

Die isländische Sprache birgt einige Schwierigkeiten. Um das Verständnis zu erleichtern, wurde das Geschlecht einiger Begriffe – was durchaus auch von isländischer Seite vorgenommen wird – dem Deutschen angepaßt. So wird der weibliche Begriff ›bók‹ (Buch) als das ›bók‹ und der sächliche Begriff ›vatn‹ (See) in männlicher Form gebraucht. Die Praktischen Reisehinweise sind in diesem Führer recht umfangreich, da es aufgrund der dünnen Besiedlung Islands und der besonderen landschaftlichen und klimatischen Verhältnisse notwendig erscheint, die touristischen Einrichtungen und Möglichkeiten ausführlich zu beschreiben. Allerdings kann wegen kurzfristiger Veränderungen, beispielsweise in der Beherbergung, keine Garantie für die angeführten Daten und Hinweise übernommen werden. Sie sind vor Drucklegung auf den letzten Stand gebracht worden.

Der Autor dankt allen, die seine Arbeit an diesem Reiseführer unterstützt haben; hervorzuheben sind Ragna Samúelsson vom Isländischen Touristenbüro, Gunnar Björn Jónsson vom Isländischen Forschungsrat, Dr. Horst Noll vom Geologischen Institut sowie Peter Cuber vom Geographischen Institut der Universität zu Köln. Schließlich ist dem DuMont Buchverlag für die gute Zusammenarbeit zu danken.

Einleitung

Es gibt kein Land in Europa, das sich mit einer ungewöhnlicheren Vielfalt an Naturformen so deutlich von den anderen abhebt wie Island. Diese größte Vulkaninsel der Welt liegt schon so weit vom europäischen Kontinent entfernt mitten im Atlantik, daß es schwierig zu sagen ist, ob sie noch zu Europa gehört oder schon Bestandteil Amerikas ist. Wegen der Nähe zu Grönland – die kürzeste Entfernung beträgt etwa 287 km – und der größeren Entfernung zu Norwegen mit etwa 1000 km, zu den Färöer-Inseln mit etwa 420 km oder gar zu Schottland mit 800 km ist man fast geneigt, es dem nordamerikanischen Kontinent zuzurechnen. Aus europäischer Sicht können aber wichtige Ansprüche erhoben werden, denn hinsichtlich seiner Tier- und Pflanzenwelt besitzen die europäischen Einflüsse ein eindeutiges Übergewicht, und das gilt schließlich auch für die Herkunft der Isländer. Die Besiedlung der bis in das frühe Mittelalter menschenleeren Insel erfolgte aus dem Osten, von Norwegen und den Britischen Inseln her.

Auch aus geologischer Sicht läßt die Frage nach der Zugehörigkeit Zweifel aufkommen. Hier lautet die Antwort: Die Insel gehört sowohl zu Amerika als auch zu Europa, denn die Trennlinie verläuft genau durch Island. Es liegt an einer der großen Nahtlinien im Aufbau der Erdkruste und ist Bestandteil eines gewaltigen, vorwiegend untermeerischen und vulkanisch sehr aktiven Gebirgszuges mitten im Atlantik, was zugleich den vulkanischen Ursprung sowie die häufigen und vielfältigen vulkanischen Erscheinungen auf der Insel erklärt. Auf Island gibt es über 100 Vulkane, die in den letzten 10 000 Jahren glühende Schmelzmassen an die Oberfläche beförderten. 30–40 waren noch in der geschichtlichen Zeit, also in den letzten 1100 Jahren, tätig. Etwa alle sieben Jahre fand in dieser Zeit ein Ausbruch statt. Wie die Ausbrüche an Islands Südküste vor fast 25 Jahren mit der Geburt der Insel Surtsey und den Aktivitäten auf der Insel Heimaey gezeigt haben, können jederzeit noch neue Vulkane und Inseln entstehen. In einer etwa 30 km breiten Vulkanzone, die die Insel hauptsächlich entlang der Nahtlinie durchzieht, gibt es etwa 25 Hochthermalgebiete mit Dampf- und Wasserquellen (Geysire). Aufsteigender säurehaltiger Dampf hat dort die Gesteine ganzer Bergzüge zersetzt. Der größte ›Hitzefleck‹ dieser Art nimmt eine Fläche von über 100 km² ein. In den Thermalgebieten schlummern noch große Energiereserven unter der Erde. Aber auch dort, wo keine Vulkane mehr tätig sind, sprudelt häufig warmes Wasser an die Oberfläche. Es handelt sich um ursprünglich im Boden versickertes

Geographische Daten und Übersicht

Fläche (einschl. Inseln):	103 100 km²	
Fläche der Insel Island:	102 700 km²	
Küstenlinie:	4 970 km	

Entfernung zu den nächsten Ländern:

Grönland	287 km
Färöer-Inseln	420 km
Jan Mayen	550 km
Schottland	800 km
Norwegen	970 km

Geographische Position Islands:

Norden: Kolbeinsey	67°07'05'' N
Süden: Surtsey	63°17'30'' N
Osten: Hvalbakur	13°16'07'' W
Westen: Bjargtangar	24°32'12'' W

Geographische Position der Insel:

Norden: Hraunhafnartangi	66°32'29'' N
Süden: Kötlutangi	63°23'31'' N
Osten: Gerpir	13°30'06'' W
Westen: Bjargtangar	24°32'12'' W

Die größten isländischen Inseln:

Heimaey (Westmänner-Inseln)	11,3 km²
Hrísey (Eyjafjörður)	8,0 km²
Hjörsey (Mýrar, Faxaflói)	5,5 km²
Grímsey (Nordküste)	5,3 km²
Flatey (Skjálfandi-Bucht)	2,8 km²
Málmey (Skagafjörður)	2,4 km²
Papey (Südostküste)	2,0 km²

Höhenlage:

0– 200 m	25 500 km²	24,7 %
200– 400 m	17 600 km²	17,1 %
400– 600 m	20 500 km²	19,9 %
600– 800 m	18 000 km²	17,4 %
800–1000 m	10 500 km²	10,3 %
1000–1300 m	6 100 km²	5,9 %
1300–2119 m	4 900 km²	4,7 %
	103 100 km²	100,0 %

Die größten Seen und ihre Maximaltiefen:

Þingvallavatn	114 m	85 km²
Þórisvatn	109 m	72 km²
Lögurinn	112 m	52 km²
Mývatn	4 m	38 km²
Hvítárvatn	85 m	28 km²

Langisjór	73 m	26 km²
Skorradalsvatn	57 m	15 km²
Svínavatn	39 m	12 km²
Öskjuvatn	220 m	12 km²

Die längsten Flüsse und ihr Einzugsgebiet:

Þjórsá	7500 km²	230 km
Jökulsá á Fjöllum	7850 km²	206 km
Skjálfandafljót	3950 km²	185 km

Die größten Gletscher:

Vatnajökull	8300 km²
Langjökull	953 km²
Hofsjökull	925 km²
Mýrdalsjökull	596 km²
Drangajökull	160 km²
Eyjafjallajökull	78 km²

Einige der höchsten Berge:

Hvannadalshnúkur (Öræfajökull)	2119 m
Bárðarbunga	2000 m
Kverkfjöll	1920 m
Snæfell	1833 m
Herðubreið	1682 m
Kerling	1537 m
Hekla	1491 m
Snæfellsjökull	1446 m

Klimadaten für Reykjavík (1931–60):
Temperaturen:

Jahresdurchschnitt	5,0 °C
Absolutes Maximum	23,4 °C
Absolutes Minimum	−17,1 °C
Januardurchschnitt	−0,4 °C
Januarmaximum	10,0 °C
Januarminimum	−17,1 °C
Julidurchschnitt	11,2 °C
Julimaximum	23,4 °C
Juliminimum	3,9 °C

Niederschläge:

Jahresmittel	805 mm
Januarmittel	90 mm
Julimittel	48 mm

Sonnenscheindauer:

Jahr	1249 h
Januar	21 h
Juli	178 h

Niederschlagswasser, das im Untergrund aufgeheizt wird und hauptsächlich in Talzügen wieder hervortritt. Dieses geothermal erwärmte Wasser beheizt mittlerweile etwa 81% aller isländischen Haushalte, ca. 85 Schwimmbäder und viele Gärtnereien.

Neben dieser ›warmen‹ und erwärmenden Seite zeigt die Insel den Besuchern andererseits aber auch die ›kalte Schulter‹. Denn wegen ihrer Lage im hohen Norden unmittelbar südlich des Polarkreises, wegen ihres gebirgigen Charakters und wegen hoher Niederschläge im Süden sind etwa 12% ihrer Fläche oder 11 800 km² vergletschert. Drei Gletscher übertreffen in ihren Ausmaßen den größten Gletscher auf dem europäischen Kontinent, den Jostedalsbreen in Norwegen mit 910 km². Als größter birgt der Vatnajökull mit einer Fläche von 8300 km² – das entspricht etwa der Fläche Korsikas – ganze Landschaften, einschließlich tätiger Vulkane unter sich. Zu ihnen gehört der höchste Berg Islands, der 2119 m hohe Öræfajökull. Die Eisabflüsse des Vatnajökull erreichen fast Meeresspiegelhöhe.

Das Umfeld der großen Gletscher ist voller Gegensätze. Im Tiefland gedeihen in ihrer Nähe noch Birkenwälder, im Landesinneren breiten sich vor ihnen weite, menschenleere Kies- und Lavawüsten aus, in denen wenige kleine Pflanzen die trostlose Umgebung etwas freundlicher erscheinen lassen. Mehr als die Hälfte der Insel ist von Ödland bedeckt, ca. 80% ihrer Fläche sind unbewohnt. Damit ist der Inselstaat mit etwa 2,4 Einwohnern/km² das am dünnsten besiedelte Land Europas.

Island besitzt 5000 km Küsten mit tief in das Land hineingreifenden Fjorden, breiten Buchten und unendlich weite Kies- und Sandstrände im Gletschervorfeld, die von Menschen kaum betreten werden. In den Küstengebieten leben die meisten Isländer, denn fast alle Ortschaften liegen am Meer. Dazu gehört auch die Hauptstadt Reykjavík mit etwa 95 800 Einwohnern. Die unmittelbare Umgebung der Hauptstadt vereinigt mit den benachbarten Kleinstädten Kópavogur, Hafnarfjörður, Garðabær und Seltjarnarnes mehr als 50% der ca. 251 700 Einwohner des Landes auf sich. Außerhalb dieses Hauptstadtbezirkes ist Akureyri am Eyjafjörður die nächstgrößere Stadt.

Wegen der nördlichen Lage der Insel befindet sich die Siedlungsgrenze bei etwa 200 m über dem Meeresspiegel. Nur in Gunstlagen haben sich Menschen in größerer Höhe niederlassen können. Das ist beispielsweise am 278 m hoch gelegenen Mývatn in Nordisland der Fall. Auch in Zukunft wird Island ein Land mit vielen unberührten Landschaften bleiben, denn wegen des Mangels an Bodenschätzen und ungünstiger klimatischer Bedingungen, die fast keinen Getreideanbau zulassen, werden auch in fernerer Zukunft kaum mehr als 300 000 Menschen auf der Insel leben. Das Klima ist weitgehend ozeanisch und kann im südlichen und südwestlichen Küstenraum als feucht-kühl gemäßigt bezeichnet werden. Es wird geprägt von dem Einfluß des bis zu 12 °C warmen Irmingerstroms, der, vom Südosten als Abzweigung des Nordatlantischen Stroms kommend, an der Südküste Islands vorbeifließt. Die Niederschläge sind dort hoch und können an einzelnen Orten über 2000 mm im Jahr betragen (Helgoland 720 mm). Die Jahresmitteltemperatur überschreitet in den wärmsten Küstenregionen kaum 5 °C (Helgoland 8,5 °C). Im Nordosten ist es trockener und das Temperaturjahresmittel um 2–3 °C geringer. Wesentlich unwirtlicher ist es im zentralen Hochland mit Durchschnittstemperaturen deutlich unter dem Gefrierpunkt.

Trotzdem brechen alljährlich über 10 000 Menschen aus Mitteleuropa nach Norden auf, um Island kennenzulernen. Es ist in erster Linie die Faszination, die von den jugendlichen Landschaften mit den aktiven Vulkanen, den sprudelnden Heißwasserquellen, den schroffen Gebirgsteilen, den ungebändigten Flüssen mit ausladenden Sedimentationsräumen, den einsamen Wüstengebieten und den gewaltigen Gletschern ausgeht.

Nur wenige Kilometer von den Siedlungen und Ortschaften entfernt, sieht sich der Besucher unmittelbar mit dem Wirken der Naturkräfte konfrontiert, die richtig eingeschätzt werden müssen und Verhaltensregeln erfordern, die er in den städtischen Ballungsräumen nicht lernen kann oder verlernt hat. Die Naturlandschaften bergen viele Gefahren, aber auch der Besucher stellt in diesen Räumen am Rande der Besiedlung für Tiere und Pflanzen eine Gefahr für das dort herrschende labile ökologische Gleichgewicht dar, das von ihm eine behutsame Annäherung fordert. Angerichtete Schäden bleiben oft jahrelang sichtbar oder sogar irreparabel, da in den hohen Breiten die Regenerationsfähigkeit einer Landschaft mit ihrer Tier- und Pflanzenwelt wesentlich geringer ist als in unseren Breiten.

Geologischer Aufbau und Entwicklung der Insel

Das Baumaterial – Die Gesteine Islands

Da Island seit Jahrmillionen Bestandteil eines vulkanisch sehr aktiven untermeerischen Gebirges ist, wundert es nicht, daß trotz fortwährender Abtragung und der Bildung von Sedimenten die Insel fast nur aus Vulkangesteinen aufgebaut ist. Mit über 80 % sind dunkle Basalte als basische* Vulkanite am häufigsten vertreten und lassen viele vegetationsfreie Landschaften recht düster erscheinen. Nur in wenigen kleineren Gebieten ist der Gesteinsuntergrund heller und besitzt einen freundlicheren Charakter. Diese hellen Gesteine sind auf und in größeren Vulkanmassiven mit steil aufragenden Bergspitzen zu finden. Sie setzen sich vor allem aus gelblich braunem kieselsäurereichen Rhyolith oder Liparit zusammen, der einen Anteil von etwa 7 % an den isländischen Gesteinen besitzt. Der Anteil an ›intermediären Vulkaniten‹ ist noch geringer. Die restlichen 10 % entfallen hauptsächlich auf die Sedimente. Sie spielen also trotz einer starken Abtragung gerade in jüngster erdgeschichtlicher Zeit für den Aufbau der Insel nur eine untergeordnete Rolle. Die Sedimente sind hauptsächlich die Aufarbeitungsprodukte der Vulkanite. Bunte oder gar weiße Sandsteine, Kalk- oder Tongesteine wird man vergeblich auf Island suchen. Tiefen- und metamorphe Gesteine, deren Bildung auf Kristallisationsvorgänge und Umbildungen in der Tiefe zurückzuführen ist, sind selten. Kleinere Granit- und Gabbrovorkommen liegen im Südosten, Osten und auf der Halbinsel Snæfellsnes.

Der Basalt und seine Ausbildungsformen

Trotz des einfachen mineralischen und chemischen Aufbaus der vorwiegend basaltischen Gesteine können ihre Erstarrungsformen nicht als eintönig und schon gar nicht als uninteressant bezeichnet werden. Sie bieten an der Oberfläche und im Inneren erkalteter Lavaströme

---

* Die Bezeichnungen ›sauer‹, ›intermediär‹ und ›basisch‹ beruhen auf dem Kieselsäuregehalt magmatischer Gesteine. Ein saurer Vulkanit besitzt einen höheren Kieselsäuregehalt als 65 %, ein basischer weniger als 54 % und ein intermediäres Gestein 54–65 %.

eine außerordentlich große, die Phantasie des Betrachters anregende Vielfalt, vorausgesetzt, sie sind nicht schon von Moosen oder Flechten überwachsen oder gar durch die Arbeit der Gletscher oder Flüsse abgeschliffen worden.

Je nach Zusammensetzung der ausfließenden Schmelzmassen und damit auch je nach Geschwindigkeit des vordringenden Schmelzflusses begegnet man auf den Lavaströmen fladen- oder blockartigen Oberflächenformen. Die Isländer nennen die breit ausfließende Fladenlava ›helluhraun‹ (flache Lava). Einen als Blockwerk anmutenden Lavastrom bezeichnen sie als ›apalhraun‹ (Blocklava). Es ist gleichgültig, welche Landschaften mit jüngeren Vulkanen ein Islandfahrer besucht. Sicher wird er beiden Lavaformen begegnen. Als bekannte Lavaströme mit der Ausbildung von Fladenlava sind an der historischen Stätte von Þingvellir das etwa 9100 Jahre alte Þingvallahraun oder in Westisland das ca. 1200 Jahre alte Lavafeld des Hallmundarhraun, ein großer, etwa 45 km langer Lavastrom zu erwähnen.

Auf ganz jungen Lavaströmen können die bizarrsten Formen im Gebiet der Krafla in Nordisland oder auf dem Víkrahraun am Rand der Askja im zentralen Hochland bewundert werden. Neben Absonderungen, die versteinerten Vorhängen ähneln, sind einzelne Lavabrocken noch als heiße plastische Masse zu wurst- oder wulstartigen Gebilden über Spalten zusammengedreht worden. An vielen Stellen ist die Oberfläche der Ströme mit bogen- und strickförmigen Absonderungen überzogen. Hier wurde an der Oberfläche ausgetretene flüssige Lava beim Abfließen zur Seil- oder Stricklava zusammengedreht (Abb. 1).

Weitaus weniger vielgestaltig und attraktiv erscheint die Schollen- oder auch Blocklava (apalhraun) mit ihrem chaotischen Aussehen. Zähflüssige basaltische und ihnen ähnliche andesitische Schmelzen erstarren zu diesen Formen. Das übereinandergetürmte Haufwerk von gerade im frischen Zustand scharfkantigen Blöcken lädt weniger zu einem beschaulichen Verweilen ein. Auch von dieser Lavaart gibt es noch sehr junge Ströme. So zerdrückte ein solcher Strom auf den Westmänner-Inseln 1973 viele Häuser. Die Flanken des wohl bekanntesten Vulkans Islands, der Hekla, werden von vielen derartigen Strömen bedeckt.

Eine interessante Oberflächenform zeigt sich dem Islandreisenden, wenn er nach seiner Ankunft – soweit er mit dem Flugzeug anreist – vom Flughafen Keflavík durch die Lavafelder der Strandarheiði zur Landeshauptstadt fährt. Immer wieder ist ihre Oberfläche zu ›Schollendomen‹ aufgebrochen, die einen Einblick in den inneren Aufbau der Ströme gewähren. Hier hatte die unter hydrostatischem Druck stehende flüssige Lava ihre Erstarrungskruste zerbrochen und aufgewölbt.

Manchmal kann man sogar das Innere einzelner Lavaströme aufsuchen. Da Lava nicht wie Wasser im gleichbleibenden Aggregatzustand abfließt, sondern vor einem Hindernis so lange verharren kann, daß die Oberfläche zu einer dicken Kruste erstarrt, bleibt in einigen Fällen beim späteren Ablaufen der noch flüssigen Lava im Untergrund ein regelrechtes System von tunnelförmigen Lavahöhlen zurück. Die bekanntesten Lavahöhlen befinden sich in dem bereits genannten Hallmundarhraun in Westisland. Sie erreichen eine Gesamtlänge von 23 km. Aber nur ein Teil von ihnen ist begehbar. Als berühmteste besitzen die Surtshellir (Höhle des Surtur) 1310 m Länge und die Stéfanshellir 680 m. Eingestürzte Partien geben den Blick in die U-bahnschachtförmigen Röhren innerhalb des Lavastroms frei. An manchen Stellen kann man über Blöcke in sie hinabsteigen. Im Lichtschein der (mitzunehmenden) Lampen tauchen an der Decke feine Tropfsteingebilde aus erstarrter Lavamasse auf. An den Seitenwänden sind Fließmarken erkennbar, die darauf hinweisen, daß die Lava nicht kontinuierlich abfloß. Nach dem Ausströmen tropfte heiße Schmelzmasse von der Decke und erstarrte dann zu den zarten Tropfsteingebilden auf dem Boden und an der Decke. Die Begehung dieser Höhlen ist nicht ungefährlich, denn selbst während der Sommermonate sind lange Partien des Bodens vereist und damit sehr glatt. Weitere Lavahöhlen gibt es auf der Halbinsel Snæfellsnes im Buðahraun.

Bizarre Formen in einem Lavastrom kann man am und im Mývatn in Nordisland bewundern (Abb. 7). Am Ostufer des Sees hatte sich vor etwa 2000 Jahren Lava (Jüngere Laxá-Lava) sogar vorübergehend im ufernahen Bereich zu einem Lavasee von etwa einem Kilometer Durchmesser aufgestaut. In seinen zentralen Teilen bildete sich eine Vielzahl kaminartiger Aufstiegswege, aus denen Wasserdampf aus dem feuchten Untergrund nach oben drang. Diese erstarrten zu pfeilerartigen Gebilden und blieben zurück, als die Lava einen Durchbruch fand und weiterfließen konnte. Heute zeugt die bizarre, labyrinthische Landschaft von Dimmuborgir (dunkle Burgen) von diesem um Christi Geburt stattgefundenen vulkanischen Ereignis und zählt zu den vielen Sehenswürdigkeiten der Vulkanlandschaft am Mývatn. Steigt man auf den in der Nähe befindlichen 150 m hohen Aschenkegel des Hverfjall, so wird quasi aus der Vogelperspektive die Entstehung von Dimmuborgir am ehesten begreifbar, denn von dort überschaut man den Weg der Laxá-Lava von ihren Ausbruchspunkten an den Lúdentsborgir und den Þrengslaborgir bis zum Mývatn und sieht unmittelbar vor dem See das Einbruchsgebiet des ehemaligen Lavasees.

Island bietet eine außerordentliche Vielfalt in der Absonderung von Säulen in Lavaströmen. Eine Basaltsäule sondert sich meistens mit sechseckigem Querschnitt und immer senkrecht zur Erkaltungsoberfläche ab, d. h. in Lavaströmen müssen die Säulen senkrecht stehen. Besonders schöne Beispiele mit gleichmäßig abgesonderten Säulen in Lavaströmen sind auf den Halbinseln Snæfellsnes bei Gerðuberg (Farbabb. 1), am Svartifoss in Südisland oder im Anschnitt des Lavastromes Frambruni in der Nähe des Aldeyjarfoss zu finden. Säulen in verschiedenster Größe und Lage sind Bestandteile einer Landschaft von sonderbaren Felskuppen in Nordisland. Es ist das Gebiet von Hljóðaklettar, der Echofelsen. Sie verdanken ihre Entstehung der Auseinandersetzung zwischen dem Vulkanismus und der abkühlenden Wirkung des Wassers. Der Kontakt von glühendheißem Magma mit Wasser führte damals zunächst zu gewaltigen Explosionen, und die Schmelzmassen konnten erst ausfließen, als das Wasser weitgehend durch die Hitze aufgezehrt worden war.

Vulkanische Auswurfsmassen

Bei diesem Ausbruch waren Trümmermassen entstanden, die als typisch für die isländische Vulkanlandschaft zu bezeichnen sind. Denn nicht nur bei Ausbrüchen in Flußniederungen, sondern auch im Küstengebiet oder in vergletscherten Gebieten gerät das Magma in Kontakt mit Wasser oder Eis. Ist der Wasserdruck nicht zu hoch, dann explodiert die Schmelzmasse. Dabei bewirken Eis und Wasser eine unverzügliche Abkühlung, eine Abschreckung, zumindest im Oberflächenbereich. Die zu Glas erstarrte Schmelze wird vor allem durch Wasserdampfexplosionen zu mehr oder weniger feinen glasigen Partikeln zerkleinert, die in Island als Móberg bezeichnet werden. Die Wissenschaftler nennen derartige vulkanische Ablagerungen Hyaloklastite (griech. hyalos = Glas; klasis = zerbrechen). Sie lagern sich im Umfeld der Förderstelle ab. Je nach Korngröße bezeichnet man sie nach der Verfestigung als Breccie (größer als 2 cm) oder als Tuff (kleiner als 2 cm). Derartige vulkanische Auswurfsmassen sind wegen ihres Glasgehaltes, dem Palagonit*, gelblich braun. Aus diesem Grunde findet man auch manchmal die Bezeichnung Palagonittuffe (Abb. 40) bzw. -breccien.

Bei der Entstehung der Palagonittuffe und -breccien handelt es sich nur um eine Form der Bildung vulkanischer Lockerprodukte. Der Gasgehalt innerhalb einer magmatischen Schmelze bewirkt, wenn sie an die Oberfläche gelangt, ebenfalls Explosionen. Die Explosionen sind um so heftiger, je gasreicher eine Schmelze ist. Kieselsäurereiche, also rhyolithische Schmelzen sind besonders gasreich und daher besonders explosiv, so daß bei ihren Ausbrüchen vorwiegend helle Bimsmassen gefördert werden. Islands bekanntester Vulkan, die Hekla, förderte häufig Bims. Bei Basaltausbrüchen sind Explosionen wegen des geringeren Gasgehaltes weniger heftig. Der Anteil der Auswurfsmassen oder Pyroklastika (griech. pyr = Feuer; klasis = zerbrechen) am geförderten Magma ist daher wesentlich kleiner.

Sonderformen der rhyolithischen Magmen

Zum Schluß sei noch darauf hingewiesen, daß es in Island trotz der hohen Viskosität (Zähflüssigkeit) rhyolithischer Schmelzen auch ›Lavaströme‹ der kieselsäurereichen Magmenart gibt. Es sind Ströme aus vulkanischem Glas, aus Obsidian; sie kommen besonders häufig im Vulkanmassiv von Torfajökull im Süden Islands vor. Offensichtlich brachen sie im überhitzten Zustand, wahrscheinlich nach dem Kontakt mit einem wesentlich wärmeren basaltischen Magma, aus und sind daher fließfähig gewesen.

Island als Bestandteil des Mittelatlantischen Rückens – Seine Entstehung

Island ist der größte übermeerische Bestandteil eines über 30 000 km langen vulkanischen Gebirgszuges, der sich als Mittelatlantischer Rücken von der Arktis bis zur Antarktis gleich einer großen Naht in der Erdkruste 1500 bis 3000 m unter der Meeresoberfläche erstreckt. Die auf ihm liegenden Inseln sind Abschnitte oder Punkte hoher vulkanischer Aktivität.

* Palagonit (nach der Ortschaft Palagonia auf Sizilien), braun, gelb oder orange, ist die wasserhaltige Form eines ursprünglich schwarzen basaltischen Glases. Die Farbänderung tritt durch die Wasseraufnahme nach unterschiedlich langer Zeit ein.

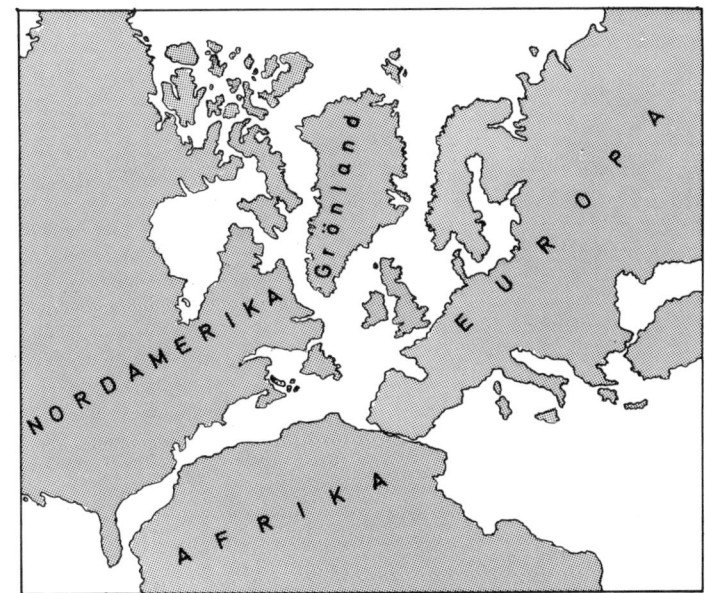

Das Gebiet des Nord-atlantiks vor mehr als 60 Millionen Jahren. Ursprünglich bildeten auf der Nordhalbku-gel Europa, Nordame-rika mit Grönland und Afrika eine ein-heitliche Landmasse, wie es die Umrisse der heutigen Kontinental-ränder mit ihren Flachmeersockeln erkennen lassen. Als letzte riß die Spalte zwischen Grönland und Nordeuropa vor etwa 60 Millionen Jahren auf. Erst danach entstand Island

Im Zentrum des Rückens läuft ein außerordentlich interessanter und großartiger Prozeß ab. Mehrere Millionen Quadratkilometer große Platten der Erdkruste driften hier mit den auf ihnen schwimmenden Kontinenten auseinander. Im Nordatlantik sind es die nordameri-kanische und die eurasische Platte. An den Plattengrenzen, also im Zentrum des Rückens, dringen heiße basaltische Schmelzen nach oben, die im Bereich der aufreißenden Spalten den Weg an die Oberfläche finden. Das Auseinanderweichen, das Rifting oder Riften, ist von vielen Vulkanausbrüchen begleitet. Aufsteigende Schmelzmassen schweißen an dieser Naht-linie mitten im Ozean immer wieder neue Teile aus basaltischen Schmelzen an die Platten-ränder. Der sich in dem Aufreißen der Spalten offenbarende Dehnungsvorgang in der Erd-kruste läßt die großen Platten mit einer Geschwindigkeit von 1 cm/Jahr nach jeder Seite auseinanderwandern.

Nach diesem Prozeß müssen die Gesteine Islands von dieser Nahtlinie oder der aktiven Vulkanzone ausgehend zum Ost- und zum Westrand immer älter werden. Das trifft nach Datierungen der Basalte auch zu. Bisher ist kein älteres Gestein auf Island gefunden wor-den als am äußersten Nordwestrand, wo ein Basalt mit 16 Millionen Jahren das absolute Höchstalter besitzt. Die Gesteine des Ostrandes haben mit höchstens 13 Millionen Jahren aus geologischer Sicht ein ähnliches Alter. Da sich sowohl auf der West- und auf der Ostseite des Atlantiks Basalte befinden, können aufgrund dieses Riftingprozesses auch Aussagen zum Alter des Nordatlantiks gemacht werden. Er ist nach dem Alter der Basalte aus Schott-land, den Färöer-Inseln und Grönland auf der anderen Seite rund 60 Millionen Jahre alt.

19

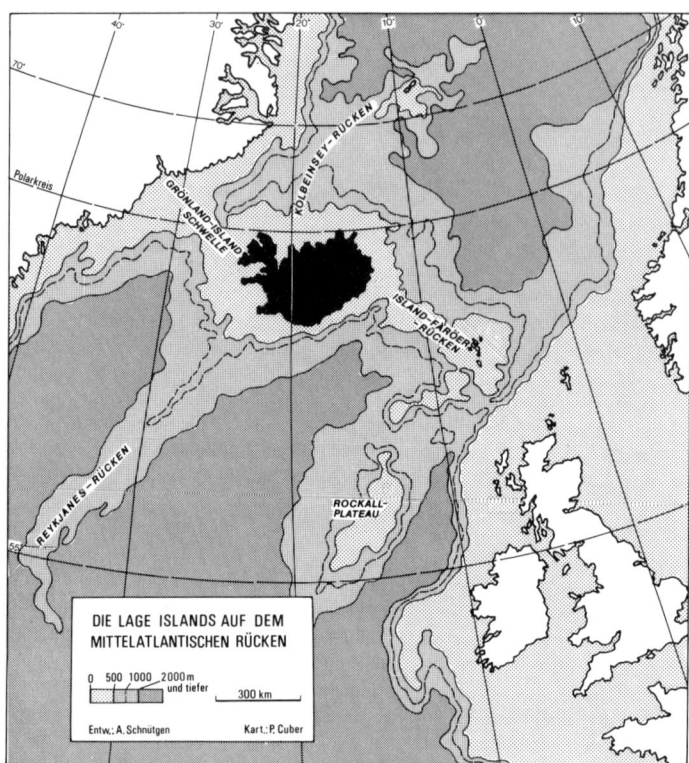

DIE LAGE ISLANDS AUF DEM
MITTELATLANTISCHEN RÜCKEN

0 500 1000 2000 m
             und tiefer   300 km

Entw.: A. Schnütgen   Kart.: P. Cuber

Das Ergebnis des Jahrmillionen dauernden Rifting-Prozesses ist die derzeitige Gestalt und Lage Islands

Die erdgeschichtliche Entwicklung der Insel bis heute

Nach dem Alter isländischer Gesteine kann davon ausgegangen werden, daß die Entstehung der Insel mit dem Auftauchen erster Vulkaninseln, die später zusammenwuchsen, etwa 20 Millionen Jahre zurückliegt. Durch eine stetige Magmenförderung im Laufe der Erdgeschichte ist daraus bis heute die größte Vulkaninsel der Erde mit einer Fläche von etwa 103 000 km² geworden. Als europäisches Land ist Island in der Erdgeschichte des Kontinents ein einzigartiger und trotz Gletscher ein ›hitziger‹ geologischer Nachkömmling, dessen alleinige Abstammung vom Alten Kontinent nach tektonischen Kriterien bezweifelt werden muß. Nach dem Aufbau der Erdkruste gehört es sowohl zu Europa als auch zu Amerika.

Die zeitliche Einordnung Islands in das geologische Geschehen Mitteleuropas soll ein Vergleich verdeutlichen. Als erste isländische Vulkane aktiv wurden, waren alte Basaltvulkane, wie beispielsweise die Hohe Acht oder die Nürburg in der Eifel schon längst erloschen, die meisten Braunkohlenwälder schon unter der Sedimentdecke verschwunden, und

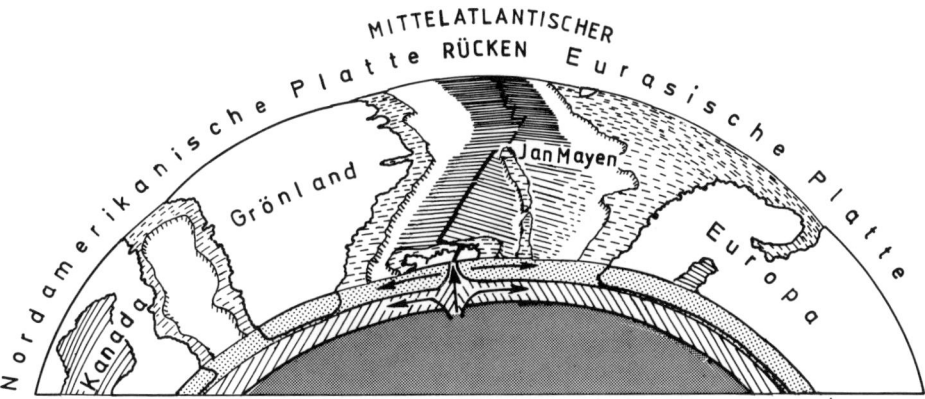

Schnitt durch die Erdkruste und den Erdmantel in der Höhe Islands

die Alpen besaßen noch den Charakter eines Mittelgebirges. Das Klima Europas war subtropisch, so daß in der Niederrheinischen Bucht Palmen wuchsen.

Die vulkanischen Aktivitäten auf dem Mittelatlantischen Rücken, die letztlich Island entstehen ließen, fielen ungefähr mit den Ausbrüchen im Vogelsberg zusammen. Diese begannen vor rund 17 und endeten vor etwa 9 Millionen Jahren. Die Geburt Islands wird ähnlich abgelaufen sein wie die Entstehung der Vulkaninsel Surtsey, bei der 1963 etwa 35 km

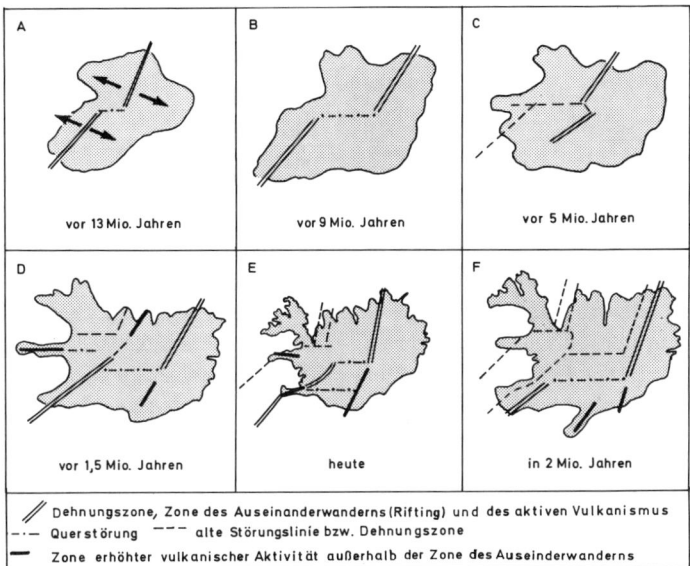

Die Entwicklung Islands im Laufe der Erdgeschichte (nach Guðmundsson 1982)

21

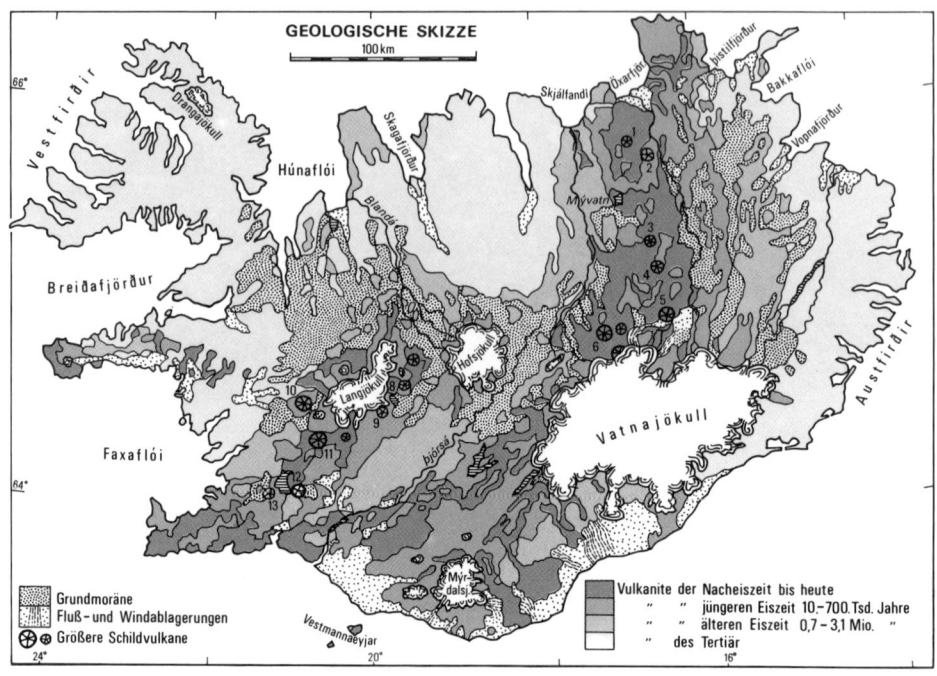

Geologische Karte von Island. Schildvulkane ⊗*: 1 Þeistareykjabunga, 2 Grjóthals, 3 Kerlingardyngja, 4 Kollóttadyngja, 5 Vaðalda, 6 Trölladyngja, 7 Strýtur, 8 Baldheiði, 9 Skálpanes, 10 Ok, 11 Skjaldbreiður, 12 Lyngdalsheiði, 13 Mosfellsheiði*

von der Südküste Islands entfernt Ausbrüche mit gewaltigen Explosionen innerhalb weniger Monate im Meer einen Krater aufschütteten (Farbabb. 7). Als die glühendheißen Schmelzmassen nicht mehr mit dem Wasser in Berührung kamen, floß Lava aus und bedeckte die Lockermassen als ein Schutzschild gegen die Abtragung des Meeres. Auch vor rund 20 Millionen Jahren ist zuerst eine kleine Insel mit viel Getöse aufgetaucht, zu der sich dann weitere Vulkaninseln gesellten und allmählich zu einer großen zusammenwuchsen. Auf dieser wird sich dann mit zunehmender Landmasse der Riftingprozeß in einer Vulkanzone, dem überirdischen Zentrum des Mittelatlantischen Rückens, bemerkbar gemacht haben. Die Insel fing unter der Wirkung von Antriebskräften in der Tiefe an, sich nach Osten und Westen auszubreiten, so daß heute an ihren äußersten Rändern die ältesten Gesteine gefunden werden. Obwohl diese Gesteine bereits von Vulkanausbrüchen auf dem Lande stammen, dürfte das Alter Islands nicht viel höher sein.

Seit dem Auftauchen aus dem Meer hat Island eine abwechslungsreiche Entwicklung durchgemacht. Eine klimatisch wärmere Vorzeit (Tertiär) dauerte mehr als 13 Millionen Jahren bis zum Beginn des Eiszeitalters (Pleistozäns) vor rund 3 Millionen Jahren. Dann verschwand Island mehrmals fast vollständig unter den Gletschern des Pleistozäns, was ihr Landschaftsbild grundlegend veränderte. Erst vor etwa 12000 Jahren endete dieses nur von kurzen wärmeren Abschnitten unterbrochene kalte Zeitalter. In der bis heute andauernden Nacheiszeit besserte sich zwar das Klima, jedoch ohne jemals wieder die Temperaturen des Tertiärs erreicht zu haben. Auch diese geologische Jetztzeit (Holozän) hatte wiederum große Konsequenzen für die Gestaltung der isländischen Landschaften.

Das Tertiär

Fast die Hälfte Islands, nämlich 50000 km², ist mit Gesteinen aus dem Tertiär bedeckt. Sie bestehen aus einer großen Anzahl (ca. 80 Einheiten) übereinander gestapelter basaltischer Lavadecken (Abb. 5) mit eingeschalteten Tuffen und Schlacken. In der horizontalen Verbreitung werden die Basaltgebiete von Arealen mit meistens helleren vulkanischen Gesteinen unterbrochen. Sie sind die Überreste ehemaliger großer Vulkanbauten und fallen zwischen den gleichförmigen Rücken und Flächen einer getreppten Basaltlandschaft (Plateaubasalt-Landschaft) meistens als steil aufragende Kuppen auf. Als Beispiel sollen hier nur die am Ostrand der breiten Bucht Héraðsflói befindlichen Dyrfjöll (Türberge) genannt werden. Sie werden im Tertiär, genauso wie heute die Hekla oder der Snæfellsjökull, die herausragenden Berge einer weitestgehend flachen Landschaft gewesen sein. Obwohl die eintönigen Abfolgen der Plateaubasalte den Eindruck erwecken, als ob zur Tertiärzeit der Vulkanismus fast ohne Unterbrechung Schlacken und vor allem Lava gefördert habe, wird man bei einer genaueren Betrachtung der Gesteinsserien feststellen, daß regional zwischen den vulkanischen Phasen längere Ruhepausen eingetreten sein müssen. Denn zwischen den erstarrten Vulkangesteinen sind neben Sedimenten fossilhaltige Braunkohlenlager (Surturbrandur) eingeschaltet, die Auskunft über die Zusammensetzung der damaligen Vegetationsdecke geben. Demnach bedeckten die junge Vulkaninsel in flachmoorartigen Landschaften Wälder mit Baumarten, wie sie unter den heutigen klimatischen Bedingungen etwa im Südosten der USA wachsen. Die Temperaturen werden auf Island im Durchschnitt um etwa 10 °C höher gewesen sein.

Nach dem Fossilinhalt der Surturbrandur-Schichten gediehen auf den nährstoffreichen Basaltböden die Sumpfzypresse, der Mammutbaum, die Kiefer, die Tanne, die Fichte, der Amberbaum, die Walnuß und der Ahorn als Gehölzarten, die jetzt im subtropischen bis warm gemäßigten Klimaraum zu Hause sind (Abb. 41). Im Laufe des Tertiärs verschlechterte sich weltweit – also auch in Island – das Klima, denn nach den Funden in jüngeren fossilführenden Schichten blieben die wärmeliebenden Pflanzen mehr und mehr aus. In 6–3 Millionen Jahren alten Pflanzengesellschaften kommen kaum noch Nadelgehölze vor, und von den Laubgehölzen blieben nur die Birke, die Erle und die Weide übrig. Bald darauf waren die Wälder verschwunden und hatten einer baumlosen Tundra Platz gemacht. Gletscherablagerungen in etwa 3 Millionen Jahre alten Schichten bilden die ersten Hinweise auf eine beginnende Eiszeit.

Das Eiszeitalter (Pleistozän)

Während sich in Mitteleuropa noch ein gemäßigtes Klima hielt, verschwand Island allmählich unter den Eismassen der eiszeitlichen Gletscher. Ablagerungen aus der Zeit dieses gewaltigen Klimaumbruchs sind unmittelbar nördlich der Hauptstadt, im Esja-Massiv, zu finden. Aus ihnen wird ersichtlich, daß das kalte Zeitalter mit einer Aktivierung der Flußarbeit einsetzte, wie es mächtige Sedimentserien zwischen vulkanischen Gesteinen deutlich machen. Es müssen aus dem Inneren der Insel kommende Gletscherflüsse gewesen sein, die nun neben dem Vulkanismus die Gestaltung der Landschaft übernommen hatten und ihre Sedimentfracht im Küstenvorland abluden, wie es in gleicher Weise auch heute noch Gletscherflüsse auf den großen Sandern Südislands tun. Die Abkühlung dokumentiert sich dabei nicht nur in dem ersten Auftreten von Gletscherablagerungen, sondern fossilführende Land- und Meeressedimente auf der Halbinsel Tjörnes kündigen in gleicher Weise die grundlegende Klimaverschlechterung an. In der Sedimentabfolge aus der Übergangszeit vom Tertiär zum Eiszeitalter treten immer häufiger arktische Muschelarten auf.

Die Intensität des Vulkanismus war allerdings von der klimatischen Veränderung nicht betroffen. Es setzte sich die vorherrschende Spaltentätigkeit fort. Nur lief nun unter Eisbedeckung das vulkanische Geschehen mit einem völlig veränderten Mechanismus ab. Anstatt der flachen, weiten Lavaebenen des Tertiärs bauten sich unter den Gletschern steil aufragende Vulkane auf, die heute als Einzelberge, Tafelberge oder als langgezogene Rücken, Palagonitrücken oder subglaziale Rücken das sonst so eintönige Landschaftsbild, vor allem Zentralislands, außerordentlich beleben. Es gibt nur wenige Gebiete auf der Erde, wo gleichartige Vulkanbauten zu bewundern sind.

Aus dem Pleistozän blieben nur die Vulkane erhalten, deren Aktivität weniger als 700 000 Jahre zurückliegt. Ältere überragen bestenfalls als Vulkanstümpfe die Landschaft. Lange Zeit wurde über den Ursprung der merkwürdigen Tafelberge diskutiert und gerätselt. Da sie Ähnlichkeit mit Auslieger- oder Zeugenbergen aus der

Die Entstehung eines Tafelberges

Gletscher   Wasser   Kissenlava   Basaltlava

Palagonittuff   Palagonitbreccie   Hangschutt

24

Schichtstufenlandschaft besitzen, war sogar zeitweise ihr vulkanischer Ursprung in Frage gestellt. Heute ist dieses Problem gelöst, und man muß sich ihre Entstehung folgendermaßen vorstellen:

Während der Eiszeiten geriet die heiße Schmelze unter den die Insel bedeckenden Gletschern in den Kontakt mit den Eismassen, von denen zunächst gewaltige Mengen aufgeschmolzen wurden. Dabei besitzt eine über 1000 °C heiße basaltische Schmelze soviel Energie, daß sie in der Lage ist, bis zu ihrer Abkühlung das Zehnfache ihres Volumens an Eis aufzuschmelzen. In den Gletschern werden während eines durchschnittlichen Spaltenausbruchs innerhalb weniger Tage Kavernen mit einer erschmolzenen Wassermenge von ca. einer Milliarde Kubikmetern entstanden sein. Das ist etwa die Hälfte des Fassungsvermögens des Chiemsees. Auf dem Boden dieses riesigen Hohlraums werden etwa die gleichen hydrostatischen Druckbedingungen geherrscht haben wie im tieferen Meer. Der Belastungsdruck des Wassers ließ keine Explosivität wie unter freiem Himmel aufkommen. Es quoll wie in der Tiefsee aus der Förderspalte glashaltige Kissenlava aus. Bei fortdauernder Fördertätigkeit wird nach einiger Zeit eine Anhöhe aus Kissenlaven so hoch gewachsen sein, daß der Belastungsdruck des Wassers dem Explosionsdruck des freiwerdenden Wasserdampfes nicht mehr standhalten konnte. Das vulkanische Geschehen wurde dann in der riesigen Kaverne unter dem Gletscher explosiv. In einem Inferno von gewaltigen Explosionen wurden die aufdringenden heißen Schmelzmassen zu feinen glasigen Aschen zertrümmert (aus ihnen bildeten sich später die Palagonittuffe). Über Spalten endete damit die subglaziale Tätigkeit; über eng begrenzten Förderstellen hingegen, den ›Förderschloten‹, setzte sich oft die Ausbruchstätigkeit fort.

Viele Vulkane schmolzen die über ihnen befindliche Eisdecke ab und traten ans Tageslicht. Hatten sie erst einmal einen Kegel oder einen Krater unter freiem Himmel aufgebaut, änderte sich wiederum der Ausbruchsmechanismus, da die Lava, ohne mit dem Wasser in Kontakt zu geraten, als gasarme Schmelzmasse einfach ausfloß und über dem Kegel aus Lockermassen einen Lavaschild aufbaute. Damit war ein Tafelberg entstanden.

An der vertikalen Distanz zwischen der Basis des Tafelberges und dem Lavaschild (Topbasalt) läßt sich die Dicke der Eiszeitengletscher abschätzen. Sie war im zentralen Hochland mit etwa 1100 m am größten und nahm nach Norden auf etwa 200 m ab. Zu den schönsten dieser ungewöhnlichen Vulkanart gehört die ›Königin der isländischen Berge‹, die 1682 m hohe Herðubreið in der Missetäter-Wüste (Abb. 6). Ihr stehen in der majestätischen Erscheinung das Hlöðufell am Langjökull, das Bláfell oder das Hrútfell (Farbabb. 27) zwischen den Gletschern Hofs- und Langjökull kaum nach.

In den wärmeren und eisfreien Zwischeneiszeiten flossen die Lavaströme von Spalten oder Förderkanälen unter freiem Himmel (subaerisch) ab und ließen ausgedehnte Lavafelder und schildförmige Vulkane zurück. Während der folgenden Kaltzeit – bei den meisten war es die letzte Eiszeit – wurden sie zum Teil von Gletschern überfahren. Ihre Schleifspuren sind heute noch zu erkennen.

Es ist unbekannt, wie viele Kalt- und Warmzeiten es während des rund 3 Millionen Jahre dauernden Eiszeitalters gegeben haben mag. Wahrscheinlich sind es 20 gewesen.

Aus dem Verhältnis der unter dem Eis gebildeten Vulkane und Vulkangesteine zu den während der Warmzeiten subaerisch ausgebrochenen Vulkanen und Vulkaniten kann abgeschätzt werden, daß Island während der letzten 700 000 Jahre länger und stärker vom Eis bedeckt gewesen sein muß als in den vorausgegangenen rund 2,5 Millionen Jahren. Gerade in dieser Zeit wurde die Insel durch die enorme abtragende Tätigkeit der Gletscher umgestaltet, so daß man heute noch fast überall den Spuren der Vereisungen begegnen kann. In Westisland haben Talgletscher die Täler innerhalb der letzten 1,8 Millionen Jahre 800–1000 m tief ausgeschürft, auf der Halbinsel Snæfellsnes benötigten sie für die gleiche Leistung nur etwa eine Million Jahre. Aber am aktivsten müssen die Eiszeitgletscher im Südosten des Landes gewesen sein. Für einen Kilometer Abtragungsleistung benötigten sie einschließlich der zwischengeschalteten Warmzeiten weniger als eine Million Jahre. Im Vergleich dazu schaffte der Rhein etwa in der gleichen Zeit auf seinem Weg durch das Rheinische Schiefergebirge eine Eintiefung von nur etwa 150–200 m, wobei Hebungen ihn noch zu einer stärkeren Eintiefung veranlaßt haben.

Die Nacheiszeit (Holozän)

Vor rund 12 000 Jahren besserten sich die klimatischen Verhältnisse, und die Gletscher zogen sich zurück. Die Vulkane setzten verstärkt ihre Tätigkeit fort. 400–500 km³ Lava und Auswurfsmassen aus dieser Zeit breiten sich heute über einer Fläche von rund 11 000 km² aus. Damit war Island in den letzten 10 000 Jahren die produktivste Vulkanregion der Erde. Diese riesige Menge wird eher begreiflich, wenn man sich vorstellt, daß ganz Island damit 4–5 m hoch mit Lava bedeckt werden kann. 90 % des geförderten Materials war basaltisch, d. h. es flossen hauptsächlich dünnflüssige Schmelzmassen aus. Hauptfördergebiet war das südliche Zentralisland etwa mit dem Schildvulkan Trölladyngja als Zentrum. Sowohl nach

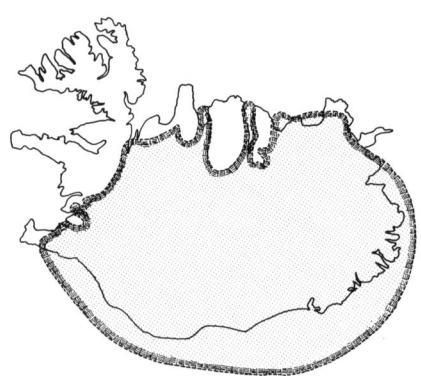

Die Verbreitung der Gletschereismassen zu Beginn der Nacheiszeit vor etwa 12 000 Jahren (nach P. Einarsson 1978). Die eisfreien Gebiete (Pflanzenrefugien) an der Süd- und Ostküste waren so klein, daß sie in dieser Darstellung nicht berücksichtigt werden konnten

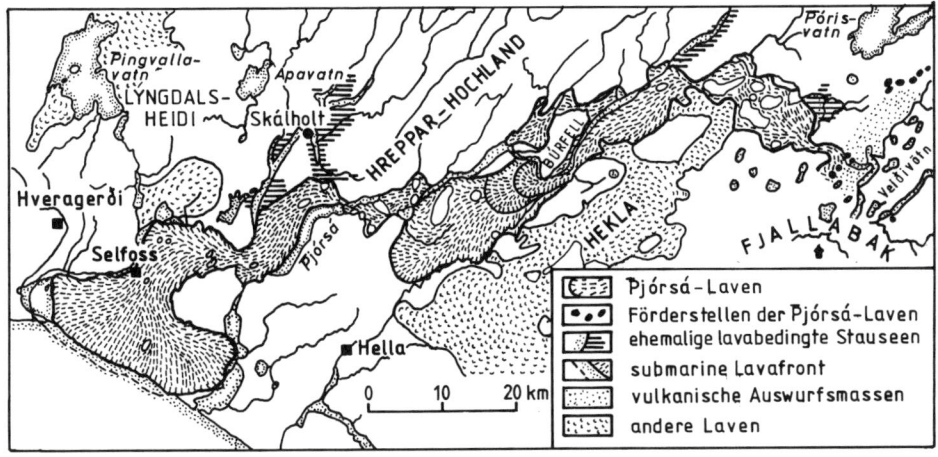

Die Verbreitung der Þjórsá-Laven (nach Kjartansson 1960)

Norden zur Halbinsel Melrakkaslétta, wo das Kerlingarhraun ausfloß, als auch nach Süd-westen zur Halbinsel Reykjanes nahm die Produktion ab. An der Förderung des vorherr-schenden Basaltes beteiligten sich im gleichen Maße Spalten und einzelne Vulkane, die Schildvulkane. Als imposantestes Beispiel gilt die Trölladyngja mit einer Förderleistung von 12–15 km³ Lava. Von den Spaltenausbrüchen ist der Ausbruch der Þjórsá-Laven hervorzu-heben. So vereinigten sich die aus dem Spaltengebiet an den Veiðivötn vor 7000 Jahren geförderten Þjórsá-Laven zu einem 150 km langen Lavastrom, der vom südlichen Zentral-island bis zum Meer vordrang. Bei diesen stärksten Lavaausbrüchen überhaupt flossen innerhalb kurzer Zeit 12–15 km³ Lava aus. In der Fördermenge standen die Schildvulkane der Nacheiszeit keineswegs den aktiven Spalten nach. Ihre Aktivität kann als die Fortset-zung der Tafelberg-Ausbrüche unter veränderten Umweltbedingungen angesehen werden.

Die Schildvulkane sind vor allem auf die nördliche aktive Vulkanzone, insbesondere west-lich des Flusses Jökulsá á Fjöllum konzentriert, auf das Gebiet zwischen Lang- und Hofs-jökull sowie auf die Umgebung des Þingvallavatn und bilden mit ihren flachen Formen, soweit man sie in der Landschaft überhaupt wahrnimmt, einen Kontrast zu den steil auf-ragenden Tafelbergen.

In der aktiven Vulkanzone zwischen den Gletschern Vatnajökull und Mýrdalsjökull bra-chen nur Spalten aus. Im Gegensatz zu den langsam, aber kontinuierlich fördernden Schild-vulkanen schwoll ihre Förderleistung innerhalb weniger Tage so stark an, daß Abflußlei-stungen größerer Flüsse, wie beispielsweise die des Rheins mit etwa 1000 m³/sek, erreicht oder gar übertroffen wurden. Sie fiel dann aber recht schnell ab. Selten wurde eine Spalte ein zweites Mal aktiv. In das vulkanische Geschehen der Nacheiszeit schalteten sich mit einigem Nachdruck auch die großen Vulkane, wie zum Beispiel die auch heute noch nicht erlo-

Übersicht zur Spät- und Nacheiszeit in Island

Zeitgrenzen (Jahre vor heute)	Bemerkungen

Späteiszeit

12500–12000	Erneuter Gletschervorstoß, Endmoränenzüge im Westen.
12000–11000	Vordringen des Meeres. Gegen Ende dieser Epoche Meereshöchststand. Im Südwesten Hinweise auf eine Überflutung in einer Höhe von sogar 110 m, im Norden bei 40–50 m.
11000–10000	Gletschervorstoß, Endmoränenwälle im Südwesten und Norden. Das Meer überflutet im Südwesten Areale, die sich heute 90–100 m über dem Meeresspiegel befinden.

Nacheiszeit (Holozän)

10000–9000	Die Gletscher sind wegen des kälteren und wahrscheinlich trockeneren Klimas weiter verbreitet als heute. Das Meer überflutet immer noch Landesteile, die heute verlandet sind (im Südwesten +15 m). Obwohl die Birke im Süden noch zu fehlen scheint, erreicht sie im Norden in der Ausbreitung ein kleines Maximum.
9000–8000	Gletscherrückgang, Teile nordöstlich des Torfajökull sind eisfrei. Das Klima wird bis 2500 Jahre vor heute beträchtlich wärmer und trockener als gegenwärtig gewesen sein. Der Meeresspiegel sinkt auf −4 bis −5 m ab.
8000–6500	Die Birke wird auch im Süden heimisch und erreicht damit ein Maximum in der Verbreitung
6500–5000	Vorübergehender Rückzug der Birke mit zunehmendem Niederschlag.
5000–2500	Zweites großes Birkenmaximum. Die Birke bedeckt mindestens 50 % der Landesfläche. Meeresspiegelanstieg um mindestens 3 m.
ab 2500	Erneutes Vorstoßen der Gletscher, die Birke verschwindet aus den Mooren.
874 n. Chr.	Die Zeit der Besiedlung beginnt. Unter ihrem Einfluß verschwindet die Birke schnell, Zunahme der Grasbedeckung. Beginn starker Bodenerosion (menschlicher Einfluß), Meeresspiegel wie heute.

schene Hekla, ein. Sie leisteten wiederholt ihren Beitrag mit dem Auswurf von Lockermassen und der Förderung von Laven.

Mit dem Rückzug der Gletscher setzten neue Gestaltungsprozesse in der isländischen Landschaft ein, die vor allem durch die abtragende und aufbauende Tätigkeit von Meer und Flüssen bewältigt wurden. In der aus geologischer Sicht kurzen Nacheiszeit schufen die Flüsse weite Schotterebenen, vor allem im Süden die auch außerhalb Islands bekannten Sander vor den Gletschern Vatna- und Mýrdalsjökull. Innerhalb der letzten 10 000 Jahre – also seit dem Rückzug der eiszeitlichen Gletscher – wurde von ihren Sedimenten das Meer auf einer Fläche von 5000 km² zurückgedrängt. Die Leistung kann man erst richtig einschätzen, wenn man sich vorstellt, daß die Flüsse nur im Bereich der Sander jeden Tag eine Sedimentfracht aus Kies und Sand in Richtung Meer transportierten, die dem Fassungsvermögen von 50 Rheinschleppern entspricht. Zu dem Aufbau der Sander haben in beträchtlichem Maße gerade im Einzugsgebiet der genannten Gletscher Sedimente beigetragen, die in ungewöhnlicher, aber doch typisch isländischer Weise ihren Weg zur Südküste fanden. Es sind die Rückstände katastrophenartig abgeflossener Gletscherläufe, die vor allem durch die vulkanische Aktivität unter dem Eis ausgelöst wurden und auch noch werden. Am häufigsten ging das Unheil von den Vulkanen Katla unter dem Mýrdalsjökull und den Grímsvötn unter dem Vatnajökull aus. Sie schmolzen während ihrer Ausbrüche große Teile der Gletscher auf und setzten gewaltige Ströme aus Schmelzwasser, Eis und Schutt in Bewegung.

Das Ende der Eiszeiten hatte für die Gestaltung der Küstenlandschaft weitreichende Konsequenzen. So treten fernab der Küsten Formen auf, deren Existenz erst nach einigen Überlegungen mit dem Meer in Verbindung gebracht werden kann. Sie verdanken ihre Entstehung Schwankungen des Meeresspiegels im jüngsten Abschnitt von Islands Erdge-

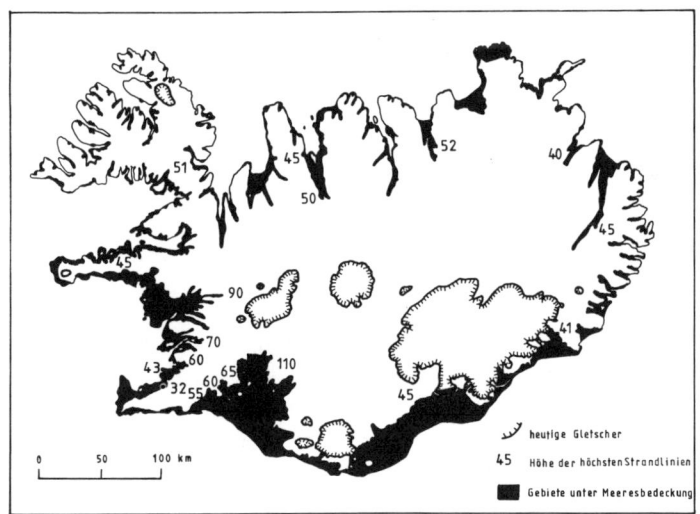

Vom Meer bedeckte Gebiete der Insel während des nacheiszeitlichen Meeresvorstoßes vor 11000– 10000 Jahren (z. T. nach P. Einarsson 1964)

45   Höhe der höchsten Strandlinien

Gebiete unter Meeresbedeckung

heutige Gletscher

schichte. Es ist bekannt, daß sich gegen Ende des Eiszeitalters der Meeresspiegel erhöhte, weil wegen der ansteigenden Temperaturen die eiszeitlichen Gletscher auf der ganzen Erde abschmolzen. Das Meer drang tief in die Flußniederungen ein und ließ feine und grobe Sedimente auf terrassenförmigen Verebnungen zurück. Beispielsweise wurde der Flughafen von Keflavík auf einer Strandterrasse errichtet. Das Meer leistete hier vor 11 000 Jahren entscheidende Vorarbeit. Den Nachweis für diese ›Sintflut‹ liefern Meeresfossilien auf oder in den alten Meeresterrassen, in Höhen bis zu 110 m über dem heutigen Meeresspiegel. Am stärksten war Südwestisland von dieser Überschwemmung betroffen. Etwa 50 km landeinwärts künden Terrassen von diesem Meeresvorstoß, der vor etwa 11 000 Jahren seinen Höhepunkt erlangte. Der anschließende Rückzug wird damit begründet, daß sich die von der niederdrückenden Last der z. T. über 1000 m mächtigen Gletscher befreite Landmasse Islands anfing zu heben.

Etwa vor 9000 Jahren war das Gleichgewicht wieder hergestellt, und die Meereshöhe entsprach der heutigen. Innerhalb dieser 2000 Jahre sind viele Teile der vormaligen Küste trockengefallen. So ragen gerade in Südisland alte Kliffs mit schönen Wasserfällen (Abb. 20) in einer Entfernung von manchmal über 25 km vom Meer aus der Küstenebene auf. Ehemalige Küstenplattformen und zu Inselbergen verlandete Inseln, wie beispielsweise Stóra Dímon (Abb. 66), Pétursey, Dyrhólaey (ey = Insel) u. a., sind außerdem Bestandteile der vor etwa 10 000 Jahren existierenden Küstenlandschaft. Da die nacheiszeitliche Erwärmung nicht gleichmäßig ablief, war die Vergletscherung in den letzten 12 000 Jahren starken Veränderungen unterworfen. Die Gletscher der letzten Eiszeit wichen mit der Erwärmung des Klimas nicht kontinuierlich zurück, sondern rückten in der frühen Nacheiszeit während zwei Phasen, nämlich vor rund 12 000 Jahren und vor 11 000–10 000 Jahren für kurze Zeit noch einmal vor. Dann muß Island in der Zeit vor etwa 8000 Jahren sogar gletscherfrei gewesen sein. Dieser Umstand setzt ein wärmeres und trockeneres Klima als gegenwärtig voraus. Wahrscheinlich waren die Durchschnittstemperaturen sogar höher als in der wärmeren Epoche dieses Jahrhunderts von 1920 bis 1960. Während dieser etwa 5000 Jahre langen, bis etwa 500 Jahre v. Chr. dauernden Warmzeit sind von den eiszeitlichen Gletschern nur noch kümmerliche Reste als Eiskappen auf den höchsten Bergen zurückgeblieben, so z. B. auf dem Öræfajökull (Vatnajökull; Farbabb. 8) oder auf der Bárðarbunga. Fallende Temperaturen und vor allem höhere Niederschläge sorgten nach diesem Klimaoptimum dafür, daß sich die Gletscher wieder ausbreiteten und heute als Plateaugletscher ganze Landschaften bedecken. Sie erlangten damals noch nicht ihre größte Ausdehnung, sondern blieben weit hinter den Eisvorstößen während der ›Kleinen Eiszeit‹, die vom späten Mittelalter bis zur Neuzeit dauerte, zurück.

Als sich um 900 n. Chr. die ersten Siedler auf der Insel niederließen, waren die klimatischen Bedingungen ähnlich günstig wie in der Zeit von 1920 bis 1960, was ihnen sicherlich die Erschließung der Insel erleichterte, denn während dieser Zeit konnte sogar Getreide angebaut werden. Die Klimagunst kann daran ermessen werden, daß einige Talgletscher des Vatnajökull zehn Kilometer kürzer waren als jetzt. Ob sie heute nach der Verschlechterung seit über 25 Jahren wieder vorrücken, ist bis jetzt noch nicht erwiesen.

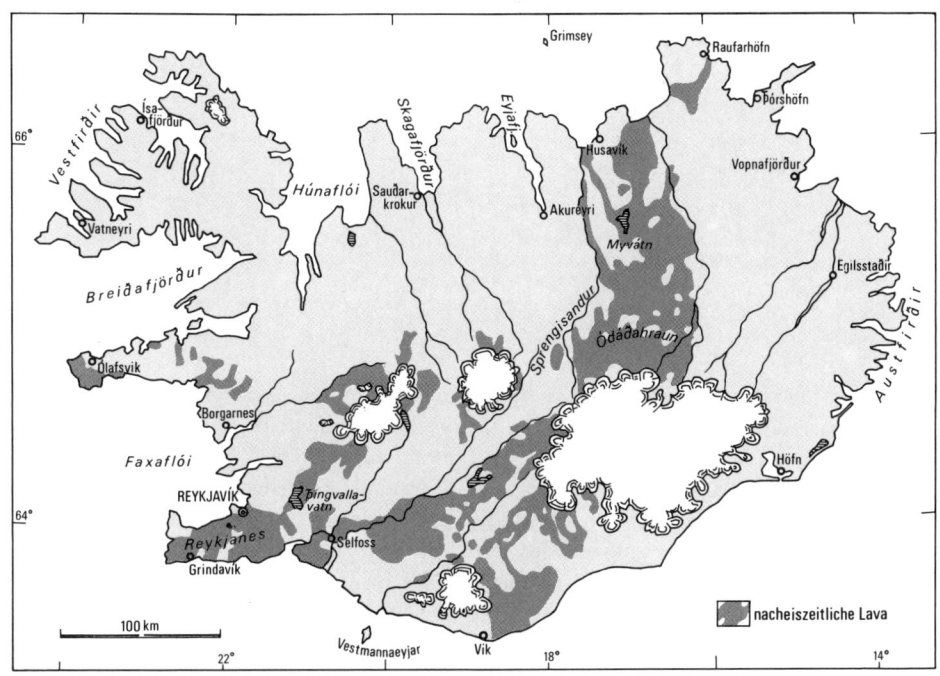

Verbreitung nacheiszeitlicher Laven (nach Guðmundsson 1982)

Der Vulkanismus hat sich in den 1100 Jahren nach der Besiedlung in gleicher Weise fortgesetzt wie in der prähistorischen Zeit und konzentrierte sich hauptsächlich auf die aktive Vulkanzone. Nach der Magmazusammensetzung waren im wesentlichen zwei Vulkantypen tätig, nämlich die reinen Basaltvulkane und die gemischten großen Vulkane, die neben Basalt auch kieselsäurereichere Magmen förderten. Am aktivsten waren die von den Gletschern Vatnajökull und Mýrdalsjökull bedeckten Zentralvulkane Grímsvötn und Katla. Soweit bekannt ist, waren sie nur explosiv tätig. Jeder Ausbruch dieser unter dem Eis befindlichen Vulkane war von Gletscherläufen begleitet, wenngleich gerade unter den Grímsvötn diese katastrophalen Abflüsse auch durch die intensive thermale Aktivität ausgelöst worden sein können. Während der historischen Zeit waren insgesamt 18 vulkanische Systeme aktiv. 30–40 Vulkane brachen insgesamt 150mal aus und veränderten in ihrer Umgebung die isländische Landschaft beträchtlich.

31

Die Landschaften Islands,
Nationalparks und geologische Sehenswürdigkeiten

Die isländischen Landschaften sind aus geologischer Sicht noch sehr jung. Ihr jugendlicher Charakter resultiert aus der großen Rivalität zwischen den aufbauenden und abtragenden Naturgewalten, die die Gestalt dieser Insel fortwährend verändern. Seit nunmehr rund 20 Millionen Jahren dringt heißes Magma aus der Tiefe an die Oberfläche und schafft Lavafelder und Vulkane in verschiedenster Ausbildung. Der oft für die Menschen zerstörerischen und für die Landschaften aufbauenden Aktivität des Vulkanismus stellen sich seit den Anfängen der Insel die unermüdlich abtragenden Kräfte des fließenden Wassers, des Meeres und später des Eises und des Windes entgegen. Denn kaum war die Insel aus dem Meer aufgetaucht, versuchten die Brandung und das abfließende Regenwasser, sie wieder verschwinden zu lassen. Bisher haben in der unentwegten Auseinandersetzung der entgegengesetzt wirkenden Naturgewalten die aufbauenden Kräfte des Vulkanismus und in geringem Maße die Hebungskräfte offensichtlich Vorteile erlangt.

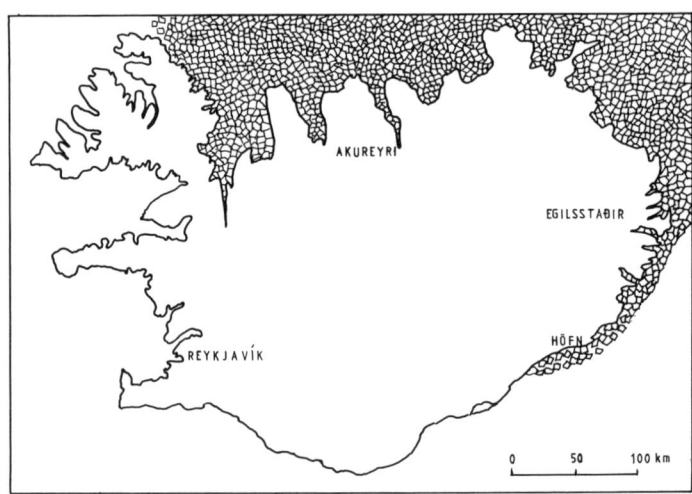

Treibeisverbreitung im Frühjahr 1968 (nach Sigurðsson 1969)

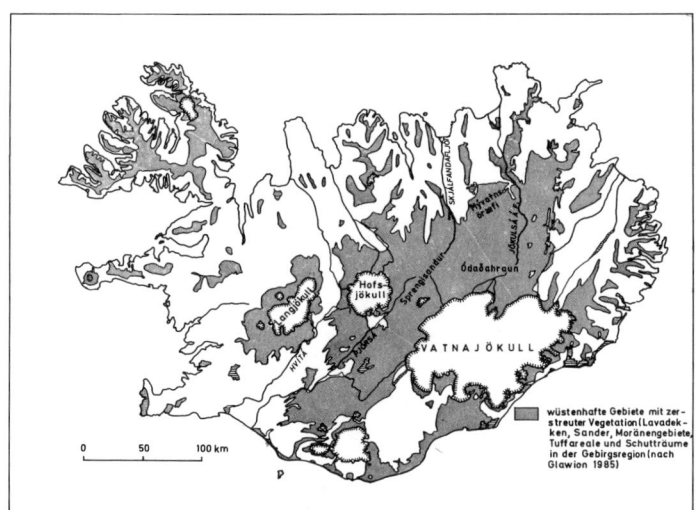

Die Verbreitung wüstenhafter, nahezu vegetationsfreier Gebiete auf Island

Heute besitzt Island Naturlandschaften von einer außergewöhnlichen Faszination, die auch der seit etwa 1100 Jahren auf der Insel lebende Mensch kaum verändern konnte. Denn wegen ihrer Lage im hohen Norden blieben große Teile des Landesinneren unberührt, da der Mensch nur die klimatisch günstigsten, die meernahen Räume nutzen kann. Die klimatischen Bedingungen und die naturräumlichen Gegebenheiten mit wilden Berglandschaften und unwirtlichen Hochländern zwingen ihn, sich in seinem Bestreben, die Natur untertan zu machen, zurückzuhalten. So braucht man häufig nur die Niederungen mit ihren Siedlungen zu verlassen, um von einer weitestgehend unberührten Naturlandschaft umgeben zu sein, die man in Mitteleuropa bestenfalls noch im Hochgebirge antrifft.

Je nach Vorherrschaft der gestaltenden Elemente müssen in Island in erster Linie Landschaften unterschieden werden, an deren Aufbau vorrangig die Vulkane, die Gletscher, das Meer und die Flüsse mitgewirkt haben. Der Wind leistet an der Gestaltung der Inseloberfläche nur einen bescheidenen Beitrag. Dennoch hat sein Wirken durch die Bodenabtragung in jüngster Zeit die von der Landwirtschaft lebenden Menschen am meisten getroffen.

Vulkanlandschaften

Allgemeines zum isländischen Vulkanismus

Zu den Anlässen, Island zu besuchen, gehört das Bedürfnis, sich die Vielfalt vulkanischer Erscheinungen anzusehen und auch dem großartigen Schauspiel eines Vulkanausbruchs beizuwohnen. Allerdings ist trotz der regen Aktivitäten, die bereits so viele Vulkane aufbau-

33

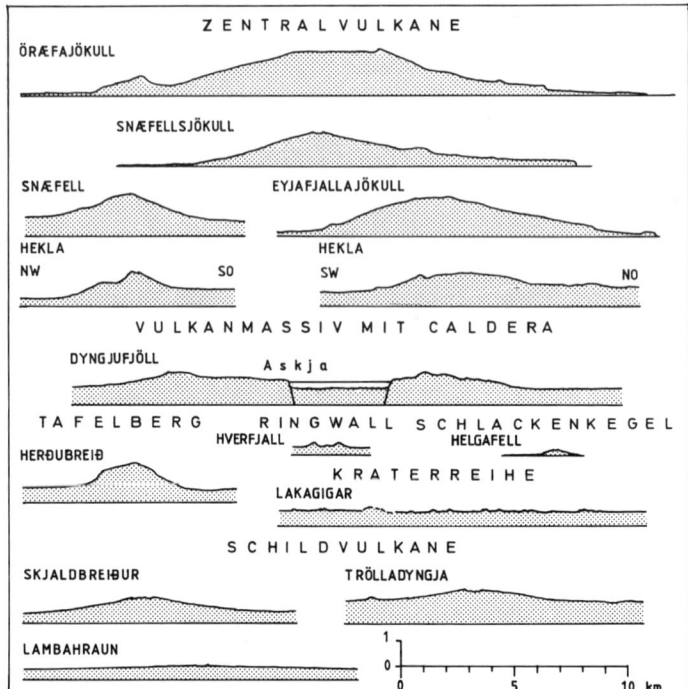

Längs- und Querschnitte isländischer Vulkantypen (nicht überhöht, Basislinie = Meeresspiegelhöhe, nach Þórarinsson 1958)

ten, die Wahrscheinlichkeit gering, während eines Islandbesuches einen Ausbruch mitzuerleben. Die meisten werden sich damit trösten müssen, daß selbst der große isländische Naturforscher Thoroddsen nie den Ablauf eines solchen atemberaubenden Naturereignisses in seiner Heimat verfolgen konnte. Denn geht man davon aus, daß seit der Besiedlung der Insel 150 Ausbrüche stattfanden, dann ist, statistisch gesehen, nur in jedem siebten Jahr auf Island ein Vulkanausbruch zu erwarten. Trotzdem hat Island bezüglich der Wirkungsweise der Kräfte aus dem Erdinneren viel Interessantes zu bieten und weist, obwohl vorwiegend nur basaltische Vulkane aktiv werden, einen außerordentlich großen Formenschatz vulkanischer Bildungen auf, denn es können je nach Art der aufgedrungenen Schmelzmassen, der Form der Ausbruchspunkte und der Umweltbedingungen 27 verschiedene Vulkantypen unterschieden werden, und manche von ihnen sind einzigartig auf der Welt.

Für Island müssen im wesentlichen zwei verschiedene Magmenarten unterschieden werden. Es wird vorwiegend heißes (mehr als 1000 °C), dünnflüssiges und gasarmes basaltisches Magma aus großer Tiefe gefördert und fließt meistens ohne große Explosionen aus. Etwa ein Zehntel der Schmelzen ist rhyolithisch und daher sehr zähflüssig, gasreich, kieselsäurereich und weniger heiß. Ihre Förderung ist meistens mit gewaltigen Explosionen und daher mit dem Auswurf von Aschen verbunden. Große Zentralvulkane fördern sie zusammen mit basaltischen oder intermediären Schmelzen.

Mehrere katastrophale rhyolithische Ausbrüche ereigneten sich im Laufe der Geschichte in Island. Grauenvoll müssen die Eruptionen der Hekla im Jahre 1104 und des Öræfajökull 1362 gewesen sein. Bimsaschen vernichteten bis 70 km nördlich der Hekla sämtliche Bauerngehöfte. Während des Ausbruchs des Öræfajökull fielen etwa 10 km³ Bims auf ein Gebiet von mehr als 300000 km² nieder. In den meisten Fällen aber flossen auf der Insel ohne große Explosionen basaltische Lavamassen aus Spalten und Schildvulkanen und bedecken große Flächen. Die Art eines Ausbruchs hängt also in erster Linie von der chemischen Zusammensetzung des Magmas ab. Die Vulkanform wird in starkem Maße auch von den Milieubedingungen im Umfeld des Ausbruchs beeinflußt, und das ist gerade für die isländischen Verhältnisse wichtig; denn es finden dort nicht nur die Ausbrüche unter freiem Himmel, also subaerisch, sondern auch unter Wasser, also subaquatisch oder submarin, und auch unter dem Gletschereis, also subglazial, statt. Außerdem können sich gerade bei einem Kontakt basaltischer Schmelzen mit dem Grundwasser recht häufig sogenannte phreatische Explo-

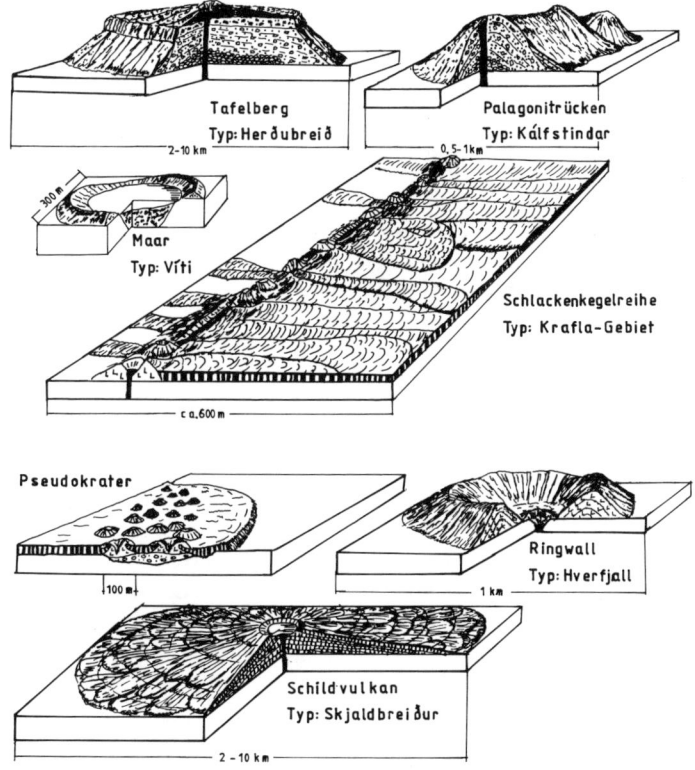

Vulkantypen in Island: Basasaltvulkane

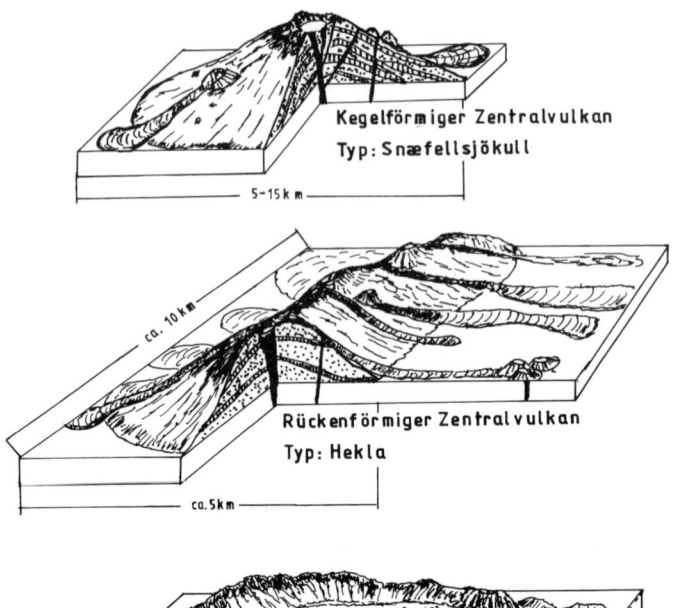

Kegelförmiger Zentralvulkan
Typ: Snæfellsjökull
5–15 km

Rückenförmiger Zentralvulkan
Typ: Hekla
ca. 5 km

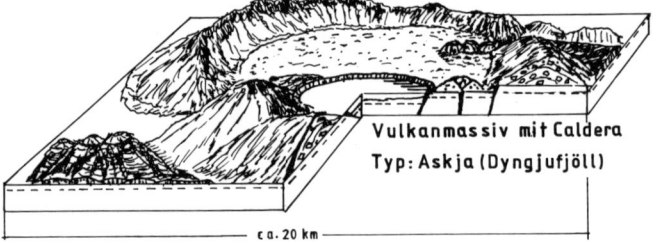

Vulkanmassiv mit Caldera
Typ: Askja (Dyngjufjöll)
ca. 20 km

Vulkantypen in Island:
Vulkane gemischter
Zusammensetzung

sionen in dem grund- und oberflächenwasserreichen Island ereignen. Unter diesen verschiedenen Bedingungen im Umfeld des Aufstiegsweges bilden sich aus einem gleichartigen Magma verschiedenartige Vulkanformen. Im subaerischen Milieu werden aus einer basaltischen Schmelze hauptsächlich Lavadecken gebildet, die über einem Förderkanal einen flachen Kegel, einen Schildvulkan, aufbauen. Unter submarinen Bedingungen würde aus der gleichen basaltischen Schmelze ein Inselvulkan vom Typ Surtsey mit palagonitischem Sockel und Basaltschild entstehen. Unter dem Eis bildet sich ein Palagonitberg oder, wenn die Eisdecke durchbrochen wird, ein Tafelberg mit Basaltschild. Das Resultat einer phreatischen Explosion des basaltischen Magmas ist ein Maar.

Damit sind aber noch nicht sämtliche Faktoren aufgezählt, die die Form isländischer Vulkanbauten beeinträchtigen. Gerade auf Island muß berücksichtigt werden, daß magmatische Schmelzen, sowohl aus langen Spalten, als auch in eng begrenzten Förderkanälen aufdringen können. Aus diesen Gründen müssen nach dem Chemismus basaltische von rhyolithischen oder gemischten Vulkanen (meist ›Zentralvulkane‹), nach den Milieubedingungen während des Ausbruchs hauptsächlich zwischen subaerisch, subaquatisch und subglazial gebildeten Vulkanbauten und nach der Ausbildung des Förderkanals zwischen Spalten- und einfachem zentralen Vulkanismus unterschieden werden.

Von den 27 verschiedenen Vulkantypen in und um Island sollen nur die für die Entwicklung der Vulkaninsel wichtigsten und interessantesten, also wegen ihrer Vorherrschaft hauptsächlich die Basalt- und die großen Zentralvulkane vorgestellt werden. Es sind von den Basaltvulkanen mit eng begrenztem Schlot zwei Typen hervorzuheben, die in einigen Regionen, besonders im Umfeld der aktiven Vulkanzone das Landschaftsbild bestimmen: die bereits beschriebenen Tafelberge und die Schildvulkane.

Schildvulkane

Es gibt auf der Insel etwa 50 Schildvulkane, deren größte nur wenige hundert Meter hoch sind, einige sogar noch weniger aus der Landschaft herausragen. Sie besitzen eine außerordentlich große Basisfläche und müssen wegen ihres relativ engen Förderkanals mehrere Jahre lang tätig gewesen sein. Denn es wird davon ausgegangen, daß pro Sekunde nur etwa 50 m^3 basaltischer Schmelze aus der Tiefe aufdrangen. Bei einer solchen gering erscheinenden Förderrate wird immerhin eine Jahresförderung von 1,5 km^3 erzielt. Fast alle Schildvulkane befinden sich in einem ca. 50 km breiten, von der Halbinsel Reykjanes bis zum Langjökull verlaufenden Streifen der aktiven Vulkanzone, der sich dann vom Nordrand des Vatnajökull bis zum Axarfjörður fortsetzt.

Steht man auf den Felsen von Þingvellir, so ist man von drei Schildvulkanen umgeben. Der auffälligste, der Skjaldbreiður, befindet sich im Nordosten. Seine Hänge steigen gleichmäßig mit etwa 7° von der Basisfläche in rund 500 m bis zum Gipfel in 1060 m Höhe an. Eine flache Mulde in der Gipfelregion ist der Krater mit einem Durchmesser von 350 m. Der Skjaldbreiður ist wegen seiner gleichmäßigen Form der Prototyp für alle Schildvulkane. Er war vor rund 9000 Jahren aktiv und breitet sich über einer Grundfläche von 50 km^2 aus.

Die beiden anderen Schildvulkane in der Umgebung von Þingvellir sind wegen ihrer Flachheit kaum wahrzunehmen. Nur die Einsenkung in der Gipfelregion und kleine Erhebungen nahe dem Gipfelkrater weisen auf den vulkanischen Ursprung dieser außerordentlich flachen Kegel hin. Wegen ihrer Ebenheit wurden sie von den Isländern als ›heiði‹ (Heide) angesehen. Es sind die Mosfellsheiði im Westen und die Lyngdalsheiði im Süden. Im Gegensatz zum Skjaldbreiður müssen sie älter als 12000 Jahre sein, denn an ihren Hängen sind noch Spuren eiszeitlicher Gletscher zu erkennen.

Im nördlichen Randgebiet des Vatnajökull befindet sich der größte Schildvulkan, die 1460 m hohe Trölladyngja, deren Lavamassen als Suðurárhraun eine Fläche von 465 km^2 – das sind mehr als vier Fünftel der Bodensee-Fläche – bedecken. Wie lange ausströmende Lava heiß und damit auch fließfähig bleiben kann, ist an der Tatsache zu ermessen, daß von der Trölladyngja ein Lavastrom 105 km weit nach Norden floß und erst nahe der Skjálfandi-Bucht zum Stillstand kam.

Heute ist keiner dieser flachen und typisch isländischen Vulkane mehr aktiv. Sie brachen hauptsächlich während der Nacheiszeit vor etwa 6000–10000 Jahren aus. Es ist nicht bekannt, ob jemals einer der isländischen Schildvulkane nach einer längeren Pause wieder aktiv wurde. Die Schildvulkane sind die subaerischen Gegenstücke zu den bereits im Erdgeschichtskapitel beschriebenen Tafelbergen und zu den submarinen Inselvulkanen vom Typ Dyrhólaey.

Spaltenvulkanismus

Trotz der enormen Förderleistungen der Schildvulkane lieferten Spaltenausbrüche die Hauptmasse der basaltischen Lavadecken. In der aktiven Vulkanzone, sowohl auf der Insel als auch auf der Meeresplattform vor Island, können kilometerweit Spalten aufreißen. An Land sprudelt dann an mehreren Austrittspunkten wie in Fontänen hellglühende Lava auf, um dann seitlich abzufließen und sich im Umfeld der Spalte als eine oft nur wenige Meter dicke Lavadecke auszubreiten. Auf der Spalte bauen sich häufig aus den zurückfallenden erkalteten, zum Teil auch noch glühendflüssigen Lavafetzen kleine Schlackenkegel auf. Derartige Kegel blieben nach der jüngsten Tätigkeit in der nördlichen Spaltenzone an der Krafla (nordöstlich des Mývatn) zurück.

Seit 1975 sind die in Nord-Süd-Richtung durch dieses Gebiet ziehenden Spalten episodenartig aktiv und daher ein äußerst interessantes Studienobjekt für den Mechanismus der Spaltentätigkeit und der damit verbundenen Bewegungen in der Erdkruste. Die Ausbrüche kündigen sich dort durch ein leichtes Anheben des Untergrundes und durch eine Erhöhung der Temperatur der in der Umgebung des Mývatn befindlichen Thermalquellen an. Wenn ein Ausbruch unmittelbar bevorsteht, sinkt das Gelände wieder ab. Manchmal brechen die Schmelzmassen nicht bis zur Oberfläche durch, sondern benutzen die Spalten quasi als Drainagesystem und breiten sich unter der Oberfläche aus. Es können aber auch die Spalten aufreißen und zu einem Ausbruch führen. Die vulkanische Aktivität auf Spalten riß seit der Entstehung der Insel im Tertiär nicht ab und wurde auch nicht während der Eiszeiten unterbrochen.

Zentralvulkane und Vulkanmassive

Die beschriebenen Formen wurden im wesentlichen nur einmal und nur für kurze Zeit aktiv, wobei sie Schmelzmassen mit gleichbleibender Zusammensetzung förderten. Ganz anders verhalten sich die großen Zentralvulkane Islands, beispielsweise die Hekla. Als gemischte Vulkane brechen sie wiederholt aus und fördern Schmelzmassen mit wechselnder chemischer Zusammensetzung. Sie fallen in der Landschaft durch ihre Ausmaße als weithin sichtbare Berge oder Bergmassive auf und waren oder sind über längere Zeiträume aktiv. Die Hekla ist zum Beispiel in den letzten 8000 Jahren mindestens 20mal ausgebrochen. Bei dieser Vulkanart besitzt die Form und das Ausmaß des Förderpunktes oder -bereiches für das Erscheinungsbild des Vulkans eine große Bedeutung. Auf eng begrenzten Förderkanälen entwickelten sich schöne gleichmäßige Kegel vom Typ Snæfellsjökull (Farbabb. 4), auf kurzen Spalten hat der Zentralvulkan eine langgestreckte Form, wie beispielsweise die Hekla oder der Snæfell. Verteilt sich die Magmenförderung auf mehrere Ausbruchspunkte innerhalb eines begrenzten Gebietes, so baut sich daraus ein Vulkanmassiv vom Typ Askja auf, wenn zugleich nach Entleerung der Magmenkammer der Boden zu einer Caldera einsinkt.

Das Mývatn-Gebiet

Die Palette der isländischen vulkanischen Bildungen läßt sich am besten im Norden der Insel in der Umgebung des Mývatn vorstellen, zumal dort auch noch der Vulkanismus bis zum heutigen Tage aktiv ist. Die Umgebung des Mývatn (Mückensee) ist eine der größten landschaftlichen Attraktionen Islands. Die geologisch interessierten Besucher werden von der Vielfalt der vulkanischen Formen in der beschaulichen Umgebung des Sees überrascht sein. Mit einer Fläche von insgesamt 37 km² ist der 278 m über dem Meeresspiegel gelegene Mývatn der viertgrößte See Islands. Er bedeckt eine flache Geländedepression und ist daher an den tiefsten Stellen nur gerade 4–5 m tief. Seine Entstehung verdankt er den seit Jahrtausenden andauernden vulkanischen Aktivitäten in seiner östlichen Nachbarschaft. Das dort befindliche junge und auch noch heute aktive Vulkangebiet ist im Vergleich zu dem größten europäischen Vulkan, dem Ätna (Grundfläche rund 1800 km²), verhältnismäßig klein. Die Vulkanbauten nehmen etwa ein Zehntel der Fläche ein. In den letzten 10 000 Jahren, also in der Nacheiszeit, entstanden hier zwei große Aschenkegel, das Hverfjall und der Lúdent-Krater, in der nördlichen Region der Krafla das Maar Víti, und es wurden insgesamt 12 Spalten mit einer Vielzahl kleinerer Schlackenkegel aktiv. Wegen dieser Konzentrierung vulkanischer Bildungen auf einem relativ eng begrenzten Raum stellt sich die Frage, ob hier nun voneinander unabhängige vulkanische Individuen zum Ausbruch kamen oder ob sie Bestandteile eines großen, einheitlichen Vulkans sind, der allerdings wegen seiner vornehmlichen Förderung dünnflüssiger basaltischer Lava und wegen der besonderen tektonischen Verhältnisse, wegen des stetigen Auseinanderdriftens, nicht die Höhen eines Vulkans üblicher Vorstellung erlangen kann. Sie ist noch nicht beantwortet worden.

Obgleich der See am Rand des heutigen vulkanischen Geschehens liegt, muß er in die Vulkanregion einbezogen werden, denn er verdankt – wie sollte man es auch anders erwarten – seine Entstehung dem Vulkanismus. Vor rund 3500 Jahren ergoß sich Lava von dem Schildvulkan Ketildyngja kommend in die Ebene, die heute vom Mývatn eingenommen wird. Die als Ältere Laxá-Lava bekannte basaltische Lava hatte ein Gesamtvolumen von 4 km³ und breitete sich über einer Fläche von etwa 330 km² aus. Dabei erfaßte sie auch die Ebene des Mývatn und dämmte ihren Abfluß ab. Es bildete sich die Urform des Mývatn.

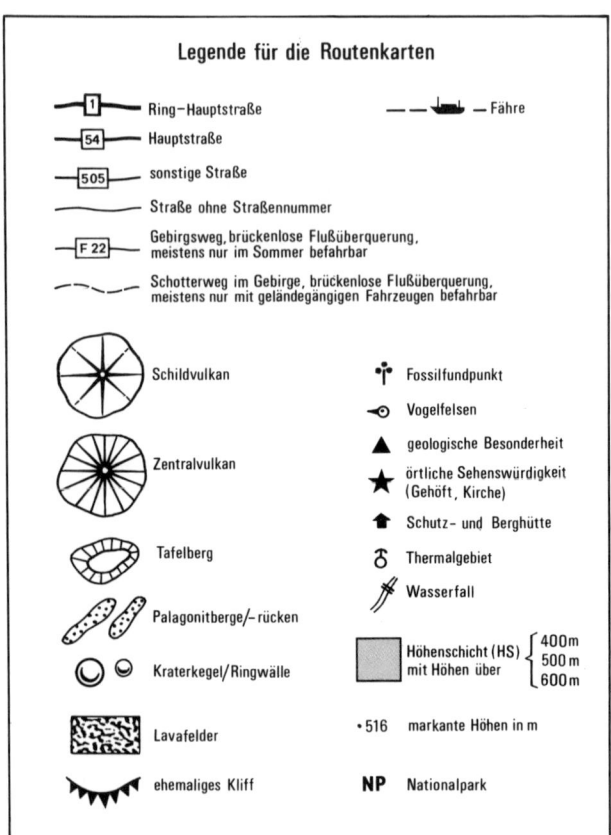

Legende für die Routenkarten

1 — Ring–Hauptstraße

— ⊔ — Fähre

54 — Hauptstraße

505 — sonstige Straße

— Straße ohne Straßennummer

F 22 — Gebirgsweg, brückenlose Flußüberquerung, meistens nur im Sommer befahrbar

— · — · — Schotterweg im Gebirge, brückenlose Flußüberquerung, meistens nur mit geländegängigen Fahrzeugen befahrbar

Schildvulkan

Zentralvulkan

Tafelberg

Palagonitberge/-rücken

Kraterkegel/Ringwälle

Lavafelder

ehemaliges Kliff

✝ Fossilfundpunkt

Vogelfelsen

▲ geologische Besonderheit

★ örtliche Sehenswürdigkeit (Gehöft, Kirche)

♠ Schutz– und Berghütte

Thermalgebiet

Wasserfall

Höhenschicht (HS) mit Höhen über { 400 m / 500 m / 600 m

·516 markante Höhen in m

NP Nationalpark

Legende für die Routen- und Gebietskarten auf S. 41, 46, 68, 76, 82, 86, 88, 98, 100, 103, 104, 107, 111, 130, 133, 137, 141, 143, 145, 146, 150, 151

Seine heutige Gestalt erhielt der See etwa 1500 Jahre später, als nur vier Kilometer östlich des heutigen Ostufers Spalten aufrissen und die Jüngere Laxá-Lava förderten. Für sie war der ursprüngliche See kein Hindernis. Sie floß über ihn hinweg und dämmte seinen Abfluß, die Laxá, ab. Relikte der Lava als bizarre Felsgruppen und kraterreiche Inseln und Halbinseln (Südteil) verleihen dem See einen einzigartigen Landschaftscharakter. Die Reihen der auf dem in Nord-Süd-Richtung verlaufenden Spaltensystem aufsitzenden Krater der Þrengslaborgir und Lúdentsborgir produzierten damals etwa 2,5 km³ flüssiger Lava, die heute in der Region des Mývatn und unterhalb des Laxádalur 220 km² bedeckt. Mit diesen Ausbrüchen endete etwa um die Zeitwende der von den Geologen bezeichnete Laxá-Zyklus. Lange Zeit vor der Entstehung des Sees existierte in der Mývatn-Region bereits eine Reihe von Vulkanen. Die ältesten Vulkanformen stammen aus dem Eiszeitalter, als Nordisland größtenteils

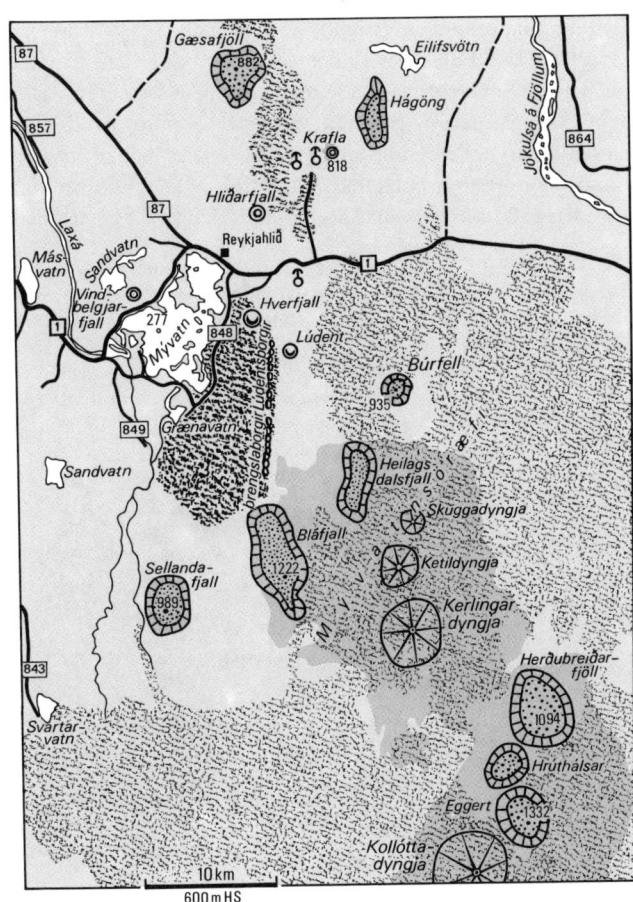

Der Mývatn und sein Umland

10 km
600 m HS

von den Gletschern bedeckt war. Als einer dieser subglazialen Vulkane erhebt sich das 529 m hohe Vindbelgjarfjall 250 m über dem Westufer des Sees. Obgleich er zu den größeren Vulkanen der Region gehört, hatte er noch nicht die Eisdecke über sich durchschmolzen. Wie mächtig die damaligen Eismassen gewesen sind, ist an den riesigen Tafelbergen Sellandafjall (988 m) und Bláfjall (1222 m) im Süden und an den Gæsafjöll (882 m) im Norden zu ermessen. Sie überragen ihre Umgebung um mehr als 500 m bzw. 400 m, was auch zugleich die Mächtigkeit der Gletscher gewesen sein wird.

Fremdartig erscheinen in der isländischen Vulkanlandschaft zwei gleichmäßig ausgebildete Aschenkegel oder Ringwälle, die den Laxá-Zyklus einleiteten und abschlossen. Ihre Krater wurden während heftiger Explosionen aufgeschüttet. Es sind der ca. 6000 Jahre alte Krater des Lúdent, der sich aus den Auswurfsmassen einer gas- und kieselsäurereichen

41

Schmelze zusammensetzt, und der in Seenähe befindliche basaltische, flache Kraterwall des Hverfjall. Die Form des Lúdent ist noch erklärlich, da sie auf der Explosivität einer gasreicheren Schmelze beruht. Beim Hverfjall müssen die gasarmen basaltischen Schmelzen mit dem Grundwasser in Kontakt gekommen sein, damit die hervorgerufenen Explosionen diesen 150 m hohen und rund einen Kilometer weiten Aschenring aufwerfen konnten. Seine explosive Fördertätigkeit muß so heftig gewesen sein, daß innerhalb weniger Tage oder gar Stunden 250 Millionen m^3 Sprengschutt den leicht besteigbaren Wall aufbauten. Die Explo-

Geologische Skizze der Umgebung des Mývatn (z. T. nach Þórarinsson 1967) 1 Seen 2 Ausbruchspunkte bzw. -spalten, in Seenähe Pseudokrater 3 Aschenkegel, Ringwälle 4 Heißwasserquellen bzw. Solfataren 5 Tafelberge 6 Palagonitberge und -rücken 7 Eiszeitliche Ausbruchsmassen (Palagonittuffe und -breccien) 8 Altpleistozäne bis tertiäre Basaltgesteine 9 Nacheiszeitliche Basaltlaven verschiedener Herkunft 10 Búrfellshraun 11 Ältere Laxá-Lava 12 Jüngere Laxá-Lava 13 Lava von 1724–29 (schwarz) und dacitische Lava (weiß, Lúdent) 14 Basaltische Auswurfmassen 15 Moränenmaterial (Gletscherablagerungen) 16 Sande und Kiese

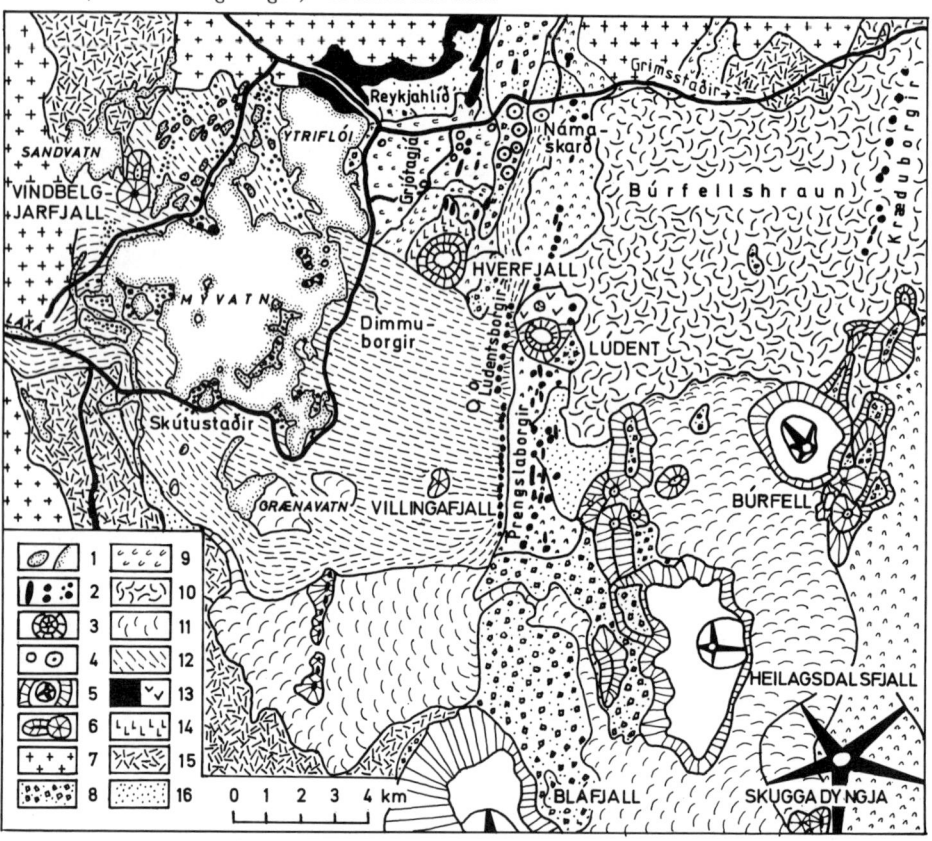

sionen des Hverfjall bildeten zusammen mit dem Ausbruch der Jüngeren Laxá-Lava den Abschluß der letzten vorgeschichtlichen vulkanischen Episode im Mývatn-Gebiet, die im wesentlichen den pittoresken Charakter der Seenlandschaft schuf (Abb. 7). Dazu gehören vor allen Dingen vulkanische Kleinformen wie die bereits beschriebenen Dimmuborgir, bizarre Lavatürme im See, eine Vielzahl kleiner Inseln und vor allem am Südufer eigenartige Kraterbildungen mit wenigen Metern bis zu 100 m Durchmesser. Sie entstanden wie die Dimmuborgir vor rund 2000 Jahren, als die Jüngere Laxá-Lava über das Gelände des Mývatn floß. Über die Entstehungsursache der fast 1000 kleinen Krater waren sich die Wissenschaftler lange im unklaren. Erst seit ungefähr 30 Jahren steht fest, daß Explosionen im Lavastrom sie aufschütteten. Diese wurden durch den Kontakt der glühendheißen Lava mit dem wasserhaltigen Untergrund des Sees und seiner Uferzone ausgelöst. Da sie keinen Förderkanal besitzen, der bei normalen Vulkanen bis in die Tiefen der Erdkruste hinabreicht, werden sie als Pseudokrater bezeichnet. Derartige Sprengtrichter treten noch einmal auf dem feuchten Untergrund in der 25 km entfernten Skjálfandi-Bucht am Ende der hier als Aðadalshraun bezeichneten Jüngeren Laxá-Lava auf. Es gibt die Pseudokrater noch auf mehreren anderen jüngeren Lavaströmen in Island, beispielsweise den Lavadecken des Eldhraun in Südisland (Abb. 10).

Fast 2000 Jahre ruhte der Vulkanismus in der Mývatn-Region, bis am 17. Mai 1724 nach einer vorausgegangenen Erdbebentätigkeit westlich des erloschenen subglazialen Vulkans Krafla in der Spaltenzone eine gewaltige Explosion die vorletzte vulkanische Episode in dieser Region einleitete. Aschen, Schlacken und Bomben brachen mit einer solchen Vehemenz aus dem Untergrund hervor, daß sie in einer Entfernung von mehr als 10 km den Erdboden mehr als dezimeterdick bedeckten. Über den Ablauf des Ausbruchs existieren nur ungenaue Aufzeichnungen. Er hat wahrscheinlich nur einen Tag gedauert. Zurück blieb das mit smaragdgrünem Wasser gefüllte, 320 m weite Maar Víti oder Helvíti (die Hölle).

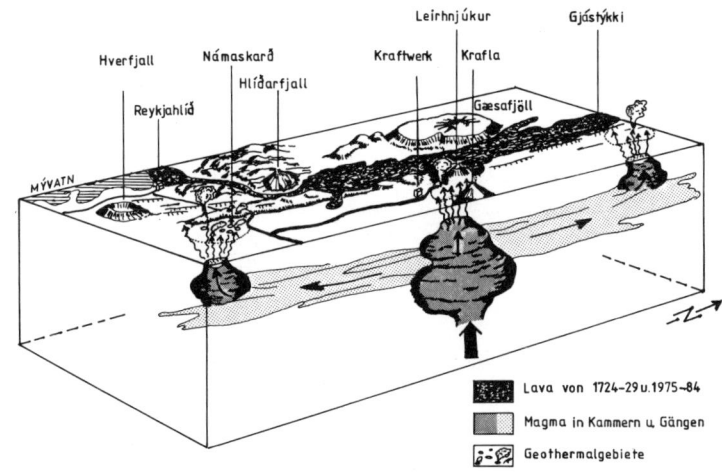

Das Ausbruchsgebiet der Krafla im Blockbild (in Venzke u. Fuge 1981, nach Björnsson 1976, Björnsson et al. 1978)

43

Erst in diesem Jahrhundert konnte geklärt werden, warum eine solche Explosion stattfand. Ihre Ursache beruht auf dem Kontakt der aufdringenden Schmelze mit dem Grundwasser. Als der berühmte Islandreisende Eggert Ólafsson 1752 die Region der Krafla
besuchte, war der Krater in einen stinkenden Schlammpfuhl verwandelt, aus dem mächtige
Dampfsäulen aufstiegen. Diese Form ausklingender vulkanischer Tätigkeit dauerte bis 1840
an. Erst dann füllte sich der Krater zu einem etwa 33 m tiefen Maar mit Wasser auf. In der
Nähe des Maars hält die Solfataren- und Dampftätigkeit auch heute noch an und ist eine
vielbesuchte Attraktion des Krafla-Gebietes (Farbabb. 9).

Nach dem Ausbruch des Maars sollten die vulkanischen Aktivitäten noch vier Jahre lang
andauern. Sie verlagerten sich jedoch nach Westen. Etwa drei Kilometer von dem Víti
entfernt öffnete sich am 11. Januar 1725 eine große Spalte am Leirhnjúkur mit intensiver
Lavaförderung. Nach weiteren Erdstößen brachen neue kilometerlange Spalten auf. Immer
wieder kam Magma an die Oberfläche, baute neue Krater auf, ergoß sich über weite Flächen
und drang bis an den See vor. Bis 1729 setzte sich die unheilbringende Tätigkeit der Mývatns-
eldar (der Mývatn-Feuer) mit der Förderung von über einem Kubikkilometer Lava fort.
Lavaströme zerstörten am mehrere Kilometer vom Ausbruchspunkt entfernten Mývatn drei
Gehöfte. Die Kirche von Reykjahlíð blieb wie durch ein Wunder von den alles niederwal-
zenden und -brennenden Lavamassen verschont.

Obwohl die hochthermale Tätigkeit der Solfataren, Schlammtöpfe und Dampfquellen
nicht unterbrochen gewesen sein wird, lebte die vulkanische Tätigkeit im großen Umfang
erst wieder 1975 auf. Es zeigte sich im Verlauf der bis heute andauernden Aktivität, daß die
Ausbrüche nach einem besonderen Mechanismus ablaufen. Bereits im 18. Jh. wurde beob-
achtet, daß im Zusammenhang mit der vulkanischen Tätigkeit der Seespiegel des Mývatn
Schwankungen unterworfen war und daß sich der Abfluß der Laxá verändert haben soll. Die
Veränderungen werden durch Vorgänge im Untergrund bewirkt, die für das geologische
Geschehen in Island eine große Bedeutung besitzen. Heute unterscheidet man nach intensiven Beobachtungen periodisch wiederkehrende Vorgänge. Während der gemeinschaftlichen
Aktivitäten von Vulkanismus und Tektonik erweitert sich der Abstand zwischen den Kon-
tinentalplatten, d. h. an der Krafla kann man verfolgen, wie die Platten mit den darauf
schwimmenden Kontinenten Amerika und Eurasien auseinanderdriften. Ihre Geschwindigkeit beträgt etwa 1 cm/Jahr nach jeder Seite. Wenn das basaltische Magma in eine Magmenkammer in 3000 m Tiefe einströmt, hebt sich die Umgebung der Krafla über einen Zeitraum
von einigen Monaten, wobei Hebungsbeträge von 7–10 mm/Tag gemessen wurden. Das ist
eine außerordentlich hohe Geschwindigkeit, denn in einer solchen Einströmperiode kann
sich das Gelände innerhalb kurzer Zeit um insgesamt über einen Meter heben. Während
sich die Magmenkammer in der Erdkruste auffüllt, wölben sich die darüber befindlichen
Gesteinsmassen zunächst kontinuierlich auf. Wenn der Punkt erreicht ist, daß die Gesteine
nicht mehr elastisch nachgeben, sich verklemmen und bei weiterem Druck von unten sich
dann abrupt losreißen, entstehen Erdbeben. Gleichzeitig mit der Hebung weiten sich die
durch die aktive Vulkanzone ziehenden Spalten, was die Entstehung neuer Thermalquellen
oder eine Erhöhung der Solfatarentätigkeit zur Folge haben kann (Farbabb. 14). Ein Absin-

ken signalisiert das Abfließen des Magmas aus der Magmenkammer. Es kann dabei in dem Spaltensystem drainieren, so daß es erst gar nicht zur Ausbruchstätigkeit kommt – oder das Magma dringt bis an die Oberfläche durch und bricht aus, was nun seit 1975 bereits mehrmals geschehen ist. Einmal traten die Schmelzmassen auf einem kuriosen Weg zu Tage. Sie nahmen den Weg durch ein Bohrloch. Dieser kleine ›Vulkan‹ mit künstlichem Förderschlot spie immerhin drei Tonnen basaltischer Schlacke aus. Durch das Eindringen des Magmas in das Spaltensystem wird auch die Temperatur des Grundwassers drastisch erhöht. Ermessen kann man das deutlich in der Badegrotte der Grjótagjá am Mývatn. Die Temperatur stieg von etwa 42 °C im Jahre 1977 auf etwa 60 °C zu Beginn der 80er Jahre. Seit 1975 fanden fast 20 Riftereignisse, der letzte Ausbruch 1984 statt.

Großes Interesse wird den biologischen Verhältnissen in und um den Mývatn nicht nur wegen der gewaltigen Mückenschwärme entgegengebracht. Wegen der geringen Tiefe des Sees ist die Produktion an kleinwüchsiger Seeflora und -fauna enorm. Eine 5–10 m mächtige Schlammschicht abgestorbener Kieselalgen (Diatomeen) hat sich bereits auf dem Seeboden abgesetzt und wird wegen ihrer Bedeutung für die Herstellung von Kieselgur, einem vielseitig verwendbaren Rohstoff, vom Seegrund abgesaugt und mit der reichlich vorhandenen Erdwärme aufbereitet und getrocknet. Weltruhm genießt der Mývatn bei den Vogelkundlern. Wegen des großen Nahrungsangebotes entwickelte sich in und um den See herum eine Vogelfauna, die aufgrund ihres Individuenreichtums schon sehr früh über die Grenzen Islands hinaus bekannt wurde. Während der Sommermonate bevölkern Zehntausende von Wasservögeln die vielen kleinen Inseln und die zum Teil dicht bewachsenen Ufer. Es sind hier alle auf Island lebenden Entenarten anzutreffen. Zugleich ist der Mývatn Islands wichtigster See für den Forellenfang. Alljährlich werden etwa 20 t dieses Edelfisches gefangen, darunter befinden sich manchmal Prachtexemplare mit einem Gewicht bis zu 20 Pfund.

Wenn man das Mývatn-Gebiet nach Osten verläßt, ändert sich recht bald die vertraute idyllische grüne, von Leben erfüllte Landschaft. Nach der Durchquerung des sich wegen seiner Färbung und der Umgebung heraushebenden Höhenzuges Námafjall mit seinen dampfenden und sprudelnden Quellen wird die Umgebung stiller und düsterer. Die wellige Schotterstraße nach Grímsstaðir, dem höchsten noch bewirtschafteten Gehöft, erstreckt sich über lange Partien schnurgerade durch die schwarzen Lavafelder des Búrfellshraun. Hin und wieder auftauchende und quer zur Straße verlaufende Spalten machen bewußt, daß man sich in der aktiven Vulkanzone mit ihren oft kilometerlangen Spalten befindet. Dabei werden u. a. die frischen und dunklen Lavamassen des Nýjahraun erreicht. Ihr Alter ist genau bekannt, denn im Jahre 1875 wurde ein Teilstück des Sveinagrabens, eines 60 km langen Spaltensystems, zusammen mit der 70 km entfernten Askja in der Missetäter-Wüste aktiv.

Nach etwa 20 km hören die Lavafelder auf, die Umgebung wird aber dennoch kaum freundlicher. Schwarze, mit Strandroggen bestandene Dünen tauchen auf, die schon bald von einer Kieswüste abgelöst werden. Starke, meist südliche Winde haben aus dem Boden die feinen lehmigen Bestandteile ausgeblasen, so daß nur noch der gröbere Kies übrig blieb.

In der Höhe des unvermittelt aus der Landschaft herausragenden etwa 50 m hohen Ringwalls Hrossaborg biegt von der Schotterstraße eine Piste nach Süden ab und führt direkt in

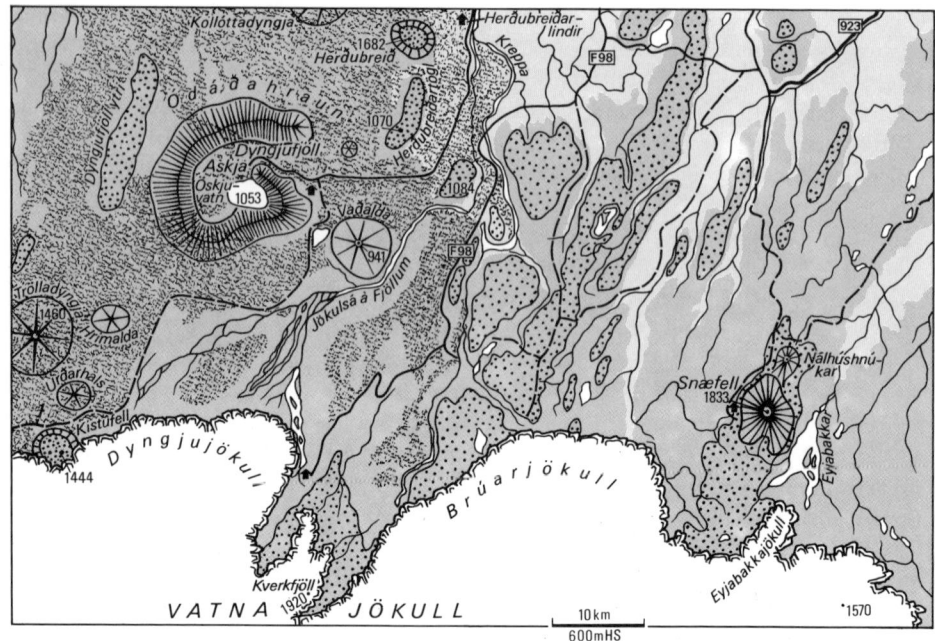

Vulkanlandschaft nördlich des Vatnajökull mit Ódáðahraun, Askja und Snæfell

das Gebiet der Missetäter-Wüste. Man kann die Gelegenheit wahrnehmen, sich diesen Krater ohne großen Aufwand näher anzuschauen, denn durch einen letzten Eisvorstoß in der ausklingenden Eiszeit wurde seine Ostseite so weit aufgebrochen, daß mit dem Fahrzeug in das Zentrum dieses Vulkans hineingefahren werden kann. Allmählich wird auf der Fahrt nach Süden die Lava- und Kieswüste Mývatnsöræfi verlassen. Der wüstenhafte Charakter der Landschaft bleibt erhalten. Mit der Annäherung an die fast 4000 km² große Missetäter-Wüste kommt immer mehr der klotzartige Tafelberg der Herðubreið ins Blickfeld. Die Piste nähert sich der Jökulsá á Fjöllum. Hinter dem gegenüberliegenden Ufer steigen parallel zur aktiven Vulkanzone kahle subglaziale Palagonitrücken auf. Sie gehören zu einem fast 200 km langen Gebirgszug, der sich von der Halbinsel Melrakkaslétta bis zum Vatnajökull erstreckt (Abb. 3). Damit ist der Nordrand der Missetäter-Wüste erreicht.

Die Missetäter-Wüste (Ódáðahraun)

Die prägenden Landschaftselemente von Ódáðahraun sind schnell beschrieben. Größte Einheit ist das bis zu 1510 m hohe Vulkanmassiv der Dyngjufjöll, das sich 600–800 m hoch über seiner flachen, mit Lavamassen bedeckten Umgebung erhebt. Neben den Dyngjufjöll gibt es insgesamt 23 Basaltvulkane, deren älteste, zu denen auch die Herðubreið zählen wird, unter der bis über 1000 m mächtigen Inlandeismasse der letzten Eiszeit tätig waren und sich als Tafelberge aufbauten (z. B. Eggert, Herðubreið, Hrútshálsar) oder über Spalten Palagonitrücken bildeten, wie zum Beispiel die Herðubreiðartögl oder Herðubreiðarfjöll. Im Gegensatz zur Herðubreið reichte ihre Energie und Fördermenge nicht aus, die über ihnen lastenden Eismassen zu durchschmelzen. Daher überragt die Herðubreið ihre Umgebung auch um fast 1100 m und ist die am meisten beachtete Vulkanform dieser Landschaft. Neben ihr treten die flachen Kegel der Schildvulkane trotz riesiger Fördermengen weniger in Erscheinung. Im Ódáðahraun breiten sich die Lavamassen von 15 Vulkanen aus. Einer der auffälligsten ist der gleichmäßig geformte flache Kegel der Kollóttadyngja mit einer Basisfläche von 50 km². Sie überragt als 1180 m hoher Berg ihre Umgebung um immerhin 550 m. Die südwestliche Begrenzung der Wüste bildet die schon erwähnte Trölladyngja. Sie förderte insgesamt 15 km³ Lava und baute einen Kegel bis zu einer Höhe von 1460 m auf, der sich genauso wie die Kollóttadyngja 550 m über seiner Basis erhebt. Die Grundfläche des Vulkans mißt fast 80 km². Seine Lavamassen bedecken 465 km².

Die meisten Laven sind über 5000 Jahre alt. Trotzdem ist ihre Oberfläche kaum verwittert. Nur in einigen Nischen oder Winkeln sind Pflanzen zu entdecken. Obgleich in Zentralisland genug Niederschlag fällt, ist die Oberfläche der Lavafelder trocken. In den vielen Spalten und Klüften der noch jungen Lavaströme verschwindet das Niederschlagswasser sofort. Nur vom Außenrand der Dyngjufjöll fließen einzelne kurze Bäche nach Norden, die aber an der Grenze zu den Lavafeldern im Untergrund versickern. Das Gebiet des Ódáðahraun ist also eine Wüste, deren trockener Charakter nicht durch den Mangel an Niederschlägen, sondern durch die Durchlässigkeit des Gesteinsuntergrundes bedingt ist. In der Wissenschaft werden solche Trockengebiete als ›edaphisch‹ (vom Boden) bedingte Wüsten bezeichnet.

Aber auch in diesen Wüsten gibt es Oasen. Nämlich dort, wo das versickerte Wasser wieder zum Vorschein kommt. Die größte Oase befindet sich am Ostrand der von der Kollóttadyngja stammenden Lavafelder bei Herðubreiðarlindir, bei den ›Herðubreið-Quellen‹. Direkt am Abbruch der Lava zur Jökulsá á Fjöllum kommt das im klüftigen Untergrund versickerte Regen- und Schmelzwasser als Quellwasser der Lindaá wieder zum Vorschein. Die Vegetation von Herðubreiðarlindir verdeutlicht, wie grün diese Landschaft bei günstigeren Bodenverhältnissen sein könnte. Die Ufer der Quellbäche umsäumt ein regelrechtes Gestrüpp mit buschartigen Weiden und den großen Stauden der Angelica oder der Echten Engelwurz (Abb. 38). Es gedeihen hier die gleichen Pflanzenarten wie in Mitteleuropa auf Fettwiesen, Wiesen und in sumpfiger Umgebung. Auf den Sandanwehungen trifft man den Strandroggen an, auf den Schotterfluren blüht während der Sommermonate eine großblütige Weidenröschenart (Epilobium [Chamaerion] latifolium; Farbabb. 23). Eine weitere Oase befindet sich etwa sieben Kilometer flußabwärts an der Quelle der Grafarlandaá (Grafarlönd). Bis zum 17. Jh., als die ›Kleine Eiszeit‹ ihren Höhepunkt erreichte, verlief die Reiseroute vom Süden zum Osten der Insel über die Lavafelder des Ódáðahraun

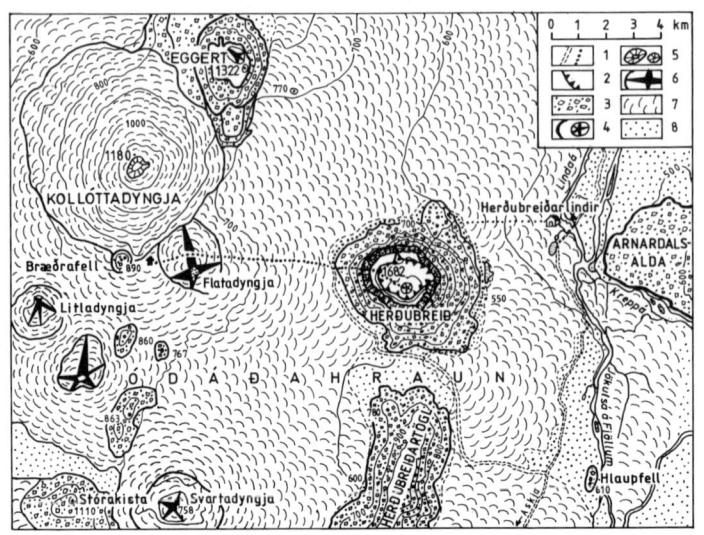

Geologische Skizze
der Umgebung von
Herðubreiðarlindir
1 Pisten bzw. Pfade
(z. T. markiert)
2 Firnfeld
3 Eiszeitliche Aus-
bruchsmassen
(Palagonittuffe und
-breccien)
4 Tafelberg (Herðu-
breið, Eggert)
5 Gipfelkrater (Kol-
lóttadyngja)
6 Kleinere Schildvul-
kane (außer Kollót-
tadyngja)
7 Nacheiszeitliche
Basaltlava
8 Sedimente

und durch die Flußniederung mit den Oasen. Die Benutzung dieser Route wurde im 17. Jh. eingestellt, da man befürchtete, von Geächteten überfallen zu werden. Die Bauern ließen sich dagegen nicht abhalten, mit ihren Schafen die Oasen von Herðubreiðarlindir und Grafarlönd nach dem Zusammentreiben im Herbst aufzusuchen. Aus dem 18. Jh. ist bekannt, daß sich der Gesetzlose Fjalla-Evindur während des Winters 1774/75 in Herðu-breiðarlindir aufgehalten hat. Seine Situation war nahezu ausweglos. Für ein wärmendes Feuer fehlte das Holz. Er ernährte sich von rohem Pferdefleisch und Angelica-Wurzeln.

Heute ist Herðubreiðarlindir Ausgangsstation für Unternehmungen in die Missetäter-Wüste und zur Askja. Der Isländische Touristenverein unterhält hier eine unbewirtschaftete Gebirgshütte für 30 Personen. Für weitere Übernachtungen steht ein Campingplatz unmittelbar neben der Hütte zu Verfügung. Weitere Hütten befinden sich am Ausgang der Drachenschlucht am Ostrand des Askja-Massivs sowie eine Hütte für zehn Personen bei der Anhöhe Bræðrafell am Südhang des Schildvulkans Kollóttadyngja.

Somit ist die Gelegenheit gegeben, die wichtigsten Vulkane und Vulkanformen dieser Region zu besuchen und zu studieren. Bei Wanderungen über Lavafelder ist zu beachten, daß es in der Wüstenlandschaft kaum oder kein Wasser gibt. Aus diesem Grunde ist es bei mehrstündigen Touren unbedingt angeraten, Trinkwasser mitzunehmen. Auf den Lavafeldern sollte man sich strikt an die Markierungen halten. Die Wege führen über ein Labyrinth aufgewölbter Schollen und Senken. Nur zu leicht kann man bei dunstigem oder gar nebligem Wetter in diesen basaltischen Irrgärten die Orientierung verlieren und durch beschwerliche Märsche an den Rand der Erschöpfung gelangen.

Bei einer Besteigung der Palagonitberge, wie zum Beispiel der Herðubreið oder des Eggert, lauern besondere Gefahren. Die Gesteinsmassen lagern sehr locker, so daß man

2   Blick vom Gjátindur (Eldgjá) auf das Vorland des Vatnajökull
◁ 1   Stricklava nördlich des Tafelberges Herðubreið (Missetäterwüste)
   3   In der Wüstenlandschaft von Möðrudalsfjallgarðar zwischen Mývatn und Egilsstaðir

4 Das Vesturhorn an der Südostküste nahe Höfn

6 Die Oase Herðubreiðarlindir mit dem Tafelberg Herðubreið ▷

5 Im Arnarfjörður (Nordwest-Halbinsel)

8   Buckelwiesen (Þúfur) im Norden der Halbinsel Melrakkaslétta
◁ 7   Felsformen der Jüngeren Laxá-Lava im Mývatn
9   Rhacomitrium-Heide im Breiðdalur (Austfirðir)

10   Pseudokrater auf dem Eldhraun (Landbrothólar, Südisland)

11   In der Kieswüste des zentralen Hochlandes östlich des Hofsjökull

12   Sedimentstrukturen auf dem Eis des Skeiðarárjökull (Südisland)

13   Kare und Grate im Bergland von Tröllaskagi (Skiðadalur, Nordisland)

15 Heringsverarbeitung in Neskaupsstaður (Austfirðir)
◁ 14 Basaltstrukturen im Brandungsbereich (Arnarstapi, Snæfellsnes)
16 Fischerort Neskaupsstaður in der Plateaubasaltlandschaft der Ostfjorde

17 Vulkanausbruch auf Heimaey im Januar 1973. Aschebedeckte Häuser vor dem Lavastrom

19 Heimaey 1973. Vom Lavastrom zerdrücktes Haus ▷

18 Vulkanausbruch auf Heimaey. Die anfängliche Spalteneruption am 23. Januar 1973

gerade unter Steilhängen einer ständigen Steinschlaggefahr ausgesetzt ist. Eine Besteigung der Herðubreið ist bei gutem Wetter ein großartiges Erlebnis. Es sollte aber bei der Planung einer solchen Unternehmung bedacht werden, daß dieser schöne Tafelberg nur vom Westhang her über lockere Schutthalden bestiegen werden kann und einige Anforderungen an die Kondition stellt. Die über die Halde erreichbare Gipfelplattform überragt ein 150 m hoher Schlackenkegel mit einem vereisten, ca. 30 m tiefen Gipfelkrater. Die Gipfelregion wurde bereits in subaerischer Tätigkeit aufgebaut, d. h. in einer Höhe von etwa 900 m über der Basis ragte der Vulkan Herðubreið aus der Gletschereisdecke. Auf den Wanderungen über die Lavafelder sind nur selten Pflanzen zu sehen. Kleine Nischen, Spalten oder flache Vertiefungen bieten ihnen nur soviel Schutz, um ein karges Dasein zu ermöglichen. Nur Pflanzenarten, die über ein weitverzweigtes und tiefgreifendes Wurzelsystem verfügen, wie beispielsweise die Krautweide, die Gewöhnliche Grasnelke (Farbabb. 24), das Stengellose Leimkraut (Farbabb. 22) oder der Rotschwingel, haben die Chance zu überleben.

Wer bis nach Herðubreiðarlindir vorgedrungen ist, sollte es nicht versäumen – wenn es die Witterung erlaubt –, die Askja aufzusuchen. Die Anfahrtstrecke ist ca. 40 km lang. Nur etwa drei Kilometer südlich der Oase nähert sich die Piste der Jökulsá á Fjöllum. Zwischen den Lavamassen liegen metergroße, gerundete Basaltblöcke, deren Herkunft ausländischen Besuchern rätselhaft erscheint. Die Blöcke sind von gewaltigen Wassermassen, vermischt mit Eisblöcken und Schutt, hierher transportiert worden; diese wurden nach einem Vulkanausbruch unter dem etwa 50 km entfernten Vatnajökull als Gletscherlauf freigesetzt und nahmen ihren Weg durch das Tal der Jökulsá. Für gewöhnlich beträgt die Abflußrate der Jökulsá auch bei normalem Hochwasser nicht mehr als 1000 m³/Sekunde. Bei derartigen katastrophenartigen Hochwassern kann die Abflußmenge auf das Hundertfache ansteigen.

Bereits bei Normalwasser ist die Jökulsá ein reißender Fluß. Sie stürzt sich in der Nähe der Hütte über eine etwa sechs Meter hohe Stufe in eine enge, ca. 20 m breite Schlucht, nachdem sie über flache Schotterebenen im Süden gependelt war. Weiter im Westen ragt am Horizont 600–800 m hoch das Vulkanmassiv der Dyngjufjöll mit der Askja aus der flachen Lava- oder Kieswüste auf. Am Fuß der Berge muß die zügige Fahrt über die mit hellen Bimsaschen bestreuten Ebenen auf Schrittempo reduziert werden, denn als einzige Zufahrt zum Inneren der Dyngjufjöll, der Askja, führt ein beschwerlicher Weg über den 1961 ausgeflossenen Lavastrom Vikrahraun. Es geht vorbei an ungewöhnlichen und bizarren Oberflächenformen, bis schließlich die weite, von Bergen begrenzte Ebene des Einsturzkessels der Askja erreicht ist. Sie gehört zu der Ruine eines wahrscheinlich interglazialen Vulkans mit dem Ausmaß eines kleinen Gebirges von 250–300 km² Grundfläche. Absenkungen im Bereich entleerter unterirdischer Magmenkammern ließen diese kesselförmige Landschaft mit aufragenden Randhöhen entstehen. Es ist eine Caldera, ein Einsturzkessel mit solchen Ausmaßen, daß eine Stadt von der Größe Krefelds (ca. 45 km²) in ihr Platz fände. Die isländische Bezeichnung ›Askja‹ (Schachtel) trifft genau die Form dieser Landschaft. In welcher Zeit und nach welchem Ausbruch dieser große Kessel entstand, ist unbekannt. Nach einer längeren Ruhepause setzte am 29. März 1875 die vulkanische Tätigkeit wieder mit einem gewaltigen Ausbruch ein. Aus einem nur etwa 100 m weiten Kraterloch, dem Víti, wurden inner-

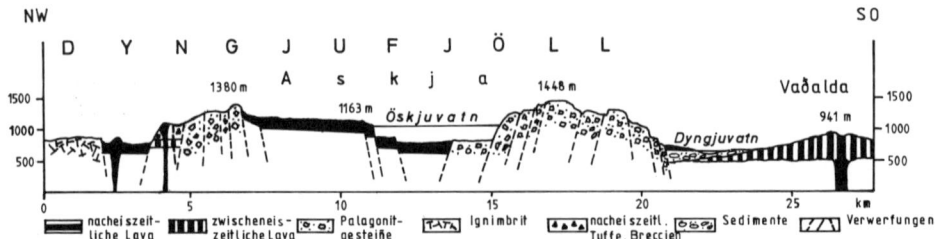

Geologisches Nordwest-/Südostprofil durch die Dyngjufjöll (nach van Bemmelen u. Rutten 1955)

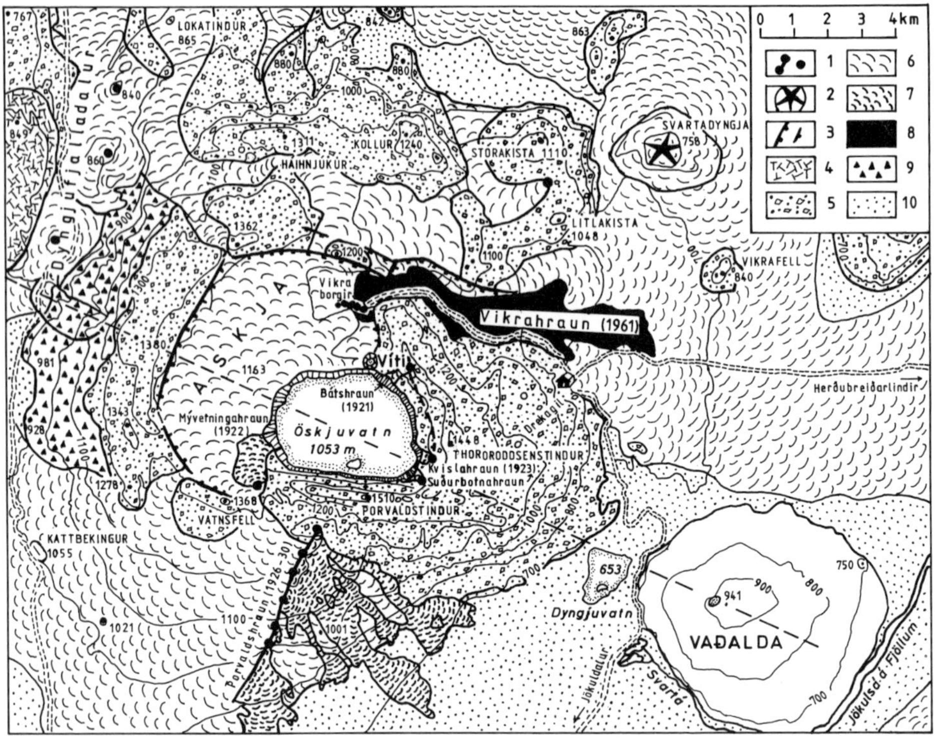

Geologische Skizze von den Dyngjufjöll und ihrer Umgebung (z. T. nach Þ. Einarsson 1962) 1 Ausbruchspunkte bzw. -spalten 2 Schildvulkan 3 Verwerfung 4 Ignimbrit (fest verbackene Glutwolkenabsätze) 5 Eiszeitliche Ausbruchsmassen (Palagonittuffe und -breccien) 6 Nacheiszeitliche Basaltlava verschiedener Herkunft 7 Basaltlava von 1921–30 8 Vikrahraun (1961) 9 Nacheiszeitliche Auswurfsmassen 10 Sedimente halb von wahrscheinlich nur zwölf Stunden ca. 2 km³ Bimsasche bis zu 30 km hoch empor-geschleudert, so daß sie ihren Weg über die höhere Atmosphäre nach Osten nahmen und in Norwegen am 29. März um 19 Uhr sowie in Stockholm am 30. März um 10 Uhr vormittags niederfielen. Die hellen Bimsaschen findet man heute noch in unmittelbarer Umgebung der Askja bis Herðubreiðarlindir. Weiter im Osten und Nordosten bedeckten sie große Flächen des genutzten Landes und machten es unbrauchbar. Viele Bauern mußten damals ihr Land verlassen und wanderten hauptsächlich in die USA aus. Nach diesem Ausbruch war der Untergrund aber noch nicht zur Ruhe gekommen. In der Folgezeit sank neben dem Förder-schlot Víti allmählich der Boden ein. Der dabei entstandene Kessel der kleinen Caldera (11 km²) füllte sich bis zu Beginn dieses Jahrhunderts mit Wasser auf. Heute befindet sich dort der 220 m tiefe Öskjuvatn (Islands tiefster See). Bis zur Tätigkeit der Vikraborgir im Jahre 1961 ereigneten sich am Ostrand der Askja zwischen 1921 und 1930 fast unbemerkt einzelne kleinere Ausbrüche. Kleinere Lavaströme künden von dieser Tätigkeit.

Der südöstliche Teil der Missetäter-Wüste ist mit den auch in historischer Zeit noch tätigen Kverkfjöll am Nordrand des Vatnajökull erreichbar. Genau zwischen den beiden großen Loben des Brúar- und des Dyngjujökull ragen diese Vulkanberge bis zu einer Höhe von 1920 m auf. Die stark zerklüfteten Berge sind mit vielen kleinen Kratern bedeckt. Vulkanische Aktivitäten hat es hier in den Jahren 1477, 1655, 1684, 1711, 1717, 1726 und 1729 gegeben, wobei auch Gletscherläufe ausgelöst wurden, unter denen besonders 200 km weiter im Norden die im Gebiet des Axarfjörður lebenden Menschen zu leiden hatten. Offensichtlich steht auch die vulkanische Tätigkeit der Kverkfjöll in einem Zusammenhang mit den Ausbrüchen nordöstlich von Mývatn in der Zeit von 1724–29. Besucher werden in diesem Gebiet besonders von den Thermalquellen von Hveradalur auf einer Fläche von 10 km² angezogen. Die Heißwasseraustritte erstrecken sich bis unter den Gletscher.

Im Südwesten des Vatnajökull lehnen sich in der aktiven Vulkanzone die Vulkanbauten noch stärker an die tektonischen Strukturen an als im Norden. Hier herrscht die Südwest-Nordost-Richtung vor. Tafelberge und Schildvulkane fehlen in dem Gebiet zwischen dem Vatnajökull und der Þjórsá-Mündung im Süden Islands.

Vulkane im Süden

Von keiner Region des Landes ging eine größere Gefahr für die Bevölkerung aus als vom südöstlichen Ausläufer der aktiven Vulkanzone, der vom Nordwestrand des Vatnajökull in einem ca. 30 km breiten Streifen bis zum Mýrdals- und zum Eyjafjallajökull reicht und auf die Westmänner-Inseln übergreift. An den Ausbrüchen waren und sind hauptsächlich fol-gende fünf Vulkantypen beteiligt: Der rückenförmige Zentralvulkan Hekla, die unter dem Eis versteckten Zentralvulkane Öræfajökull, Grímsvötn, Katla und Eyjafjallajökull, das Torfajökull-Massiv (Fjallabak) mit seinen Obsidianströmen und hellen Rhyolithbergen (Farbabb. 28), das grundwasserreiche Gebiet der Veiðivötn mit seinen Maaren sowie Spalten mit der Förderung immenser Mengen basaltischer Lava.

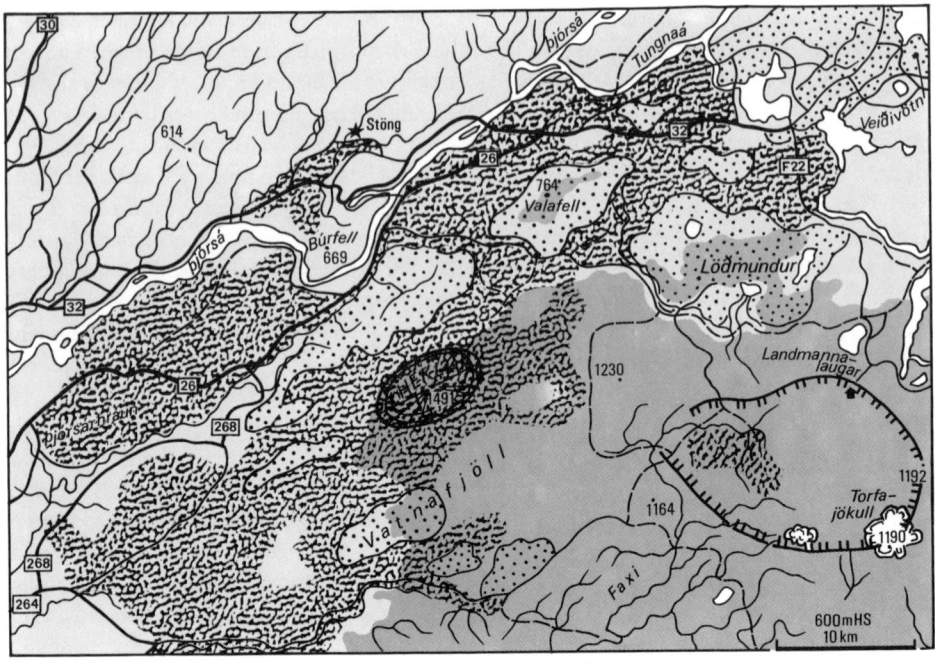

Vulkanlandschaften der Hekla und des Torfajökull-Massivs (Fjallabak)

In dem gesamten umrissenen Gebiet mit den von Südwesten nach Nordosten verlaufenden geologischen Strukturen ruhte auch während der letzten Eiszeit die Ausbruchstätigkeit nicht, wie subglaziale Rücken parallel zum Verlauf der oberen Tungnaá, einem Nebenfluß des längsten isländischen Flusses, der Þjórsá, belegen. In dieser Region, dem ›Tungnaá-Streifenland‹, förderten vor rund 7000 Jahren Spalten in der Umgebung der Vatnaöldur 15 km³ basaltischer Lava. Kein Vulkan auf der Erde förderte in der Nacheiszeit eine größere Menge. Die ausfließenden Schmelzmassen vereinigten sich zu einem 150 km langen Lavastrom, der, seinen Weg durch das Þjórsá-Tal nehmend, in Südwestisland bis an das Meer vordrang. In dieser vorgeschichtlichen Zeit waren bereits die Zentralvulkane aktiv. Aus Bimsascheschichten, die man hier überall in den Böden vorfindet, weiß man, daß die Hekla nachweislich einen Ausbruch vor 6000 Jahren hatte. Ihr Ursprung reicht bis in die letzte Eiszeit zurück. Sie ist also mindestens 12000 Jahre alt. Nach neuesten Forschungsergebnissen soll der Ursprung des vor 300 Jahren noch aktiven Torfajökull-Massivs sogar fast zwei Millionen Jahre zurückliegen. Damit wäre das Massiv der älteste, aber noch aktive Vulkan in Island. Die Aktivitäten haben in diesem Zweig der aktiven Vulkanzone noch bis in dieses Jahrzehnt mit Ausbrüchen der Hekla angedauert. Diese abenteuerliche und unbewohnte Landschaft kann in einer einwöchigen Fahrt von Reykjavík aus erkundet werden.

Die Hekla

Wenn man den bekanntesten Vulkan dieser Region, die 1491 m hohe Hekla, von der Hauptstadt aus aufsuchen will, sollte man den Weg über die Landschaft von Þingvellir nehmen, um sich bereits dort mit den vulkanischen und tektonischen Verhältnissen der Insel vertraut zu machen. Östlich des Þingvallavatn taucht bei guter Sicht in Höhe des Laugarvatn am südöstlichen Horizont aus einer hügeligen Landschaft der schneebedeckte Rücken der Hekla (die Haube) auf. Die längliche, einem umgekippten Ruderboot gleichende Form deutet schon an, daß ihre Ausbruchstätigkeit auf einer Spalte, der 5,5 km langen Heklugjá, begann. Seitdem haben mindestens 20 Ausbrüche auf der aus subglazialen Tuffen bestehenden Basis diesen weithin sichtbaren rückenartigen Zentralvulkan aus Lava und Lockermassen aufgebaut. Das Alter ihrer ersten Lavaergüsse ist unbekannt. Bänder aus feinen hellen Bimsaschen in lößartigen Böden belegen in vielen Landesteilen, daß die Hekla vor 6000, 4200, 2800, vor 2000–1500 Jahren und 1104 n. Chr. aktiv war. Über den letzten dieser Ausbrüche existieren bereits Aufzeichnungen, denn es waren zum ersten Mal auch die Menschen von der unheilbringenden Tätigkeit der Hekla betroffen. Während dieses schwersten Bimsausbruchs in Island wurden insgesamt etwa 2,5 km^3 Asche emporgeschleudert und legten sich über große Teile der Insel. Im Norden, ca. 220 km vom Ausbruchspunkt entfernt, war die Ascheschicht noch zehn Zentimeter dick. Die niederfallenden Aschen machten bis zu einer Entfernung

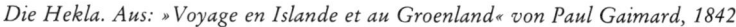

Die Hekla. Aus: »Voyage en Islande et au Groenland« von Paul Gaimard, 1842

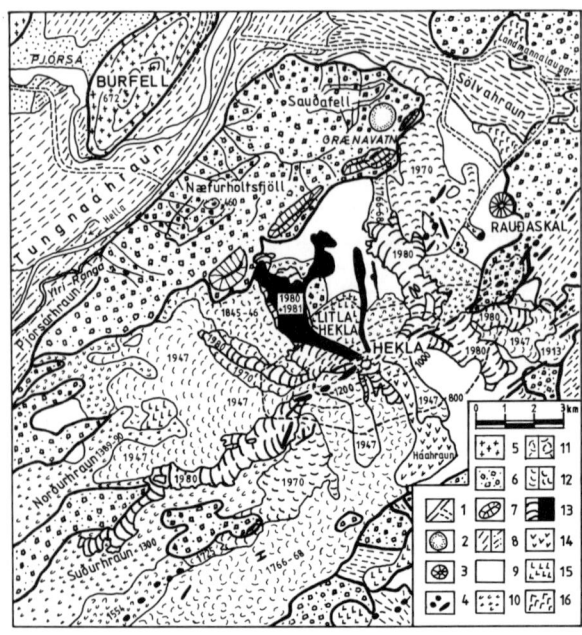

Geologische Skizze der Hekla und ihrer Umgebung (nach Þórarinsson 1970 u. Bárðarson 1982) 1 Straßen und Pisten 2 See 3 Markanter Vulkankegel 4 Förderschlote und -spalten 5 Älterer Basalt (Jungtertiär bis Altpleistozän) 6 Eiszeitliche Ausbruchsmassen (Palagonittuffe und -breccien) 7 Markante Palagonitrücken 8 Nacheiszeitliche Laven aus der Umgebung der Hekla 9 Nacheiszeitliche Gesteine der Hekla 10–13 Laven der Hekla aus historischer Zeit (10 = älter als 18. Jh., 11 = Laven aus dem 18. und 19. Jh., 12 = Laven von 1947 und 1970, 13 = Laven von 1980 und 1981) 14 Saure Lava der Hekla 15 Auswurfsmassen außer Bims 16 Bims. Die punktierten Partien an der Þjórsá sind Sedimente

von 70 km nördlich des Vulkans das Weideland unbrauchbar. Viele Gehöfte wurden vernichtet oder mußten aufgegeben werden (siehe Abb. 28 und 30).

Auch die Ausbrüche in der Folgezeit brachten Tod und Entbehrungen für die in der Nähe lebende Bevölkerung. Häufig stellten sich Hungersnöte auch in größerer Entfernung zum Vulkan ein, da giftige Aschen die Weiden unbrauchbar machten und die Weidetiere zugrunde gingen. Aus dem Mittelalter muß neben dem beschriebenen der Ausbruch von 1300 hervorgehoben werden. Etwa ein Jahr lang dauerten die Eruptionen und verursachten mit einem Aschewurf von 500 Millionen m³ Bims so große Schäden, daß im Winter 1300/01 rund 500 Menschen verhungerten. Im 18. Jh., dem Jahrhundert des Hungers und der Naturkatastrophen, leistete auch die Hekla von 1766–68 ihren unheilvollen Beitrag. In den zwei Jahren ihrer Tätigkeit flossen 1,3 km³ Lava aus. Das ist die zweitgrößte geförderte Lavamenge in der Geschichte Islands. Die Menge der ausgeworfenen Aschen war nur wenig geringer als 1300. Vor allem unter den Haustieren gab es große Verluste. Wegen ihrer häufigen und heftigen Ausbrüche war die Hekla schon im ausgehenden Mittelalter auf dem europäischen Kontinent bekannt. Es umgab sie der Hauch des Unheimlichen, des Mystischen. Einige Autoren verglichen sie mit dem Ätna. Dieser solle allerdings im Vergleich zu dem Vulkan im hohen Norden nur ein kleiner Schornstein gewesen sein.

Der letzte große explosive Ausbruch begann am 29. Mai 1947. An der Nordostflanke öffnete sich eine Spalte, aus der nach einer Stunde eine mit Aschen gefüllte Explosionswolke

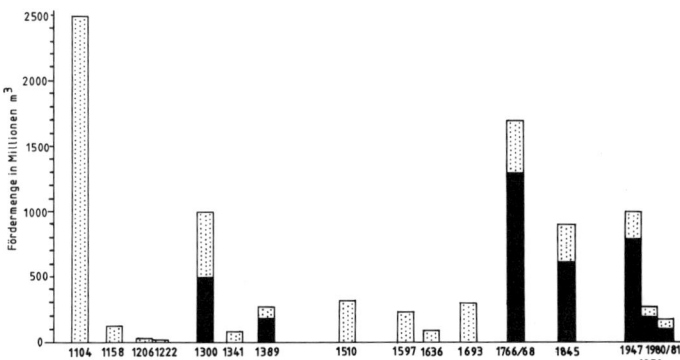

Die Aktivität der Hekla in historischer Zeit mit Fördermengen (schwarz: Lava, weiß: Auswurfsmassen) der einzelnen Ausbrüche (nach Þórarinsson 1967)

bis in eine Höhe von 30000 m aufgestiegen war. Die Aschen verdrifteten erst nach Süden, nahmen dann ihren Weg nach Osten und erreichten nach 52 Stunden Helsinki. Der Lärm der Detonationen wurde bis nach Grímsey im Norden Islands (Entfernung ca. 300 km) gehört. Nach Beendigung der Ausbruchstätigkeit bedeckte Lava eine Fläche von 40 km², 0,2 km³ Aschen verteilten sich auf 3130 km². Es war der größte isländische Ausbruch in diesem Jahrhundert. Der angerichtete Schaden hielt sich in Grenzen: Nur zwei Gehöfte mußten für mehrere Monate verlassen werden. Unerwartet öffneten sich 23 Jahre später, am 5. Mai 1970, an den Flanken der Hekla Spalten, die zunächst Aschen und dann Lava förderten. Zwei Monate später war die Tätigkeit beendet. Die folgende Pause dauerte nur zehn Jahre. Am 18. August 1980 setzte ein Ausbruch ein, der den gesamten Gipfelkamm erfaßte. Aber nur vier Tage später war der Spuk wieder beendet. Dabei waren 100 Millionen m³ Lava ausgeflossen. Vom 9. bis 16. April 1981 wurde noch einmal die Tätigkeit mit Explosionen und Lavaergüssen aufgenommen. Zurück blieben auf 6 km² drei Lavaströme. Offensichtlich waren diese Ausbrüche eine Fortsetzung der Tätigkeit von 1980.

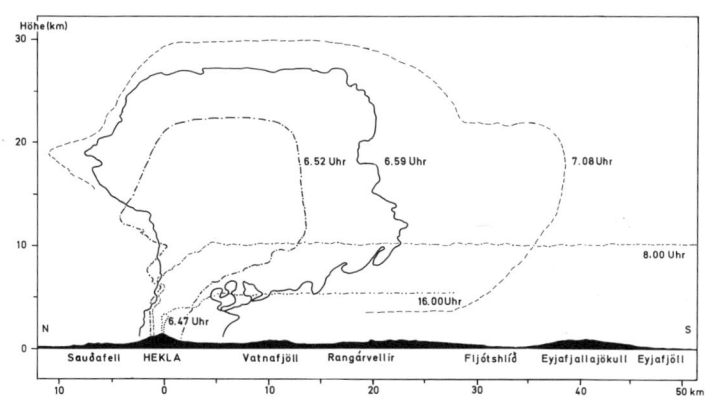

Hekla-Ausbruch 1947. Die Ausbreitung der Explosionswolke (nach Þórarinsson 1954)

71

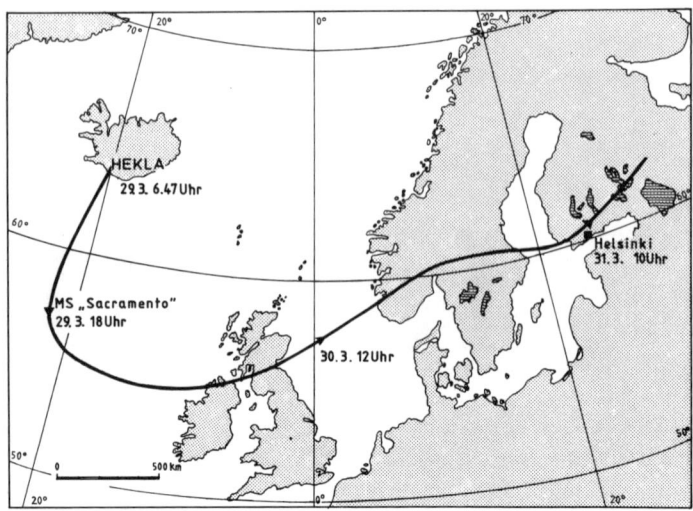

*Hekla-Ausbruch 1947.
Der Weg der vulkanischen Aschen von
Island zum europäischen Festland (nach
Þórarinsson 1954)*

Die Hekla hatte in historischer Zeit insgesamt 17 Ausbrüche. Sie förderte vorwiegend rhyolithische Bimsaschen sowie basaltische und kieselsäurereichere dacitische und andesitische Laven.

Das Torfajökull-Massiv (Fjallabak)

Fast an die Hekla grenzt im Osten das attraktive Bergland von Fjallabak oder das Vulkanmassiv von Torfajökull. Man gelangt in diese farbenfrohe Landschaft, wenn man vom Kraftwerk Búrfell nördlich der Hekla nach Osten fährt. Nach etwa 40 km wird die überwiegend dunkle Färbung des Untergrunds von einer mit ihren Bergspitzen alpin anmutenden, hellen Gebirgslandschaft abgelöst. Das Dunkelgrau bis Schwarz des Basaltes geht unvermittelt in helle gelblich braune oder rötliche und grüne Farbtöne rhyolithischer Gesteine über. Es ist das größte Vorkommen dieser Gesteinsart in Island und gehört zu einem großen Zentralvulkan, dem Torfajökull-Massiv, mit einem Durchmesser von ca. 20 km. Erst seit kurzem wird von den Geologen angenommen, daß das Gebiet von Fjallabak ein gewaltiges Einsturzbecken ist, das zu einem 150 km² großen, rund zwei Millionen Jahre alten Vulkanmassiv gehört. Seine Tätigkeit begann damit schon zu Beginn des Eiszeitalters und hat auch während der fast vollständigen Vergletscherung Islands – also auch unter dem Eis – fortgedauert. Der letzte Ausbruch liegt mit dem Ausfluß des Obsidianstromes Nýjahraun (neue Lava) erst 300 Jahre zurück. Daß hier der Aufruhr im Erdinneren noch nicht zur Ruhe gekommen ist, wird besonders in der Umgebung von Landmannalaugar (Landmännerbad), dem Zentrum dieser außergewöhnlichen Landschaft, ersichtlich. An vielen Stellen dampft es aus der Erde. Selbst ein Bach wird so gut beheizt, daß man dort trotz kühler Außentemperaturen baden kann.

Das Stadium abklingender vulkanischer Tätigkeit zeigt sich nicht nur in einer Vielzahl von Heißwasserquellen, sondern auch in der Aktivität von Solfataren. Vielleicht sind es nur die Nachwehen der letzten Ausbrüche, denn es kann in dieser Region keinesfalls ausgeschlossen werden, daß der Vulkanismus wieder auflebt. Wenn man sich das Torfajökull-Massiv genauer anschauen will, sucht man am besten Landmannalaugar auf.

Für einen Überblick ist die Besteigung des 943 m hohen Bláhnúkur (Blauspitze) zu empfehlen. Er erhebt sich unmittelbar südlich der Hütte und fällt wegen seiner bläulichgrünen Färbung in der Landschaft mit vorwiegend gelblichen Bergen auf. Er ist genauso wie Loðmundur, die Mógilshöfðar und die Brennisteinsalda (die Schwefelspitze) westlich Landmannalaugar ein ehemaliger subglazialer Vulkan. Bei gutem Wetter bietet sich vom Bláhnúkur eine überwältigende Aussicht. Allein neun Gletscher sind zu sehen. Der schönste Ausblick ist in Richtung Norden. Über den Obsidianstrom Laugahraun (Badlava) hinweg, dessen Fließstrukturen erst aus dieser Entfernung erkennbar werden, ragen die bräunlichgelben Spitzen des Torfajökull-Massivs auf. Gleichartige Bergformen erheben sich am Horizont mit den ebenfalls rhyolithischen Kerlingarfjöll. Dahinter wölbt sich in einer Entfernung von etwa 80 km der uhrglasförmige Hofsjökull.

Ebenfalls den Aufstieg lohnend ist der einstündige Weg auf die Brennisteinsalda (Farbabb. 28). Der Zugang erfolgt durch die Schlucht Grænagil auf den 30–50 m hohen Obsidianstrom Laugahraun mit einem Labyrinth meterhoher, dunkel glänzender Obsidianblöcke. Eine Viertelstunde muß man sich auf den gewunden verlaufenden Weg konzentrieren, dann öffnet sich das Blockmeer, und es taucht, von Dampfwolken bereits angekündigt, ein Solfatarenfeld in den verschiedensten Farben auf. Hinter den Solfataren steigt das Gelände zur Brennisteinsalda an. An ihrem südlichen Hang ist jetzt deutlich mit steil aufgetürmten Schollen der Ausbruchspunkt des Obsidianstroms zu erkennen. Der Aufstieg führt an ihm vorbei auf den 855 m hohen Gipfel. Die starke hydrothermale Aktivität mit dem Zersatz der Gesteine durch aggressive Wässer und Dämpfe ist einer der wesentlichen Gründe, warum die Berge hier in verschiedenen Farben leuchten. Im Kontrast zu ihnen steht nur das einheitliche Schwarz der zerklüfteten Obsidianströme. Das Laugahraun brach wahrscheinlich mit anderen Obsidianströmen auf einer langen Spalte um 1480 aus.

In der nördlichen Nachbarschaft von Landmannalaugar ergoß sich von einer kleinen Schulter der Obsidianstrom Námshraun. Nach Norden mündet er in den Frostastaðavatn. Einige hundert Meter weiter im Nordosten befindet sich ein trogförmiger Krater, das Maar Ljótipollur (das häßliche Loch). Es ist ein Zeichen dafür, daß die Ausbrüche in dieser Region nicht nur ruhig abliefen, sondern daß auch Explosionen riesige Kraterlöcher ausräumten. Die heißen aufdringenden basaltischen Schmelzmassen waren mit dem reichlich vorhandenen Grundwasser der Tungnaá-Niederung in Kontakt geraten und explodiert. Derartige Ausbrüche sind vorwiegend aus der Zeit um 150 bzw. 900 n. Chr. bekannt.

Die Vegetation konzentriert sich auf die bereits etwa 500 m hoch gelegenen Flußniederungen. Die bis zu einer Höhe von etwa 1200 m aufragenden Rhyolithberge sind meistens kahl.

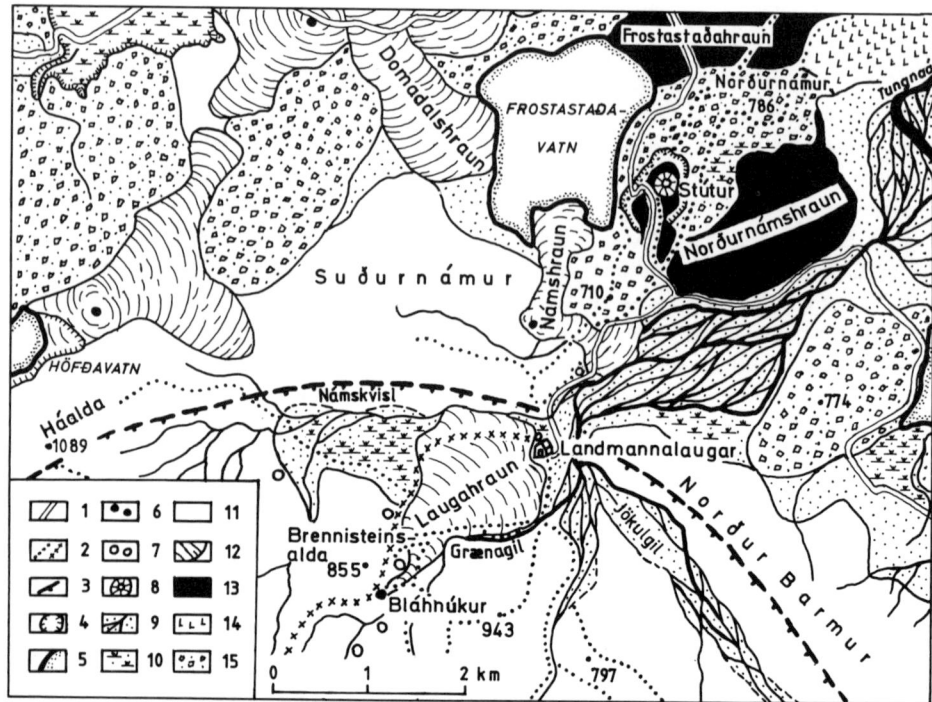

Geologische Skizze der Umgebung von Landmannalaugar am Nordrand des Torfajökull-Massivs (z. T. nach Schwarzbach 1964) 1 Pisten 2 Pfade bzw. markierte Wege 3 Verwerfung bzw. Abbruchlinie der Caldera 4 Überschwemmungsgebiet eines Sees 5 Seen 6 Ausbruchszentren 7 Solfataren, Heißwasserquellen 8 Schlackenkegel (Stútur) 9 Sedimente 10 Bewachsene Flächen 11 Rhyolithische Gesteine außer Obsidian 12 Obsidianströme 13 historische Basaltlava 14 basaltische Auswurfsmassen 15 Eiszeitliche Ausbruchsmassen (Palagonittuffe und -breccien)

Basaltische Anhöhen sind an ihrer Basis häufig mit dichten Moospolstern bewachsen. In dieser entlegenen Landschaft halten sich als Einsiedler der Singschwan, der Eistaucher, der am Frostastaðavatn und dem Kirkjufellsvatn nistet, sowie das Odinshühnchen auf. Gelegentlich wurde in dieser Einöde sogar die farbenprächtige Kragenente beobachtet.

Das Wetter in den südlichen Bergländern ist dafür bekannt, daß es sich schnell ändert. Selbst während der Sommermonate stellen sich Witterungsverhältnisse ein, die in unseren Breiten manchmal nur dem Winter vorbehalten sind. Aus diesem Grunde ist es auch in Island unbedingt notwendig, sich an die vorgeschriebenen Routen zu halten; denn Temperaturstürze, plötzlich auftretende Stürme, Nebel, Regen und sogar Schnee können den Wanderer innerhalb kurzer Zeit überraschen. Folgt man den geologischen Strukturen nach Nordosten, gelangt man über eine Piste in das Gebiet der Veiðivötn (Fischfangseen). Es ist als Seenlandschaft ein Vulkangebiet von besonderem Reiz. Im Gegensatz zum Torfajökull-Massiv kamen hier nur basaltische Magmen zum Ausbruch.

Die Krater- und Seenlandschaft der Veiðivötn

Eingebettet zwischen den beiden großen Gletschern Vatnajökull und Mýrdalsjökull finden die Wüsten des zentralen Hochlandes ihre Fortsetzung im ›Tungnaá-Streifenland‹ (Abb. 2). Die Landschaft erhält einen freundlicheren Charakter durch eine Vielzahl von Seen mit bewachsenen Ufern, so daß schon fast von einer Oase in der unwirtlichen Umgebung erloschener Vulkane gesprochen werden kann. Die Veiðivötn erstrecken sich über ein Gebiet von 20 km Länge und vier Kilometern Breite. Sie werden im Süden von steilen Palagonitrücken begrenzt, und im Norden baute sich vor etwa 7000 Jahren die eindrucksvolle Kraterreihe der Vatnaöldur auf, die Quelle der Þjórsá-Laven. Die meisten Seen sind Maare oder Kraterseen. Das Gebiet der Veiðivötn ist ideal für das Studium des jüngeren basaltischen Vulkanismus. Die vulkanische Aktivität begann mit einfachen Eruptionen auf Spalten. Größere Explosionen schufen schließlich auf einer Gesamtlänge von 40 km eine Reihe von Kratern, deren Fördertätigkeit mit dem Ausfluß von Lava abschloß. Pseudokrater auf den Lavaströmen weisen darauf hin, daß sich die heißen Schmelzmassen über feuchten oder gar nassen Untergrund bewegten und explodierten. Zeugnisse vieler explosiver Ausbrüche sind als typische Bestandteile dieser Landschaft die Maare. Die letzten Explosionen erfolgten in der Tungnaá-Niederung vor etwa 500 Jahren. Obwohl über die Ausbrüche nirgends berichtet wird, ist es ziemlich sicher, daß einige erst im 15. Jh. stattfanden.

Die Landschaft erinnert in ihrem Aufbau sehr an die Umgebung des Mývatn, wenngleich hier die Vegetation in einer Höhe von 560–590 m weitestgehend fehlt und damit den idyllischen Charakter vermissen läßt. Nur geschützte Teile an den Seeufern sind mit Vegetation bestanden. Die Seenlandschaft bevölkern Enten, Singschwäne, der Rothalstaucher und der Eistaucher. In den westlichen Seen leben sogar Forellen. Eine Übernachtungsmöglichkeit bietet sich am Nordufer des Tjoldvatn. Weitere interessante Vulkanformen zeigen sich südlich von Landmannalaugar. Nach einer Fahrt durch eine Gebirgslandschaft, die manchmal wegen ihrer steil aufragenden Spitzen mit Schneefeldern an die Alpen erinnert und weiter im Südosten mit ihren bemoosten Höhen und den Terrassen ausgelaufener Seen typisch isländisch anmutet, gibt auf einmal das Gelände den Blick bis zum Vatnajökull und in eine gewaltige Schlucht frei.

Die Eldgjá – Der größte Eruptionsgraben der Erde

Diese etwa 20 km südlich der Veiðivötn gelegene Schlucht ist für einen Mitteleuropäer ein völlig ungewohnter Anblick. Sie ist etwa 5 km lang, bis zu 270 m tief und erstreckt sich von Südwest nach Nordost. Es ist der größte Eruptionsgraben der Erde, die Eldgjá (Feuer-

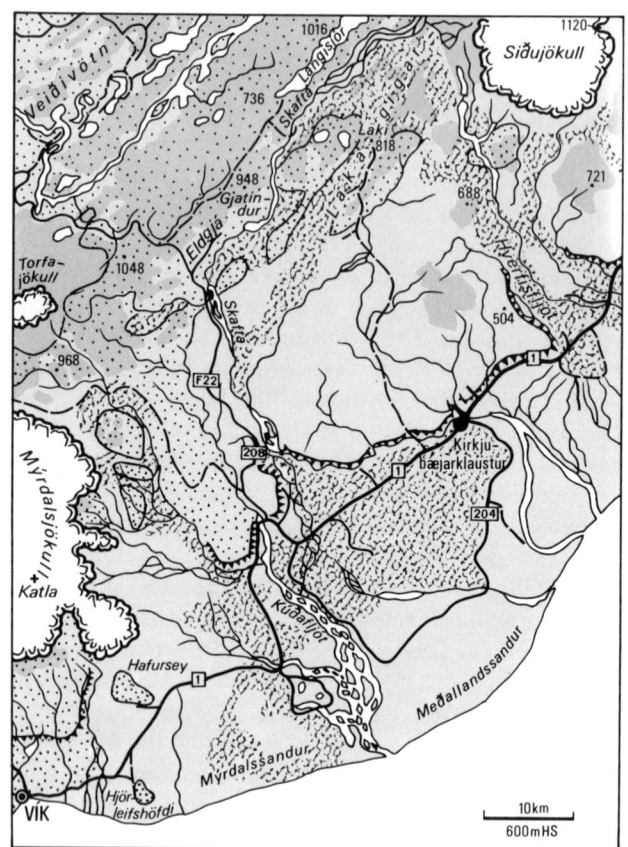

Südisland zwischen Vík í Mýrdal und Skaftafell mit Skaftáreldahraun und Eldhraun

schlucht; Farbabb. 6) und Bestandteil einer 30 km langen, vom Mýrdalsjökull im Südwesten bis zum abschließenden, 948 m hohen Gjátindur (Abb. 2) im Nordosten reichenden Spalte. Wahrscheinlich riß sie um 934 n. Chr. auf und zerteilte eine ganze Landschaft mit ihren Anhöhen, Tälern und Flüssen, so daß nun der Fluß Ófæra in sie hineinfällt und sie dort verläßt, wo nach der explosiven Tätigkeit ein Teil der unvorstellbaren Menge von 10 km^2 Lava (Eldhraun) ausfloß, die sich über große Teile Südislands, vor allem im Küstenvorland, ausbreitete und nun eine Fläche von etwa 900 km^2 bedeckt (Abb. 10). Ihre Verbreitung kann nur geschätzt werden, weil heute große Teile von dem Skaftáreldahraun, der Lava der Laki-Ausbrüche aus dem Jahre 1783, bedeckt werden, die für die Isländer katastrophale Folgen hatten. Es waren Spaltenausbrüche nordöstlich der Eldgjá in einem nur schwer zugänglichen Gebiet.

Die Laki-Spalte und die größte vulkanische Katastrophe in Island

Der Schauplatz des größten geschichtlichen Lavaausbruches auf der Erde befindet sich in der entlegenen, fast wüstenartigen Übergangsregion vom Küstenvorland Südislands zum zentralen Hochland. Am Pfingstsonntag (8. Juni) 1783 um 9 Uhr setzte die Ausbruchstätigkeit, die sich bereits durch mehrere schwache Beben in der zweiten Maihälfte und durch vulkanische Aktivitäten auf dem Reykjanes-Rücken angekündigt hatte, ein. Im Gebiet südwestlich des Síðujökull, einem Eisabfluß des Vatnajökull, stieg eine dunkle Rauchwolke auf. Sie war das Signal dafür, daß in der südwestlichen Fortsetzung des 818 m hohen subglazialen Vulkans Laki eine etwa 12 km lange Spalte aufgerissen war und gewaltige Aschenmengen in den Himmel gejagt wurden, die nach Nordwesten verdrifteten. Lavaströme flossen nach Südwesten ab, benutzten das Skafta-Tal als Abflußrinne und sogen mit ihrer Hitze den Fluß auf. Nach über einem Monat, am 12. Juli, war das Küstenvorland erreicht, wo die Lava fladenartig auseinanderfloß und große Teile des Meðallandssandur und der Landbrot-Region mit dem 850 Jahre älteren Lavastrom Eldhraun überflutete. Als die Lava am 20. Juli zum Stillstand kam – offensichtlich war die Ausbruchstätigkeit auf der Spalte südwestlich des Laki beendet – waren mehrere Anwesen verwüstet und aufgegeben. In dieser ersten, sechs Wochen dauernden Ausbruchsphase werden 10 km³ Lava von der Spalte ihren Weg nach Süden genommen haben. Es ist anzunehmen, daß dabei zeitweise eine Abflußmenge von 10 000 m³/sek erreicht wurde. Sie übertraf damit die Abflußraten der größten europäischen Flüsse in ihren Mündungsgebieten. Am 29. Juli begann sich nordöstlich des Laki eine zweite, gleich lange Spalte zu öffnen. Die Lavaproduktion setzte sich fort. Nun flossen die Schmelzmassen weiter im Osten ab und suchten ihren Weg durch das Tal des Hverfisfljót, der am 7. August fast völlig trockenfiel. Bis in den November hinein floß die Lava durch dieses Tal ab und breitete sich im Tiefland aus. Zwei Gehöfte fielen den Lavamassen zum Opfer. Ihre Entfernung vom Ausbruchsort betrug etwa 40 km. Letzte Aktivitäten wurden am 7. Februar 1784 beobachtet.

Schließlich blieb eine etwa 25 km lange Kraterreihe zurück. Sie ist dem allgemeinen Verlauf der geologischen Strukturen in dieser Region angepaßt und verläuft von Südwest nach Nordost. Die Anzahl der Laki-Krater (Lakagígar) kann nicht bestimmt werden. Es sind aber mehr als 100 Stück. Der größte von ihnen ist 120 m hoch und enthält einen Kratersee. Heute ist die Kraterreihe als Naturdenkmal geschützt. Die durch den Lavaausfluß verursachten Schäden waren im Verhältnis zu der gewaltigen Menge von 12 km³ gering. Im südlichen Vorland mußten 14 Gehöfte aufgegeben werden. Wesentlich schlimmer waren die Folgen, die sich aus der Förderung von 300 Millionen m³ Lockerprodukten, Säuren und Gasen ergaben. Lange Zeit lastete über Island ein bläulicher Dunst. Wahrscheinlich wurden 20 Millionen Tonnen Kohlendioxid und die gleiche Menge an schwefliger Säure gefördert. Unter der Einwirkung des Aschefalls und der Säure waren viele Weiden im Lande unbrauchbar geworden. Es verendete die Hälfte des Rinderbestandes in Island (10 263 Stück), von den Schafen wurden sogar mehr als drei Viertel getötet (186 638 Stück) und von den Pferden ging ungefähr der gleiche Anteil ein (27 256 Stück). Die Bevölkerung ging um 21,6 % von 48 884 im Jahre 1783 auf 38 363 im Jahre 1786 zurück. Der dichte Dunst ließ über Island kaum noch die Sonne durchkommen und wird die Ursache für einen außerordentlich harten Winter 1783/84 gewesen sein. Der fein in der Luft verteilte Staub hüllte aber nicht nur die Insel ein, sondern wurde weiter nach Osten und Süden getragen und umrundete die ganze Erde.

Viele Zeitungen berichteten von den Folgeerscheinungen auf dem europäischen Kontinent. Der ›Edinburgh Evening Courant‹ meldete am 13. August 1783, daß ein eigenartiger Nebel zwanzig Tage lang über größeren Teilen der Provence gelegen habe. Der Aschefall richtete im Norden Schottlands Ernteschäden an. Über den Niederlanden roch die Luft nach Schwefel, rief Entzündungen an den Augen und Schäden an den Pflanzen hervor. Für ein Studium der vulkanischen Ereignisse von 1783 ist als Ausgangsort Kirkjubæjarklaustur bestens geeignet. Die Besichtigung der Laki-Krater in ihrer menschenleeren Umgebung setzt eine etwa 50 km lange Fahrt mit einem geländegängigen Fahrzeug voraus.

Öræfajökull – Islands höchster Berg und größter Vulkan

Nur etwa 70 km östlich von Kirkjubæjarklaustur und von den Loben der ins Küstenvorland vorgedrungenen Lava von 1783 (Skaftáreldahraun) entfernt erhebt sich mit dem Öræfajökull

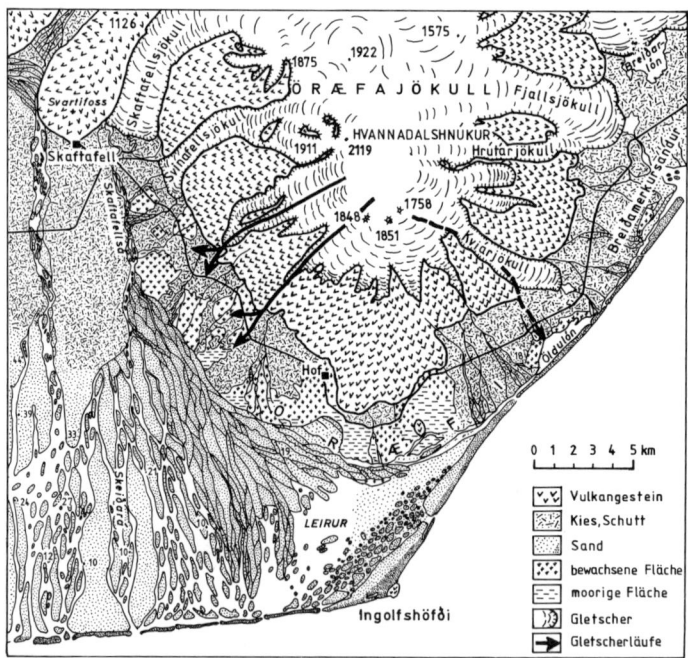

Der Zentralvulkan Öræfajökull und seine Umgebung mit Darstellung der während des Ausbruchs von 1362 ausgelösten Gletscherläufe (nach Thannheiser et al. 1983)

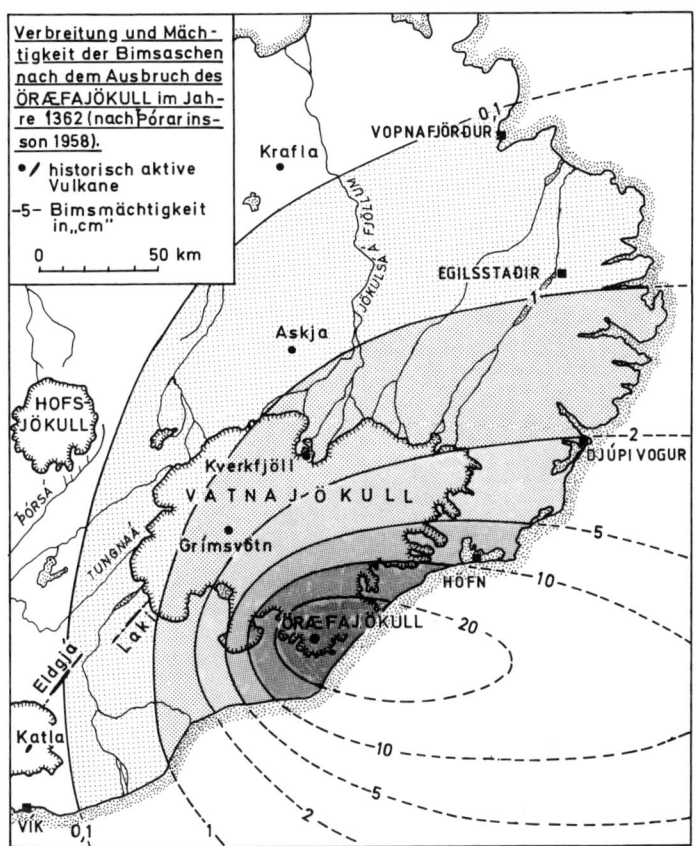

Verbreitung und Mächtigkeit der Bimsaschen nach dem Ausbruch des Öraefajökull

(Farbabb. 8) nicht nur der höchste Berg Islands (2119 m), sondern zugleich ein außerordentlich trügerischer Vulkan. Er war im Laufe der isländischen Geschichte zwar nicht so häufig aktiv wie die Hekla, stürzte aber mit seinem Ausbruch 1362 die Bevölkerung Südislands ins Verderben, wie etwa 400 Jahre später die Aktivitäten an der Laki-Spalte. Das Unglück stellte sich aber in einer völlig anderen Weise als am Laki ein. Infernalische Explosionen förderten 10 km³ Bims, der nicht nur die Umgebung des Vulkans zudeckte. Es wird geschätzt, daß sie ein Areal von 300 000 km² bedeckten. Obgleich schon Gehöfte und Weideflächen unter einer dicken Ascheschicht im Umkreis des Vulkans verschwanden, war damit die Katastrophe nicht abgeschlossen. Die Hitze des Ausbruchs schmolz unvorstellbar große Gletschermassen auf. Wasser, Eis und Schutt stürzten als alles vernichtende Gletscherläufe zu Tal. Am Südwesthang des Vulkans verschwand eine gesamte besiedelte Landschaft. Heute erinnert die Bezeichnung Öræfi (Wüste) an dieses furchtbare Ereignis.

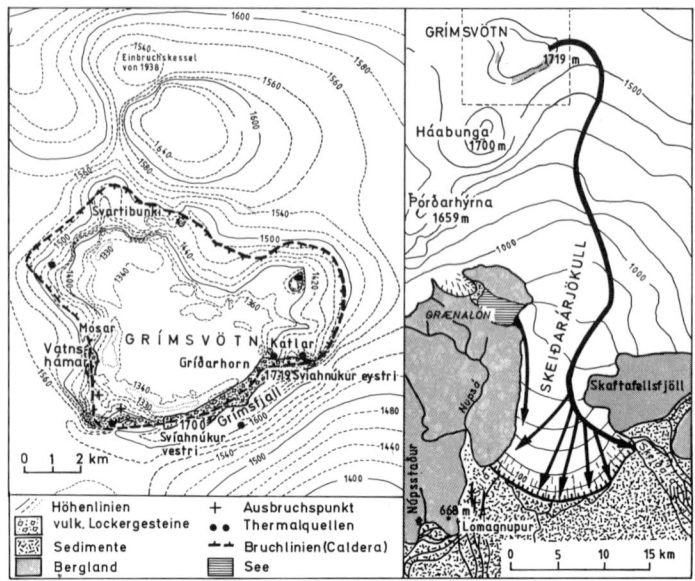

Lage und Ausdehnung des Zentralvulkans der Grímsvötn im Vatnajökull. In der rechten Darstellung wird der Weg der von den Grímsvötn ausgelösten Gletscherläufe aufgezeigt (nach Þórarinsson und Thannheiser et al. 1983)

Grímsvötn – Geheimnisvolle Seen in einem Vulkan unter dem Vatnajökull

Unter dem Vatnajökull ist noch ein weiterer Vulkan versteckt, der sich in kürzeren Zeitabständen durch ausgelöste Gletscherläufe mit großer Regelmäßigkeit und in höchst unangenehmer Weise im Gebiet des Skeiðarársandur bemerkbar macht. Es sind die Grímsvötn. Bereits 1598, 1685 und 1716 werden Gletscherläufe des Skeiðarárjökull in den Annalen erwähnt, die offensichtlich durch die vulkanischen Aktivitäten der Grímsvötn verursacht wurden. Weitere Gletscherläufe fanden auch in der Folgezeit statt. Der größte Teil von ihnen hat seine Ursache in der auftauenden Wirkung eines großen, im Umfeld der Grímsvötn befindlichen Hochthermalgebietes. Der berühmte isländische Geograph Thoroddsen berichtet über einen Gletscherlauf auf dem Skeiðarársandur gegen Ende des vergangenen Jahrhunderts folgendes: »Der Gletscherlauf von 1892 war einer der größten, und ich sammelte im darauf folgenden Jahre während meines Aufenthaltes in diesen Gegenden einige Berichte über denselben. Er begann am 12. März 1892, als man auf den obersten Gehöften in Öræfi bemerkte, daß der Fluß Skeiðará anschwoll und gleichzeitig sich ein abscheulicher Schwefelgestank über die Ansiedlung verbreitete, der bereits am folgenden Tage vom Wind bis nach Reykjavík (Entfernung ca. 220 km) geführt wurde. Erst am 13. März begann der eigentliche Gletscherlauf, und ganz Skeiðarársandur (800–900 qkm) wurde von einer Wasserflut überschwemmt, die gegen Osten bis hinauf zur Ansiedlung in Öræfi drang und gegen

W an Núpsstaður vorüber zur Mündung des Flusses Djúpá strömte, also eine Breite von 40–50 km besaß. In der nächsten Nacht vernahm man vom Gletscher her ein furchtbares Getöse, Donnern und Krachen, der nächste Berg Skaptafell erbebte wie bei einer Erderschütterung und am 14. morgens waren die Sande völlig bedeckt mit Gletscherstücken des geborstenen Gletschers, und besonders an den beiden großen Gletscherflüssen waren die Eisstücke dicht zusammengepackt. An der Skeiðará hatte sich ein Gürtel von zusammengeschraubten Eismassen mit einer Breite von 7–8 km gebildet, der bis zum Meere hinabreichte (23–30 km); die Eisstücke waren zum Teil 15–20 m hoch. Der Eisgürtel war so schwarz von Sand, Schutt- und Felsstücken, daß er einem Lavastrom glich. Ein ähnlicher Eisgürtel erstreckte sich vom Gletscher am Núpsvötn entlang bis in die Nähe von Maríubakki in Fljótshverfi (20 km). Gleichzeitig veränderte sich das Flußbett der Skeiðará; vor dem Gletscher strömte der Fluß aus einem Winkel an der östlichen Ecke des Gletschers, floß dann westlich vom Gehöft Skaptafell und längs des Gletscherrandes eine kurze Strecke in westlicher Richtung, bog dann nach Osten und teilte sich auf den Sanden in viele Arme; jetzt brach die Skeiðará ungefähr 7½ km westlicher aus dem Gletscher hervor, zerspaltete große Schutthügel und bahnte sich ungeteilt einen Weg zum Meere.« (Aus: Petermanns Mitteilungen 1905/06). Bis zum Ausbruch 1903 war die Lage der Grímsvötn noch fast unbekannt.

Die Besonderheit dieses Vulkans – und zu dieser Art ist die unter dem Mýrdalsjökull momentan ruhende, aber im Laufe der Geschichte Islands ungemein aktive Katla zu rechnen – besteht darin, daß trotz der Förderung gasarmer Schmelzen wegen des Kontaktes mit dem Eis nur Schlacken, Bomben und Aschen ausgeworfen werden, niemals aber Lavaströme ausfließen. Ein Teil des Auswurfmaterials gelangt auf das Eis und verschwindet mit der Zeit im Gletscher. Der größte Teil wird aber mit den durch das Aufschmelzen der Gletscherpartien freiwerdenden Wassermassen abgeschwemmt und im flachen Land, in den Sandergebieten, abgelagert oder sogar bis ins Meer transportiert. Aus dem Lockermaterial allein kann sich also kaum ein Vulkankegel aufbauen, da der Förderschlot ringsum von gewaltigen Gletschermassen umgeben ist. Bei den von kleineren Eiskappen bedeckten Zentralvulkanen, wie z.B. beim Öræfajökull oder beim Snæfellsjökull, hat die vulkanische Tätigkeit die Vorherrschaft gewonnen. Es werden zwar auch hier Gletscherläufe und Eisstürze ausgelöst, die vulkanischen Kräfte waren aber in der Lage, einen Kegel aufzubauen. So häufen sich hier in Gipfellage vulkanische Lockerprodukte an. Erst nach längeren Ruhepausen können die Gletscher wiederum in die Gipfelregion vordringen.

Der letzte Ausbruch der Katla unter dem Mýrdalsjökull fand 1918 statt. Er löste einen gewaltigen Gletscherlauf aus. Etwa zwei Drittel des 600 km² großen Mýrdalssandur waren mit Eis- und Schuttmassen bedeckt. Sie verschoben nach diesem einzigen Ereignis die Küste um etwa vier Kilometer seewärts. Die Abflußrate des Gletscherlaufs muß zeitweise über 100 000 m³/sek betragen haben.

Die Vulkaninseln im Südwesten

Die sich vom Nordosten des Vatnajökull nach Südwesten über den Mýrdalsjökull erstrek-
kende Vulkanprovinz setzt sich über die ›Inselberge‹ vom Typ Dyrhólaey bis zu den Westmänner-Inseln fort. Der westliche Zweig verläuft über die Halbinsel Reykjanes zum untermeerischen Reykjanes-Rücken, wo sie als Reste von Inselvulkanen nur noch einzelne Felsen
(z. B. Eldey) aus dem Meer ragen. So lagern vor der Südküste Islands als Inseln oder als
Einzelfelsen erloschene Vulkane oder deren vom Meer zurückgelassene Überreste. Die
vulkanische Tätigkeit unter dem Meeresspiegel, die schließlich in Einzelfällen zur Bildung
von Inseln führte, ist schon lange bekannt. Es wurde immer wieder während der nun 1100
Jahre dauernden Geschichte des Landes von Ausbrüchen oder mysteriösen Feuererschei-
nungen oder von Aschewürfen berichtet. Der erste Bericht über einen untermeerischen
Ausbruch datiert zurück auf 1211, als ein Mann namens Sörli Kolsson die Feuerinseln
(Eldeyjar) entdeckte. In diesem Jahr sollen durch Erdbeben ältere Vulkaninseln an der
Südwestspitze Island zusammengesunken, im Meer verschwunden und neue durch Vulkan-
ausbrüche aufgebaut worden sein. Reisende beobachteten bereits im Mittelalter vulkanische
Vorgänge unter dem Meere. Es berichtet der Mönch und Kaplan Herbert von Clairvaux in

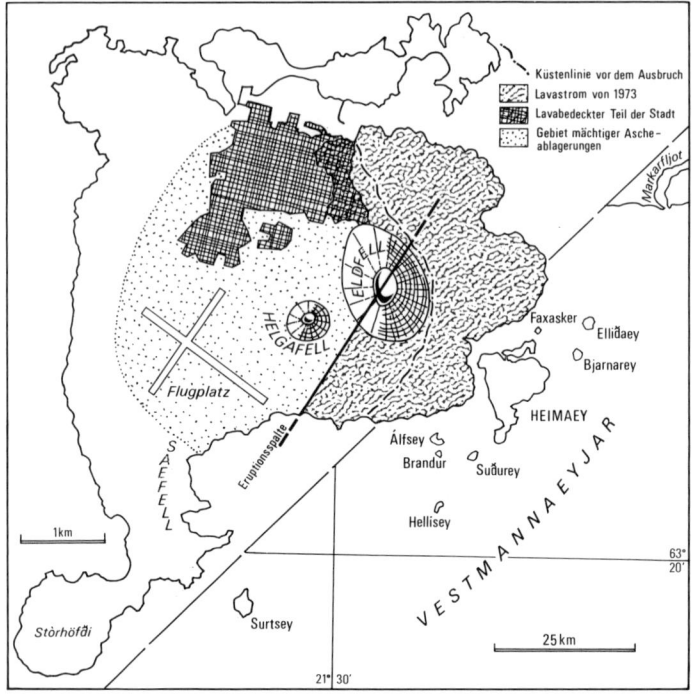

*Heimaey und die
Westmänner-Inseln
(Vestmannaeyjar)*

seinem 1178 niedergeschriebenen Buch *Liber miraculorum,* dem ›Wunderbuch‹, von einem untermeerischen Ausbruch in der Nähe Islands, in dem er feststellt, daß »das ewige Feuer nicht nur unter dem Grund des Berges schwelt, sondern auch unter dem Meeresboden, denn häufig wird bemerkt, wie es mit erstaunlicher Kraft draußen auf dem Ozean hoch über die Wellen bricht, Fische verbrennt und alle lebenden Dinge auf dem Meer. Es setzt auch Feuer auf Schiffe und Kapitäne, wenn diese nicht so rasch wie möglich ihr nacktes Leben durch Flucht haben in Sicherheit bringen können.«

Besonders heftig muß die Ausbruchstätigkeit vor der Halbinsel Reykjanes im 13. Jh. gewesen sein. Es gibt Aufzeichnungen über fünf bis sechs Ausbrüche, durch die sich zeitweise Vulkaninseln über den Meeresspiegel erhoben, aber nach kurzer Zeit wieder verschwanden.

Bei der Entstehung einer Insel im Mai 1783 werden Zusammenhänge zur späteren Laki-Katastrophe bestanden haben. Unbemerkt müssen vor der Halbinsel Reykjanes Explosionen mit der Förderung von Schlacken stattgefunden haben, die sich auf einer Fläche mit einem Durchmesser von 150–200 km auf See ausbreiteten und die Schiffahrt behinderten. Kurz darauf tauchte eine Insel auf und erreichte schon bald einen Durchmesser von etwa einem Kilometer. Sie wurde als Nýey oder Nyö, die Neuinsel, bezeichnet und sollte von der dänischen Regierung in Besitz genommen werden. Eine dänische Flagge und ein Stein mit den Hoheitszeichen des dänischen Königs sollten den Gebietsanspruch der Dänen dokumentieren. Schlechte Witterungsverhältnisse, offensichtlich auch der vulkanische Staubnebel, verzögerten den Staatsakt der Anlandung. Als man schließlich im folgenden Frühjahr zu der neuen Insel aufbrach, war sie verschwunden. Heute befindet sich dort die Blindschäre Eldeyjarboði in einer Entfernung von 55 km von Reykjanes.

1830 machte sich der Vulkanismus wiederum bemerkbar. Der Ausbruch dauerte ein Jahr und war von heftigen Erdbeben begleitet, die den Vogelfelsen Geirfuglasker, den letzten Nistort des Großen Alken, zusammenstürzen ließen. Im September 1896 wurde südlich der Westmänner-Inseln ein Feuerschein beobachtet, der offensichtlich von einem schwachen Ausbruch herrührte. Vor 25 Jahren konnten die Isländer an der Geburt einer Insel teilhaben und waren von dem letzten Ausbruch auf einer Insel sogar direkt betroffen, denn im Bereich der größten Vulkaninselgruppe vor der Südküste, den Westmänner-Inseln, machten die Geburt der Insel Surtsey in den Jahren 1963–67 und der Ausbruch auf der Hauptinsel Heimaey 1973 mit Nachdruck bewußt, daß in diesem Meeresgebiet immer mit Vulkanausbrüchen gerechnet werden muß.

Die Entstehung der Insel Surtsey erregte in der ganzen Welt Aufsehen. Der Ausbruch war nicht erwartet worden und setzte ohne große Vorankündigung ein. Am 14. November 1963 riß 33 km von der Küste entfernt in einer Tiefe von 130 m eine 500 m lange Spalte auf. Bald darauf tauchten erste kleine, ca. 60 m hohe Explosionswolken auf, die sich rasch vergrößerten. Noch am gleichen Tag erreichten die Explosionssäulen Höhen von über 100 m. Wenig später stand über dem Ausbruchspunkt eine etwa 4 km hohe wasserdampfhaltige Ausbruchswolke. Bereits am zweiten Tag wurde für kurze Zeit eine aus Schlacke und Aschen bestehende Insel sichtbar. Sie überragte den Meeresspiegel um etwa 8–10 m und hatte eine

Längenausdehnung von 400–500 m. Man benannte sie nach dem Feuerriesen Surtur der nordischen Mythologie und gab ihr den Namen ›Surtsey‹, der Krater erhielt die Bezeichnung ›Surtur‹. Das vulkanische Geschehen war weithin sichtbar, denn Dampf, vulkanische Gase und feinkörnige Aschen stiegen mittlerweile bis zu einer Höhe von 8000 m auf (Farbabb. 7). Am 1. Dezember legte die Ausbruchstätigkeit eine mehrstündige Pause ein. Während einer weiteren konnte die Insel am 16. Dezember zum ersten Mal von Wissenschaftlern betreten werden. Ende Januar war Surtsey 1100 m lang, 800 m breit und etwa 160 m hoch. Am 1. Februar 1964 verlagerte sich die Tätigkeit. An der südwestlichen Flanke der Insel schufen Eruptionen einen weiteren Kegel, dessen Aktivität rasch zunahm und auch Lavamassen fontänenartig förderte. Heute ist der 188 m hohe Krater der höchste Punkt der Insel. Am 4. April änderte sich die Ausbruchstätigkeit. Aus der Krateröffnung schossen 50–100 m hohe Lavafontänen empor. Die basaltische Lava floß seitlich ab und baute eine 90 m mächtige Decke auf. Heute schützt sie die Insel gegen die einebnenden Kräfte des Meeres. Am 5. Juni 1967 erlosch der Vulkan. Zurück blieb eine 2,5 km² große Insel, deren Oberfläche zu zwei Dritteln aus Lava und zu einem Drittel aus Lockermassen besteht. Ein Jahr später hatte das Meer bereits am Rand des Lavaschildes ein 20 m hohes Kliff geschaffen, das nun, der Meeresabtragung ausgesetzt, ständig zurückverlegt wird. In den rund 25 Jahren ihres Bestehens hat das Meer bereits 15 % der Inselfläche verschlungen. Surtsey ist nun die zweitgrößte der 15 Westmänner-Inseln. Heimaey als größte Insel (11,3 km²) ist als einzige bewohnt.

Die Inseln verteilen sich über ein Gebiet von etwa 700 km², in das noch weitere 55–60 Krater unter der Meeresoberfläche einzubeziehen sind. Nur die Anfänge der Hauptinsel Heimaey reichen bis in die letzte Eiszeit zurück. Die anderen Inseln sind jünger. Auch der neben dem 1973 tätigen Eldfell auf Heimaey befindliche und gut erhaltene 226 m hohe Krater Helgafell ist mit seinen Laven erst etwa 5000 Jahre alt. Vor den jüngsten Ausbrüchen richteten die dort lebenden Menschen ihre Aufmerksamkeit fast ausschließlich auf die Ausbeutung des Fischreichtums im Meer und auf die zahlreichen Seevögel in den steilen Kliffs, denn die Westmänner-Inseln sind ideale Vogelfelsen, deren Fleisch- und Eierangebot die Bewohner schon immer zu nutzen verstanden. Es ist allerdings nur ein kleiner Nebenerwerb der etwa 5000 auf Heimaey lebenden Isländer im Vergleich zu den Erträgen aus dem Fischfang. Denn aufgrund der günstigen Lage inmitten bester Fischfanggründe ist Heimaey das größte Fischfang- und Verarbeitungszentrum Islands.

Schon bevor die ersten Menschen Heimaey besiedelten, haben sich Fischer zeitweise auf der Insel aufgehalten. Den archäologischen Befunden zufolge ist es zu bezweifeln, daß sich die namengebenden irischen Sklaven (Westmänner), auf der Flucht vor der Rache Ingólfur Arnasons, hier als Erstsiedler niedergelassen haben. Schon vor ihnen müssen Siedler nordischer Herkunft auf der Insel gewesen sein. Während des 17. Jh. wurde die Inselbevölkerung von ungebetenen Gästen heimgesucht. Algerische Piraten plünderten 1627 Heimaey und verschleppten viele Inselbewohner in afrikanische Länder.

Bis in dieses Jahrhundert blieb die Bevölkerung von dem Wirken der vulkanischen Kräfte verschont. Am 23. Januar 1973 brach jedoch ein großes Unheil über die Insel Heimaey herein. Nur 200–300 m von den Wohnhäusern entfernt riß eine Spalte auf; anfangs schossen auf einer Länge von 300–400 m Lavafontänen in den nächtlichen Himmel. Zweieinhalb Stunden später war die Spalte bis zu ihrer größten Länge von 1500 m aufgerissen. Lavafontänen sprudelten bis zu einer Höhe von 150 m auf. Der Ausbruch bedrohte die Existenz von etwa 5000 Menschen. Es war das erste Mal, daß so viele Isländer direkt den Gefahren eines Vulkanausbruchs ausgesetzt waren. In nur vier Stunden war die Inselbevölkerung bis auf die wenigen Personen, die Wache hielten, entweder mit Fischereischiffen oder mit Flugzeugen evakuiert. Die größte Bedrohung für die Stadt ging zunächst von dem Aschefall und später von der Lava aus. Teile der Ortschaft verschwanden unter einer mehr als 5 m dicken Aschenschicht. 50–100 Häuser fielen dem Bombardement glühender Lavabrocken zum Opfer und brannten zum Teil ab (Abb. 17–19). Am Nachmittag des ersten Tages konzentrierte sich die Ausbruchstätigkeit nur noch auf die Mitte der Spalte. Zeitweise erreichte die Explosionswolke eine Höhe von 9000 m, und nach fünf Tagen bedeckte ein Lavastrom mit einem Volumen von ca. 35 Millionen m³ eine Fläche von 1,35 km². Die Schlackenförderung schüttete einen Schlackenkegel bis zu einer Höhe von 150 m auf, der den Namen ›Eldfell‹ (Feuerberg) erhielt. Die größte Gefahr für den Ort ging von dem langsam, aber stetig vorrückenden Lavastrom aus, denn er drohte, die Hafeneinfahrt zu verriegeln. Er konnte durch aufgespritztes Wasser unter dem Einsatz vieler Pumpensysteme nach einem Monat abgelenkt und zum Stillstand gebracht werden. Bei dieser Aktion wurden 6 Millionen m³ Wasser auf den Lavastrom gepumpt, das schließlich etwa die gleiche Menge an fließender Lava zum Stillstand brachte.

Schon bevor der neu entstandene Vulkan Eldfell seine Tätigkeit beendete, hatten die 500 auf der Insel verbliebenen Menschen mit der Abräumung der Aschen begonnen. Allerdings blieb ein Drittel der Häuser irreparabel. Der Hafen wurde durch den Lavastrom nicht benachteiligt; im Gegenteil, er befindet sich heute in einer geschützteren Lage. Außerdem liefert die noch nicht erkaltete Lava der größer gewordenen Insel Heizwärme in hinreichender Menge.

Reykjanes – Islands jüngste Halbinsel

Abseits der großen Touristenrouten liegt die Vulkanlandschaft der Halbinsel Reykjanes im äußersten Südwesten Islands. Sie ist deshalb nicht weniger reizvoll und kann in Eintagestouren von Reykjavík erreicht werden. Als Reykjanes (›reykur‹ = Rauch, ›nes‹ = Landspitze) wurde ursprünglich nur die Südwestspitze Islands bezeichnet. Heute gilt dieser Name für die gesamte Halbinsel etwa westlich der Linie Reykjavík – Þorlákshöfn. Reykjanes besitzt für den geologischen Aufbau Islands eine besondere Bedeutung, denn hier im Südwesten der Insel tritt der Mittelatlantische Rücken mit seinen vulkanischen und tektonischen Aktivitäten an die Oberfläche und erstreckt sich in Nordostrichtung landeinwärts. Es ist der südwestliche Seitenarm der aktiven Vulkanzone. Aus diesem Grunde verwundert es kaum, daß sich Reykjanes aus Vulkanen und Lavafeldern in einem kaum veränderten Zustand aufbaut. Eine größere Ausnahme bildet da nur die Halbinsel Miðnes mit dem internationalen Flugha-

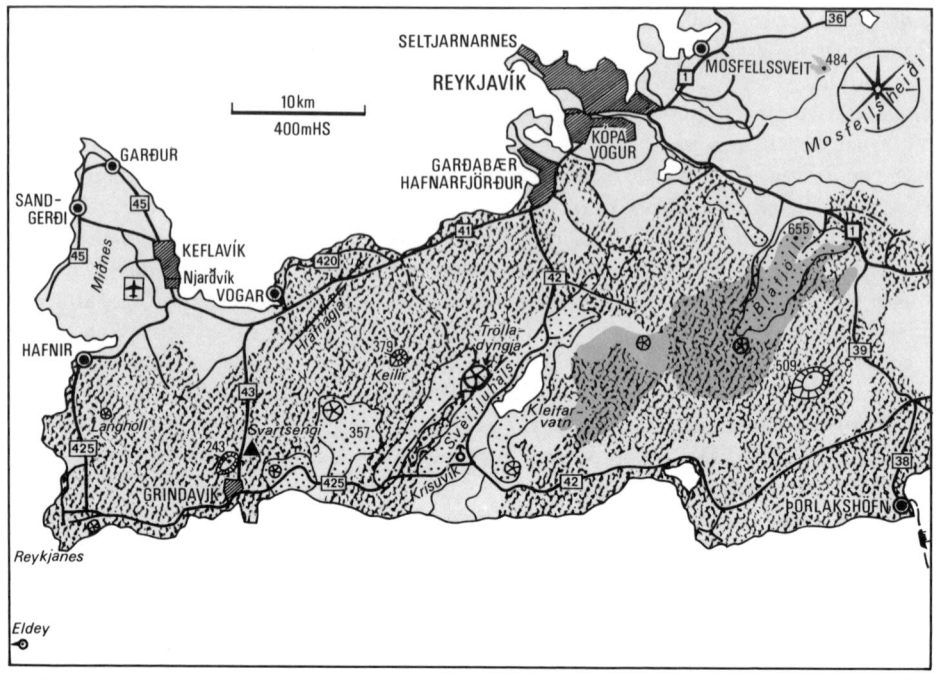

Halbinsel Reykjanes

fen Keflavík, denn sie war in der Nacheiszeit vorübergehend vom Meer bedeckt und entsprechend eingeebnet worden. Zum größten Teil sind die vulkanischen Bildungen etwa 10 000 Jahre alt und jünger. Sie werden von einzelnen unter dem Gletschereis aktiv gewesenen Palagonitbergen und -rücken überragt, die sich der Richtung der von Südwest nach Nordost verlaufenden Strukturen anpaßten. Der längste Palagonitrücken ist der leicht von Reykjavík aus erreichbare 15 km lange Sveifluháls. Von den wenigen einzelnen Palagonitbergen fällt der der 379 m hohe Keilir am meisten auf. Im Zentrum der Halbinsel überragt er seine Umgebung um nahezu 300 m.

Nach der Verbreitung der Lavafelder verstärkten sich während der Nacheiszeit die vulkanischen Aktivitäten und dauerten bis in die historische Zeit an. Sowohl Spalten als auch einzelne Schildvulkane förderten in großem Umfang Lavamassen, die heute etwa 70 % von Reykjanes bedecken und auch die Räume zwischen den Vulkanen ausfüllen. Die größte zusammenhängende Lavafläche, die Strandar- und die Vogarheiði, stammen von einem Schildvulkan etwa drei Kilometer südwestlich des Keilir. Daß der Untergrund in diesem Raum noch nicht zur Ruhe gekommen ist, erkennt man an kilometerlangen Spalten und Verwerfungen, die beide Lavafelder von Südwest nach Nordost durchziehen. An der elf Kilometer langen Hauptspalte, der Hrafnagjá (Rabenschlucht), etwa 10 km östlich von

Keflavík ist das Gelände seit dem Ausbruch der Lava um 50 m abgesunken. Ein weiteres, fast genauso großes und altes Lavafeld im Westen hat seinen Ursprung in den Schildvulkanen Langhóll (73 m) und Sandfellshæd (90 m). Es wird von einer wesentlich jüngeren Basaltdecke überlagert.

Die letzten vulkanischen Aktivitäten konzentrierten sich auf den östlichen Teil der Halbinsel. Im Umfeld des Basaltvulkans Trölladyngja – nicht zu verwechseln mit der Trölladyngja in Zentralisland – fanden 1151 und 1188, wahrscheinlich auch 1360 und 1510, Ausbrüche statt. Zwischen den subglazialen Bergen Bláfell und Lambafell floß von der Kraterreihe der Eiríksgígar um 1360 das Selvogshraun aus. Noch weiter im Osten soll im Jahre 1000 das Leitinhraun (Hellisheiði) ausgeflossen sein. Diese Lavaströme ergossen sich über das ehemalige 60 m hohe Kliff meerwärts und werden von der Straße von Hveragerði nach Krísuvík, einem Hochthermalgebiet, gequert. In dieser Region wurde fast zur gleichen Zeit der Schildvulkan Eldborg mit dem Ausfluß des Krísuvíkurhraun aktiv. Nur etwa 100 Jahre später erreichte der von den Kapellugígar (ca. 10 km südlich Hafnafjörður) stammende Lavastrom Nýjahraun (neue Lava) die Bucht Faxaflói. Er wurde später Kapelluhraun benannt. Genauso wie in den anderen Teilen der aktiven Vulkanzone gibt es auf Reykjanes mehrere Thermalgebiete. Die geothermale Energie des Vorkommens von Svartsengi (schwarze Wiese) reicht aus, um 45 Millionen Watt Strom zu erzeugen und sämtliche Ortschaften, einschließlich des Flughafens mit Heizungswasser zu versorgen. Die Erschließung dieser geothermalen Region geht auf das Jahr 1969 zurück, als die Verwaltung des Städtchens Grindavík die Nationale Energiebehörde beauftragte, nach geothermaler Energie zu forschen. Fünf Kilometer nördlich der Ortschaft wurde durch Bohrungen ein Hochthermalfeld ermittelt, das etwa 240°C heiße Salzlauge (etwa 65 % der Konzentration des Meerwassers) liefert und seitdem als Svartsengi bezeichnet wird. Seine Lage ist an einer weithin sichtbaren Dampfsäule von vielen Stellen der Halbinsel erkennbar. Ein Auffangbecken mit geothermal aufgeheiztem Wasser wird in jüngster Zeit im Sommer und im Winter als willkommene Badegelegenheit aufgesucht. Der Name ›Blaue Lagune‹ mutet ein wenig zu exotisch an. Am 30. September 1967 führten Erdbeben und damit verbundene Krustenbewegungen am Kap Reykjanes zur Bildung neuer Heißwasserquellen und Solfataren. Am bekanntesten dürfte aber das Thermalfeld von Krísuvík, etwa zwei Kilometer südwestlich des 10 km² großen Kleifarvatn, sein. Die meisten Quellen befinden sich am Südosthang des Palagonitrückens Sveifluháls. Die heißen Quellen setzen sich im Osten im großen Solfatarenfeld Nýihver (neue heiße Quelle) mit vielen Schlammtöpfen fort. Es liegt wie die anderen Hochthermalfelder in der Erdbebenzone und verdankt seine Entstehung einem Erdbeben vor etwa 60 Jahren. Die Thermalgebiete auf Reykjanes nehmen insgesamt die Fläche von 75 km² ein und verfügen über eine Gesamtenergiemenge von etwa 450 Millionen Watt, die in erster Linie zur Beheizung der Haushalte und für die Versorgung mit Elektrizität genutzt wird.

Als vulkanische Besonderheit muß noch das Maar Grænavatn (ca. fünf Kilometer südwestlich des Kleifarvatn) erwähnt werden, da hier genauso wie in einigen anderen Lavagebieten (Veiðivötn) das Grundwasseraufkommen wegen des sofort versickernden Niederschlags groß ist, kann auch ein sonst relativ ruhig ausbrechendes basaltisches Magma explodieren. Sehenswert ist außerdem die etwa einen Kilometer lange Lavahöhle Raufarhólshelli am Þrengslavegur, der Straße von Reykjavík nach Hveragerði. Reykjanes ist eine wüstenartige Landschaft. Trotz eines hohen Niederschlagaufkommens von etwa 800 mm/Jahr gibt es, abgesehen von einzelnen Seen, kein Oberflächenwasser. Das Grundwasser gelangt häufig erst unmittelbar vor der Küste an die Oberfläche. Auf den subglazialen Bergen gedeihen bestenfalls gegen die Trockenheit resistente Pflanzen, wie beispielsweise das Stengellose Leimkraut oder die Grasnelke (Farbabb. 22, 24). Auf Lavaströmen hat sich die moosreiche Rhacomitrium-Heide angesiedelt.

Wegen seiner jungen, kahlen und ausgedehnten Lavafelder ist das Innere der Halbinsel unbewohnt. Es gibt wenige landwirtschaftliche Betriebe an der Küste. Die relativ vielen Siedlungen an der Nordküste wurden wegen ihrer günstigen Lage zu den reichen Fischgründen in der Bucht Faxaflói gegründet. Empfehlenswert ist von Reykjavík aus ein Besuch der Umgebung des Kleifarvatn mit dem Palagonitrücken Sveifluháls und dem Thermalgebiet von Krísuvík. Man kann bei einer Eintagestour in diesen Besuch auch ein Bad in der ›Blauen Lagune‹ von Svartsengi einbeziehen.

Die Halbinsel Snæfellsnes – Island en miniature

Ein überaus lohnendes Ziel für einen mehrtägigen Ausflug von Reykjavík ist die Halbinsel Snæfellsnes mit ihrer Vielfalt an landschaftlichen Schönheiten und Sehenswürdigkeiten. Bei klarem Wetter sieht man von Reykjavík am nördlichen Horizont seine über 100 km entfern-

Halbinsel Snæfellsnes

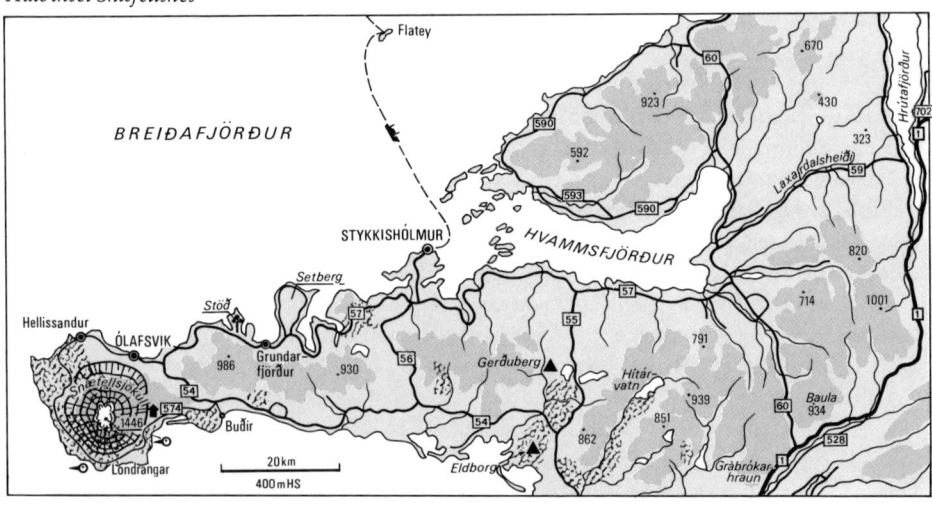

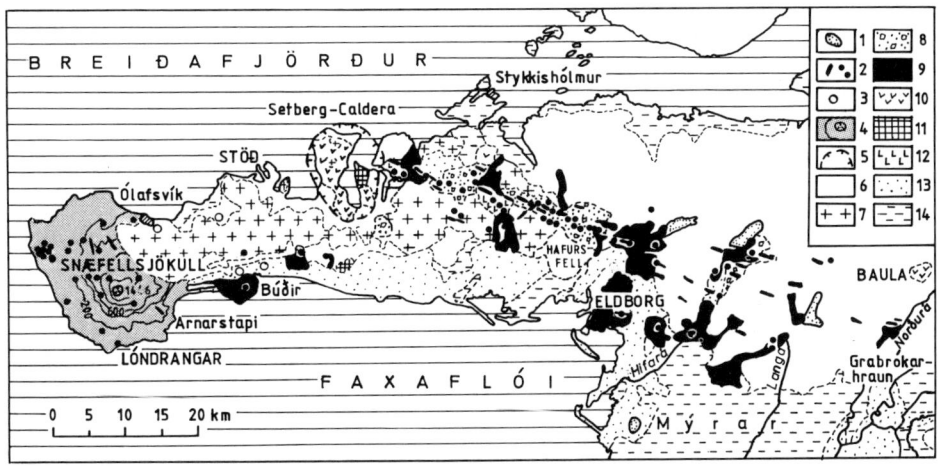

Geologische Skizze der Halbinsel Snæfellsnes (nach Sæmundsson 1979) *1* Seen *2* Ausbruchspunkte bzw. -spalten *3* Säuerlinge (Kohlensäurequellen; im Isländischen heißen sie ›öldukelda‹ = Biersumpf) *4* Snæfellsjökull, ohne Gesteinsdifferenzierung, mit Höhenlinien *5* Verwerfungen der Setberg-Caldera *6* Tertiärer Basalt *7* Jungtertiärer bis früheiszeitlicher Basalt (älter als 700000 Jahre) *8* Eiszeitliche Ausbruchsmassen (Palagonittuffe und -breccien) *9* Nacheiszeitliche Basaltlava *10* Rhyolith *11* Gabbro *12* Nacheiszeitliche Auswurfmassen *13* Sedimente *14* Nacheiszeitliches Überschwemmungsgebiet

ten Berge, die ihren westlichen Abschluß in dem imposanten und 1446 m hohen Vulkankegel Snæfellsjökull finden. Nähert man sich diesem ›Island en miniature‹ über die weiträumige flache Landschaft der Halbinsel Mýrar (die Moore), so tauchen unmittelbar vor den Bergen im Süden der Halbinsel in dem Gebiet mit alten Basalten urplötzlich junge basaltische Lavaströme mit Schollen und Blöcken auf. Das erstaunt den Besucher, da er hier in der Nachbarschaft von alten eingeebneten Vulkanen und getreppten Berghängen der Plateaubasaltlandschaft kaum Zeugnisse jüngerer vulkanischer Aktivität (bis in die Zeit der frühen Besiedlung) erwartet.

Mit dem Besuch der Halbinsel Snæfellsnes begibt man sich in eine außerordentlich abwechslungsreiche Landschaft; denn es kommen hier nicht nur auf relativ engem Raum junge, fast rezente Vulkanformen neben den von Meer, Gletscher und Flüssen überarbeiteten Resten einer Landschaft aus der tertiären Vorzeit vor, sondern auch vulkanische und Tiefengesteine in verschiedenster Ausbildung und Zusammensetzung. Unter den vielen Vulkantypen findet man hier sowohl den einfachen Schlackenkegel als auch den komplizierten Zentralvulkan. Eine Berglandschaft aus tertiären bis pleistozänen Basalten bildet das Rückgrat der Halbinsel. Größte Erhebungen ragen bis fast 900 m auf (Farbabb. 2). Sie werden allerdings im Westen von dem wesentlich jüngeren 1446 m hohen Zentralvulkan Snæfellsjökull (Farbabb. 4) überragt. Er gehört zu der westlichen von zwei jüngeren Vulkanzonen, die sich im äußersten Westen und im Osten der Halbinsel ausdehnen und deren Anfänge in das Eiszeitalter zurückreichen. Die östliche erstreckt sich über etwa 75 km vom Setberg-Massiv im Nordwesten bis zu den mindestens 3700 Jahre alten Schlackenkegeln Grábrók und Grábrókarfell im Norðurárdalur. Die größten Lavamengen flossen in einer Ebene in der nordwestlichen Fortsetzung der Halbinsel Mýrar aus (Farbabb. 5). Am bekanntesten ist das Eldborgarhraun (Feuerburglava) mit dem sehr gleichmäßig ausgebildeten und als Kraterform seltenen Lavaring Eldborg, der wahrscheinlich in der frühen Besiedlungszeit aktiv gewesen ist. Das Aufleben der jüngeren vulkanischen Tätigkeit auf Snæfellsnes wird mit Verschiebungen in der Erdkruste (Riftbewegungen) in Verbindung stehen.

Von den älteren Gesteinsvorkommen weckt die Caldera des etwa 6–8 Millionen Jahre alten Vulkanmassivs von Setberg an der Nordküste das Interesse, denn um den Kolgrafafjörður stehen Gabbro und seltene granitartige Gesteine an. Nach Osten schließt die Halbinsel mit dem Abfall des vorwiegend aus tertiären Plateaubasalten bestehenden Hochlandes zum Norðurárdalur ab. Dort erreichen die höchsten Gipfel Höhen um 800–950 m, darunter befinden sich auch die Reste einiger Rhyolithvulkane, deren bekanntester Vertreter die sehr gleichmäßige Pyramide der 934 m hohen Baula oberhalb des Norðurárdalur sein dürfte. Sie war etwa um die Wende Tertiär/Pleistozän aktiv gewesen.

Interessant und gegensätzlich sind die Küstenlandschaften im Norden und im Süden der Halbinsel. Westlich der Ebene mit den jungen vulkanischen Bildungen bricht im Süden das Bergland abrupt zu einem zwei bis zehn Kilometer breiten und flachen Küstenvorland ab. Gegen die fast senkrechten und manchmal über 100 m hohen Wände brandete vor etwa 10 000 Jahren das Meer. Danach baute es zusammen mit den aus dem Bergland kommenden Flüssen (Farbabb. 3) das von vielen kleinen Seen bedeckte, flache mit Wiesen bestandene Vorland auf, über das sich mehrere Gehöfte verteilen. Die Seen sind die Produkte eines Verlandungsprozesses, an dem das Meer und die Bergflüsse beteiligt waren. Es sind ehemalige Strandseen und ideale Nistplätze für Singschwäne. Die ablagernde Tätigkeit des Meeres schuf bei Búðir einen der an Islands Küsten seltenen hellen Muschelsandstrände.

In der Höhe des Snæfellsjökull ändert sich der Charakter der Küstenlandschaft. Im jüngeren Umfeld des Vulkans brandet in der Umgebung von Arnarstapi das Meer gegen eine hohe Steilküste mit sonderbaren Felsformen (Abb. 14), die ihre vielgestaltige Ausbildung der unterschiedlichen Widerständigkeit pleistozäner Palagonitgesteine verdanken. Die Nordküste besitzt hingegen in ihrem mittleren Teil teilweise den Charakter einer Fjordlandschaft. Innerhalb des Setberg-Massivs greift der Kolgrafafjörður etwa zehn Kilometer tief in das Innere der Halbinsel hinein. Berge mit steilen Flanken weisen auf die eiszeitliche Gestaltung durch die Gletscher hin. Auffallendstes Beispiel ist wegen seiner pyramidenartigen Form der 463 m hohe Kirkjufell (Kirchenberg) am Grundarfjörður. In seiner unmittelbaren Nachbarschaft befindet sich der flache Rücken des Stöð. Er ist nicht nur für Geowissenschaftler wegen seiner fossilführenden Schichten und wegen seiner Formen, die auf die Anwesenheit eiszeitlicher Gletscher und des Meeres hindeuten, interessant. Die Gletscherspuren des Stöð belegen mindestens zwei Eiszeiten in diesem Raum. In den der drittletzten Zwischeneiszeit zugeordneten fossilführenden Schichten befinden sich Abdrücke von Weiden- und Erlenblättern sowie von Kiefernnadeln. Die Erle starb während der Eiszeiten auf Island aus. Das Landschaftsbild der Halbinsel wird vom 1446 m hohen Snæfellsjökull mit einer Grundfläche von ca. 20 km² beherrscht. Über seine Aktivitäten ist nur wenig bekannt. Sie haben im Eiszeitalter begonnen und endeten vor rund 2000 Jahren. Tiefe Abflußrinnen der Lava an den Hängen, die Lavafelder des Háahraun und des Kalfatraðahraun an seiner Südflanke, die großen Lavamassen im Südwesten, die weitgehend schon vom Meer aufgearbeitet sind, weisen auf eine rege nacheiszeitliche Aktivität hin. Die von der Brandung aus den Lavaströmen herausgearbeiteten Steilküsten stellen ideale Nistplätze für Seevögel dar. Im Zusammenhang mit den Aktivitäten des Snæfellsjökull sind auch die nacheiszeitlichen Ausbrüche des Búðahraun in unmittelbarer Küstennähe zu sehen. Die Halbinsel ist nur dünn besiedelt. Im Gegensatz zur leicht versandenden Südküste boten sich an der Nordküste bessere Gelegenheiten für die Anlage kleiner Häfen. So gibt es an der Küste zum Breiðafjörður vier Fischerorte mit mehr als 500 Einwohnern. Es sind Hellissandur, Ólafsvík, Grundarfjörður und Stykkishólmur.

Im Bann der Gletscher

Allgemeines zur Vergletscherung

Nach dem Vulkanismus waren und sind die Gletscher die großen Gestalter der isländischen Landschaft. Island ist von den europäischen Ländern am stärksten vergletschert. Etwa 11 800 km² oder 11,5 % seiner Fläche werden von Eismassen bedeckt, was erstens durch die geographische Lage im hohen Norden, zweitens durch den gebirgigen Charakter mit weiträumigen Hochländern und drittens durch hohe Niederschläge – es prallen über Island feuchte, tropisch erwärmte Luftmassen mit kalter polarer Luft zusammen – bedingt ist.

Es müssen in Island drei verschiedene Formen der Vergletscherung unterschieden werden. Etwa 93 % der vergletscherten Fläche nehmen die großen Plateaugletscher Vatnajökull

Nord-Südprofil vom Vatnajökull (überhöht, nach Joset u. Holtzscherer 1954) mit Eismächtigkeiten in Metern. Im Vorfeld des Gletschers Moränenablagerungen (fein punktiert)

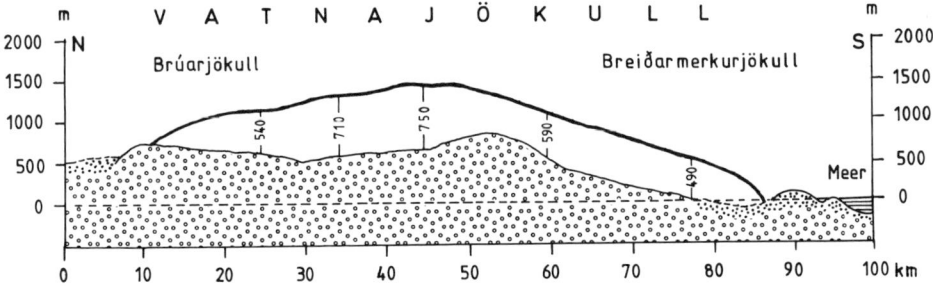

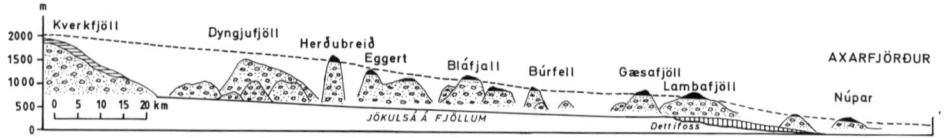

Nord-Südprofil von Vatnajökull zum Axarfjörður mit unter Eiszeitgletschern entstandenen Tafel- und Palagonitbergen. Durch die Höhenlagen in Gipfelnähe befindlicher und unter freiem Himmel ausgebrochener sog. Topbasalte kann die Mächtigkeit der Eismassen rekonstruiert werden (gestrichelte Linie, nach G.P.L. Walker 1965)

(8300 km²), Langjökull (953 km²), Hofsjökull (925 km²), Mýrdalsjökull (596 km²) und als mit Abstand kleinster seiner Art im Nordwesten der Drangajökull (160 km²) ein. Letzterer ist allerdings noch größer als die meisten Alpengletscher. Diese großen Gletscher wölben sich uhrglasförmig über ganze Landschaften, so daß aus ihren Eisflächen nur vereinzelte Bergspitzen herausragen. Weitaus kleinere Eiskappen bedecken die großen Zentralvulkane und die während der Eiszeiten aktiven Tafelberge. Zu ihnen gehören der Eyjafallajökull (78 km²), Þórisjökull (32 km²), Eiríksjökull (22 km²), Tindfjallajökull (19 km²), Torfajökull (15 km²) sowie den Snæfellsjökull (11 km²).

Schließlich sollen auch die vielen kleinen Kar-, Hang- und Talgletscher nicht unerwähnt bleiben, die die höchsten Gipfel und Talschlüsse der Bergländer und Gebirgszüge, beispielsweise des Berglandes von Tröllaskagi oder der Smörfjöll im Nordosten, bedecken. In Tröllaskagi (mit Höhen bis zu 1500 m) gibt es 115 Gletscher. Meistens ist ihr Areal kleiner als ein Quadratkilometer, und alle zusammen nehmen nur eine Fläche von 40 km² ein. Der mit Abstand größte Gletscher ist der nahezu unermeßliche Vatnajökull. Er nimmt allein etwa 70% des vergletscherten Areals Islands ein und überdeckt ein Gebiet etwa von der Größe Korsikas. Damit ist der Vatnajökull nicht nur der größte Gletscher Europas, sondern soll nach der Antarktis und dem grönländischen Inlandeis die drittgrößte Eismasse auf der Erde sein. Er übertrifft bei weitem die Gletscher des europäischen Festlandes. Selbst die Summe aller Alpengletscher ist mit 3800 km² nicht annähernd so groß. Angesichts einer solchen gewaltigen Eismasse stellen sich die Fragen: Was befindet sich unter dem Vatnajökull? Wie dick ist er? Ist er der Überrest eines eiszeitlichen Gletschers?

Derartig große Eismassen orientieren sich nicht mehr nach den morphologischen Verhältnissen ihres Untergrundes, wie die meisten alpinen Gletscher, die nur Firnmulden ausfüllen und sich durch Talzüge zwängen, sondern greifen über Täler und Berge hinweg und verbergen unter sich erloschene oder sogar tätige Vulkane. So befinden sich unter dem Vatnajökull die bereits beschriebenen Vulkansysteme der Grímsvötn, des Öræfajökull, der Kverkfjöll u. v. a., die sich von Zeit zu Zeit durch Ausbrüche und vor allem durch Gletscherläufe bemerkbar machen. Die Eisdecke des Vatnajökull erreicht maximale Mächtigkeiten über tieferen Tälern mit 800–900 m, manchmal sogar etwa 1000 m. Seine errechnete mittlere Eisdicke beträgt 420 m. Untersuchungen des Gletscheruntergrundes ergaben, daß nur etwa ein Zehntel der unter dem Eis verborgenen Landmasse über die Schneegrenze von 1100 m hinausragt. Das bedeutet, daß der Vatnajökull in seiner jetzigen Ausdehnung der Überrest einer kälteren Epoche sein muß. Unter den aktuellen Klimabedingungen wären nur die höchsten Erhebungen der unter dem Gletscher befindlichen Landschaft mit Eis bedeckt, beispielsweise die bereits erwähnten Vulkane. Da in der Nacheiszeit wegen zeitweiliger wärmerer klimatischer Verhältnisse als heute nur noch die größten Höhen vergletschert waren, ist das Ausmaß der heutigen Vergletscherung auf eine Klimaverschlechterung vor etwa 2500 Jahren zurückzuführen.

Heute ist der Vatnajökull zusammen mit dem Mýrdalsjökull und dem zentralen Hochland die Klimascheide Islands. Sie trennen die kalten polaren Luftmassen im Norden von den warmen ozeanischen im Süden. Das hat extrem hohe Niederschläge an der Südabdachung und ein wesentlich trockeneres Klima am Nordrand zur Folge. Besonders regenreich ist beispielsweise die Umgebung von Vík í Mýrdal (Farbabb. 32) mit einem Jahresmittel von 2260 mm. Da auf den Gletschern selbst keine regelmäßigen Messungen durchgeführt werden, kann man nur schätzen, daß auf die Südabdachung der Gletscher jährlich über 4000 mm Niederschlag, möglicherweise sogar bis zu 8000 mm, fallen (im Allgäu, dem Gebiet mit den höchsten Niederschlägen in der Bundesrepublik, fallen jährlich 2500 mm). Im Regenschatten des Nordens ist es am trockensten auf Island. Es wurden hier manchmal weniger als 400 mm Niederschlag/Jahr gemessen. Wegen des Überangebots an Niederschlägen fließen im Süden die Tal- und Vorlandgletscher fast bis zur Meeresspiegelhöhe hinab. Die Eisabflüsse im Norden des Vatnajökull verhalten sich wegen der trockeneren Verhältnisse wesentlich zurückhaltender. Ihre randlichen Eismassen fließen breiter aus und bilden flache Zungen oder Loben. Derartig große Loben sind der Brúarjökull und der Dyngjujökull.

In Anbetracht der immer wieder in schneereichen und kalten Wintern auftauchenden Frage, ob die nächste Eiszeit nun unmittelbar bevorstehe, müßte es gerade in der an der Grenze zum Polargebiet liegenden und auf Klimaschwankungen empfindlich reagierenden Gletscherregion Islands festzustellen sein, ob sich durch ein Vorrücken der Gletscher eine allgemeine Klimaverschlechterung ankündige. Obgleich in den letzten 25 Jahren ein Temperaturrückgang um 1°C im Jahresmittel festgestellt wurde, können keine verbindlichen Aussagen über die Gletscherbewegungen gemacht werden. Untersuchungen zwischen 1964 und 1979 haben an den Randgletschern des Vatnajökull ergeben, daß von 13 vermessenen Gletschern nur vier vorrückten. Im gleichen Zeitraum gingen sogar die Eismassen im Nordwesten der Insel, am Drangajökull, generell zurück. Selbst wenn ein Vorstoßen der Gletscher festzustellen wäre, wird damit noch nicht eine neue Eiszeit angekündigt, denn das großräumige klimatische Geschehen ist kurzzeitigen, Jahrhunderte dauernden Schwankungen unterworfen. Vor der allgemeinen Klimaverbesserung seit dem Beginn dieses Jahrhunderts ging in Island die etwa 300 Jahre dauernde ›Kleine Eiszeit‹ zu Ende. In dieser Zeit drangen um 1750 und von 1850 bis etwa 1895 die Gletscher außerordentlich weit vor. 1894 trennten den über zehn Kilometer breiten Breiðamerkurjökull am Südostrand des Vatnajökull nur noch 256 m vom Strand. Heute hat er sich wieder rund fünf Kilometer vom Meer zurückgezogen. Während der ›Kleinen Eiszeit‹ überfuhren die Gletscher in Südisland mehrere landwirtschaftliche Anwesen aus dem wärmeren Mittelalter.

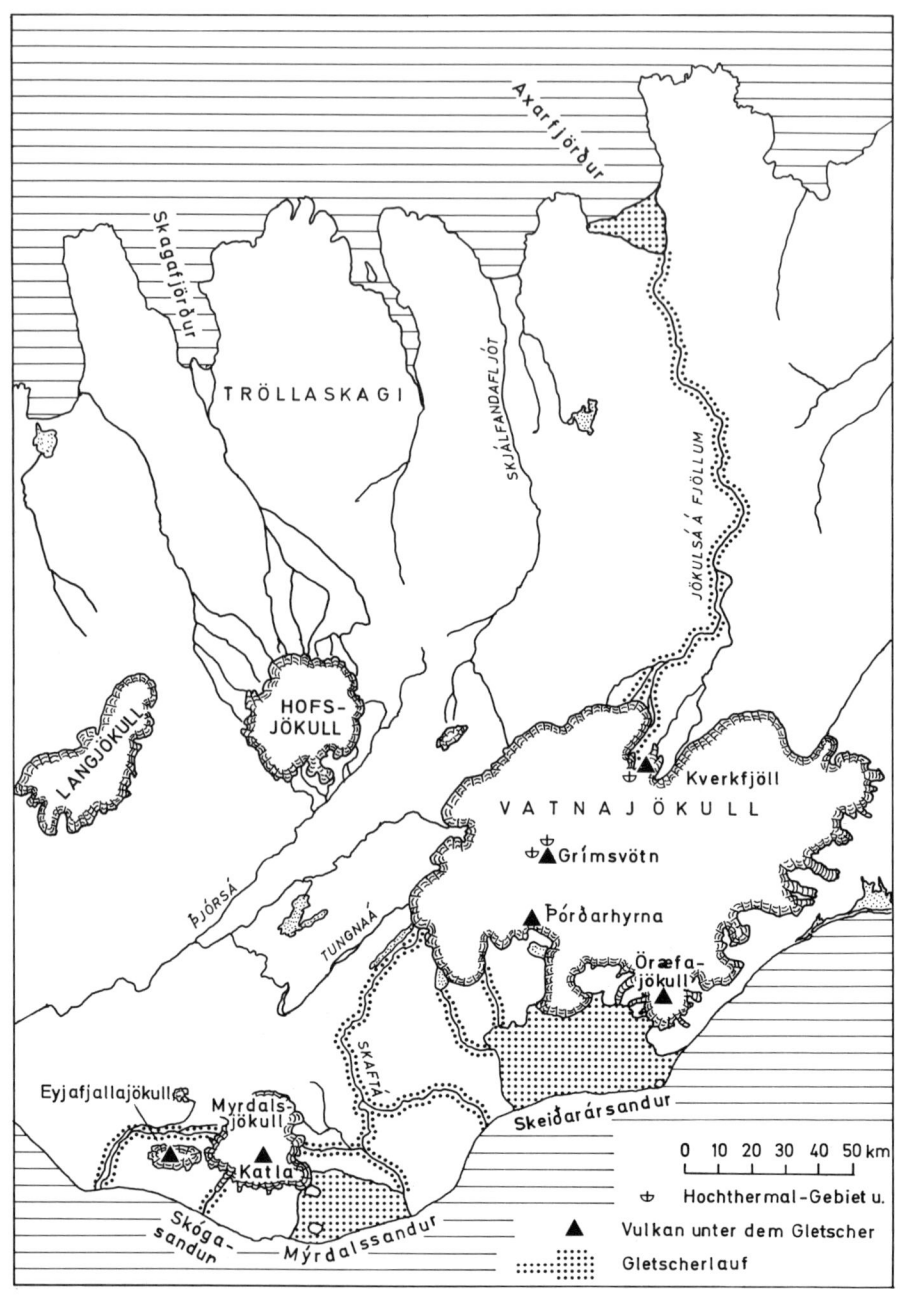

Axarfjörður

Skagafjörður

TRÖLLASKAGI

SKJÁLFANDAFLJÓT

JÖKULSÁ Á FJÖLLUM

LANGJÖKULL

HOFS-
JÖKULL

Þórðarhyrna

ÞJÓRSÁ

TUNGNAÁ

☩ ▲ Grímsvötn

☩ ▲ Kverkfjöll

VATNAJÖKULL

▲ Þórðarhyrna

Öræfa-
jökull ▲

SKAFTÁ

Skeiðarársandur

Eyjafjallajökull

Myrdals-
jökull

▲ Katla

Skóga-
sandur

Mýrdalssandur

| 0 | 10 | 20 | 30 | 40 | 50 km |

☩   Hochthermal-Gebiet u.

▲   Vulkan unter dem Gletscher

⋮⋮⋮   Gletscherlauf

Gletscherräume sind der außerordentlich starken Abtragung unterworfen. Das machen in besonderem Maße die stark übertieften und verbreiterten Gletschertäler der Fjordlandschaft deutlich. Nach Abschätzungen wird das Gebiet unter den beiden großen südlichen Gletschern Vatna- und Mýrdalsjökull jährlich um drei bis fünf Millimeter erniedrigt. Damit wird die Abtragungsleistung in den eisfreien Räumen Mitteleuropas um das 30- bis 50fache übertroffen. Für einen Laien mögen solche Werte niedrig erscheinen, doch sollte man bedenken, daß seit der Besiedlung der Insel das Land unter dem Vatnajökull um rund 5 m erniedrigt wurde und daß die Gletscherabflüsse pro Jahr etwa 40 Millionen m^3 Sedimente in das Vorland transportiert haben.

Aus diesen Werten wird ersichtlich, wie stark Gletscher eine Landschaft prägen und verändern können. Daher ist es nicht verwunderlich, daß Island mit Spuren eiszeitlicher Gletscher übersät ist. Es erinnern an die Eiszeiten und ihre Gletscher nicht nur trogförmige Täler und Fjorde, sondern als kleinere Formen Kare als schüsselförmige Vertiefungen an den Hängen (Abb. 13), scharfe Grate oder nur die Schleifspuren der Gletscher auf glattgehobelten Felsen. Sie sind besonders in den Landschaften der Ostfjorde, der Nordwest-Halbinsel und im Bergland von Tröllaskagi anzutreffen. Mit ihren kleinen Kar- und Talgletschern besitzen diese Bergländer im Gegensatz zu dem zentralen Hochland mit den Plateaugletschern eher einen alpinen Charakter. Spuren eiszeitlicher Gletscher gibt es nicht nur auf dem Land, sondern auch im Flachmeerbereich. Gletscherschrammen kommen auch noch auf der flachen, ca. 40 km von der Küste entfernten und unmittelbar am Polarkreis gelegenen Insel Grímsey vor. Offensichtlich werden während der Eiszeiten die Buchten mit gewaltigen, zungenförmigen oder plateauartigen Gletschern ausgefüllt gewesen sein. Einigen Untersuchungen zufolge sollen sie Gesteinsmaterial bis über 100 km weit von der Küste in das heutige Meeresgebiet hinausgeschafft haben, das damals wegen der eiszeitlichen Meeresspiegelabsenkungen noch Festland gewesen sein wird.

Zwischen Lang- und Hofsjökull – Eismassen, Vulkane und Kieswüsten

Die Landschaft rund um den zweitgrößten Gletscher des Landes, den Langjökull, ist nicht allein von dem Wirken der Eismassen geprägt, sondern besonders auch vom jungen Vulkanismus, der an den Rändern des 953 km^2 großen Gletschers nicht halt machte. In den weiträumigen und wüstenartigen Grundmoränengebieten des Hochlandes um Lang- und Hofsjökull sind subglaziale Vulkane, Tafelberge und Palagonitrücken sowie Schildvulkane die mehr oder weniger herausragenden Elemente. Am meisten fallen die Tafelberge auf. Mit

◁ *Unter Gletscherbedeckung aktive Vulkane und Thermalgebiete, die in historischer Zeit Gletscherläufe verursacht haben (mit Darstellung der Abflußbahnen und Ablagerungsräume, nach Þórarinsson u. Sæmundsson 1979)*

ihren steilen Hängen erheben sie sich 600–800 m über ihre Umgebung. Die höchsten von ihnen tragen eine Eiskappe (Farbabb. 27).

Als einer der größten und schönsten Tafelberge in ganz Island muß der 1675 m hohe Eiríksjökull im Westen des Langjökull hervorgehoben werden, denn er besitzt eine Basisfläche von etwa 100 km² und ist von einem flachen 22 km² großen Gletscher mit vier schmalen Eisabflüssen bedeckt. Er erreicht als subglazialer Vulkan die Ausmaße der gemischten Zentralvulkane. Seine Eruptionen unter dem Gletschereis müssen furchtbar gewesen sein, wenn man bedenkt, daß immerhin basaltische Schmelzen mit einem Volumen von etwa 100 km³ an die Oberfläche gelangten. Damit wird die Förderleistung der Laki-Spalte von 1783 bei weitem übertroffen. Mit ihren Ausmaßen stehen auch die anderen von Gletschern bedeckten Tafelberge im Umfeld des Langjökull nicht nach. Der am Südwestrand befindliche Þórisjökull besitzt eine Basisfläche von 50 km² und überragt bei einer Gipfelhöhe von 1360 m seine Umgebung um etwa 700 m. Während der ›Kleinen Eiszeit‹ wird er noch mit dem Langjökull verbunden gewesen sein. Den gleichen Aufbau besitzt der noch fest mit dem Langjökull verbundene 1400 m hohe Geitlandsjökull. Daß sich unter dem Langjökull noch weitere Tafelberge befinden müssen, wird an seinem Ostrand ersichtlich. Dort tauchen oberhalb des Gletschersees Hvítárvatn die Umrisse eines 1235 m hohen Tafelberges auf.

Sämtliche genannten subglazialen Vulkane besitzen in ihrer Gipfelregion einen Basaltschild. Das bedeutet, daß zur Zeit ihrer Entstehung andere Eisverhältnisse bestanden haben müssen als heute, denn die Bildung von Basaltschilden ist nur unter subaerischen Bedingungen möglich. Keiner der Vulkane um und unter den beiden Gletschern ist noch aktiv. Einige von ihnen müssen noch in der Nacheiszeit aktiv gewesen sein, denn außer den in den Zwischeneiszeiten tätigen Schildvulkanen Ok (1198 m) im Westen, Skersli (897 m) im Süden sowie Skálpanes (839 m) und Baldheiði (771 m) auf der Ostseite entstanden die heute zum Teil vom Gletscher bedeckten Sólkatla (1026 m) und die südlich des bekannten Thermalgebietes von Hveravellir gelegene Strýtur (840 m) mit dem Kjalhraun während der Nacheiszeit.

Als einziger freistehender Schildvulkan trägt der Ok in seiner Gipfelregion ein großes Firnfeld, das vor rund 50 Jahren noch die Ausmaße eines etwa zehn Quadratkilometer großen Gletschers hatte.

Eingebettet in die Landschaft des östlichen Langjökull ist der 28 km² große Hvítárvatn, der fünftgrößte See Islands. Vor etwa 10000 Jahren muß er wesentlich größere Ausmaße besessen haben, denn etwa 200 m über seinem heutigen Seespiegel sind noch alte Strandlinien und Strandgerölle zu finden. Nicht nur Tafelberge und Schildvulkane müssen sich weiter unter dem Langjökull fortsetzen, sondern auch Lavaströme. So bedeckt der Langjökull einen Teil des größten Lavafeldes dieser Region, des Hallmundarhraun. Dieser große Lavastrom im Westen des Gletschers wird aus drei Kratern an seinem Nordwestrand wahrscheinlich zu verschiedenen Zeiten ausgebrochen sein und bedeckt eine Fläche von ca. 204 km². Die Lavamassen des nördlichsten Kraters flossen vor 1190 Jahren weit nach Süden und drangen bis an den Nordrand des Hvítárdalur vor, wo an ihrer Stirn die auf ihnen versickerten Niederschläge und Schmelzwässer als Hraunfossar (Lavafälle, Abb. 23) wieder zum

Vorschein kommen. Innerhalb des Lavastromes befindet sich ein 23 km langes System röhrenartiger und zum Teil begehbarer Lavahöhlen, von denen die Surtshellir und die Stefánshellir in der Nähe des Gehöftes Kalmanstunga liegen.

Einen völlig anderen Charakter besitzt die Landschaft im westlichen Umfeld der fast kreisrunden und 925 km² großen Eismasse des Hofsjökull (1775 m). Die auffallendsten Formen an der südwestlichen Peripherie sind die bis zu 1477 m hohen Rhyolithberge der Kerlingarfjöll. Sie heben sich als steil aufragende Bergspitzen aus hellem Gestein von ihrer Umgebung ab und gehören zu einem 100 km² großen Vulkanmassiv, das in seinem geologischen und morphologischen Aufbau sehr dem Torfajökull-Massiv ähnelt. Auch hier haben Thermalquellen durch ihre gesteinszersetzende Wirkung zu einem besonderen Farbenreichtum dieser Landschaft beigetragen. Die Kerlingarfjöll werden während der Sommermonate häufig an Wochenenden von schneehungrigen Sommerskiläufern aus Reykjavík aufgesucht, die sich auf den kleinen Gletschern mit einer Gesamtfläche von etwa 10 km² tummeln.

Im Gegensatz zum Langjökull geht der Hofsjökull fast direkt in eine Schotter- und Moränenlandschaft über. Es gibt an seinem Rand keine Schildvulkane und nur zwei kleinere Tafelberge, den Blágnípa (1068 m) im Südwesten und den Álftabrekkur (1080 m) im Nordwesten. Zwei kleinere Krater waren zwischen den Kerlingarfjöll und dem Hofsjökull während der Nacheiszeit aktiv. Von ihnen stammt ein etwa 25 km langer Lavastrom, das Illahraun.

Der Kjalvegur

Diese großartige Landschaft zwischen Lang- und Hofsjökull kann vom Gullfoss auf dem Weg nach Nordosten über den 165 km langen Kjalvegur (bis Gehöft Eidsstaðir im Blandadalur) zwischen Juli und September mit geländegängigen Fahrzeugen durchfahren werden. Dabei muß im Juli im nördlichen Tundrengebiet noch damit gerechnet werden, daß Teile des Weges wegen des noch nicht völlig aufgetauten Eises noch nicht frei sind.

Die als Kjalvegur bekannte Piste beginnt nördlich des Gullfoss. In einer unbewohnten Umgebung parallel zur Hvítá breitet sich eine karge Grundmoränenlandschaft mit der großartigen Kulisse des Langjökull und dem beherrschenden Tafelberg Bláfell (1204 m) aus. Ihr wüstenartiger Charakter nimmt mit der Annäherung an diesen erloschenen subglazialen Vulkan zu. An seiner Westflanke wird in einer Höhe von ca. 700 m der Paß zur Wüstenlandschaft zwischen den beiden Gletschern Hofs- und Langjökull erreicht. Im Norden taucht die Szenerie der Schildvulkane und Tafelberge auf. Der Weg führt nun hinab zum Hvítárvatn. Es lohnt sich, einen Abstecher zum See, nach Hvítárnes zu machen. Seine Ufer sind im Gegensatz zu den kahlen Grundmoränenflächen mit einer Tundrenvegetation bestanden (Farbabb. 27), wo auch Gänse und Schwäne Nahrung finden. Vom Ostufer hat man einen großartigen Ausblick auf die Eisabflüsse des Langjökull, von denen ihr nördlichster bis in den See hinabreicht. Im Osten bilden die Kerlingarfjöll und der Hofsjökull die Kulisse. Nördlich des Hvítárvatn beginnt eine fast vegetationsfreie, von Stürmen ausgeblasene Kies-

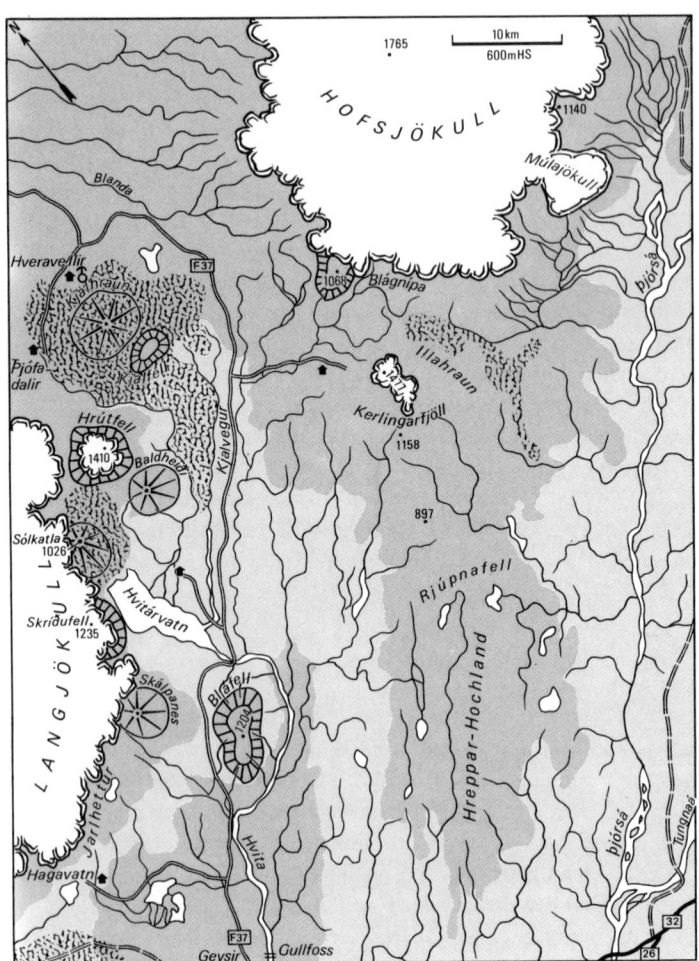

Verlauf des Kjalvegur zwischen Lang- und Hofsjökull

wüstenlandschaft, in der 10 km südlich der 672 m hoch gelegenen Hauptwasserscheide eine Abzweigung zu Berghütten in den Kerlingarfjöll führt. Nördlich der Wasserscheide verläuft die Piste entlang des nacheiszeitlichen Kjalhraun und nähert sich dem Hofsjökull bis auf etwa acht Kilometer. Am Nordrand dieser vom Schildvulkan Strýtur ausgeflossenen Basalt-lava zeigen abziehende Dampfschwaden eines der attraktivsten Thermalfelder in Island an. Es ist Hveravellir, die ›Ebene der heißen Quellen‹, mit ihren sehenswerten Dampfaustritten und Heißwasserquellen. In einer Umgebung mit Vulkanen und Gletschern bietet sich dank einer Hütte und einer Wiese zum Zelten die Möglichkeit, zu übernachten und sich in einem

Becken mit heißem Wasser aufzuwärmen. Bei genügend Zeit und gutem Wetter sollte die Gelegenheit wahrgenommen werden, den Schildvulkan Strýtur mit seinem Gipfelkrater zu besteigen. Der Weg auf den südlich der Hütte gelegenen Vulkan führt über Buckelwiesen (Púfur) nach einem ein- bis anderthalbstündigen Marsch zum 840 m hoch gelegenen Ziel. Von dem ca. 40 m hohen Kraterrand fällt das Gelände zu einem etwa einen Quadratkilometer großen kesselförmigen Gipfelkrater mit einem erstarrten Lavasee ab. Nördlich Hveravellir endet die Gletscherlandschaft und wird zunächst von einer steinigen Wüste (Grundmoräne) abgelöst. Nach und nach tauchen erste Bachläufe auf, die ohne Brücken überquert werden müssen. Die Wüste geht allmählich in eine mit einer fußhohen, heideartigen Vegetation bestandene Tundralandschaft über. Die Oberfläche ist durch das ständige Auftauen und Wiedergefrieren zu Buckelwiesen aufgewölbt. Zusammen mit einer Vielzahl kleiner Seen sind sie Bestandteile einer sehr ebenen, weiträumigen Landschaft. Daß sich hier die Bodenbedingungen geändert haben, ist vornehmlich gesteinsbedingt. Die jungvulkanische Zone ist verlassen. Der Untergrund setzt sich nun aus alten tertiären Basalten zusammen, die bis zum Verlassen der Hochfläche mit Moränenmaterial bedeckt sind. Die Durchquerung des zentralen Hochlandes endet mit der Abfahrt in das trogförmige Blanda-Tal.

Der Weg durch das Kaldidalur

Die Gletscherlandschaft des westlichen Langjökull kann man am besten auf einer etwa 75 km langen Fahrt durch das Kaldidalur zwischen Þingvellir und Húsafell im Hinterland des Borgarfjörður kennenlernen. Nach dem Verlassen der Ebene von Þingvellir gelangt man zunächst nach einem kurzen Anstieg zum abflußlosen Sandkluftavatn und kommt in eine Vulkanlandschaft, deren Szenerie von Islands berühmtestem Schildvulkan, dem 1066 m hohen Skjaldbreiður beherrscht wird. Zu ihm gesellen sich mehrere Tafelberge. Am nördlichen Horizont taucht schon bald als Ausläufer des Langjökull der 1360 m hohe Þórisjökull mit dem im Westen gelegenen Schildvulkan Ok auf. Nun begibt man sich in eine Umgebung, in der das Wetter schnell umschlagen kann. Bei schönen Wetter kann man die Gefahren kaum ahnen, die in dieser faszinierenden Landschaft lauern. Kleine orangefarbene Schutzhütten an der bis Ende September befahrbaren Strecke erinnern daran, daß sich Notsituationen auch während der Sommermonate mit heftigen Stürmen, Regen- und Schneeschauern einstellen können.

Unmittelbar in Höhe des Þórisjökull, dessen Hängen man sich bis auf drei Kilometer nähert, beginnt das eigentliche Kaldidalur, eine steinige Grundmoränenlandschaft, durch die sich die Piste zur Paßhöhe in 727 m Höhe hinaufschlängelt. In unmittelbarer Nähe des Þórisjökull sieht man, daß die Eiszungen an seinen Hängen im Rückzug begriffen sind, denn sie werden von Endmoränenwällen umgeben, die ehemalige Gletscherstände viel weiter unten im Tal anzeigen.

Etwa drei Kilometer südlich der Paßhöhe ist es möglich, näher an die Hänge des Þórisjökull und in eine kleine Schotterebene mit Gletscherflüssen zu fahren. Ihre westliche Begrenzung ist geradlinig und stufenartig, eine Verwerfung. Die Schotterebene befindet sich auf der abgesunkenen Scholle. Die Fahrt nach Húsafell führt über den Osthang des Ok und durch das Tal der Geilá schließlich zum Hvítárdalur und damit in eine freundlichere, mit einer zum Teil buschartigen Vegetation bestandene Landschaft.

Beliebte Ausflugsziele der Landschaft am Langjökull sind die Lavahöhlen Surts- und Stefanshellir im Hallmundarhraun, die bereits im *Landnámabók* und in der *Sturlunga-Saga* erwähnt werden. Sie wurden wahrscheinlich schon während des 10. Jh. von Ausgestoßenen aufgesucht. Seit dem 19. Jh. sind sie das Ziel vieler Islandreisender. Über ein großes Loch in der Lavadecke kann man hinunter in die U-Bahnschachtähnlichen Höhlengänge der Surtshellir steigen.

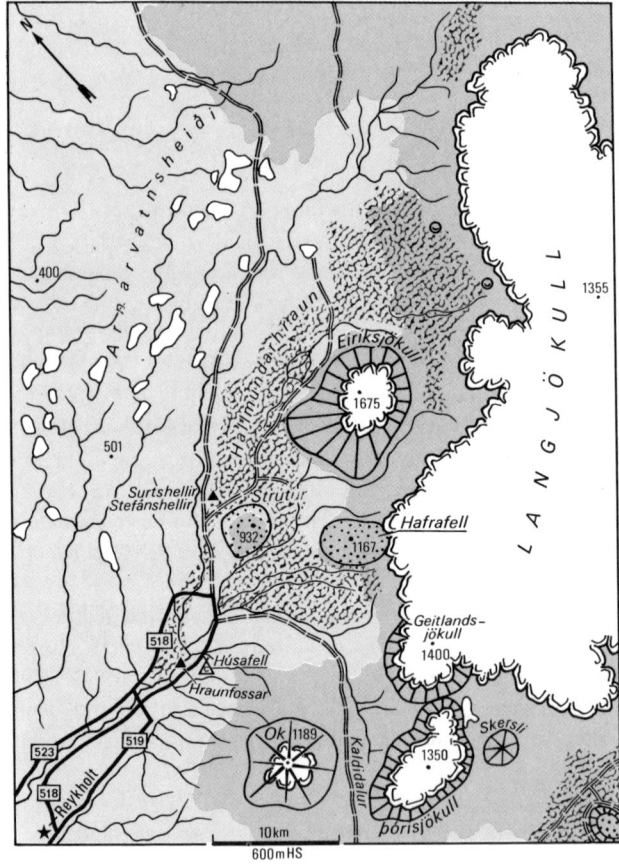

Westrand des Langjökull mit Kaldidalur

Die Lavahöhle Surtshellir. Aus: »Voyage en Islande et au Groenland« von Paul Gaimard, 1842

Zwischen Hofs- und Vatnajökull (Sprengisandurvegur)

Zwischen den beiden großen Eismassen Hofs- und Vatnajökull ist eine wegen ihrer Unwirt-
lichkeit und Einsamkeit eindruckvollste Gletscherlandschaft Islands gelegen. Seit Jahrhunderten wurde sie als Traverse durch das zentrale Hochland von den besiedelten Gebieten im
Norden nach dem Süden und umgekehrt benutzt. Besonders gefürchtet war die Kieswüste
des Sprengisandurs wegen ihrer plötzlich auftretenden Stürme. Die Pferde wurden hier
angehalten, schneller zu laufen – vorwärtszu»sprengen«. Vom Norden her nähert man sich
dem Land, wo das Eiszeitalter noch fortzudauern scheint, durch das grüne Bárðardalur. Der
U-förmige Talquerschnitt läßt erkennen, daß es noch während der letzten Eiszeit mit einem
Talgletscher ausgefüllt war, dessen Stirn sich irgendwo in der Skjálfandi-Bucht befunden
hat. Etwa 4000 Jahre nach dem Rückzug der Gletscher benutzte der glühendheiße Lavastrom Frambruni den gleichen Weg und gelangte, vom Schildvulkan Trölladyngja aus dem
zentralen Hochland kommend, fast bis an das Meer. In Höhe des Gehöftes Mýri wird das
Bárðardalur mit dem Skjálfandafljót verlassen, und es beginnt der Anstieg zum zentralen
Hochland. Nach wenigen Kilometern kann man eine der schönsten Wasserfälle Islands, den
Aldeyjarfoss, besuchen. Ein seitlicher Weg führt zur Schlucht des Skjálfandafljót, in die er
sich über eine Stufe des hier als Suðurárhraun bezeichneten Abschnittes 20 m in die Tiefe

stürzt. Die Piste hat bald eine Höhe von 500 m über dem Meeresspiegel erreicht, und nun führt der Weg über schmale Höhenrücken zwischen den nach Norden ausgerichteten Tälern. Die Vegetationsdecke ist fast verschwunden, und immer deutlicher werden die Spuren eiszeitlicher Gletscher auf glattgeschliffenen Partien des tertiären Gesteinsuntergrundes. Bald entschwinden auch die Felsrücken und machen einer Kieswüste der Grundmoränenlandschaft Platz, in der nur in muldenförmigen Tälern Pflanzenbewuchs auftritt. Hellgrüner Moosbewuchs hat sich an den kurzen Hängen in Höhe der Quellhorizonte angesiedelt. Mit der Annäherung an die Wasserscheide zwischen Nord- und Südisland kommt man nach einer letzten Querung der Kíðagil in einer Höhe von etwa 800 m in das fast vegetationsfreie Sprengisandur-Gebiet mit seinen schwarzen Kieshügeln. Bei tiefhängenden Wolken fühlt man sich in der wegen seiner plötzlich auftretenden Stürme einst so gefürchteten Umgebung in die Eiszeit zurückversetzt, denn am Horizont einer fast endlos erscheinenden Kieswüste leuchten die Eisfelder der großen Gletscher herüber. Die Stürme haben aus dem Untergrund sämtliches Feinmaterial ausgeblasen, so daß nur die widerstandsfähigsten Pflanzen, wie die Gewöhnliche Grasnelke oder das lila blühende Stengellose Leimkraut, Halt finden. Niederfallender Regen versickert sofort im porösen Boden.

Nach dem Überwinden der Wasserscheide gelangt man in das Einzugsgebiet von Islands größtem Fluß, der Þjórsá, deren Nebenflüsse nun weiterhin den Weg begleiten werden, bis diese ungemein weiträumige Landschaft des zentralen Hochlandes wieder verlassen wird. In der Höhe des Fjórðungsvatn, der oft seine Größe verändert, verläuft die Piste direkt auf den Tungnafellsjökull, einen Zentralvulkan mit einem 48 km² großen Gletscher, zu. An seinem Nordwesthang fließen drei große, breite Zungen weit den Hang hinunter. Nur unweit der Hütte von Nýidalur ist der Boden mit den kieshaltigen Grundmoränen in fünf- und sechsekkige Riesenpolygone mit einem Durchmesser von etwa 20 m unterteilt (Abb. 11). Moose, kleine Polarbirken und -weiden sowie Gräser zeichnen ihre Ränder nach. Dieses eigenartige Muster verdankt seine Entstehung der Wirkung des Bodeneises im gletschernahen Raum. Es sind Relikte einer kälteren Zeit.

Bald ist die Hütte erreicht, die gern zur Übernachtung in der oft unwirtlichen Landschaft aufgesucht wird. Von diesem zentralen Platz zwischen den beiden großen Gletschern bietet sich die Möglichkeit, mit einem etwa dreistündigen Marsch den 1530 m hohen Tungnafellsjökull zu besteigen und bei schönem Wetter die weite glaziale Landschaft mit ihren Gletschern und den vorgelagerten weiten Grundmoränen-Ebenen zu genießen. Ein weiterer lohnender Abstecher kann zu Thermalquellen im östlichen Jökuldalur oder zu den Þjórsárver-Oasen im Westen gemacht werden. Im Gegensatz zur Umgebung des Langjökull fehlen im östlichen zentralen Hochland die beeindruckenden Tafelberge und Schildvulkane. Es schaut nur am Nordostrand des Hofsjökull der Tafelberg Míklafell mit einer fast 1000 m hohen Randstufe unter den Eismassen hervor.

Von den Eisabflüssen der großen Gletscher zieht als südöstlicher Ausläufer des imponierenden Hofsjökull der Múlajökull die Aufmerksamkeit auf sich. Er fließt im flachen Vorland zu einem fast kreisrunden Lobus auseinander. Weiter im Süden fallen im Vorfeld des Vatnajökull die steil aufragenden Kuppen der etwa 1300 m hohen Hágöngur auf. Ein besonders

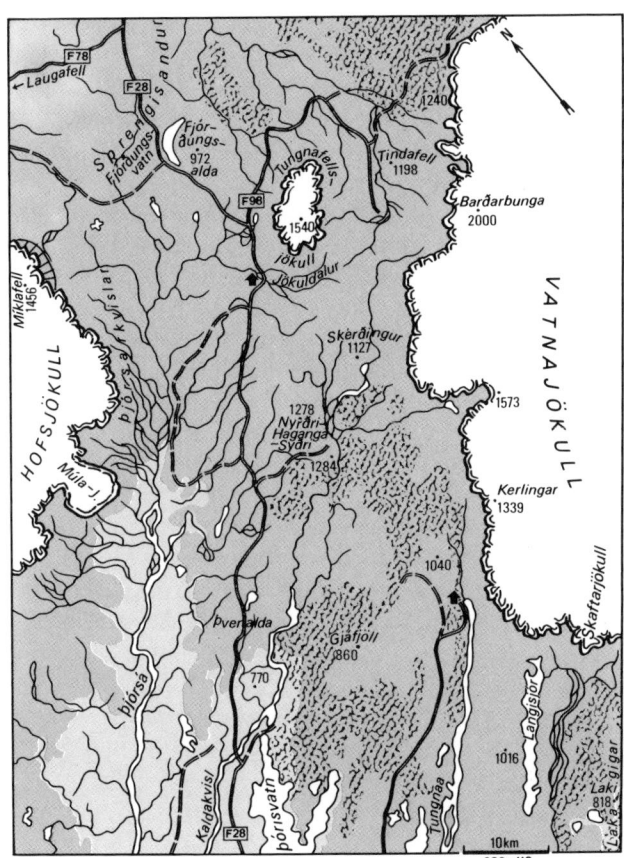

Verlauf des Sprengisandurvegur zwischen Hofs- und Vatnajökull

schöner Ausblick auf diese rhyolithischen Berge ist von der 728 m hohen Anhöhe Þveralda gegeben. Von ihrem Gipfel wird erstmals das Ende der über lange Strecken endlos erscheinenden Kieswüste im Süden absehbar. Ihre Hochflächen lösen sich allmählich in Kuppen, Höhenrücken und Täler auf. In der Höhe des zweitgrößten Sees von Island, des Þórisvatn (72 km²), ändert sich die Szenerie. Allmählich wird die von den vorzeitlichen und den rezenten Gletschern geprägte Landschaft verlassen, und etwa in Höhe des zehn Kilometer südwestlich des Sees gelegenen Wasserkraftwerkes Sigalda bestimmt wiederum der Vulkanismus das morphologische und geologische Geschehen. Dessen wird man sich spätestens mit der Durchquerung des nacheiszeitlichen Tungnaárhrauns (Þjórsá-Laven) bewußt. In südlicher Richtung von Sigalda eröffnet sich in einer Entfernung von etwa 50 km Luftlinie Þórsmörk als eine der schönsten Gebirgs- und Gletscherlandschaften Islands.

Þórsmörk – Idylle zwischen zwei großen Gletschern

Das im Krossá-Tal zwischen dem 1666 m hohen Eyjafjalla- und dem über 1450 m hohen Mýrdalsjökull gelegene Þórsmörk bietet sich als Ziel eines ein- oder mehrtägigen Ausfluges von Reykjavík an (Wegen der Durchquerung des gefährlichen Gletscherflusses Krossá sollte man sich von kundigen Isländern dorthin fahren lassen). Die idyllische Landschaft in unmittelbarer Gletschernähe erreicht man über das Tal des Markarfljót. Eine 25 km lange Zufahrt zweigt etwa in der Höhe des 178 m hohen Inselberges Stóra Dímon von der Ringstraße ab. Im Südosten steigen aus der Niederung als ehemalige Kliffs steil die Hänge des aus Palagonitgesteinen bestehenden Sockels zur 78 km² großen Eiskappe des Zentralvulkans Eyjafjallajökull an. Auf der Nordseite des sanft gewölbten Eisplateaus fließen zwei Talgletscher weit hinab bis fast in die Niederung. Der westliche, der Falljökull, bricht in einer Höhe von etwa 800 m steil ab und mündet mit einer flachen Zunge in einen von einem ca. 60 m hohen Moränenwall umgebenen Zungenbeckensee, dem Lónið, in einer Höhe von etwa 150 m. Man kann bis an den See mit dem Fahrzeug heranfahren. Zwei Pfade führen an den Ufern des mit Eisbergen bedeckten Sees vorbei zu der nicht immer leicht begehbaren Gletscherzunge. Besonders die westliche mit Aschen bedeckte Randzone ist sehr trügerisch.

Zum östlichen Talgletscher, dem etwa zwei Kilometer langen Steinholtsjökull, gelangt man über einen Anstieg aus dem Krossá-Tal. An seiner Westflanke lösten sich im Jahre 1967 in einer Höhe von 300–700 m auf einer Breite von etwa einem Kilometer Felsmassen mit

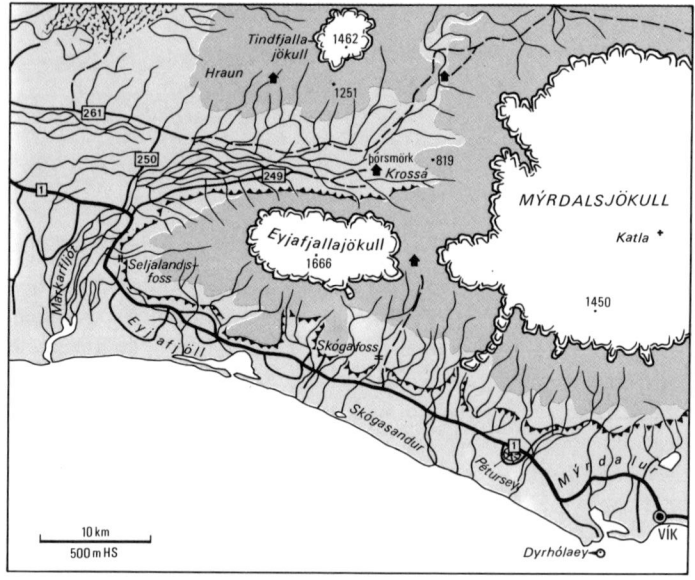

Die Südküste westlich von Vík í Mýrdal und die Landschaft Þórsmörk

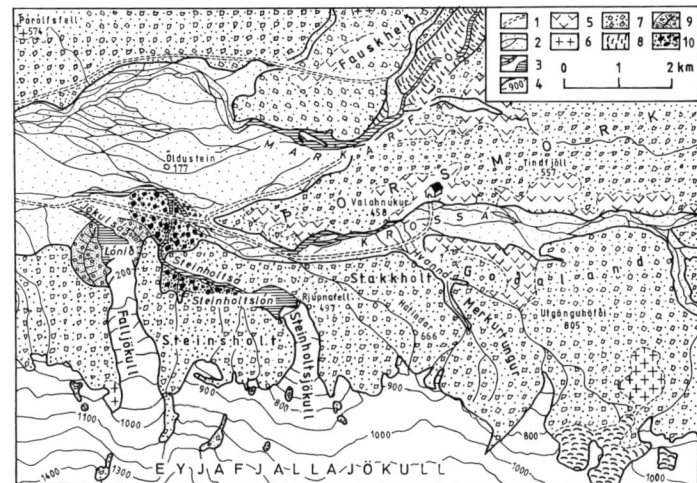

Geologische Skizze von Þórsmörk

1 Pisten
2 Talauen mit Sedimenten
3 Seen und breitere Flußabschnitte
4 Gletscher
5 Rhyolithische Gesteine
6 Zwischeneiszeitliche Laven
7 Eiszeitliche Auswurfsmassen
8 Nacheiszeitliche Basaltlaven
9 Endmoränen
10 Gletscherlaufrelikte

einem Volumen von 15 Millionen m³. Die Bergsturzmassen fielen unmittelbar südlich des Gletschersees Steinholtslón auf den Gletscher und lösten einen Gletscherlauf besonderer Art aus. Riesige Felsblöcke (z. T. mehr als 100 t) in der Niederung der Krossá und des Markarfljóts sind die Überreste dieses katastrophalen Ereignisses (Farbabb. 31).

Der Weg nach Þórsmörk führt weiter über die Schotterebenen des Krossá-Tals. Das Tal wird enger. Aus den steilen Hängen hat die Erosion die bizarrsten Formen herausgearbeitet. Felsnadeln, gewölbeartige Nischen und Naturbrücken im chaotisch angelagerten subglazialen Vulkangestein verführen den Betrachter zu phantasievollen Eingebungen. In einem geschützten Seitental, dem Langidalur, steht, von niedrigen Birken umgeben, die Hütte von Þórsmörk. Vor dem Ziel ist noch die verzweigte Krossá zu überwinden, die als Gletscherfluß gerade gegen Abend zu einem tückischen Gewässer wird und bei falscher Fahrweise sogar einen kleinen Geländewagen umreißen kann.

Von der Hütte aus bieten sich viele Möglichkeiten, die herrliche Landschaft zu erkunden. Einen Überblick erhält man auf dem leicht zu besteigenden, 458 m hohen Aussichtsberg Valahnúkur. Unterhalb des Eyjafjallajökull sind die Seitentäler der Krossá enge Schluchten. Terrassenartige Verebnungen in einer Höhe von etwa 150 m über den Flüssen und Bächen zeigen an, daß sich die Talsohlen gegen Ende der Eiszeit in dieser Höhe befunden haben müssen. Seitdem war also die Flußarbeit sehr aktiv. Die weiten Schotterebenen im Vorland liefern den Beweis für die geleistete Abtragungstätigkeit.

Man sollte bei einem Besuch von Þórsmörk nicht versäumen, sich auch die Südseite der Gletschermassive anzusehen. Der Weg führt über die wichtigste Überlandstraße Islands, die Ringstraße. Der Landschaftscharakter wird auf der Südseite der Gletscher in erster Linie vom Meer und den zu ihm abfließenden Gletscherflüssen und vereinzelt von Gletscherläufen bestimmt. Von der Westseite des Eyjafjallajökull bis zum eigentlichen Südkap Islands,

105

Die Kirche von Breiðabólsstaður nordwestlich des Eyjafjallajökull. Aus: »Voyage en Islande et au Groenland« von Paul Gaimard, 1842

Dyrhólaey (Türhügelinsel), erstreckt sich ein drei bis fünf Kilometer breiter Saum des Küstenvorlandes. Das Gelände steigt dann unvermittelt über eine ehemalige Steilküste zur vergletscherten Bergregion an. Über die fast senkrechten Abbrüche stürzen die Bäche und Flüsse in die Tiefe. Am bekanntesten sind die etwa 60 m hohen Seljalands- und Skógafoss (Abb. 20). Das ehemalige Küstengebiet ist durch die heute verlandeten Inseln Petursey und Dyrhólaey erkennbar. Es lohnt sich aus mehreren Gründen, die Umgebung von Dyrhólaey aufzusuchen. Vom Gipfel hat man bei gutem Wetter eine hervorragende Aussicht auf das südliche Küstenland bis in die Höhe der etwa 60 km entfernten Westmänner-Inseln. Den Hintergrund bilden die mit Eiskappen bedeckten Bergmassive des Eyjafjallajökull und Mýrdalsjökull. Die abtragende Wirkung der Brandung gewährt besonders im Osten von Dyrhólaey einen Einblick in das Innere dieses ehemaligen Vulkans. Der Vogelfreund hat hier die Möglichkeit, Papageitaucher, Seeschwalben, Eissturmvögel und Raubmöwen zu beobachten. Im nordwestlichen Vorfeld des Vulkans befinden sich etwa 2500 Jahre alte Dünen.

Im Vorfeld des Vatnajökull – Zwischen Breiðamerkurjökull und Djúpivogur

Das Landschaftsbild dieses Küstenstreifens zwischen dem Breiðamerkurjökull und der Ortschaft Djúpivogur wird im Westen von den Eisabflüssen des östlichen Vatnajökull und im

Osten von den ehemaligen Gletschertälern einer stark gegliederten und wilden Gebirgslandschaft geprägt. Gemeinsam ist diesem verschiedenartigen Hinterland die gleichartige Küstenregion, denn südwestlich von Djúpivogur gehen die Fjorde und die Gletschertäler nicht mehr direkt in den Meeresraum über, sondern ihre Mündungen werden vom Meer durch die von ihm aufgeschütteten Dämme einer Ausgleichsküste getrennt. Der östliche, bis zum Vesturhorn reichende Teil besitzt zwar Buchten, die als Fjorde bezeichnet und wohl von Eiszeitgletschern ausgefüllt waren. Ihnen fehlt aber im Vergleich mit den Fjorden im herkömmlichen Sinne die Enge und die Länge.

Die Wildheit des bis zu 1300 m hohen und teilweise vergletscherten Berglandes mit schroffen Felspartien und engen Tälern ist wahrscheinlich dadurch bedingt, daß dort häufiger als in anderen Plateaubasaltgebieten Islands saure Vulkanite, erkennbar an der rötlichbraunen Färbung, anstehen. Offensichtlich sind es die abgetragenen Reste größerer Zentralvulkane. Ein Grund für die starke Zerschneidung der Landschaft werden außerdem die hohen Niederschläge (am Teigarhorn etwa 1300 mm/Jahr), die zahlreichen Talgletscher vom Vatnajökull mit ihren Abflüssen und die kleineren Gletscher im Osten sein. Breitangelegte Talformen mit ausgedehnten Schotterflächen sind ein Indiz für die Transportkraft der sedimentbeladenen Flüsse.

Die Schotterflächen der Jökulsá í Lóni, des größten Flusses in der Region, bilden einen der längsten Talsander in Island. Die Flüsse sind im Begriff, die hinter den Nehrungen befindlichen Strandseen aufzufüllen. Am weitesten ist dieser Prozeß schon am Lónsfjörður fortgeschritten. In den Buchten befinden sich fast verlandete Seen. In diese formenreiche Landschaft führen nur wenige Pfade, denn es gibt in den vielen Tälern kaum Furten durch die reißenden Flüsse. Einzige Ortschaft ist mit 400 Einwohnern das ca. 100 km von Höfn

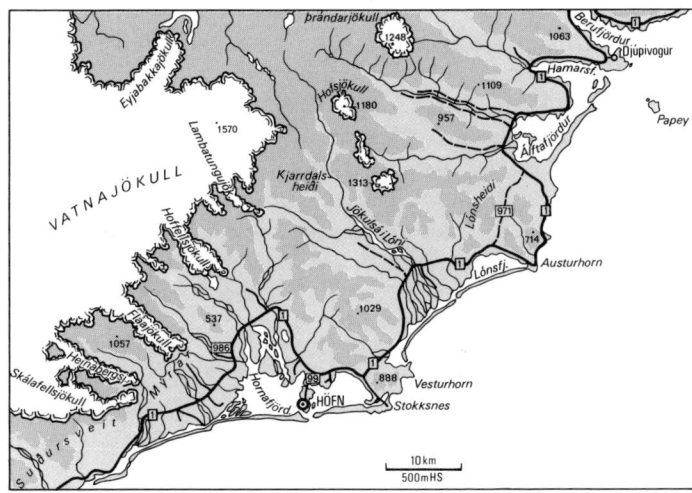

Südostisland mit
Ausgleichsküste

entfernte Djúpivogur am Berufjörður in einer sehr reizvollen und geschichtsträchtigen Umgebung mit dem 1069 m hohen, pyramidenförmigen Búlandstindur als Wahrzeichen. 860 n. Chr. verschlug es Naddoðr als ersten Wikinger norwegischer Abstammung in das Gebiet der Ostfjorde. Nur wenig später erreichte der Schwede Garðar Svafarsson Island in der Höhe des Austurhorn, um die Insel dann in Westrichtung zu umrunden. Der erste Siedler norwegischer Abstammung, Ingólfur Arnarson, machte 872 eine Erkundungsfahrt nach Island und landete im Álftafjörður. Somit verwundert es nicht, daß Djúpivogur als eine der ältesten Siedlungen mit einem natürlichen Hafen sich früh zu einem Handelsplatz entwickelte. Hamburger Kaufleute fanden sich hier bereits im 16. Jh. ein.

Etwa sieben Kilometer von der Küste entfernt liegt die zwei Quadratkilometer große Insel Papey. Ihr Name soll von irischen Mönchen stammen, die sich in Island vor der Ankunft der nordischen Besiedler aufhielten. Sie wird nur im Sommer bewohnt; ihre Grasflächen dienen der Schafhaltung. Außerdem besitzt sie eine der größten Eiderenten-Kolonien Islands. Weiter im Südwesten wird die Landschaft im Einzugsbereich des Hornafjörður von den vier Eisabflüssen Skálafellsjökull, Heinabergsjökull, Fláajökull und Hoffellsjökull (Farbabb. 29) geprägt. Diese vier, in etwa zwei bis drei Kilometer breite Täler einmündenden Gletscherzungen dringen bis in das Küstenvorland in einer Höhe von etwa 100 m vor. Noch während des vergangenen Jahrhunderts bildeten der Fláajökull und die beiden anderen im Südwesten befindlichen Gletscher fast einen gemeinsamen Lobus. Seitdem haben sie sich zurückgezogen und im Zeitraum von 1890 bis 1936 etwa ein Drittel ihres Volumens eingebüßt. Das Vorland ist immer wieder von Gletscherläufen heimgesucht worden. Dammbrüche der vor den Gletschern befindlichen Seen lösten sie aus. Zu Beginn dieses Jahrhunderts zerstörten Gletscherläufe mehrere Gehöfte. Aus diesem Grund sind nun die meisten von ihnen auf kleinen felsigen Anhöhen über den Schotterflächen errichtet worden.

Die einzige größere Ortschaft mit zentraler Bedeutung ist der etwa 1550 Einwohner zählende Fischerort Höfn auf einer kleinen Halbinsel zwischen Horna- und Skarðsfjörður. Höfn besitzt seit 1976 über die Ringstraße eine direkte Verbindung mit Reykjavík entlang der Südküste. Davor verlief die Straßenverbindung über den Osten, so daß die Hauptstadt damals fast 1100 km, anstatt jetzt rund 440 km entfernt war.

Geologisch interessant ist die Landschaft um das Vesturhorn wegen des dort anstehenden Tiefengesteins Gabbro. Das mehrere Quadratkilometer große Gesteinsvorkommen fällt wegen seiner massigen Bergformen auf. Die Abtragung hat aus dem Tiefengestein regelrechte Bergspitzen (Abb. 4) herausgearbeitet. Diese geologische und morphologische Besonderheit mit den massigen Felsen vermittelt das Gefühl, eher in Norwegen als in Island zu sein. Die Küstenregion vor dem Vesturhorn ist ein beliebter Aufenthaltsort für Robben.

Die Küstenlandschaften mit ihrem Hinterland

Schon in den letzten beiden Kapiteln war es schwierig, die Gletscherräume Islands von den Küstenlandschaften zu trennen. Das gleiche gilt auch für die Küstenlandschaften. So wurde in die Beschreibung einzelner Halbinseln das Hinterland mit einbezogen.

Zur Entstehung der Küsten

Islands Küsten haben bei einer Gesamtlänge von rund 5000 km viel Interessantes zu bieten. Im Süden hat die Küste einen geradlinigen Verlauf. Dort läuft das Vorland – es sind hauptsächlich Schwemmlandebenen – flach zum Meer aus. Im Norden und Westen bestimmen hauptsächlich große Buchten das Landschaftsbild. Im Nordwesten, Osten und vereinzelt auch im Norden greifen enge Fjorde, ehemalige Gletschertäler, tief in das Land ein. Schließlich hat vor allem im Südosten das Meer durch die Aufschüttung von Dämmen Flußmündungen und Fjorde abgeriegelt und damit in bezug auf Höfn günstige Bedingungen für die Anlage von Häfen geschaffen. Die große Vielfalt der Küstenformen ist nicht allein auf die gestaltende Kraft des Meeres zurückzuführen, sondern an ihrer Formung haben ebenfalls die Gletscher mit ihrer abschürfenden Tätigkeit, die Flüsse durch Ablagerung ihrer mitgeführten Sedimente, die geologischen Kräfte der Tiefe mit Hebungen und Senkungen und nicht zuletzt der Vulkanismus mitgewirkt. An vielen Küstenabschnitten prallt das Meer gegen hohe (manchmal über 100 m) Felsabstürze oder Kliffs. Solche Wände sind das Werk der unaufhörlich gegen die Felsen anlaufenden Brandung. Dabei benutzt sie Gerölle als Werkzeuge für ihre zerstörerische Tätigkeit. Der Atlantik hätte auf diese Weise die Insel längst verschlungen, wenn es nicht Kräfte gäbe, die dieser Zerstörung entgegenwirken und dem Meer bis jetzt überlegen waren. Die Spuren der alles einebnenden Kraft des Meeres können bis weit in den Atlantischen Ozean verfolgt werden, denn Island erhebt sich über einem flachen und etwa 50–100 km breiten untermeerischen Sockel, der einst zum großen Teil zu seiner Landmasse gehörte.

Die Steilküste kann beträchtliche Höhen erreichen (Hornbjarg in Nordwestisland ist 550 m hoch, Látrabjarg am Westkap Islands 440 m). In vielen Fällen steigt das Land unvermittelt 60–80 m hoch aus dem Meer, so z. B. im Westen der Halbinsel Snæfellsnes oder im Süden der Halbinsel Reykjanes. Unter besonderen Gesteinsbedingungen formt das Meer eine sehr abwechslungsreiche und reizvolle Küstenlandschaft aus dem Anstehenden, denn die Felsmassen sind ja nicht so homogen aufgebaut, daß sie den anbrandenden Wassermassen gleichmäßig Widerstand leisten könnten. Widerständige Gesteinspartien werden von leicht erodierbaren durchsetzt. Schließlich bleiben Klippen, Türme, Grotten und sogenannte Brandungstore übrig (Abb. 14). Besonders sehenswert sind in dieser Hinsicht die Küstenlandschaften in der Umgebung des Hafens von Arnarstapi auf der Halbinsel Snæfellsnes und das bekannte Brandungstor von Dyrhólaey.

In einzelnen Küstengebieten haben die tektonischen Kräfte in der frühen Nacheiszeit durch Hebung Teile der Insel der Meeresabtragung entzogen und sie verlanden lassen. Zu dem Formenschatz der Küstenlandschaft, der in Südisland besonders reich ist, gehören kilometerlange Steilwände mit glattgeschliffenen Brandungsplattformen im Hinterland, kastenförmige Inselberge in Schwemmlandebenen und Wasserfälle an den ehemaligen Kliffs, da einige Küstenflüsse mit der Einschneidung während der Hebung nicht Schritt halten konnten. So entstand bei Skógar einer der schönsten Wasserfälle Islands, der Skógafoss (Abb. 20). Am beeindruckendsten sind aber die ehemaligen Kliffs zwischen Vík í

Mýrdal und Skaftafell. Bäche und kleine Flüsse fallen bis zu 100 m tief über die Wände hinab. Eine Sehenswürdigkeit dieser alten Küstenlandschaft muß besonders herausgestellt werden. Unweit Núpsstaður ragt das ehemalige Kliff Lómagnúpur bis zu einer Höhe von 668 m auf. Es war eine der höchsten Steilküsten der Erde.

Wie glatt das Meer mit Sand und bewegten Geröllen den Untergrund abzuschleifen vermochte, zeigt eine terrassenartige Fläche mit einem vorwiegend sechseckigen Muster in der Nähe von Kirkjubæjarklaustur. Es sind die glattgeschliffenen Köpfe von Basaltsäulen. Wegen der Gleichmäßigkeit des Musters wurde die Fläche als Kirkjugolf, als Kirchenfußboden, bezeichnet. Heute hat sich die Situation in diesem Küstenland vollständig verändert. Es ist Sedimentationsraum geworden. Über das heutige Vorfeld der großen Gletscher fließen, soweit die Flächen nicht von Lavaströmen aus dem Hinterland eingenommen werden, stark verzweigte Gletscherflüsse, die das ehemalige Küstengebiet zu den weiträumigen Sanderflächen auffüllen. Dank ihrer Sedimentfracht wächst das Land immer weiter in das Meer hinaus. So transportiert der größte Fluß Islands, die Þjórsá, Jahr für Jahr 5–6 Millionen Tonnen zerkleinertes Gesteinsmaterial seewärts. Noch größer ist die Menge südlich des Vatnajökull, dessen Schmelzwässer den Untergrund um jährlich etwa 4 mm erniedrigen. Die großen Sanderflächen – dazu gehören in erster Linie der Skeiðarár-, der Brúar-, der Meðallands- und der Mýrdalssandur und im Norden der Axarfjörðursandur – wurden von den Gletscherflüssen (und Gletscherläufen) erst nach dem Ende der letzten Eiszeit aufgeschüttet. Eine weitere größere Bucht, die von den Schuttmassen der Flüsse aus dem Hochland aufgefüllt wird, ist die Bucht Héraðsflói im Nordosten.

Diese der Abtragung des Meeres entgegenwirkende Tätigkeit der Flüsse zeigt sich nicht nur in den weiten, flachen Küstenebenen, sondern auch in den schmalen Buchten der Fjorde. Gerade die verlandeten Teile dieser ehemaligen Gletschertäler zählten zu den ersten Siedlungsgebieten und sind heute bevorzugte Räume für die landwirtschaftliche Nutzung. Zu diesen geschichtsträchtigen Landesteilen gehören die Fjordlandschaften des Skagafjörður und des Eyjafjörður im Norden.

Weniger geeignet für die landwirtschaftliche Erschließung waren die vielen engen Fjorde im Osten und Nordwesten. Sie boten aber Fischerbooten einen hervorragenden Schutz. Die Fjordlandschaft wurde in den Eiszeiten von den Gletschern geformt. Ein verzweigtes Netz von Talgletschern füllte die im Tertiär angelegten Täler aus und vertiefte sie. Zurück blieb eine grandiose Landschaft mit stillen Buchten, über deren steile und getreppte Hänge sich hier und da kleine Wasserfälle ergießen. Als Siedlungsstandorte eigneten sich am besten von Seitenflüssen oder -bächen aufgeschüttete Schotterbänke. Ortsnamen mit der Endung ›eyri‹ (Sandbank, Schotterbank) weisen auf diese Lage von Siedlungen oder Ortschaften hin, z. B. Flateyri, Akureyri.

Das Meer formt die Küste nicht allein durch Abtragung, sondern verändert sie auch durch die Ablagerung von Sedimenten, wie es an einigen Teilen der Insel geschieht. Dabei spült das Meer Geröllmassen zu einem Strandwall zusammen und hinterläßt letzten Endes abgeschnürte Buchten mit Strandseen, die mit der Zeit aussüßen und verlanden. Am besten ausgeprägt sind diese Ausgleichsküsten im bereits beschriebenen Südosten Islands. Sie kommen auch an den Rändern der Halbinseln Melrakkaslétta, Snæfellsnes und am Nordrand des Breiðafjörður vor. In beiden letztgenannten Gebieten stößt man auf die einzigen hellen Strände Islands. Sie bestehen aus einem rosafarbenen Muschelsand.

Fjordlandschaften – Nordwest-Halbinsel (Vestfirðir)

Die Nordwest-Halbinsel oder auch Vestfirðir gilt als Geheimtip unter den Islandkennern. Wenn man noch fast völlig unberührte Landstriche entdecken will, so wird man sie hier finden. Ca. 500 Straßenkilometer oder eine Flugstunde von Reykjavík entfernt, gelangt man in eine Landschaft, in der man mehr als anderswo an Islands Küsten die subpolare Lage der Insel fühlt. Das mag an der Nähe zu Grönland liegen, sicherlich aber auch an der Einsamkeit einer von eiszeitlichen Gletschern gestalteten Umgebung mit dem bis zu einer Höhe von nur rund 900 m ansteigenden 200 km² großen Eisschild des Drangajökull und den plateauartigen Schuttflächen über den Fjorden.

Nordwest-Halbinsel (Vestfirðir)

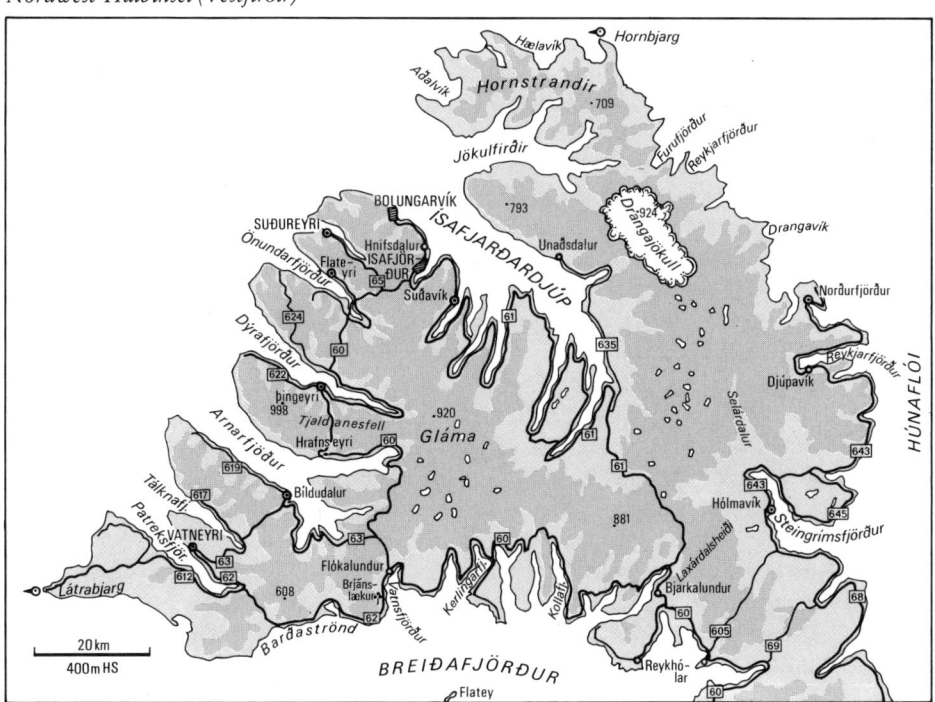

111

Die geologischen Verhältnisse sind einfach. Die Laven tertiärer Plateaubasalte sind zusammen mit Schlacken, vereinzelten Sedimentlagen, Bodenbildungen und seltenen kleinen Braunkohlenflözen, dem Surturbrandur, zu mehreren hundert Meter mächtigen Abfolgen übereinandergestapelt. Dabei können am Aufbau einer solchen Schichtenabfolge über 50 erkaltete Lavaströme mit den zwischengeschalteten Schlacken beteiligt sein. Unter den Basaltlagen befindet sich im äußersten Nordwesten das älteste Gestein Islands mit einem Alter von rund 16 Millionen Jahren. Vom fossilhaltigen Surturbrandur gibt es nur wenige Aufschlüsse. Am bekanntesten ist wegen ihres Reichtums an Blattabdrücken die bereits im Jahre 1752 von dem berühmten Eggert Ólafsson (S. 267) entdeckte Fundstätte von Brjánslækur (Abb. 41).

Die reiche Gliederung der Küstenlinie von Vestfirðir mit etwa 50 Buchten und Fjorden, von denen vereinzelte über 10 km tief in das Innere der Halbinsel hineingreifen, kann durch ihren Anteil an der Gesamtküstenlänge ermessen werden. Denn obwohl Vestfirðir nur ein Zwölftel der Inselfläche einnimmt, beträgt sein Anteil an den Küsten mit ca. 2100 km etwa ein Drittel. Diese starke Zergliederung der Halbinsel ist nach dem Verlauf der Tallinien geologisch bedingt. Die Fjorde folgen offensichtlich Schwächelinien im Gesteinsgefüge, deren Verlauf bereits vor Jahrmillionen Flüsse in flachen Tälern gefolgt sein werden. Eiszeitgletscher haben sie dann zu Trogtälern mit U-förmigem Querschnitt und zu Fjorden vertieft und verbreitert.

Über den Tälern und Fjorden dehnt sich eine 400–800 m hohe Plateaulandschaft aus, deren Monotonie nur einzelne, kastenförmige Anhöhen, als größte Erhebungen der Halbinsel, oder die Bergspitzen des ehemaligen Zentralvulkans Tjaldanesfjell am Nordrand des Arnarfjörður (Abb. 5) unterbrechen, wo das von Eggert Ólafsson bezeichnete ›ordentliche Gebirge‹ mit seinen übereinandergestapelten Lavadecken in die weniger ordentlich gelagerten Gesteinsmassen des Vulkanrestes übergeht. Fast überall bricht diese flache Plateaulandschaft über steile Kanten in die bis zu 500 m tiefen Fjorde ab, die noch vor 20000 Jahren z. T. mit über 500 m mächtigen Gletschern ausgefüllt waren. Meerwärts hat die Brandung hohe Steilküsten geschaffen, zu denen auch der westlichste Punkt Europas, das Kap von Bjargtangar, gehört, das aus dem Massiv von Látrabjarg am weitesten nach Westen vorspringt. Während der Sommermonate nisten dort Millionen von Seevögeln in den senkrechten Wänden.

Der Mensch ist dagegen im Begriff, die entlegendsten Teile der Landschaft zu verlassen. Der nördlichste Teil der Halbinsel, Hornstrandir, ist schon seit über einem Vierteljahrhundert menschenleer. Mittlerweile hat sich die ursprüngliche Landschaft regeneriert. Es wäre der Zustand vor der Besiedlung schon wieder erreicht, wenn nicht verlassene Gehöfte oder einzelne ›Steinmänner‹ als Wegweiser in der Schuttregion noch auf die ehemalige Anwesenheit des Menschen hindeuten würden.

Die Nordwest-Halbinsel ist nur dünn besiedelt. Etwa 10000 Menschen leben auf etwa 8000 km². Das ist weniger als der Landesdurchschnitt. Allein der größte Ort, Ísafjörður, beherbergt mit 3400 Menschen mehr als ein Drittel der Einwohner. Der Rest verteilt sich vorwiegend auf die anderen kleinen Orte, die ihre Existenz hauptsächlich dem Fischfang

20   Skógafoss (Südisland). Fallhöhe ca. 60 m

22 Dettifoss. Hier stürzt die Jökalsá á Fjöllum 44 m tief in die von ihr geschaffene Schlucht
◁ 21 Gullfoss, einer der großartigsten Wasserfälle Islands
23 Hraunfossar, die »Lavafälle« (Westisland). Quellaustritte an der Stirn des Lavastroms Hallmundarhraun

24   Im Jökulsá-Canyon unterhalb des Dettifoss (Nordisland)

26 Torfkirche Gröf im Deildardalur (nordöstlicher Skagafjörður)
◁ 25 Fischersiedlung Þingeyri im Dýrafjörður (Nordwest-Halbinsel)
27 Portal der Torfkirche Gröf   28 Ausgrabung des Stöng-Hofes im Þjórsárdalur

29 Gehöft Grenjaðarstaður in Nordisland (Skjálfandi-Bucht)

30 Nachbau des Stöng-Hofes im Þjórsárdalur

31 Westseite des Torfgehöftes Glaumbær im Skagafjörður (Nordisland)

32 In der »baðstofa« von Glaumbær

33 Gehöft Árbær mit der Torfkirche von Silfrastaðir (Freilichtmuseum Reykjavík)

34 Islandpferd mit Kindern vor dem modernen Gehöft Kárholl (Nordisland)

36 Mantelmöwen (Larus marinus) an der Südküste
◁ 35 Papageitaucher (Fratercula arctica) auf der Halbinsel Tjörnes
37 Trottellummen (Uria aalge) auf dem Kliff von Látrabjarg

38 Echte Engelwurz (Angelica archangelica)

39 Polarweide (Salix arctica)

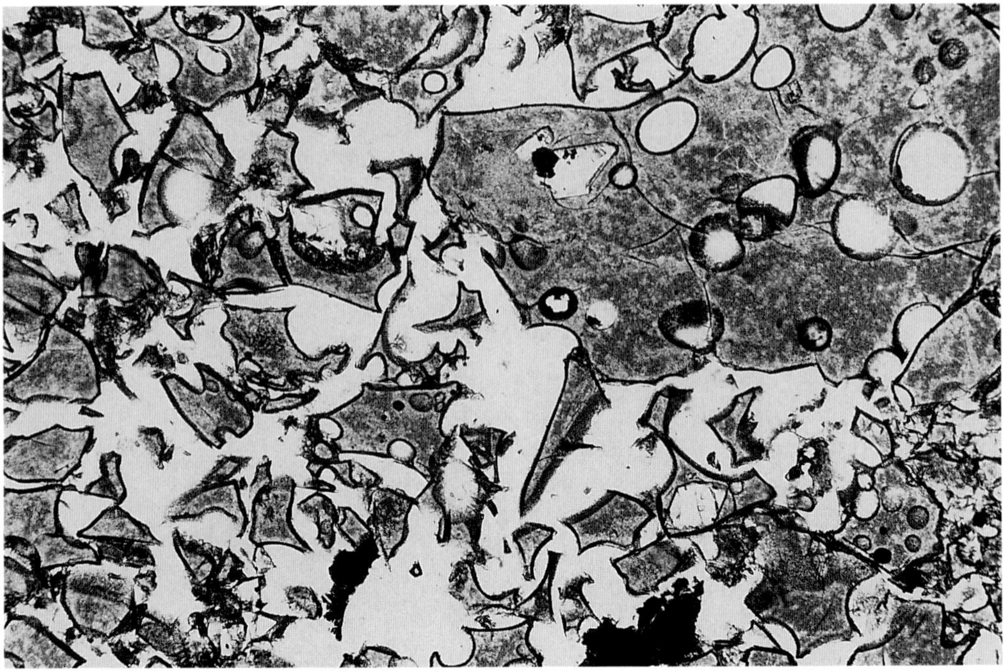

40 Mikroaufnahme des Palagonittuffs (Länge des Ausschnitts 5 mm)

41 Fossile Blattabdrücke (Ahorn und Haselnuß) von Brjánslækur

Die erste Brücke Islands über die Jökulsá á Brú. Aus: »Voyage en Islande et au Groenland« von Paul Gaimard, 1842

und der Fischverarbeitung verdanken (Abb. 25). Ísafjörður, das Eyri am Skutulsfjörður, zählte bereits 1788 zu den sechs Handelsplätzen Islands und erhielt 1866 das Stadtrecht. Es ist ein günstiger Ausgangsort für Touren in andere Fjorde, die sowohl mit regelmäßig verkehrenden Bussen als auch mit einem ehemaligen Postschiff unternommen werden können. Die Nordwest-Halbinsel besitzt ein östliches Pendant, die Ostfjorde oder Austfirðir.

Die Fjordlandschaft im Osten (Austfirðir)

Zwischen der Bucht Héraðsflói und dem Vesturhorn bei Höfn erstreckt sich mit etwa zehn Fjorden die Landschaft der Ostfjorde. Der längste Fjord, der Reyðarfjörður, reicht mit etwa 35 km tief in das Land hinein. Im landschaftlichen, aber auch im geologischen Aufbau gleicht die Fjordlandschaft des Ostens weitgehend der Nordwest-Halbinsel. Die Gesteine sind gleichartig ausgebildet und haben nach jüngsten Datierungen auch fast dasselbe Höchstalter, nämlich 13 Millionen Jahre an der Lokalität Gerpir im äußersten Osten, wo auch fossile Pflanzenreste gefunden wurden.

Obgleich Austfirðir das geologische Gegenstück zum Nordwesten darstellt, zeigt sie trotz gleichartiger Entwicklung und Umgestaltung durch die Eiszeitengletscher ein, wenn auch nur um Nuancen, anderes Erscheinungsbild. Sie ist eine Gebirgslandschaft alpinen Charakters in Küstennähe. Einzelne Gipfel erreichen Höhen von über 1300 m. Die Gipfelfluren sind zu zerschnitten, als daß größere zusammenhängende Gletschermassen mit dem Ausmaß eines Drangajökull existieren könnten. Über den Fjorden erheben sich pyramidenförmige Bergspitzen mit scharfen Graten. Sie ragten während der Eiszeiten als Felskuppen aus den Gletschern heraus, die diese Fjordlandschaft bedeckten. In die Höhenrücken zwischen den Tälern und Fjorden sind häufig Kare als schüsselförmige Mulden (siehe Abb. 13) eingetieft worden, so daß sie manchmal riesigen Amphitheatern gleichen.

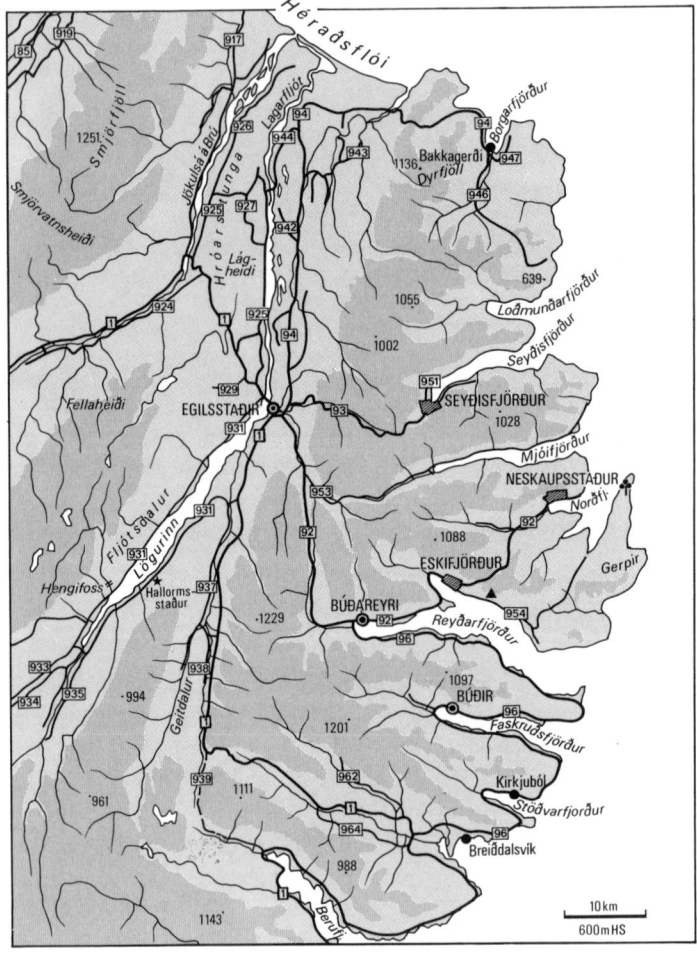

Ostfjorde (Austfirðir)

Die Dänische Handelsniederlassung Djúpivogur. Aus: »Voyage en Islande et au Groenland« von Paul Gaimard, 1842

Der abwechslungsreichere Charakter und die stärkere Zerrissenheit der Ostfjorde ist sicherlich in den vom Nordwesten abweichenden früheren vulkanischen Verhältnissen begründet. Im Osten müssen während des Tertiärs viel mehr große Zentralvulkane die damals flache Landschaft überragt haben. Heute durchsetzen ihre übriggebliebenen Stümpfe als kleine Bergmassive die leicht nach Westen geneigten Basaltabfolgen. Eines der eindrucksvollsten unter ihnen dürfte das 1136 m hohe Bergland der Dyrfjöll (Türberge) am Nordende der Ostfjorde sein.

Westlich des Talschlusses der engen Fjorde fügt sich eine weiträumige Region mit breiten Muldentälern an. Es sind die Gletschertäler Fljótsdalur mit dem drittgrößten See Islands, dem Lögurinn (52 km², Maximaltiefe 112 m), und das Tal der Geitdalsá. Die Ostfjorde waren schon sehr früh Siedlungsraum. Nun sind die Fjordsiedlungen in erster Linie Fischereiorte (Abb. 15, 16). Eine größere Bedeutung kommt Seyðisfjörður (990 Einwohner) zu. Es ist das Verwaltungszentrum Ostislands und Anlegehafen für regelmäßig verkehrende Fähren von Norwegen, Dänemark und den Färöer-Inseln. Die Ortschaften in den Nachbarfjorden sind auf dem Lande nur über das 1100 Einwohner zählende Egilsstaðir, dem wichtigsten Verkehrsknotenpunkt Ostislands, erreichbar. Wegen seiner zentralen Lage dient Egilsstaðir zugleich als Ausgangsort für touristische Unternehmungen in die Fjorde, von denen der malerische Reyðarfjörður (Farbabb. 16) bereits über eine asphaltierte Straße aufgesucht

131

werden kann. Außerdem führen Pisten in das Vorland des nordöstlichen Vatnajökull mit dem majestätischen, 1834 m hohen Zentralvulkan Snæfell. Das Gebiet der Ostfjorde und seines Hinterlandes ist aus zoologischen und botanischen Gründen interessant, denn die größten Waldbestände Islands (nahe Egilsstaðir, Hallormsstaður) bieten hier den heimisch gewordenen Rentieren Unterschlupf. Es ist das größte wildlebende Landsäugetier Islands.

Die nördliche Fjordlandschaft (Eyjafjörður – Skagafjörður)

Obgleich die meisten Buchten im Norden Islands als Fjorde bezeichnet werden, entsprechen einer Fjordlandschaft mit engen talartigen Buchten eigentlich nur die Einschnitte des Eyjafjörður und des Skagafjörður mit ihren Nebentälern. Dieses Gebiet schließt die äußeren Ränder der Berglandschaft von Tröllaskagi sowie die seltener besuchte Halbinsel im Nordosten des Eyjafjörður mit ein. Abgesehen von dem Hrútafjörður, sind die anderen als Fjorde bezeichneten Küstenabschnitte ihrer Physiognomie nach eher Buchten, wenngleich sie während der Eiszeiten weitgehend von Gletschern ausgefüllt waren. Die engen Fjorde sind im Norden wie in Austfirðir und auf der Nordwest-Halbinsel in den ältesten Gesteinsserien angelegt und zeichnen sich wegen ihrer flachen Lagerung und vieler übereinandergestapelter Lavadecken durch eine geologische Monotonie aus.

Gerade die Räume um die beiden großen Fjorde wurden sehr früh besiedelt, da die trockeneren Klimaverhältnisse, die flachen Talsäume und die Hinterländer günstige Voraussetzungen boten, den Lebensunterhalt durch Landwirtschaft und den Fischfang zu bestreiten (Farbabb. 33). An die einstige zentrale Lage beider Fjorde während des Mittelalters erinnert noch der alte Bischofssitz in Hólar im Hjaltadalur, einem Seitental des Skagafjörður. Er wurde bereits 1106 eingerichtet. Im Siedlungsgebiet des Skagafjörður sind einige ältere Sakralbauten und Gehöfte erhalten. Das größte und schönste unter ihnen dürfte der Bauernhof Glaumbær sein, dessen Anfänge in das 18. Jh. zurückreichen (S. 280). Außerdem kann man zwei restaurierte Torfkirchen, die idyllisch gelegene Kirche von Gröf aus dem 17. Jh. und die Kirche von Víðimýri aus dem 19. Jh. besuchen (S. 285). In der nur etwa 300 Einwohner zählenden Siedlung Hofsós trifft man heute noch ein altes, aus Holz errichtetes Lagerhaus (17. Jh.) an, das zur Zeit des dänischen Handelsmonopols erbaut wurde. Es ist eines der ältesten Häuser Islands. Von Hofsós können Bootsausflüge zur Vogelinsel Drangey unternommen werden. Eine kaum geringere Bedeutung als Siedlungsraum besaßen der Eyjafjörður und seine Seitentäler wegen ihrer landschaftlichen, klimatischen und verkehrsgeographischen Gunstlage. Heute liegt hier die größte Stadt Nordislands.

Akureyri

Der erste Besiedler des Gebietes um Akureyri war der aus Irland stammende ›Helgi der Magere‹. Sein Wohnsitz soll Kristnes, etwa zehn Kilometer südlich Akureyri, im Tal der

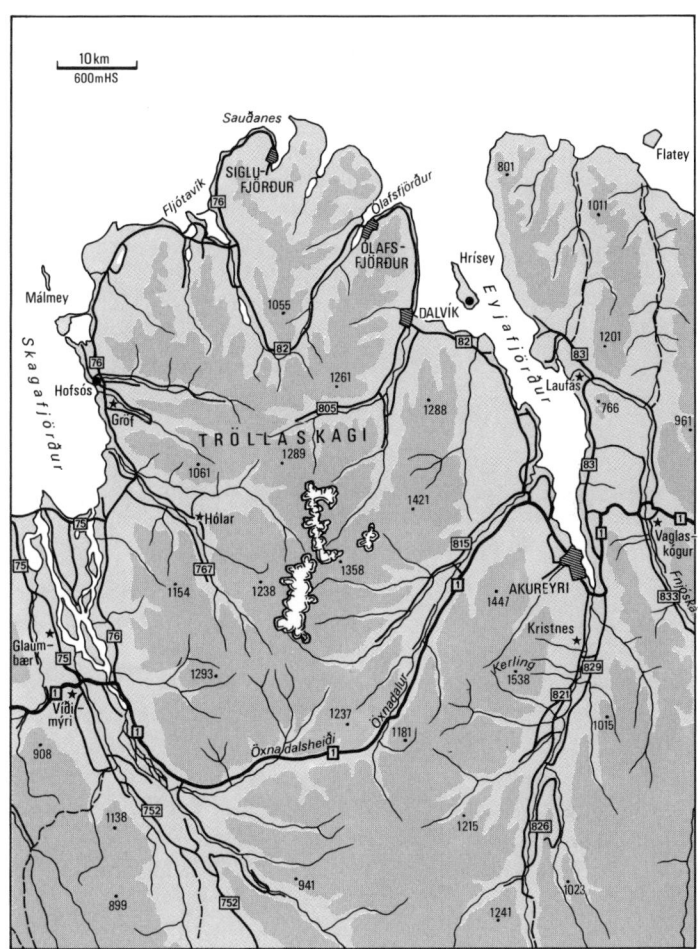

Das Bergland von Tröllaskagi mit Eyja- und Skagafjörður

Eyjarfjarðará gewesen sein. Bereits gegen Ende des 9. Jh. existierte im Eyjafjörður mit Gásar einer der wichtigsten Handelsposten des Landes. Dieser versandete mit der Zeit und wurde gegen Ende des 14. Jh. wegen des deutlich zurückgegangenen Handels aufgegeben. Der Name ›Akureyri‹ wird zum ersten Mal in Urkunden aus dem 15. Jh. erwähnt. Es dauerte aber noch über 300 Jahre, bis sich aus einer gehöftartigen Siedlung das Handelszentrum Akureyri unter dem tatkräftigen Einsatz dänischer Kaufleute nach der Aufhebung des dänischen Handelsmonopols entwickelte. Seine Größe war nicht mit der mitteleuropäischer Gemeinden zu vergleichen. Es lebten in der ›Siedlung‹ mit drei Warenhäusern und 18–20 Fischerhütten 1816 gerade 45 Einwohner; und als Akureyri im 1862 die Stadtrechte verlie-

Die Handelsniederlassung Akureyri. Aus: »Voyage en Islande et au Groenland« von Paul Gaimard, 1842

hen wurden, waren es 286. Die aufblühende Landwirtschaft und vor allem die exzellenten Erträge aus schier unerschöpflichen Fischgründen vor dem Eyjafjörður brachten einen großen Aufschwung und ließen die Bevölkerungszahl auf 1038 Personen im Jahre 1900 hochschnellen (Abb. 50). Mit der Gründung der örtlichen Konsumgenossenschaft KEA (Kaupfélag Eyfirðinga Akureyrar) wuchs die Bedeutung Akureyris als Handelszentrum. Heute hat sich der Ort längst auf höher gelegene Teile des Fjordes ausgebreitet. Neben mehreren Betrieben der Leichtindustrie und einer Schiffswerft weisen ein Flughafen und ein Seehafen auf die zentrale Bedeutung der heute etwa 14 000 Einwohner zählenden Stadt hin. Für den Besucher Nordislands ist Akureyri ein ausgezeichneter Ausgangspunkt zum Wandern und Bergsteigen im Bergland von Tröllaskagi. Zugleich werden in großer Zahl Ausflüge zu den geologischen Sehenswürdigkeiten des Mývatn oder um die Halbinsel Tröllaskagi mit ihren Fjorden veranstaltet.

Tröllaskagi – Alpines Bergland zwischen den Fjorden

Oberhalb von Akureyri steigt das Gelände zu den höchsten Bergen Nordislands an. Es ist der östliche Teil der Halbinsel Tröllaskagi. Kaum ein anderes Gebiet Islands erinnert mehr an die Alpen als die sehr gebirgige und etwa 4000 km² große Halbinsel zwischen den beiden Fjorden Eyjafjörður und Skagafjörður mit Höhen zwischen 1200 und 1400 m. Tröllaskagi ist der Überrest einer alten, fast eben herausgehobenen Landschaft, die von eiszeitlichen

Gletschern grundlegend umgestaltet wurde (Abb. 13). Berge mit plateauartigen Gipfeln, schmale Rücken mit steilen Hängen und pyramidenförmige Bergspitzen erheben sich heute über trogförmigen Tälern und Fjorden. Oft leuchten von ihren Hängen die Eismassen kleiner Hängegletscher (Kargletscher). Es erscheint verwunderlich, daß in dieser alpin anmutenden Landschaft nur kleine Tal- oder Kargletscher die höheren Partien der Gipfel krönen, wohingegen sich in Südisland in gleicher Höhe großflächige Plateaugletscher befinden. Ein Grund liegt sicherlich in der starken Zerrissenheit der Halbinsel, die in dieser Hinsicht große Ähnlichkeit mit den Gebirgsräumen über den Ostfjorden besitzt. Der andere Grund wird der Mangel an Niederschlägen sein. Denn im Vergleich zum Süden fällt in Tröllaskagi bestenfalls die Hälfte des dortigen Niederschlags. Daher gibt es in den größeren Höhen zwar 115 kleine Gletscher, aber nur wenige nehmen eine größere Fläche als einen Quadratkilometer ein. Tröllaskagi wird von Plateaubasalten aufgebaut. Während der Entstehungszeit der vielen Lavaströme vor 10 Millionen Jahren war das Bergland eine flachwellige Landschaft. Reste dieser alten Oberfläche sind nur noch in den plateauartigen, aber doch schon stark zerschnittenen und überprägten Gipfelfluren erhalten.

Um das Bergland von Tröllaskagi kennenzulernen, bietet sich von Akureyri aus eine Besteigung des etwa 1200 m hohen Bergrückens Hlíðarfjall westlich der Stadt an. Nach einem zwei- bis dreistündigen Anstieg aus der grünen, mit Bäumen bestandenen Umgebung befindet man sich in der arktisch anmutenden Welt der fast vegetationslosen Frostschutt-

Hof in Akureyri. Aus: »Voyage en Islande et au Groenland« von Paul Gaimard, 1842

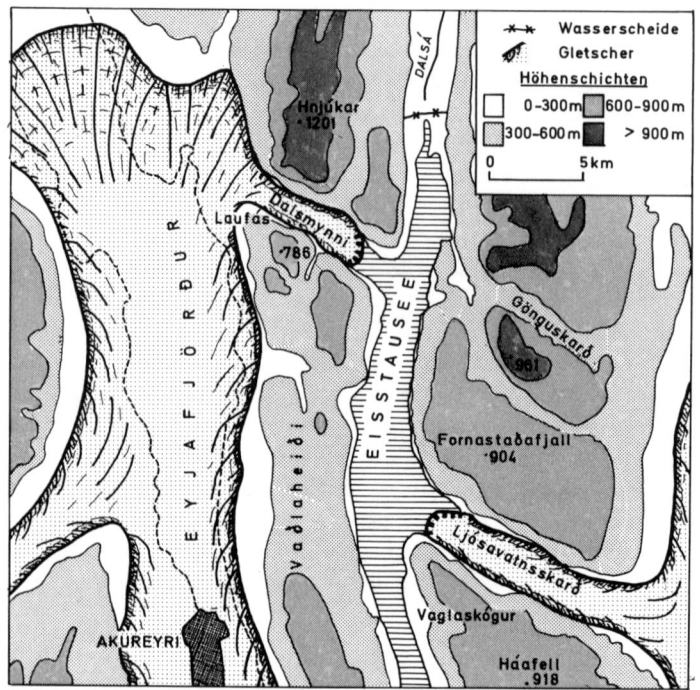

Die Ausbreitung des Eisstausees im Fnjóská-Tal zu Beginn der Nacheiszeit (z. T. nach Hospers 1954 und Schwarzbach u. Noll 1971)

zone. Absoluter Blickfang ist von den Bergen der im Talschluß der Glerá befindliche 1538 m hohe Kerling. Erdgeschichtlich interessant ist die Entwicklung des in den Eyjafjörður einmündenden Fnjóskádalur, als gegen Ende der letzten Eiszeit die meisten Täler Nordislands mit Eisströmen ausgefüllt waren. Wiederholt verriegelte der große Eisstrom des Eyjafjörður das eisfreie Fnjóskádalur, so daß sich dort Stauseen bildeten. Terrassenförmige Verebnungen oberhalb des heutigen Flusses lassen heute noch die ehemaligen Wasserstände der Seen erkennen. Der jüngste See soll vor etwa 10 000 Jahren ausgeflossen sein. Der größte wird zeitweise eine Fläche von 120 km² eingenommen und das Tal auf einer Länge von 40 km ausgefüllt haben. Er war damit anderthalbmal so groß wie der heutige größte See Islands, der Þingvallavatn (85 km²).

Melrakkaslétta – Die ›Ebene der Füchse‹

Die Halbinsel Melrakkaslétta erstreckt sich am weitesten nach Norden. Ihr nördlichster Punkt, Hraunhafnartangi, ist nur 1,5 km vom Polarkreis entfernt. Sie ist größtenteils ein flaches und mit vielen kleinen Seen bedecktes Tundrenland, über das die Stürme vom Nordatlantik ungehindert hinwegfegen können. Nur an der Ost- und der Westseite bieten schmale Palagonitrücken den wenigen noch bewirtschafteten Gehöften einen geringen Schutz auf dieser über 1000 km² großen Halbinsel. Ihr unwirtlicher Charakter wird noch dadurch verstärkt, daß sie in den Wintermonaten, und manches Mal bis weit in den Sommer hinein, vom Treibeis umklammert werden kann.

Das moorige und mit vielen kleinen Seen bestandene Innere der Halbinsel – die ›Fuchsebene‹ oder Melrakkaslétta – ist nur vom Eisfuchs, dem Ureinwohner Islands, und einigen

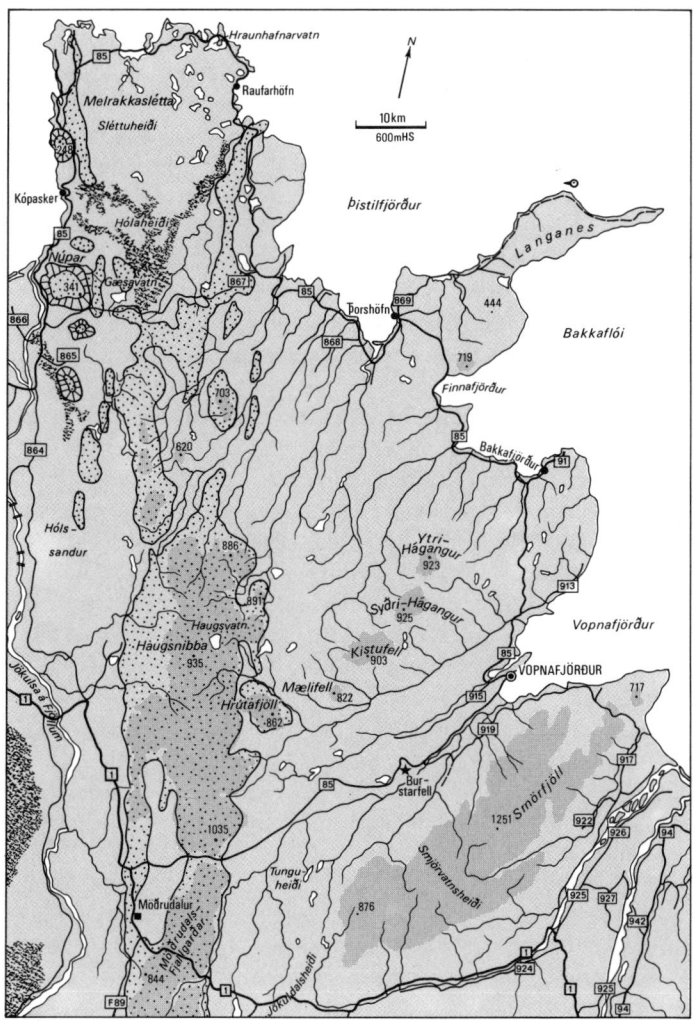

Nordostisland von Melrakkaslétta bis zum Vopnafjörður

137

Vogelarten bewohnt. Es ist eine dem rauhen Klima ausgesetzte und an vielen Stellen vom Wind blankgefegte Landschaft auf halbem Weg zwischen dem winzigen Kópasker (82 Einwohner) im Westen und Raufarhöfn (450 Einwohner) im Osten. Auf dieser 70 km langen Strecke, die an der Westküste von kahlen subglazialen Vulkanrücken begleitet wird, erreicht man nach der Überquerung der im Norden nur noch etwa 50 m hohen Bergkette die ›Fuchsebene‹, ein vom subpolaren Klima geprägtes Tundrengebiet, wo der häufige Frostwechsel den Boden zu Buckelwiesen (Þúfur) verformt hat (Abb. 8).

Die Buckel bieten in idealer Weise Schneehühnern Unterschlupf und Deckung vor dem Fuchs, der wiederum vom Menschen hart verfolgt wird. Seit den 30er Jahren dieses Jahrhunderts ist durch den Ausbruch von Nerzen aus einer Farm seine Alleinherrschaft unter den Raubtieren beendet. Der von den Nerzen angerichtete ökologische Schaden hat nicht nur auf Melrakkaslétta beängstigende Ausmaße angenommen. Von seiner Mordlust sind besonders die Enten betroffen. Er richtete unter den Eiderenten auf Melrakkaslétta einen so großen Schaden an, daß der Ertrag an Daunen gegenüber der Jahrhundertwende auf ein Zehntel zusammenschrumpfte.

Die Erwerbsmöglichkeiten der letzten dort lebenden Bauern sind ohnehin gering, denn die traditionelle Schafhaltung ist wegen der rauhen Klimabedingungen ein unsicheres Unterfangen. In harten Wintern friert das Gras oft so weit zurück, daß es im folgenden Frühjahr nicht mehr aufkommt. Häufig hilft nur die Verfütterung von Seetang, um die kalte Jahreszeit ohne großen Schaden überdauern zu können. Nach dem strengen Winter 1967/68 nahm beispielsweise die Anzahl der Schafe in dieser Region auf die Hälfte ab. Heutzutage wenden sich die auf der Halbinsel lebenden Menschen mehr Gewinn versprechenden Erwerbsmöglichkeiten zu. Die Jagd auf Seehunde und das Aufsammeln von Treibholz verloren fast vollkommen ihre ursprüngliche wirtschaftliche Bedeutung. Gute Aussichten besitzen nun die Fischzucht, vor allem von Lachsen im Blikalón, und der Unterhalt von Pelztierfarmen (Füchse). Dennoch droht durch die allgemeine Landflucht Melrakkaslétta in ähnlicher Weise eine Entvölkerung wie Hornstrandir auf der Nordwest-Halbinsel. Viele Gehöfte sind bereits verlassen. Die Abwanderung spiegelt sich in der Veränderung der Bewohnerzahl des Gehöftes Grjótnes wider. Einst lebten hier in zwei Haushalten während der Sommermonate 40–50 Personen, heute ist nur noch der Bauer mit seiner deutschstämmigen Frau übriggeblieben.

Trotz der Abwanderungsbewegung hat sich die Infrastruktur der Halbinsel in den letzten Jahren vorteilhaft entwickelt. Seit 1983 ist Melrakkaslétta an die allgemeine Stromversorgung angeschlossen, so daß auf die teuren Dieselgeneratoren verzichtet werden kann. Der Zustand heutiger Schotterstraßen ist so gut, daß die Verkehrsverbindungen auch während der rauhen Wintermonate aufrechterhalten werden können. Früher war der alte Weg durch die Tundrenlandschaft in manchen Jahren unpassierbar. Im Winter konnte eine Reise vom Westen zum Osten der Halbinsel wegen der ungehemmten Stürme zu einem lebensgefährlichen Abenteuer werden, und nach der Schneeschmelze verwandelte sich der Verbindungsweg in einen nahezu unpassierbaren Morast. Melrakkaslétta ist eine rauhe, schwer zugängliche Landschaft, aber wegen ihrer Einsamkeit gerade für einen Besucher aus einem dichtbevölkerten Land attraktiv. Die Anzahl ihrer Sehenswürdigkeiten ist gering. Eine große Seeschwalbenkolonie befindet sich nahe dem Polarkreis bei Hraunhafnartangi (Lavahafenlandzunge), und in kaum einem anderen Gebiet Islands sind die Buckelwiesen formvollendeter ausgebildet. In den östlichen Palagonitbergen trifft man zuweilen auf einsamen Seen Singschwäne an. Zu Beginn des 20. Jh. war Raufarhöfn eines der Hauptzentren des Heringsfangs. Tausende von Menschen verarbeiteten während der Sommermonate in dem kleinen Fischerort den Hering. Als er ausblieb, erstarb die sommerliche Betriebsamkeit. Zurück blieb ein weitgehend verlassener Ort. Nun leben in Raufarhöfn etwa 450 Einwohner, deren Lebensgrundlage noch immer der Fisch ist.

Weitaus hügeliger stellt sich der Südosten der Halbinsel dar. Südlich Raufarhöfn endet ein etwa 200 km langer und bis zu 75 km breiter subglazialer Vulkangürtel mit einer Vielzahl meistens vegetationsloser kegelförmiger Einzelberge oder kleiner Bergrücken in einer wüstenartigen Umgebung. Diese Berge, unter ihnen auch einzelne Tafelberge, erreichen auf dem halben Weg zwischen dem Vatnajökull und der Halbinsel Melrakkaslétta eine Höhe bis zu etwa 1000 m und fallen deutlich nach Norden auf eine Höhe von 300 bis 400 m ab.

Die Küstenlandschaft von Melrakkaslétta bis Vopnafjörður und ihr Hinterland

Östlich von Melrakkaslétta wird die Küstenregion von den bis zu 20 km breiten Buchten des Þistilfjörður, Bakkaflói und von dem Vopnafjörður beherrscht. Nur selten fährt ein Tourist in diese entlegenen Küstenlandschaften, die während der Eiszeiten von weit ausladenden Vorlandgletschern ausgefüllt waren. Überall begegnet man Gletscherspuren in Form von glattgeschliffenen Rundhöckern, oder in Trogtälern breiten sich terrassenförmige Sedimentkörper aus, die in einst existierenden Eisstauseen abgelagert wurden.

In unmittelbarer Nachbarschaft zu Melrakkaslétta ragt wie ein Finger die Halbinsel Langanes in das Meer hinaus. Ihre markanteste Form ist der 719 m hohe und oft in Wolken gehüllte Vulkanrest Gunnolfsvíkurfjall (Farbabb. 30). Nach Süden steigt das Gelände zwischen den Smörfjöll und den Palagonitbergen im Westen sanft an. Aus dem ebenen, mit einer Tundrenvegetation bestandenen Gelände erheben sich – kilometerweit sichtbar – einzelne alte Vulkanstümpfe bis zu einer Höhe von fast 1000 m. Die bekanntesten von ihnen sind Ytri Hágangur (923 m), Syðri Hágangur (952 m) sowie der jüngere, unter dem Gletschereis aktiv gewesene Mælifell (927 m).

Die gesamte Küstenregion zwischen den Smörfjöll und dem Þistilfjörður ist also genauso wie die Halbinsel Melrakkaslétta nur dünn besiedelt. In ihrem größten Ort, Vopnafjörður, leben knapp 550 Einwohner. Er befindet sich in unmittelbarer Nachbarschaft zu der großartigen Kulisse der bis zu 1250 m hohen und schneebedeckten Smörfjöll (Butterberge) und ist wie das im Þistilfjörður gelegene Þórshöfn und das 54 Einwohner zählende Bakkafjörður ein kleiner Fischerhafen. Landwirtschaftliche Betriebe beschränken sich nur auf küstennahe Räume. Auf den Höhen der Heidelandschaft der Tunguheiði und Jökuldalsheiði gelegene Gehöfte sind schon längst aufgegeben. Die Klimaverschlechterung seit 1960, mit kürzeren

Dänische Handelsniederlassung Vopnafjörður. Aus: »Voyage en Islande et au Groenland« von Paul Gaimard, 1842

und kühleren Sommern, häufigen Treibeisumklammerungen und langen Wintern, ließ kaum noch die Entwicklung größerer Grasflächen auf den höher gelegenen Flächen zu. Sehenswert ist im Vopnafjörður das alte Torfgehöft Burstafell, heute ein kleines Museum.

Wesentlich bessere Bedingungen für eine erfolgreiche Landwirtschaft bestehen in dem historisch interessanten Hinterland der großen Bucht von Húnaflói, die mit ihrem östlichen Teil, der Halbinsel Skagi, im morphologischen Aufbau Melrakkaslétta ähnelt.

Die Bucht Húnaflói

In der Bucht Húnaflói sind die beiden Halbinseln Skagi und Vatnsnesfjall gelegen, die, obwohl an ihrem Südrand eine der wichtigsten Überlandstraßen Islands vorbeiführt und sie mit landschaftlichen Sehenswürdigkeiten ausgestattet sind, ein touristisches Schattendasein führen. Der Vulkanismus ist hier schon vor der letzten Eiszeit zum Stillstand gekommen. Die abtragenden Kräfte des Meeres, der Flüsse und des Windes gestalten nun die Oberfläche. Der nördliche Teil der Halbinsel Skagi ist eine Tundrenlandschaft, die der Melrakkaslétta ähnelnde Skagaheiði, mit einer Unzahl kleiner Seen. Das Gelände steigt sanft vom Norden nach Süden, von 100 auf 200 m an, um dann in ein Bergland mit Höhen von z. T.

über 900 m überzugehen. Die Küste ist meistens als eine unvermittelt aus dem Meer auf 10–50 m ansteigende Steilküste ausgebildet. Strandterrassen in einer Höhe bis 70 m lassen erkennen, daß sich die Halbinsel in der Nacheiszeit besonders im Nordosten gehoben hat. Das Küstengebiet Skagis ist zugleich der nur spärlich bewohnte Siedlungsraum. In der größten Ortschaft, Skagaströnd (Westküste), leben nur etwa 550 Menschen.

Von besonderem Interesse sind die geologischen Verhältnisse von Skagi, denn bevor sich das vulkanische und tektonische Geschehen während des ausgehenden Tertiärs nach Osten in das Gebiet südlich des Axarfjörður verlagerte, rissen hier Spalten auf und förderten Magma. Die damalige aktive Vulkanzone der Insel verlief von Reykjanes über den Langjökull nach Skagi. Große Teile dieser vorzeitlichen, vor 8–4 Millionen Jahren aktiven Riftzone sind offensichtlich bereits vom Meer abgetragen, denn das Gelände fällt nur ganz sanft nach Norden ab und setzt sich als die untermeerische Plattform Skagagrunn fort. Nach Norden ansteigende Schichten vulkanischer Auswurfsmassen deuten an, daß sich in der nördlichen Fortsetzung der heutigen Halbinsel ein oder mehrere Vulkane befunden haben müssen, die während des Tertiärs aktiv waren und bereits vom Meer verschlungen sind. Die Vulkane waren auf Skagi bis in die letzte Eiszeit aktiv. Es gibt kaum Zeugnisse subglazialer Aktivitä-

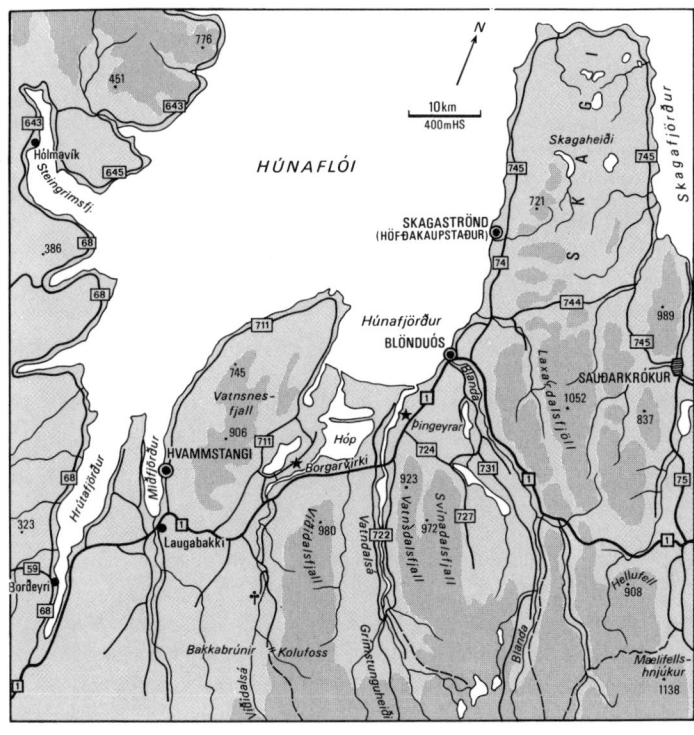

*Die Bucht Húnaflói
mit Hinterland und
der Halbinsel Skagi*

141

ten, obgleich das Gebiet des Húnaflói während der Eiszeiten von der Vergletscherung erfaßt wurde, wie Gletscherschliffe auf den Halbinseln Skagi und Vatnsnes es belegen. Offensichtlich nahmen die Eismassen nur als Talgletscher zwischen den Gebirgszügen eingezwängt ihren Weg zum Nordmeer. Die Flüsse besitzen in der Nähe der Bucht eine große Erosionskraft, da sie von den Terrassenstufen rückwärts einschneidend Schluchten und Wasserfälle geschaffen haben. Etwa zehn Kilometer südlich der Ringstraße fällt die Víðidalsá über zehn Meter tief in eine Schlucht. Einen sehenswerten Wasserfall bildet auch der Nebenfluß Bergsá etwa 5 km oberhalb. Durch die Eintiefung der Flüsse wurde eine der bekanntesten Fossilfundstellen Islands am Fuß des Bergrückens Bakkabrúnir freigelegt. Hier findet man in tonigen, vom Fluß abgelagerten Sandsteinen aus einer Zwischeneiszeit etwa 2 Millionen Jahre alte Blattabdrücke der Birke, der Weide, der auf Island ausgestorbenen Erle und der Silberwurz (Farbabb. 25). Die Niederungen in dieser Bucht unterscheiden sich deutlich von denen des Skaga- oder des Eyjafjörður. Vor allem die Flüsse Vatnsdalsá und Víðidalsá haben mit ihrer Sedimentfracht ein über 20 km breites Schwemmland aufgeschüttet, in dem sich neben dem Húnavatn und dem Sigríðarstaðavatn mit dem Hóp (29 km^2) Islands größter Strandsee befindet.

Das Schwemmland ist weitgehend vegetationsfrei und nicht besiedlungsfähig. Daher haben sich die Menschen hauptsächlich in geschützter Lage auf den Terrassen oder Anhöhen niedergelassen. Von der frühen Besiedlung dieses Raumes zeugen zwei Stätten von hoher siedlungsgeschichtlicher und kulturhistorischer Bedeutung. 12 km südlich des etwa 700 Einwohner zählenden Blönduós, des größten Ortes dieser Region (Farbabb. 34), befindet sich Þingeyrar, wo 1112 das erste isländische Kloster gegründet wurde. Heute steht dort neben einem alten Gehöft eine der ältesten Steinkirchen (Weihe 1878) des Landes. In der Nähe wurden auf dem 177 m hohen Bergrücken Borgarás die Reste der einzigen Burg aus der Landnahmezeit, Borgarvirki, gefunden. Es ist ein von 2–5 m hohen Basaltwänden umschlossener Burgraum mit einem Durchmesser von etwa 40 m, in dem sich zwei Langhäuser mit gut erhaltenen Mauerresten befinden. Von der Burg kann man sehr gut die Küstenlandschaft bis an den Skagaströnd im Nordosten übersehen.

Seit der Landnahme waren die Mündungen der Flüsse im Südwesten und Westen die bevorzugten Siedlungsräume Islands. Heute sind sie die bedeutendsten landwirtschaftlichen Zentren Islands und versorgen die Bevölkerung Reykjavíks und seiner Nachbarstädte mit ihren Produkten. Es sind die Flußlandschaften des Südwestens und vor allem das Innere des Borgarfjörður.

Die Bucht Faxaflói (ohne Reykjavík und Nachbarstädte)

Im Inneren der Bucht Faxaflói können drei Landschaftstypen unterschieden werden. Im Norden liegt die große Halbinsel Mýrar (Moore), ein ebenes Land, übersät mit einer Vielzahl kleiner Seen. Seine größten Erhebungen sind langgestreckte, buckelförmige, etwa zehn Meter aufragende Anhöhen aus tertiärem Basalt. Sie erhielten ihre Gestalt während der

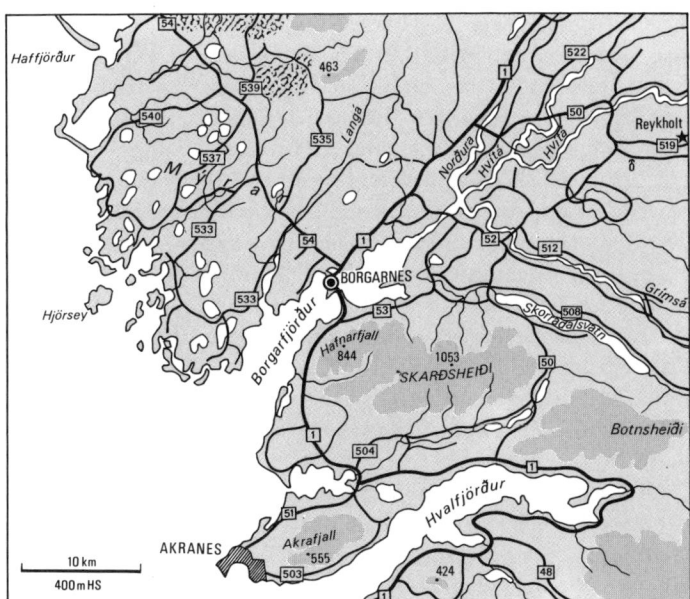

Der Nordosten der Bucht Faxaflói mit dem Borgarfjörður

letzten Eiszeit, als Gletscher den Borgarfjörður einschließlich der Halbinsel ausfüllten und den Untergrund glattschliffen. Zum Meer hin löst sich die Landschaft in viele kleine Schären auf. Nach dem Rückzug der Gletscher drang in der Nacheiszeit das Meer vor und überschwemmte das Gebiet vollständig und das Hinterland bis in einer Höhe von 100 m. Mit seinem Rückzug machte das Meer im Inneren des Fjordes einer Landschaft mit einem weit verzweigten Flußsystem Platz, die nach Osten in ein flachgewelltes Hügelland übergeht. Im Süden steigt ein Bergland aus vorwiegend basaltischen Gesteinen bis über 1000 m auf (Skarðsheiði 1053 m). In diesen Block aus tertiären Basalten ist tief der fast 40 km lange Hvalfjörður eingeschnitten. Als westlicher Exponent ragt mit steilen Flanken das kleine Bergmassiv Akrafjall östlich von Akranes in die Faxaflói-Bucht. Seine etwa 100 m hohen Abstürze sind das Werk des vor etwa 11 000 Jahren angestiegenen Meeres. Als ehemalige Kliffs werden sie noch heute von vielen Seevögeln bevölkert.

Das Bergmassiv der Skarðsheiði zwischen dem Borgarfjörður und Hvalfjörður ist zusammen mit dem Hafnarfjall (844 m) wesentlich stärker zerschnitten. Die umfangreiche Abtragung wird an den ausgedehnten Schutthängen an der Westseite ersichtlich. Vergleichbares kann nur noch an der Südostküste beobachtet werden. Das Land innerhalb des Borgarfjörður hat wegen seiner günstigen Lage zum Meer, seines landschaftlich reizvollen Hinterlandes und seiner ausgedehnten Flußauen, die sich sehr gut zur landwirtschaftlichen Nutzung eignen, dazu beigetragen, daß dieser Teil der Insel bereits im Mittelalter ein bevorzugtes Siedlungsgebiet gewesen ist. Nicht zuletzt werden die vielen heißen und leistungsfähigen

143

Quellen, besonders im Reykholtsdalur, ein Grund gewesen sein, sich hier niederzulassen. Berühmtester Bewohner dieser Region war in Reykholt (Rauchhügel, -gehölz) der Dichter Snorri Sturluson (1178–1241). Noch heute kann man den Ort besichtigen, wo er gelebt hat. Vor seiner rekonstruierten Behausung dampft als Relikt alter isländischer Badefreuden Snorralaug (das Bad Snorris). Nur sechs Kilometer nordwestlich von Reykholt versorgt bei Deildartunga im Reykholtsdalur (Westisland) die größte natürliche Heißwasser-Quelle mit einer Schüttung von 180 l/sek einen Gartenbaubetrieb mit geothermaler Energie. Die geförderte Energiemenge würde ausreichen, um eine Stadt von der Größe Akureyris zu beheizen.

Die beiden wichtigsten Ortschaften im Inneren der Bucht Faxaflói sind außer dem Hauptstadtbezirk die beiden Kleinstädte Akranes mit 5170 und Borgarnes mit 1130 Einwohnern. Akranes besitzt einen sehr betriebsamen Fischereihafen und Islands einzige Zementfabrik. Den Rohstoff Kalk liefert eine vor Akranes befindliche Muschelsandbank. Borgarnes ist das Milchwirtschaftszentrum des isländischen Westens, zugleich Handelszentrum und Verkehrsknotenpunkt, seitdem im Jahre 1980 die Brücke über den Borgarfjörður fertiggestellt wurde.

Nur wenige Kilometer nordöstlich des auf einer Halbinsel errichteten Borgarnes soll sich der erste Besiedler des Borgarfjörður, Skallagrímur Kveldúlfsson, niedergelassen haben. Genauso wie der Borgarfjörður war das Niederungsland des Südwestens in der Nacheiszeit Überschwemmungsgebiet. Nach dem Rückzug des Meeres fiel es einer weiteren ›Überschwemmung‹ zum Opfer; vor 7000 Jahren kamen die ›basaltischen Fluten‹ der Þjórsá-Laven aus dem Landesinneren.

Der Südwesten – Grasbewachsene Niederungen

Die Küstengebiete des Südens erreicht man am besten von Reykjavík aus über die Ringstraße, die wichtigste Überlandstraße der Insel. Von der Hauptstadt aus werden die Lavafelder des etwa 1000 Jahre alten Hellisheiði gequert. Seine Lava brach etwa zur Zeit der Christianisierung aus und heißt deshalb Kristnitöhraun, die Bekennerlava.

Etwa eine halbe Autostunde von Reykjavík entfernt erreicht man mit Hveragerði eines der aktivsten Geothermal-Gebiete auf der Insel, dessen heiße Quellen sich schon früh durch einen schwefligen Geruch ankündigen. Die reichlich zur Verfügung stehende geothermale Energie wurde in Hveragerði zum Ausbau des größten Gartenbauzentrums im Lande genutzt. Weiter im Südosten schließt sich als historische und geologische Sehenswürdigkeit das 547 m hohe Ingólfsfjall an. Es ist der Berg, wo Ingólfur Arnarson vor seiner Niederlassung in der Bucht von Reykjavík im 9. Jh. seine erste Dauersiedlung gründete und wo er auch beerdigt sein soll. An den Hängen liegen auffallend viele, manchmal hausgroße Blöcke. Ein Erdbeben im Jahre 1896 verursachte ihren Absturz. Östlich des Ingólfsfjall erstrecken sich die landwirtschaftlich genutzten Flächen in den Niederungen der Ölfusá, der Þjórsá, der Þverá und des Markarfljót. Sie werden im Norden von dem 317 m hohen Hestfjall überragt. Die Form des Berges ist sonderbar. Seine Flanken fallen steil nach Norden ab, und

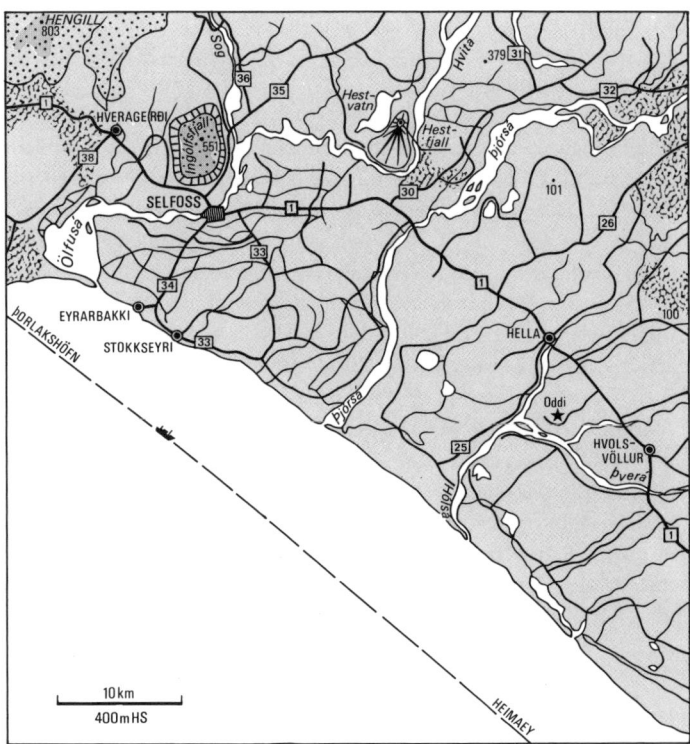

Die Flußlandschaft
Südwestislands

seine Südabdachung ist nur gering geneigt. Das Hestfjall ist ein Vulkan, der in einer Eisrand-lage aktiv wurde und zuerst unter dem Eis Hyaloklastite förderte. Nach dem Abschmelzen des Eises verlief die Tätigkeit subaerisch und baute auf der Südseite einen einseitigen Schild-vulkan auf. In den Flußniederungen grasen neben etwa 20000 Rindern (etwa ein Drittel des gesamten isländischen Bestandes) auffallend viele Pferde, die sich in den letzten Jahren sehr stark vermehrt haben; es soll inzwischen 60000–80000 Reitpferde auf Island geben.

In diesem ausgedehnten Flachland des Südwestens gibt es die einzigen Orte und gar Städte im Hinterland. Fernab des Meeres entwickelten sich die landwirtschaftlichen Zentren Hella, Hvólsvöllur und Selfoss. Die weiten, grünen Flußebenen sind eine geschichtsträchtige Landschaft. Hier befand sich während des Mittelalters nicht nur mit Oddi der literarische Mittelpunkt Islands, sondern auch mit dem Bischofssitz Skálholt weiter im Norden eines der religiösen Zentren des Landes. Es verwundert auch nicht, daß der Stoff vieler mittelalterli-cher Sagas aus dem früh besiedelten Südwesten stammt.

145

Nationalparks

Þingvellir-Nationalpark

Für die meisten Besucher Islands steht in Þingvellir die geschichtliche Bedeutung dieser Landschaft im Vordergrund. Þingvellir bietet auch oder vor allem dem geologisch interessierten Besucher etwas Einzigartiges. Außer dieser idyllischen Landschaft im Südwesten der Insel gibt es nur wenige Regionen auf der Erde, in denen das tektonische Geschehen mit seinen Horizontal- und Vertikalbewegungen der Erdkruste durch die kilometerbreiten Absenkungen und durch lange, aufgerissene Spalten so nachdrücklich bewußt wird. In der Umgebung von Þingvellir befindet man sich wie an der Krafla in Nordisland an einer der großen Nahtstellen der Erdkruste, nämlich im übermeerischen Zentrum des Mittelatlantischen Rückens. Hier hat sich innerhalb geologisch kurzer Zeit der Untergrund soweit gedehnt, daß Spalten von Kilometerlänge aufrissen und mehrere Meter weit auseinanderklaffen. Die Geschwindigkeit der Plattenbewegungen ist meßbar. Sie kann auch durch einfache Überlegungen ermittelt werden. Als zeitliches Richtmaß gilt der etwa 9000 Jahre alte Lavastrom, der das gesamte Gelände überzieht. An der Almannagjá fällt das Gelände zur etwa sieben Kilometer breiten Senke von Þingvellir ab (Farbabb. 26). Die Höhenunterschiede, und damit das Ausmaß der Absenkung, betragen zwischen dem Rand und den tieferen Teilen der Senke 30 bis 40 m. Die Absinkgeschwindigkeit beträgt also 40 000 mm in

Þingvellir-Nationalpark und Umgebung

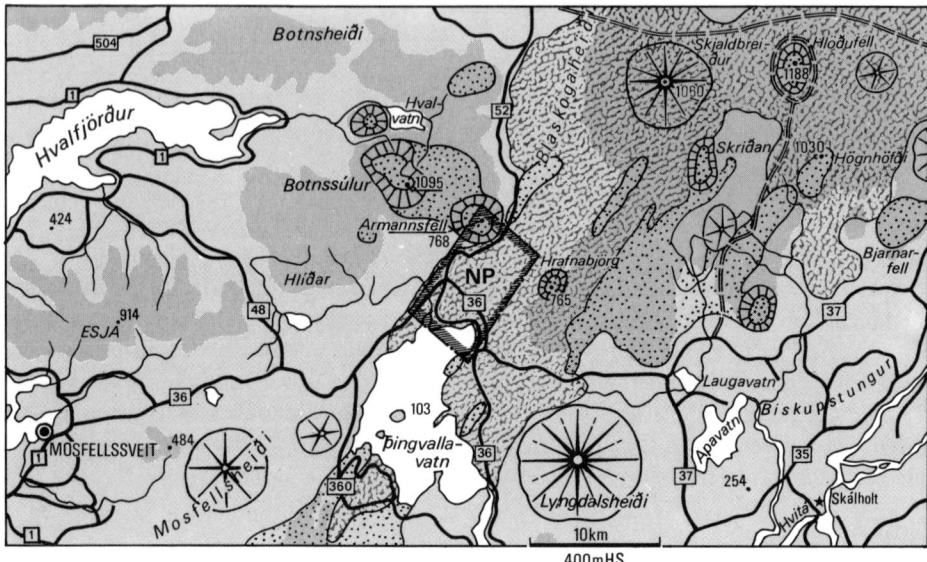

Die Almannagjá. Aus: »Voyage en Islande et au Groenland« von Paul Gaimard, 1842

9000 Jahren oder etwa 4 mm/Jahr. Etwa mit der gleichen Geschwindigkeit muß auch die Dehnung, die zum Aufreißen der Spalten führte, erfolgt sein.

Die Bewegungen innerhalb der Senke laufen nicht ganz kontinuierlich ab. Oft reißen die Schollen ruckartig auseinander und lösen damit Erdbeben aus. Letzte stärkere Bewegungen fanden 1789 im Zusammenhang mit heftigen Erdbeben in Südwestisland statt. Sie dauerten eine ganze Woche und vernichteten viele Bauernhäuser. Die zentrale Scholle der Senke mit dem Þingvallavatn sank um etwa 60 cm ab, was zur Folge hatte, daß sich der See weiter nach Norden ausbreitete. Nach den Berichten aus der damaligen Zeit sind neue Spalten aufgerissen. Manche von ihnen waren sogar 4 m breit.

Möglicherweise ist die Entstehung der abgesunkenen Ebene von Þingvellir mit dem größten See von Island auf etwa 60 derartiger Rifting-Episoden in der jüngsten Erdgeschichte zurückzuführen. Die Senke bestand fast in ihrer heutigen Form, als die erste Zusammenkunft der Siedler zur Konstituierung des ersten Parlaments, des Althings, 930 n. Chr. stattfand. Die Bewegungen im Untergrund schufen mit der Bildung der Altmannagjá und des Gesetzesberges nicht nur die Voraussetzungen für die Abhaltung der Volksversammlungen. Sie sorgten auch 1789 dafür, daß das Althing nach Reykjavík umzog. Die Wiesen vor der Tagungsstätte vernäßten durch die Absenkung und machten es unmöglich, sich hier während der alljährlichen und 14 Tage dauernden Zusammenkunft niederzulassen.

Der Þingvallavatn. Aus: »Voyage en Islande et au Groenland« von Paul Gaimard, 1842

Skaftafell-Nationalpark

Auf einer längeren Fahrt durch Island sollte die Landschaft um Skaftafell wegen ihres majestätischen Charakters einbezogen werden. Wenn man von Kirkjubæjarklaustur kommend sich Skaftafell nähert, leuchten meistens schon aus der Ferne die eisbedeckten Höhen des großen Öræfajökull und seiner nördlichen Nachbarberge herüber. Auf dem Weg dorthin muß man schier endlose Lavafelder und Sanderflächen mit wilden, weitverzweigten Flüssen durchqueren. Wenn dann das Gebiet des Nationalparks erreicht ist, befindet man sich in einer grünen Oase, umringt von den Eismassen großer Gletscher, die vom Vatnajökull weit hinunter ins Vorland fließen.

Das Klima ist in Skaftafell mit einer Julimitteltemperatur von 10,7°C für isländische Verhältnisse recht mild. Die hohen Berge des Öræfajökull-Massivs halten die Ostwinde fern. Während der Hauptreisezeit im Juli hält sich der an der Südküste sonst häufige Regen etwas zurück, denn es ist der trockenste Monat. Immerhin fallen pro Jahr durchschnittlich 1760 mm. Auf den Gletschern sind die Niederschläge beträchtlich höher. Aus diesem

Grunde ist es nicht verwunderlich, daß bei einem solchen Überangebot an Niederschlägen die Eisabflüsse oder Vorlandgletscher des Vatnajökull weit ins Vorland strömen und sich damit in unmittelbarer Nachbarschaft von Birkenwäldern befinden können. Drei dieser Abflüsse sind ganz oder teilweise innerhalb der Parkgrenzen. Es sind der Skeiðarárjökull, der Mórsarjökull und der Skaftafellsjökull. Dabei übertrifft der 1600 km² große Vorlandgletscher Skeiðarárjökull (Abb. 12) jeden Gletscher auf dem europäischen Festland. Südlichster Teil des Parks ist der Skaftafellsjökull, der noch 1904 mit dem angrenzenden Svínafellsjökull im Vorland eine Einheit bildete. Die aus dem Gletschereis herauskommenden Flüsse schütteten im Vorfeld der Gletscher seit der letzten Eiszeit eine mehrere Kilometer breite Schotterebene, den Skeiðarársandur, auf. Sie sind weitverzweigt und verändern fortwährend ihren Lauf. Erst seit 1976 führt eine Brücke über diese wilde Flußlandschaft.

Im Süden des Nationalparks überragt der gewaltige Vulkan des Öræfajökull die Sanderflächen um mehr als 2000 m. Bei einer solchen Reliefenergie muß die Abtragung besonders stark wirken. Daher ist diese dynamische Gebirgslandschaft von einer intensiven Fluß- und Gletscherabtragung geprägt und durchaus mit der Hochgebirgsregion der Alpen vergleichbar (Farbabb. 8).

Die Umgebung von Skaftafell zeichnet sich durch eine große Pflanzenvielfalt aus. Die Hänge sind bis zu einer Höhe von 260 m mit einem lichten Birkenwald (Betula pubescens) bestanden. In der Krautschicht wachsen der lila blühende Wiesenstorchschnabel, als eine der charakteristischen Pflanzen Ostislands die Rundblättrige Glockenblume, das Echte Labkraut und an feuchteren Stellen die Staude der Wald-Engelwurz. Oberhalb der Baumgrenze setzt sich eine geschlossene Vegetation mit Heide-, Schutthalden- und Moorgewächsen bis in eine Höhe von etwa 600 m fort. Hier wird die baumartige Moorbirke von der strauchartigen Polarbirke (Betula nana) abgelöst. Auf steinigerem Boden kommt dann der Fetthennen-Steinbrech mit seinen gelben, sternförmigen Blüten vor. Ab 700 m über dem Meeresspiegel ist der steinige Untergrund weitgehend vegetationslos, da in dieser Region das auf Schuttfächern und Hängen in Bewegung befindliche Gesteinsmaterial und auch die klimatischen Verhältnisse kaum noch einen Bewuchs mit höheren Pflanzen aufkommen lassen. Außerdem sei noch auf zwei streng geschützte Pflanzen in diesem Nationalpark hingewiesen. Es sind die in Mitteleuropa häufige Orchidee Herz-Zweiblatt (Listera cordata) und der in Mitteleuropa unbekannte Erdfarn (Asplenium trichomanes).

Von den Vogelarten halten sich in den Birkenwäldern der Wiesenpieper, die Bekassine, die Rotdrossel und der Zaunkönig auf. Auf den Schotterflächen des Skeiðarársandur nisten drei Zugvogelarten. Es sind die Schmarotzer-Raubmöwe, die Mantelmöwe und mit etwa 3000 Paaren die sowohl in der Arktis und der Antarktis anzutreffende Große Raubmöwe. Damit zählen für diese Vogelart die Sanderebenen Südislands zu den wichtigsten Brutstätten im Nordatlantik. Bis vor etwa 20 Jahren gab es in Skaftafell keine Nagetiere. Mittlerweile hat hier die Feldmaus ebenso wie der in Island nicht heimische Nerz Fuß gefaßt. Der Polarfuchs ist hingegen nur selten beobachtet worden.

Auf dem seit der Landnahme bewohnten Territorium stehen noch zwei Gehöfte. Aus den tiefer gelegenen Räumen mußten sich die Siedler zurückziehen, da ihre Höfe am Fuße der

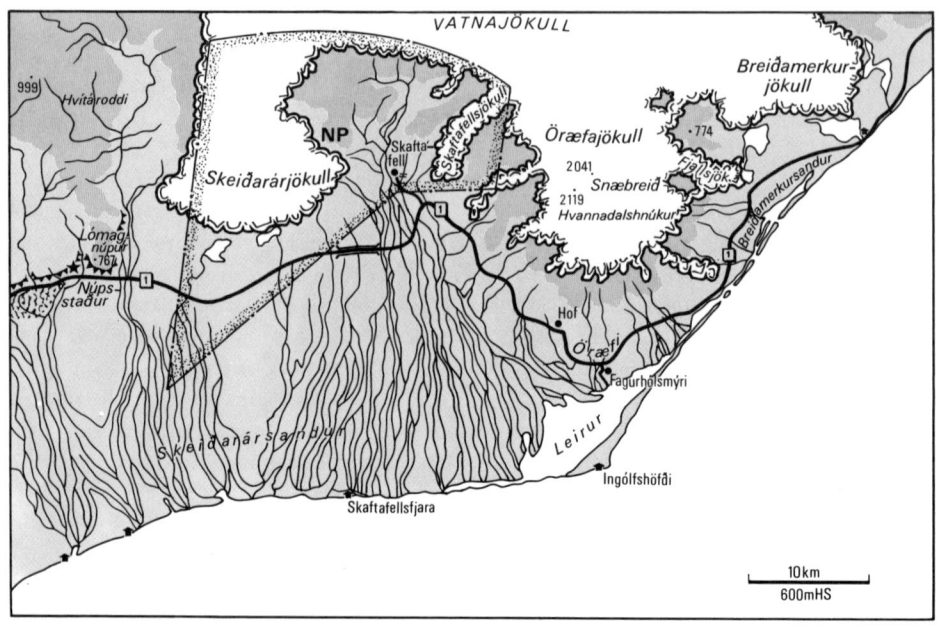

Skaftafell-Nationalpark und Umgebung

Hänge mit der Zeit von den Fluten der Gletscherflüsse erfaßt und vernichtet wurden. Einige Reste kann man noch östlich Bæjargil auf dem Gömlutún besichtigen. Seit Beginn des vergangenen Jahrhunderts stehen wegen der dauernden Verschüttung in der Niederung die Gehöfte von Skaftafell etwa 100 m hoch über der Flußebene. Bis zum Ausbruch des Öræfa-jökull im Jahre 1362 war das Skafta-Gebiet dichter besiedelt.

Durch den Park führen keine Straßen. Ausgangsort aller Wanderungen ist der als einzige Übernachtungsgelegenheit dienende Campingplatz. In der Umgebung wird am häufigsten die Skaftafellsheiði mit dem schönen Svartifoss (schwarzer Fall) aufgesucht. Über senkrechte, wie Orgelpfeifen stehende schwarze Basaltsäulen fällt das Wasser eines Baches etwa zehn Meter in die Tiefe. Weitere Wanderungen sind bis zum Skeiðarárjökull möglich. Allerdings ist es nicht ungefährlich, die Gletscherflüsse zu durchwaten.

Jökulsárgljúfur-Nationalpark (Jökulsá-Schlucht)

Der nördlichste der drei Nationalparks Islands befindet sich in einer atemberaubenden Flußlandschaft mit Schluchten und Wasserfällen im Norden Islands. Er wird von dem zweitlängsten Fluß des Landes, der 206 km langen Jökulsá á Fjöllum (Gletscherfluß aus den

Bergen) durchflossen, die sich auf ihrem Weg durch die nördliche, plateauartige Landschaft der aktiven Vulkanzone in einen Untergrund aus mehreren Basaltströmen eingeschnitten hat und dabei den Weg über fünf Wasserfälle in eine canyonartige Schlucht nimmt. Nach diesem ca. 30 km langen ›Arbeitsweg‹ begibt sie sich in die Schotterebene des Axarfjörður-Sandur und fließt dann als Bakkahlaup und Brunná aufgespalten ins Meer. Das Gebiet des National-parks der Jökulsá-Schlucht (Jökulsárgljúfur) ist mit dem Flußabschnitt des Jökulsá-Canyon (Abb. 24) identisch und beginnt im Süden mit dem ca. 12 m hohen Wasserfall Selfoss und umfaßt im Norden noch Teile des Axarfjörður-Sandur mit der idyllischen Kleinlandschaft von Ásbyrgi, der ›Burg der Götter‹. Die Jökulsá á Fjöllum entspringt wie die meisten größeren Flüsse des Landes im vergletscherten zentralen Hochland und fließt vom Vatnajö-kull, wo sie die großen Eisabflüsse des Dyngjujökull und Teile des Brúarjökull entwässert, nach Norden. Je nach Jahreszeit erreicht sie den Canyon als reißender Strom oder als relativ zahmer Fluß, denn wegen ihrer Herkunft aus den Gletschern schwankt ihre Wasserführung beträchtlich.

Mit dem Absturz in den Canyon am einen Kilometer südlich des Dettifoss gelegenen etwa 12 m hohen Selfoss beginnt der Gletscherfluß seinen Weg über fünf Fallstufen in die Tiefe. An der zweiten Stufe, am Dettifoss (Abb. 22), stürzt die Jökulsá auf einer Breite von rund 100 m über 44 m tief in eine von senkrechten Basaltwänden umsäumte Schlucht. Es ist der

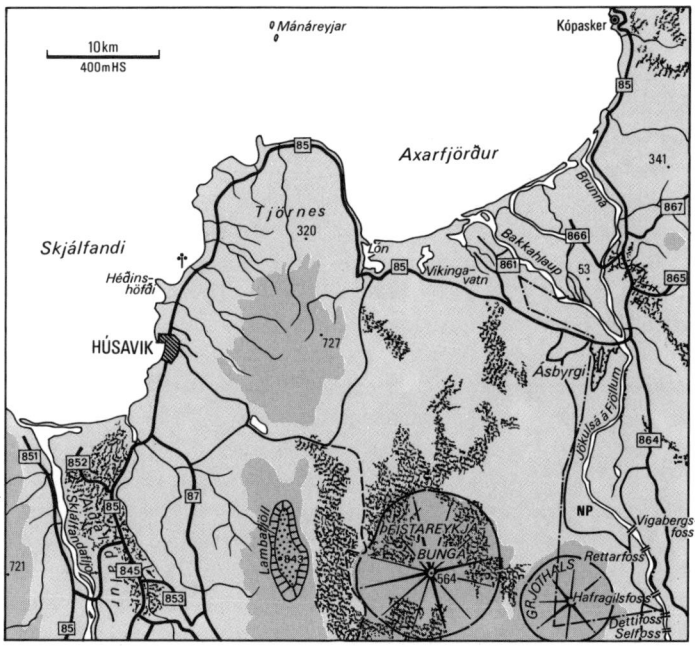

Jökulsárgljúfur-Natio-nalpark und Halbinsel Tjörnes

größte Wasserfall Islands und Europas. Nach dem Absturz strömt der Fluß etwa 120 m unterhalb einer mit Basaltströmen bedeckten Ebene dem nur etwa fünf Kilometer entfernten Hafragilsfoss (Ziegenschlucht-Fall) entgegen. In der Nähe dieser dritten, 27 m hohen Fallstufe hat die erodierende Kraft des Flusses in einer kleinen Anhöhe, die über das Tal hinweg ihre Fortsetzung auf dem gegenüberliegenden Hang findet, den Förderschlot eines Vulkans durchschnitten, so daß man hier, wie im Rheintal an der Erpeler Ley in das untere Stockwerk eines Vulkans blicken kann. In Seitenarmen wird der Unterschied zwischen einem Gletscherfluß und klaren Quellwasserbächen deutlich, denn in Nischen, die nicht von der Jökulsá erfaßt werden, hebt sich das dunkle klare Quellwasser von dem trüben graubraunen Gletscherwasser ab. Interessant ist auch die etwa drei Kilometer lange Hafragil (Ziegenschlucht), in deren Einmündung sich ständig verändernde Sandbänke zur Ablagerung kommen. Im Mittelabschnitt des Canyon treten weitere klare Quellwasserbäche hinzu. Unterhalb der weniger eindrucksvollen Fälle Réttarfoss und Vígabjargfoss weitet sich die Schlucht zu einem Tal mit terrassenförmig abgestuften Hängen.

Damit ist die abenteuerliche Reise des Flusses noch nicht beendet, denn eine ungemein interessante Landschaft eröffnet sich einem mit Hljóðaklettar (Echofelsen) in der unteren Hälfte des Canyons. Burgenartige Felsen ragen unvermittelt mit verschiedenartigsten Säulenstrukturen aus der Talsohle. Die Entstehung der labyrinthartigen Landschaft erscheint einem rätselhaft. Wenn man sich die Mühe macht und auf den höchsten der im Nordwesten befindlichen jungen, rötlichen Aschenkegel der Rauðhólar steigt, wird erkennbar, daß sich die eigenartigen Felsburgen auf der gleichen Linie wie die Aschenkegel nach Süden fortsetzen und das Tal queren. Vor etwa 8000 Jahren ereignete sich auf diesem Flußabschnitt ein seltenes und seltsames Naturschauspiel. Quer zum Flußbett riß eine Spalte auf. Ausfließendes glühendheißes Magma geriet in Kontakt mit dem darüber hinwegfließenden Fluß, was zunächst gewaltige Explosionen hervorrief. Da aber mit der Zeit die Kraft des Flusses erlahmte, nahmen die Explosionen an Heftigkeit ab. Das Magma floß aus, aber immer wieder ergoß sich Wasser über die Lavamassen hinweg und drang sogar in die entstehenden Spalten ein, so daß an diesen Grenzflächen die Schmelze zu Säulen erstarrte. Heute künden kleinsäulige Absonderungen des Basaltes, die manchmal Kirchenfenstern ähneln, und die die Isländer als ›kubbaberg‹ (kubbur = Kubus) bezeichnen, von diesem einmaligen vulkanischen Ereignis, in dem letzten Endes die Kräfte des fließenden Wassers Sieger blieben. Tuffmassen, die vor allem bei den Explosionen entstanden, sind bereits weggespült. Übrig blieben die burgartigen Felsgebilde mit ihren sonderbaren Säulenstrukturen und am Rande des Geschehens die Schlackenkegel der Rauðhólar. Die Jökulsá wendet sich dann fast nach Nordosten und verläßt nach etwa neun Kilometer Wegstrecke den Canyon.

Weiter im Westen, in gleicher Höhe zum Ausgang, befindet sich eine Landschaft, die wegen ihrer geschützten Lage und des darin erhaltenen Waldes besonders geschätzt wird. Es ist Ásbyrgi. In Hufeisenform ist hier mit senkrechten, bis zu 100 m hohen Wänden die Stufe eines ehemaligen Wasserfalls der Jökulsá erhalten, deren Ausmaß durchaus einem Vergleich mit den Niagarafällen standhält, denn diese von Norden nach Süden ansteigende Einbuchtung in die lagenartig abgesonderten Basaltmassen ist 3,5 km lang und erreicht eine Breite von einem Kilometer. Vor etwa 2000 Jahren wird noch die Jökulsá über diese Fallstufe geflossen sein, wobei sie aber sicherlich nicht ihre ganze Breite einnahm. Am oberen Rand der Wand sind noch Rinnen erkennbar, durch die der Fluß seinen Weg nahm. Die größte ist etwa 15 m breit und 6–8 m tief. Nach stärkeren Regengüssen fällt noch ein kleines Rinnsal herab. Die Bezeichnung ›Ásbyrgi‹ bedeutet ›Burg der Asen, der Götter‹. Nach der Überlieferung ist dieses hufeisenförmige Terrain der Abdruck von Odins Roß Sleipnir. Klima und Bodenverhältnisse brachten in der Umgebung von Ásbyrgi den Bewohnern in früherer Zeit einen für isländische Verhältnisse hohen Wohlstand. Durch Gletscherläufe ausgelöste Hochwasser verwüsteten die genutzten Flächen im 17. und 18. Jh. so sehr, daß sie sich kaum regenerierten und größtenteils Ödland blieben.

Die Vegetation im Nationalpark reicht von Wäldern in den geschützten Lagen von Ásbyrgi oder Hljóðaklettar über die mit Þúfur-Heiden bestandenen Ebenen oberhalb der Schlucht bis zu nackten, freigewehten Flächen, aus denen tischförmige Reste als »Vegetationsinseln« herausragen. In den geschützten Lagen gedeihen die Birke und die Weide. Die Eberesche bevorzugt Schutthänge und den Fuß von Steilwänden. In den Heidelandschaften haben sich der Gewöhnliche Wacholder, die Schwarze Krähenbeere, die Echte Bärentraube, die Rauschbeere und die Polarbirke als strauchartige Gewächse angesiedelt. Insgesamt wachsen im Nationalpark 220 verschiedene Pflanzenarten.

Gleichfalls nisten viele verschiedene Vogelarten, darunter auch der streng geschützte Island-Gerfalke, im Canyon-Gebiet. Es befindet sich hier in Nordisland der einzige Nistplatz der Großen Raubmöwe. Außerdem kommen Moorlandvögel, wie z. B. der Goldregenpfeifer, der Wiesenpieper, die Rotdrossel, das Alpenschneehuhn und vereinzelt die Schneeammer, der Birkenzeisig, der Steinschmätzer, der Zaunkönig und die Bekassine vor. Selbstverständlich darf der allgegenwärtige Kolkrabe nicht fehlen. Verschiedene Entenarten sowie Gänse bevölkern die Seen oder Tümpel. In den Kliffs am Nordrand nisten Möwen und Seeschwalben. Selbst der Eissturmvogel hat sich hier niedergelassen.

Wesentlich seltener sind, wie ohnehin in ganz Island, die Säugetiere. Auf den Tundrenflächen lebt der Eisfuchs. Gelegentlich wurden seit 1955 Nerze beobachtet. Völlig verschwunden ist seit 1930 aus dem Gebiet des Nationalparks das Rentier.

Das Klima im Jökulsárgljúfur-Nationalpark ist wohl das trockenste im ganzen Land. In der Leelage des Hochlandes fallen im Jahr nur durchschnittlich 400 mm. Die Durchschnittstemperaturen betragen im Juli, dem Hauptreisemonat, 10 °C, können aber bei Föhn kurzzeitig auf 20 °C ansteigen. Stürme fegen ungehindert über das Land hinweg, was auch an den Auswehungen ersichtlich wird.

In der Zeit vom 15. Juni bis 15. September stehen an den beiden Campingplätzen Ásbyrgi und Vesturdalur (Hljóðaklettar) als einzige Übernachtungsmöglichkeiten zur Verfügung. Über Pfade kann man in zwei bis drei Stunden die Umgebung von Ásbyrgi begehen. Aufschlußreich ist eine eintägige Wanderung den Canyon entlang nach Vesturdalur (Hljóðaklettar), wo sich viele Möglichkeiten auftun, Höhlen, Kliffs und Felsenburgen zu besichtigen. Als außerordentlich reizvoller Wanderweg bietet sich ein Pfad entlang des Canyons bis zum Dettifoss an. Wenn man vom Mývatn aus eine Fahrt zum Jökulsá-Canyon unter-

nimmt, so sollte man einen Besuch der Halbinsel Tjörnes mit ihren fossilführenden Sand-
steinprofilen an der 60–70 m hohen Küste nördlich von Húsavík einbeziehen. An keiner
Stelle der Insel befindet sich eine so vollständige und fossilreiche Abfolge von Sedimentge-
steinen aus der Übergangszeit vom Tertiär zum Eiszeitalter (Pleistozän) wie an der Westküste von Tjörnes. Im Norden der Halbinsel findet man in der Nähe der Küste als typische
Formen des periglazialen Klimaraumes Polygon- und Streifenböden. An manchen Stellen ist
der Basalt durch Frostsprengung und durch die korrodierende Wirkung des Salzwassers zu
wabenartigen Formen, zu Tafoni, verwittert.

Wasserfälle und Thermalquellen

Island hat eine Fülle von geologischen Sehenswürdigkeiten anzubieten. Das ist einerseits
durch seine Existenz als Vulkaninsel, zum anderen durch den jugendlichen Charakter seiner
Landschaften mit ihren vielen schroffen und unausgeglichenen Formen bedingt. Nicht selten bricht das Gelände stufenförmig ab, so daß das abfließende Wasser als Fall seinen Weg in
die Tiefe nehmen muß. Dem Zugriff der ausgleichenden und einebnenden fließenden
Gewässer waren die meisten Landformen auf Island bis zum Ende der letzten Eiszeit vor
etwa 10000 Jahren wegen der fast vollständigen Vergletscherung entzogen. Erst nach dem
Rückzug der Gletscher konnten sie ihre Arbeit in vollem Umfang aufnehmen. Vulkanische
Aktivitäten und tektonische Bewegungen beeinträchtigen den Fortgang ihrer Tätigkeit und
veranlassen sie oft, einen neuen Weg, manchmal auch über eine Stufe zu suchen. Aus diesen
Gründen und auch teilweise wegen der regional hohen Niederschläge ist Island ein Land der
reißenden Flüsse sowie der geologisch kurzlebigen und faszinierenden Wasserfälle. In gleicher Weise kurzlebig und dynamisch sind die aus dem isländischen Landschaftsbild nicht
wegzudenkenden Schwefel- und Heißwasserquellen, Schlammtöpfe und Dampfaustritte
der Thermalgebiete. Ihr Anteil an der landschaftlichen Ausstattung der Insel ist zwar gering.
Doch dank ihrer ungewöhnlichen Dynamik besitzen sie eine große Attraktivität und sind
ohne Einschränkung als die Kleinodien der isländischen Landschaft anzusehen.

Wasserfälle

Angesichts der großen Zahl der Wasserfälle ist es notwendig, ihre Entstehung zu erläutern
und sie danach zusammenzufassen. Ihre Existenz kann mit den wesentlichen Gestaltungs-
vorgängen der isländischen Landschaft in Verbindung gebracht werden. Nahezu alle Prozesse, die ein unausgeglichenes Relief schaffen, produzieren auch die Grundlage zur Bildung
von Wasserfällen. Daher ist es für die isländischen Verhältnisse naheliegend, als Ursache für
die Entstehung von Wasserfällen zuerst den Vulkanismus zu nennen. Zudem beeinträchtigen die sehr aktiven tektonischen Kräfte durch Hebungen oder Senkungen den Verlauf eines
Flusses oder Baches oft so sehr, daß er seinen Weg über eine Stufe nehmen muß. Als weitere

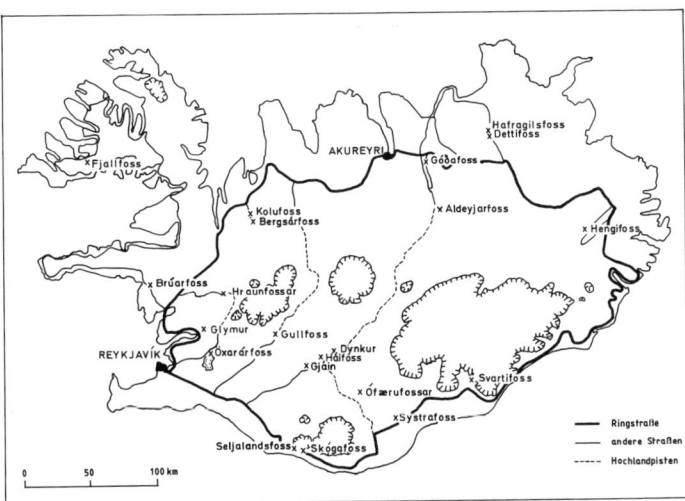

Lage der bekann-
testen Wasserfälle

Hauptursache für die Bildung von Wasserfällen gilt die eiszeitliche Vergletscherung Islands mit ihren Folgeerscheinungen. Schließlich bewirken auch Inhomogenitäten im Gesteinsuntergrund eine Bildung von Gefällstufen innerhalb eines Flußlaufs.

Vulkanisch bedingte Wasserfälle

Ein von einem Lavastrom verdrängter Fluß fließt über sein Hindernis hinweg und stürzt sich am Rande der Lava in die Tiefe. Vor rund 8000 Jahren floß der 105 km lange Lavastrom Frambruni von der Trölladyngja durch das Tal des Skjálfandafljót und zwang den Fluß, über ihn hinwegzufließen. Nun stürzt sein Wasser als Aldeyjarfoss im Mittelteil des Barðardalur und als Goðafoss vor dem Eintritt in die Skjálfandi-Bucht über die Lava in die Tiefe. Der Goðafoss oder der ›Götterfall‹ hat eine Höhe von 12 m; er liegt an der Straße von Akureyri zum Mývatn. Da in Südwestisland der längste Lavastrom (die Þjórsá-Laven) nach den Ausbrüchen vor etwa 7000 Jahren seinen 150 km langen Weg durch das Þjórsá-Tal nahm, können im Umfeld der Þjórsá die schönen Wasserfälle Gjáin, der Gjárfoss und der Hjalp, wo wahrscheinlich eine Aufstauung des Nebenflusses Fossá erfolgte, bewundert werden.

Tektonisch bedingte Wasserfälle

Als spektakulär ist die Entstehung der Ófærufossar (Eldgjá, Südisland) zu bezeichnen. Durch das Aufreißen der größten Eruptionsspalte der Erde – wahrscheinlich 934 n. Chr. –

155

war das Flüßchen Ófæra plötzlich von seinem Unterlauf abgeschnitten und stürzte in die aufreißende Schlucht. Heute befindet sich an dieser Stelle ein Wasserfall mit zwei Fallstufen. Über die obere, fast senkrechte Stufe fällt das Wasser etwa 20 m in die Tiefe und läuft kaskadenartig zur tiefer gelegenen Stufe hinab. Auf seinem Weg zur tieferen Stufe hat es bereits aus einer harten Basaltbank eine ca. 20 m breite Naturbrücke herausgespült, unter der die Ófæra schließlich auf den Boden der Schlucht fällt.

Das Aufreißen von Spalten in der Erdkruste ist auch die Ursache für die Verlagerung des Flüßchens Öxará in Þingvellir. Hier begann sich vor etwa 9000 Jahren innerhalb der aktiven Vulkanzone die Erdkruste zu dehnen und auseinanderzureißen. Von der Nordkante der Almannagjá stürzt heute die Öxará über eine etwa 10 m hohe Fallstufe in die Schlucht (Farbabb. 35). In den bisher angeführten Beispielen war das Wirken der Kräfte aus dem Erdinneren mit vulkanischen Vorgängen und Schollenbewegungen Voraussetzung für die Entstehung von Wasserfällen. Zusätzlich verdanken viele Wasserfälle ihre Existenz der Heraushebung der gesamten Insel nach der Eiszeit. Sie fallen jetzt an einer ehemaligen Steilküste in die Tiefe. Die bekanntesten Wasserfälle dieser Art können vor allem in Südisland bewundert werden. Zu ihnen gehören der attraktive, 60 m hohe Skógafoss (Abb. 20), der noch höhere Seljalandsfoss und der Systrafoss bei Kirkjubæjarklaustur. Einige Fälle haben durch eine schnelle Rückwärtseinschneidung die Umgebung des alten Kliffs längst verlassen, so daß ihre Wasser nun weiter landeinwärts in die Tiefe stürzen. Bei Skaftafell hat der Stórilækur (der große Bach) sich bereits etwa 1,5 km zurückverlagert. Der Untergrund besteht aus einem älteren Basaltstrom mit besonders gleichmäßig abgesonderten Säulen. In einem Halbrund aus Basaltsäulen fällt das Rinnsal des Baches als Svartifoss (schwarzer Fall) in die Tiefe. In gleicher Weise ist in Nordisland die Fallstufe des 30 m hohen Kolufoss von der Víðidalsá zurückverlegt worden.

Durch Gesteinsunterschiede bedingte Wasserfälle

Der jugendliche Charakter der isländischen Landschaft dokumentiert sich auch darin, daß wegen ihres unausgeglichenen Laufs keiner der Flüsse schiffbar ist. So äußern sich Inhomogenitäten im Gesteinsuntergrund der einzelnen Flüsse dadurch, daß sich im Flußlauf Gefällsbänke und damit Wasserfälle ausbilden. Die größten Fälle dieser Art sind, wie bereits beschrieben, im Jökulsá-Canyon (Nordisland) zu finden. Wegen des häufigen Wechsels von harten Basaltbänken und leichter abtragbarem verfestigten Schotter im Untergrund fällt die Jökulsá auf einer Strecke von 25 km über fünf Stufen in die Tiefe. Größter Wasserfall ist in dieser grandiosen Flußlandschaft der 44 m hohe Dettifoss (auch größter Wasserfall Europas, Abb. 22). Mittlere Wasserführung: 200 m³/sek.

Gleichen Umständen verdankt der wohl schönste Wasserfall Islands, der Gullfoss (goldener Wasserfall, Abb. 21), seine Existenz. In zwei Stufen, deren Verlauf durch Schwächelinien im Gesteinsuntergrund bedingt ist, fällt die vom Langjökull kommende Hvítá in eine enge Schlucht. Harte Basaltlagen sind die Fallmacher. Die obere Stufe ist fünf Meter hoch.

Darunter sammelt sich das Wasser wieder, um dann 20 m tief in einer dunklen und engen Schlucht zu verschwinden. Der Gullfoss verdankt seinen Namen dem Wasserstaub, aus dem bei Sonnenschein ein Regenbogen herausleuchtet.

Durch Eiszeitgletscher bedingte Wasserfälle

Die Ursache für die Entstehung zahlreicher Wasserfälle war das Wirken eiszeitlicher Gletscher. In den Haupttälern hatten sich die Talgletscher aufgrund der größeren Masse stärker eingetieft als in den Nebentälern. Nach dem Abtauen der Eismassen blieb eine Gefällsstufe an der Einmündung der Nebentäler in ein Haupttal zurück. In einigen Fällen haben die Bäche oder kleinen Flüsse des Nebentals ihren Lauf an der Gefällsstufe soweit zurückverlegt, daß der Bach an seinem Talausgang durch eine enge Schlucht in das Haupttal fließt, bei härteren Gesteinsserien wird die Höhendifferenz oft durch einen Wasserfall überwunden. So begegnet man immer wieder in ehemaligen Gletschertälern und Fjorden Wasserfällen als belebenden Elementen einer ruhigen Landschaft. Besonders schöne Beispiele sind der Fall der Gilsá und der Hengifoss bei Egilsstaðir und der Fjallfoss auf der Nordwest-Halbinsel.

Thermalquellen

Die Wasserfälle haben für die Gestaltung der isländischen Großlandschaften nur eine geringe Bedeutung. Sie verändern nur kurze Flußstrecken und werden meistens nach relativ kurzer Zeit verschwinden. Sie sind für den ökonomisch denkenden Menschen genauso interessant wie die geologischen Sehenswürdigkeiten, bei denen das Wasser als Energieträger die Aufmerksamkeit auf sich zieht. Es sind die 25 Hochthermalgebiete Islands, die wegen ihres Farbenreichtums und ihrer besonderen und vielfältigen Dynamik gerade dem Besucher Islands die Anwesenheit der vulkanischen Kräfte in der Tiefe bewußt machen und ihn in Erstaunen versetzen. Alle Hochthermalgebiete konzentrieren sich auf die aktive Vulkanzone. Dampf und aufsteigende heiße Wasser haben den Gesteinsuntergrund so stark in Mitleidenschaft gezogen, daß manche Bergrücken oder auch kleine Ebenen regelrecht zerkocht sind und durch Dampfaustritte, Schlammlöcher und -töpfe sowie Heißwasserquellen verschiedenster Art anzeigen, daß der Zersetzungsprozeß noch im Gang ist.

Einige der Hochthermalgebiete sind nur schwer oder gar nicht zugängig, da sie sich unter den Gletschern befinden. Aber besonders in Nordisland an der Krafla und auf dem Námafjall (Námaskarð), in Hveravellir und Haukadalur in Westisland oder im Torfajökull-Gebiet Südislands ist es nicht schwierig, die Aktivitäten der Dämpfe und der heißen Wässer in aller Ruhe aus angemessenem Abstand zu betrachten.

Das größte Hochtemperatur-Gebiet befindet sich mit einer Ausdehnung von 150 km² im Torfajökull-Massiv in der malerischen Umgebung von Landmannalaugar. Hier treten Hunderte von Quellen aus. Sie beheizen sogar einen Bach, so daß sein bis zu einem Meter tiefes

Wasser zu einem Bade einlädt; eine Gelegenheit, die auch hinreichend wahrgenommen wird. Interessant sind die Fumarolen und Solfataren in unmittelbarer Gletschernähe. Sie haben aus dem Eis große, hallenförmige Höhlen herausgeschmolzen. Ein kleines Solfatarenfeld ist nach einem einstündigen Weg von Landmannalaugar zu erreichen.

Viele verbinden mit dem Namen Island paradoxerweise eine Naturform heißen Ursprungs, die Springquelle des Großen Geysirs. Gerade deshalb ist das Thermalfeld von Haukadalur mit dem Großen Geysir eines der am häufigsten besuchten Naturdenkmäler Islands. Der Große Geysir ist wegen seiner über Jahrhunderte andauernden Tätigkeit berühmt. In einem kreisrunden Becken mit 14 m Durchmesser wurden aus einem zwei Meter weiten und etwa 120 m tiefen Schlund Wasser und Dampf in Abständen von etwa einer Stunde 60 m hochgeschleudert. Über seine Aktivitäten wurde 1294 zum ersten Mal berichtet. Nach den Sinterablagerungen um sein Becken muß er aber älter sein und existiert wahrscheinlich bereits seit etwa 10 000 Jahren. Seine Ausbruchstätigkeit erlosch fast vollständig zu Beginn dieses Jahrhunderts. Heute wallt sein Wasser nur noch ab und zu auf.

Das Interesse der Besucher wendet sich daher eher dem etwa 150 m entfernten Geysir ›Strokkur‹ (Butterfaß) zu, denn in Intervallen von nur etwa zehn Minuten springen seine Wasser- und Dampfmassen bis zu 20 m hoch. Aus unmittelbarer Nähe kann man dem atemberaubenden Schauspiel eines Ausbruchs beiwohnen (Farbabb. 10–12). Nach dem Rückfluß des bei einer Eruption emporgeschleuderten Wassers in den Schlund und dem Auffüllen des Beckens verhält sich zunächst die Quelle einige Minuten lang ruhig. Nur einzelne Dampfblasen perlen an die Oberfläche. Ohne große Vorankündigung fängt das Wasser an auf- und niederzuwallen. Schließlich wölbt es sich glockenartig auf. Die Wasserglocke bleibt kurze Augenblicke bestehen. Dann schießen aus dem Untergrund explosionsar-

Lageskizze der Heißwasserquellen von Haukadalur (Geysir, nach Carlé 1980)

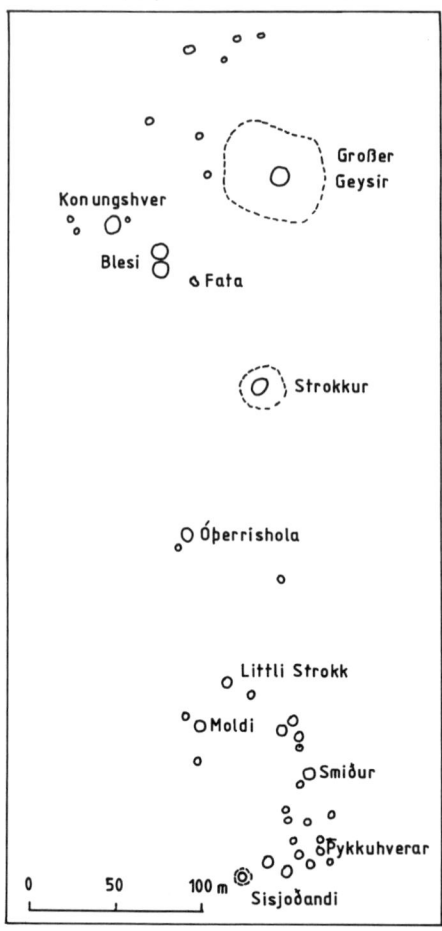

Der Große Geysir und der Geysir ›Strokkur‹. Aus: »Voyage en Islande et au Groenland« von Paul Gaimard, 1842

tig Dampfblasen herauf und reißen das randliche Wasser bis zu einer Höhe von 10–20 m mit. Danach füllt sich das Becken wieder mit Wasser auf. Das Oberflächenwasser des fünf Meter weiten Geysirbeckens hat eine Temperatur von 97°C. Die Tätigkeit der Geysire beruht darauf, daß Wasser in einem tiefen Schlot bis zu einer Temperatur von mehr als 100°C aufgeheizt wird. Wegen des Belastungsdruckes der im Schlot befindlichen Wassersäule kann es nicht sieden. Es muß der Dampfdruck soweit steigen, bis der Belastungsdruck überwunden werden kann. Dann kommt es zu einem Ausbruch. Durch eine ruckartige Dampfentwicklung wird das Wasser im Quellbecken kurzzeitig glockenartig angehoben. Der herausschießende Dampf reißt das Wasser mit. Es gibt in Island etwa 30 Geysire, allerdings nicht von der Qualität des Strokkur. Sehenswert sind außerdem im Thermalfeld von Haukadalur ruhigere Heißwasserquellen mit feinen Kieselsinterablagerungen und türkisfarbenem Wasser. Eine derartige heiße Quelle wird als Bláhver (heiße blaue Quelle), bezeichnet.

Etwa 70 km nördlich von Haukadalur befindet sich zwischen den Gletschern Hofs- und Langjökull in der Umgebung von Tafelbergen und Schildvulkanen die ›Ebene der heißen Quellen‹ oder Hveravellir. Unmittelbar am Nordrand des Schildvulkans Strýtur dampft und brodelt es aus einer etwa zwei Hektar großen Fläche von Kieselsinterablagerungen. An etwa 50 Stellen treten heißes Wasser und Dampf in verschiedensten Quellaustritten an die Oberfläche. Große Aufmerksamkeit erregt wegen seines unablässigen Getöses ein meterhoher vulkanähnlicher Sinterkegel mit dem bezeichnenden Namen Öskjuhólt oder Donnerkegel. Am Rand einer türkisfarbenen heißen Quelle hat sich netzartig schwefelhaltiges Sintermaterial abgeschieden (Farbabb. 13 u. 15). Aus einzelnen Löchern spritzt kochendes Wasser. In einem größeren Becken mit einem Durchmesser von vier Metern wallt kochendes Wasser auf. Es hat die wohlklingende Bezeichnung Meyrarauga (Mädchenauge).

Nach den Quellen von Haukadalur und Hveravellir werden am häufigsten die Solfataren und Fumarolen am Námafjall und westlich des subglazialen Vulkans Krafla in Nordisland besucht. Im Vergleich zu den beschriebenen Heißwasserquellen werden diese beiden Hochthermalgebiete von fauchend austretendem Dampf und Kesseln mit blubbernd siedenden bläulich grauen Schlammassen gekennzeichnet. Hier spürt man unmittelbar die in der Tiefe lauernde vulkanische Gefahr. Ständig ist gerade in jüngster Zeit die Landschaft Veränderungen unterworfen. Es reißen nicht nur Spalten auf und werden aktiv, indem sie glühende Lava auswerfen, sondern zusammen mit der vulkanischen Tätigkeit tauchen neue Dampfquellen auf und verschwinden auch ebenso schnell wieder (Farbabb. 9). Außerordentlich reizvoll sind die Solfataren und Heißwasserquellen am Krater des 1724 ausgebrochenen Maars Víti. Über unablässig siedenden großen Schlammtöpfen tanzen Dampfschwaden. Die mit klarem Wasser gefüllten Quellbecken wetteifern im Farbenspiel mit ihrer Umgebung. Die Szenerie wird beherrscht vom rötlichen Braun des Bodens, dem hellen Gelb sublimierten Schwefels und dem verschiedenartigen Grün des Wassers.

Für den Besuch der Thermalgebiete muß man genügend Zeit mitbringen, um das wechselhafte Spiel der Naturgewalten in Ruhe betrachten und studieren zu können. Dabei sollte man sich den Solfatarenfeldern mit Vorsicht nähern, denn ihr Begehen ist nicht ungefährlich. An vielen Stellen ist der Untergrund trügerisch und brüchig. Man sollte daher nicht zu nahe an die Schlammtöpfe herantreten und sich von Partien mit gelben Schwefel- und weißen Gipsausblühungen fernhalten, denn diese bergen Hohlräume unter sich. Ein Einbrechen kann zu schlimmsten Verbrühungen führen. Begehbar sind die bräunlichen Partien.

Die Nutzung der Thermalgebiete nördlich des Mývatn reicht bis in das Mittelalter zurück, denn damals baute man am Námafjall, dem Bergwerksberg, bis in die Neuzeit den begehrten, für die Herstellung von Schießpulver unerläßlichen Schwefel ab. Mittlerweile ist die Ausbeutung dieser kleinen Lagerstätte längst unrentabel geworden. Statt dessen wird die Energie des reichlich vorhandenen Dampfes für die Trocknung von Kieselgurschlamm aus dem Mývatn und für die Herstellung von Elektroenergie genutzt. Diese Form der geothermalen Energie betreibt an der Krafla ein 30-MW-Elektrizitätswerk. Die künstlichen Dampfquellen im Umfeld der Kieselgurfabrik und des E-Werkes bilden eine sehr geräuschvolle Kulisse für diese im ständigen Umbruch befindliche Landschaft.

Die Tier- und Pflanzenwelt

Die natürliche Vegetation Islands und ihre Geschichte

Bei einem Besuch in Island wird man direkt nach der Ankunft damit konfrontiert, daß auf der Insel völlig andere Vegetationsverhältnisse herrschen als in Mitteleuropa. Es fehlt der Wald mitteleuropäischer Prägung. Statt dessen bedecken vor allem niedrige Sträucher, Stauden, Gräser oder sogar nur Moose den felsigen Untergrund. Die Wälder der Insel, oder besser ihre Reste bestehen aus einem lichten und buschartigen Birkenwald, vergleichbar mit den Birkenwäldern Mittelnorwegens oder Schwedens in der Nähe der Waldgrenze. Derartige kleine Waldgebiete befinden sich in geschützten Lagen in Ostisland (Hallormsstaður), in Ásbyrgi oder östlich von Akureyri (Vaglaskógur) oder im Süden nahe der Gletscher von Skaftafell. Dort können größere Bäume die Höhe von zehn Meter oder einen Stammdurchmesser von mehr als 20 cm erreichen.

Island besteht fast zu zwei Dritteln aus Ödland. Das hat verschiedene Gründe: Die Insel liegt im hohen Norden. Sie besitzt einen gebirgigen Charakter. Der Boden ist besonders wasserdurchlässig (Lavadecken und Aschen). So gedeihen, da viele Pflanzenarten während der fast vollständigen Vergletscherung im Eiszeitalter ausstarben und wegen der isolierten Lage der Insel nicht wieder zurückkehrten, auf Island nur 440 Arten der höheren Pflanzen (Gefäßpflanzen) mit Ausnahme der beiden artenreichen Gattungen des Löwenzahns (Taraxacum) und des Habichtskrautes (Hieracium). In Norwegen ist vergleichsweise die Artenzahl viermal, auf den Britischen Inseln fünfmal und in der Bundesrepublik Deutschland etwa sechsmal so groß.

Das Eiszeitalter war für Islands Tier- und Pflanzenwelt eine ökologische Katastrophe, von der sie sich noch nicht erholt hat. Interessant war es für die Wissenschaft zu erfahren, ob einige Pflanzen die Zeit der Vereisungen überdauern konnten oder ob nach dem Rückzug der Gletscher vor rund 12 000 Jahren eine völlig neue Besiedlung einsetzte; und wenn eine Einwanderung erfolgte, ob dabei wegen Islands Lage mitten im Atlantik nun das europäische oder das amerikanische Element überwog. Es wurde festgestellt, daß von den auf Island wachsenden Gefäßpflanzenarten auch 90 % in Norwegen zu Hause sind. Über 85 % kommen auch auf den Britischen Inseln vor, aber nur 66 % in Grönland. Die Zusammensetzung der Flora ist also sehr stark von nordeuropäischen Einflüssen geprägt. Das westliche Ele-

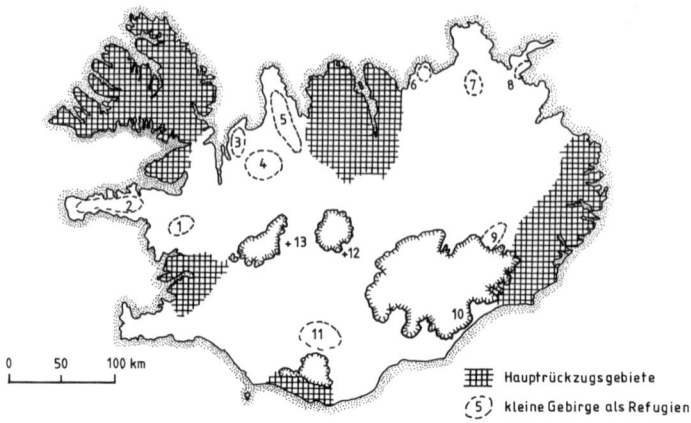

0   50   100 km

⊞⊞ Hauptrückzugsgebiete

⟨5⟩ kleine Gebirge als Refugien

*Mögliche Rückzugs-
gebiete der Pflanzen
während des Eiszeit-
alters (nach Steinðórs-
son 1962)*

ment der Flora, der Anteil der Pflanzenarten, die nur auf dem nordamerikanischen Kontinent und in Grönland vorkommen, ist nahezu verschwindend gering. Es sind nur 10 Arten.
Ein ebenso geringer Einfluß der westlichen Hemisphäre läßt sich auch in der Tierwelt
feststellen. Das europäische Element in der Pflanzenwelt ist zwar wesentlich größer, aber
der größte Anteil gehört zur zirkumpolaren arktisch-borealen Region.

Die Frage, warum heute nur 440 Pflanzenarten auf der Insel wachsen, ist sicherlich damit
zu beantworten, daß etwa 12000 Jahre nach dem Rückzug der Eiszeitgletscher wegen der
isolierten Lage der Insel mitten im Atlantik die Einwanderung aus den benachbarten Ländern noch nicht abgeschlossen ist. Diese Antwort stellt sich aber als unzureichend heraus,
wenn man zu ergründen versucht, wie die heute einheimischen Pflanzen nach Island gelangt
sind. Samen und Sporen können von den Meeresströmungen, vom Höhenwind, von den
Zugvögeln und schließlich, nach dem Beginn der Besiedlung Islands 874 n. Chr., vom
Menschen und seinen Transportmitteln auf die Insel gebracht worden sein. Die importierten
Pflanzenarten machen fast die Hälfte der vorhandenen aus. Folglich muß die andere Hälfte
nach dem Rückzug der Gletscher bereits auf der Insel gewesen sein und die Eiszeiten in
Refugien überdauert haben. Da die Verbreitung der Gletscher aufgrund hinterlassener
Großformen, wie beispielsweise Trogtäler und Tafelberge, und durch Gletscherschrammen
auf dem felsigen Untergrund weitgehend bekannt ist, können auch die Gebiete eingegrenzt
werden, die als Refugien in Frage kommen. Es sind die Hochländer, die vorwiegend mit
Talgletschern ausgefüllt waren. Dafür kommen fast ausschließlich die tertiären Plateaubasaltgebiete, also die Nordwest-Halbinsel, Tröllaskagi, die Ostfjorde und das Einzugsgebiet des Hvalfjörður in Frage. Außerdem werden die Pflanzen wahrscheinlich im Bereich
der Südküste an den Südrändern der Gletscher Mýrdals- und Eyjafjallajökull ein Rückzugsgebiet besessen haben. Diese Landschaften bieten sich wegen ihrer Oberflächengestalt an.
Sie waren während der Eiszeiten praktisch nur in den Tälern mit Gletschern bedeckt. Die
höher gelegenen Teile blieben eisfrei. Dieser Befund wird durch die Verbreitung einiger

Pflanzenarten bestätigt. Der auch in den Alpen wachsende Trauben-Steinbrech (Saxifraga paniculata (S. aizoon)) konzentriert sich in Island auf die Ostfjorde und den Hvalfjörður. Die kalkmeidende Blauheide (Phyllodoce coerulea) gibt es auf der Insel nur in der Umgebung des Eyjafjörður. Wenn man das Verbreitungsmuster des Islandmohns (Papaver radicatum) betrachtet, dann zeichnet es genau die Verbreitung der tertiären Gesteine nach. Er wird also seine Refugien oberhalb der engen Fjorde Islands, vor allem auf der Nordwest-Halbinsel gehabt haben. Nach diesem Befund müssen über 60 % der Arten als einheimische Pflanzen aus dem Tertiär die enormen Belastungen während des rund 3 Millionen Jahre dauernden Eiszeitalters überlebt haben. Wenn man die Entwicklung der Pflanzenwelt Islands im Laufe der Erdgeschichte betrachtet, dann muß während des Tertiärs ein Vielfaches der heutigen Artenzahl auf der Insel existiert haben.

Phyllodoce coerulea

Die vorzeitliche Pflanzenwelt Islands

Durch Pollenanalysen und die Bestimmung fossiler Blätter sind aus dem Tertiär über 50 verschiedene Arten bekannt. Zu ihnen gehören die recht wärmebedürftigen Gehölzarten, wie die Weinrebe (Vitis), der Tulpenbaum (Magnolia), der Mammutbaum (Sequoia), Fenchelholz (Sassafras) und andere. Die während der wärmeren Epochen des

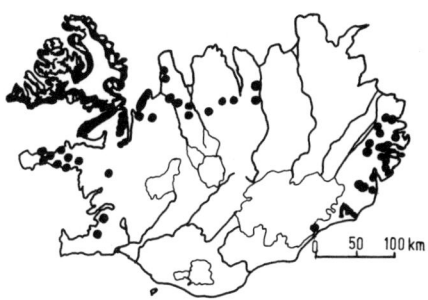

Papaver radicatum

Verbreitungsmuster einzelner Pflanzenarten, die das Eiszeitalter überdauert haben (nach Steinþórsson 1962)

Saxifraga aizoon

163

Tertiärs auf der Insel wachsenden Laub- und Mischwälder zeichneten sich durch einen größeren Artenreichtum als die ursprünglichen rezenten Naturwälder Mitteleuropas aus. Während dieser Zeit werden sogar die Mitteltemperaturen des kältesten Monats über dem Gefrierpunkt gelegen haben. Viele Pflanzen der Laub- und Mischwälder wurden früh Opfer einer allgemeinen und allmählichen Klimaverschlechterung im ausklingenden Tertiär. Nadelholzwälder mit Fichten (Picea), Kiefern (Pinus), Lärchen (Larix) und Tannen (Abies) lösten sie nach den Fossilfunden ab. Von den Laubgehölzen waren nur noch die Birke (Betula), die Erle (Alnus) und die Weide (Salix) vertreten. Die kälteresistenten Pflanzen rückten also in den Vordergrund. Schließlich werden fast waldlose Pflanzengesellschaften mit der vorherrschenden Birke im Übergang zum Eiszeitalter übriggeblieben sein. Über die Zusammensetzung der Krautschicht während des Tertiärs ist kaum etwas bekannt, da von ihr nur wenige fossile Überreste gefunden wurden.

Die Kälteperioden der Eiszeiten reduzierten den Pflanzenbestand so sehr, daß in den etwa fünf Refugien ca. 200–250 Arten die Eiszeiten in Island überdauerten. Zu den ausgestorbenen Pflanzen gehören die Erle und die durch Anpflanzung wieder heimisch gewordene Kiefer. Der Mensch hat zwar nach 874 etwa 90 Arten eingeführt, aber seine Besitznahme der Insel löste nach der Eiszeit eine weitere ökologische Katastrophe aus, denn als die ersten Siedler die Insel betraten, werden etwa 40 000 km^2 oder 40 % ihrer Fläche mit einer dichten Pflanzendecke bedeckt gewesen sein. Heute ist dieser Anteil auf 20 % zurückgegangen. Neben dem negativen Einfluß klimatischer Veränderungen und vulkanischer Aktivitäten muß hauptsächlich der Mensch mit seinen landwirtschaftlichen Tätigkeiten (Schafhaltung; Abholzung zur Brennholz-, Bauholz- und Holzkohlegewinnung) für diesen gewaltigen Schaden, den der Naturhaushalt erlitt und erleidet, verantwortlich gemacht werden. Vor allem wurde durch die Schafe der Prozeß der Bodenvernichtung in Gang gesetzt, der nicht rückgängig gemacht werden kann.

Wegen der fehlenden tonigen Bindemittel im Boden und wegen der beständigen Winde können nämlich schon bei einer geringfügigen Beschädigung der Pflanzendecke die Bodenbestandteile in einem so großen Umfang verweht werden, daß auf weiten Flächen nur noch nackter Fels zurückbleibt. Die Störung eines so empfindlichen Gleichgewichtes zwischen der Bodenbindung durch die Pflanzen und der Beseitigung des für die Landwirtschaft und Landschaftserhaltung wichtigen Bodens kann also verheerende Folgen haben. Daher ist auch der Besucher Islands aufgefordert, die Pflanzendecke zu schonen, d. h. sowohl zu Fuß, aber noch mehr mit dem Fahrzeug nur vorgezeichnete Wege und Pisten zu benutzen und nicht von ihnen abzuweichen.

Außerordentlich groß war der Schaden am Wald, den vor allem die Besiedler Islands anrichteten. Ursprünglich war die Insel zu etwa einem Sechstel mit einem schütteren Birkenwald bestanden. Sein Anteil ging unter der Einwirkung des Menschen auf ein Hundertstel der Inselfläche zurück. Die größere Verbreitung des Waldes zur Zeit der Besiedlung kann noch aus vielen Orts- oder Flurnamen und anderen geographischen Bezeichnungen erschlossen werden. So muß sich in der Umgebung des Skógafoss ebenso Wald befunden haben, wie am Markarfljót, denn ›skógur‹ und ›mark‹ bedeuten Wald.

Die negativen Folgen, die sich aus der fast vollständigen Beseitigung des Waldes ergaben, wurden schon recht früh erkannt. Bereits im 17. Jh. sollen schon Anpflanzungen von Weiden und Birken vorgenommen worden sein. Eine planmäßige Aufforstung begann aber erst gegen Ende des 19. Jh. Mit der Anpflanzung von Kiefern im südwestlichen Þingvellir wurden erste Erfolge erzielt. Die bekanntesten Aufforstungszentren befinden sich mit dem Vaglaskógur im Fnjóskádalur östlich von Akureyri und in Hallormsstaður südlich von Egilsstaðir. Dabei richtet sich die Aufmerksamkeit auf die einheimische Birke, von der in beiden Forstgebieten schon Exemplare von 10 m Höhe stehen. Gute Erfolge wurden mit den auswärtigen Nadelholzarten, der Sibirischen Lärche, der Blaufichte, der Hemlocktanne und der Tanne erzielt. In die Aufforstungsmaßnahmen sind außer der Birke folgende Laubgehölze einbezogen: Esche, Erle und Ulme sowie verschiedene Pappel- und Weidenarten.

Neben den Wäldern hat besonders durch die Beweidung die Strauchheide mit einer Verbreitung in 200–600 m Höhe durch Verbiß Schaden genommen, so daß unter der Einwirkung der weidenden Tiere grundlegende Veränderungen in der Zusammensetzung der Pflanzengesellschaften eingetreten sind. Es kann in diesem Raum nicht mehr von einer ursprünglichen Vegetation gesprochen werden.

Einzelne Pflanzengesellschaften

Grob gesehen besitzt Island in Abhängigkeit von der Höhenlage, vom Klima, dem Grundwasserspiegel und den Bodenverhältnissen etwa sechs verschiedene natürliche Pflanzengesellschaften. Es sind dies der subpolare Wald, die Zwergstrauchheiden auf Schuttflächen und Gesteinshalden, die Gebirgs-Zwergstrauchtundren, die Moostundra oder -heide auf flachgründigen Böden und Lavadecken, die zerstreut wachsende Vegetation auf Kies- und Lavaflächen (Melur-Vegetation) und als grundwasserabhängige Pflanzengesellschaften die Vegetation der Flachmoore und Feuchtwiesen.

Der subpolare Wald

Den mittlerweile wieder bis zu einer Höhe von etwa 10 m aufgekommenen Birkenwald findet man nur in für mitteleuropäische Verhältnisse kleinen Arealen der sommerwarmen Tiefebenen und in geschützten Fjordtälern vor. Am bekanntesten sind die Waldgebiete von Þórsmörk und Skaftafell in Südisland, von Hólar (Hjaltadalur), Vaglir und Ásbyrgi in Nordisland und das größte zusammenhängende Waldgebiet von Hallormsstaður in Ostisland. Es muß dabei betont werden, daß in einigen dieser genannten Areale z. T. umfangreiche Aufforstungsmaßnahmen vorgenommen wurden. Die Wälder bestehen fast ausschließlich aus der bis zu 12 m hohen Moorbirke (Betula pubescens) und der vereinzelt auftretenden Eberesche (Sorbus aucuparia). Zu ihnen gesellen sich in der Strauchschicht die Zweifarbige Weide (Salix phylicifolia) und die niedrigere Wollhaarige Weide (Salix lantana). Die wichtigsten Arten der Krautschicht sind als Charakterpflanzen die Steinbeere (Rubus saxatilis), der Wald-Storchschnabel (Geranium sylvaticum), der Wiesen-Schachtelhalm (Equisetum pratense) und außerdem als Begleiter das Echte Labkraut (Galium verum), das Gewöhnliche Ruchgras (Anthoxanthum odoratum), der Scharfe Hahnenfuß (Ranunculus acer) u. a. sowie an feuchten Standorten der Bach-Nelkenwurz (Geum rivale), das Gänse-Fingerkraut (Potentilla anseriana), das Gemeine Fettkraut (Pinguicula vulgaris), der Gewöhnliche Frauenmantel (Alchemilla vulgaris), das Sumpf-Herzblatt (Parnassia palustris) und die Wald-Engelwurz (Angelica sylvestris).

Die Zwergstrauchheiden

Unter »Heide« versteht man im allgemeinen Sprachgebrauch »unbebautes Land«. Die Zwergstrauchheide Islands ist eine baumarme Landschaft mit Heidekrautgewächsen (Ericaceen), z. B. dem Heidekraut (Calluna vulgaris), der Gamsheide (Loiseleuria procumbens), der Echten Bärentraube (Arctostaphylus uva-ursi), der Heidelbeere (Vaccinium myrtillus), der Rauschbeere (Vaccinium uliginosum) und Krähenbeerengewächsen (Empetraceen) mit der Schwarzen Krähenbeere (Empetrum nigrum). Sie ist vor allem in Nord- und Ostisland zwischen Meeresspiegelhöhe und etwa 400 m Höhe verbreitet. Außer den erwähnten Ericaceen und Empetraceen sind in ihr als weitere Zwerggehölze die Polarbirke (Betula nana) und verschiedene niedrigwachsende Weidenarten (Abb. 39), beispielsweise die Krautweide (Salix herbaceae) angesiedelt. Als Staudenpflanzen wird man dort den Arktischen Thymian (Thymus arcticus; Farbabb. 20), die Silberwurz (Dryas octopetala; Farbabb. 25), das Stengellose Leimkraut (Silene acaulis; Farbabb. 22) und das Gewöhnliche Leimkraut (Silene maritima; Farbabb. 21) antreffen. Man sollte die nach dem Pflanzenbestand definierte Heide nicht mit dem isländischen Begriff ›heiði‹ verwechseln. Dieser bedeutet eher eine Höhenstufe, auf der allerdings im wesentlichen die Pflanzengesellschaften der Heide angesiedelt sind. Im Bergland geht die Heidelandschaft in eine Zwergstrauchtundra über.

Die Gebirgs- und Zwergstrauchtundren

Die charakteristische Art für diese Pflanzenvergesellschaftung ist die Gamsheide (Loiseleuria procumbens). Je nach Lage und Exposition des bewachsenen Geländes setzt sich die Pflanzendecke aus folgenden Arten zusammen. In windexponierter Situation herrschen die frostharte Silberwurz und die Gamsheide im Gegensatz zu Zwergstrauchheiden mit der Heidelbeere und Zwergbirken in Südexposition vor. Feuchtere Standorte sind mit Krähenbeeren als Charakterpflanze bestanden. Diese Florengemeinschaft hat ihre größte Verbreitung in den sommertrockenen Gebieten des Nordens, nördlich des Langjökull und auf den Verebnungen oberhalb der Fjorde sowie nordöstlich des Vatnajökull im Oberlaufgebiet der Jökulsá á Brú.

Die Moosheide oder -tundra

Eine Tundrenpflanzengesellschaft besonderer Art ist in den feuchteren Räumen des Südens auf flachgründigen Böden und auf jüngeren Lavaströmen, wie z. B. dem Skaftáreldahraun, anzutreffen. Sie kann wegen ihrer dichten Moospolster als ein typischer Bestandteil der isländischen Landschaft angesehen werden (Abb. 9).

In dieser Pflanzengemeinschaft dominieren die Zackenmützen-Moose mit den beiden Arten Rhacomitrium lanuginosum und Rh. canescens. Diese graugrünen Moosarten beleben in besonderem Maße trostlose Lavafelder und die düsteren Hänge vulkanischer Auswurfsmassen. Sie sind grünlichgrau und verfärben sich silbriggrau bei längerer Trockenheit. Das dezimeterdicke Moos als Pionierpflanze erschwert den höheren Pflanzen das Aufkommen. Gute Existenzchancen besitzen der Arktische Thymian (Thymus arcticus; Farbabb. 20), die Gewöhnliche Grasnelke (Armeria maritima; Farbabb. 24), der Knöllchen-Knöterich (Polygonum viviparum), die nur wenige Zentimeter hohe Krautweide (Salix herbacea), die Schwarze Krähenbeere (Empetrum nigrum ssp. hermaphroditum), das Stengellose Leimkraut (Silene acaulis). Es hängt letzten Endes von den Standortbedingungen ab, ob auf den Lavaströmen eine Zwergstrauchheide (Kjalhraun), ein Grasland (Þjórsá-Lava an der Mündung) oder ein Buschwald (Búðahraun, Laxáhraun) aufwächst oder diese drei Vegetationsformen sogar nebeneinander existieren.

In Südisland hellen die bemoosten Hänge das oft düstere Landschaftsbild auf. Besonders weit verbreitet ist die Rhacomitrium-Heide auf der Halbinsel Reykjanes, in der Umgebung von Landmannalaugar, im Einzugsgebiet der Tungnaá (Veiðivötn), auf den Lavaströmen des Eldhraun und des Skaftáreldahraun sowie an der Südküste auf den Palagonitgesteinen südlich des Mýrdalsjökull und des Eyjafjallajökull. Die Moosheide fehlt im Bergland von Tröllaskagi und auf der Nordwest-Halbinsel.

Gebiete mit zerstreut wachsender Vegetation (Melur-Vegetation)

Nur vereinzelte Pflanzen trifft man in den größten Teilen des zentralen Hochlandes mit seinen Lava- und Kieswüsten an (Abb. 11), da dort das Niederschlagswasser wegen der hohen Wasserdurchlässigkeit des Untergrundes unverzüglich im Boden versickert. Zu den Gebieten mit vereinzelten Pflanzen gehören auch die Sander Südislands, wo die fortwährend ihren Lauf verändernden Flüsse das Heranwachsen einer dichten Pflanzendecke nicht aufkommen lassen. Unter derartig harten Lebensbedingungen sind dort nur einige wenige Pflanzenarten in der Lage zu existieren. Es ist die ›melur‹-Vegetation (Kies-, Sandhügelvegetation) mit hauptsächlich den drei Arten: Stengelloses Leimkraut (Silene acaulis), Gewöhnliche Grasnelke (Armeria maritima) und Sandkresse (Cardaminopsis arenosa). Sie sind während der Blütezeit neben den gelblich grünen Moospolstern (Phylonotis fontana, Phylonotis seriata) der Quell-Flurgesellschaften an Quellaustritten oder an Bachrändern (auch in anderen Gebieten Islands) die einzigen Farbtupfer auf den dunkelgrauen bis schwarzen Böden.

Oberhalb dieser Zone werden die höheren Pflanzen in der Frostschutzzone schließlich vollständig von den Flechten abgelöst. Von den in Island vorkommenden 440 Arten ist die nur in Höhen über 600 m vorkommende Flechte Neuropogon sulphureus die interessanteste. Man trifft sie in der nördlichen Hemisphäre an, aber auf der Südhalbkugel bedeckt sie nur die Felsen auf Inseln im Atlantik. Zum Schluß sollen die Pflanzengesellschaften eines Biotops beschrieben werden, die im wesentlichen von dem Grundwasserstand abhängen.

Flachmoore und Feuchtwiesen

Bedingt durch den hohen Grundwasserstand in den Niederungen ist Island ein moorreiches Land. Ungefähr 8–10 % der Landesoberfläche werden von Mooren und anmoorigen Böden mit Feuchtwiesen eingenommen. Es sind Niedermoore. Die nur von hohen Niederschlägen abhängigen Hochmoore fehlen. Man unterscheidet auf der Insel zwei Niedermoortypen: Moore, die aus verlandeten Seen und Tümpeln hervorgegangen sind und als Flói-Moore bezeichnet werden, und durch einen hohen Grundwasserstand bedingte Moore, die Hallamýri-Moore.

Die Entstehung der Moore und der anmoorigen Böden läßt sich dadurch erklären, daß ein hoher Grundwasserstand und das kühle Klima die vollständige Verrottung abgestorbener pflanzlicher Substanzen verhindern. Es bildet sich im Oberboden ein Horizont mit einer nur teilweise verrotteten organischen Masse, dem Rohhumus (Torf). Ist die Verlandung eines Sees schon so weit vorangeschritten, daß eine geschlossene Pflanzendecke den See oder Tümpel ersetzt hat, werden die entstandenen Niedermoorwiesen als ›mýrar‹ bezeichnet. Die Flora der Niedermoorsümpfe setzt sich vor allem aus vier Riedgras-Arten (Cyperaceen) zusammen. Zu ihnen gehört das weitverbreitete Wollgras (Eriophorum). Bei fortschreitender Verlandung nimmt die Bedeutung des Wollgrases für die Moorflora ab. An die Stelle der Riedgräser rücken die Seggen (Carex). Zu ihnen gesellen sich das Sumpf-Herzblatt (Parnassia palustris), das Blutauge (Potentilla palustris oder Comarum palustre) und das Gewöhnliche Fettkraut (Pinguicula vulgaris). Die Vegetationsdecke schließt sich, und im Gegensatz zu den Ebenen der ›flóar‹ stellen sich allmählich kuppenförmige Aufwölbungen ein. Es sind Erdbülten oder Kaupen. Auf Island werden sie als Þúfur bezeichnet (Abb. 8). Ihre Höhe beträgt einige Dezimeter, ihr Durchmesser 1–2 m. Die Þúfur entstehen durch das im subpolaren Klima Islands häufige Auftauen und Wiedergefrieren des Bodens. Dabei erfolgt eine Sortierung der Bodensubstanz, was letzten Endes zur Bildung dieser ›Frostbeulen‹ führt.

Mit zunehmender Austrocknung des Bodens verändert sich auch die Zusammensetzung der auf ihm wachsenden Vegetation. Es tauchen bald die ersten Echten Gräser, das Straußgras (Agrostis), der Schwingel (Festuca) oder das Rispengras (Poa) auf. Damit ist der Übergang der Sumpfwiesen zur blumenreichen Wiese eingeleitet, die im wesentlichen zur Ernährung der Weidetiere beiträgt. Noch vor rund 1100 Jahren war in dieser Hinsicht die Vegetation unberührt. Als einziges Säugetier lebte nur der Eisfuchs auf der Insel, der sich jedoch nicht für Gräser interessierte.

Die Tierwelt und ihre Besonderheiten

Wie in allen nordischen Ländern zeichnet sich die isländische Tierwelt durch Artenarmut, aber bei einzelnen Tierarten durch außerordentlich hohe Individuenzahlen aus. Das trifft vor allem für die an den Küsten lebenden, oder besser gastierenden Seevögel zu. Es gibt auf Island keine Reptilien und Amphibien, und die Anzahl der ursprünglich auf der Insel lebenden Säugetierarten ist schnell genannt, denn es waren im Grunde nur der Eisfuchs und zwei Robbenarten. Manchmal verirrten sich zwar über die Treibeisschollen während kälterer Winter Eisbären auf die Insel, aber sie wurden nie heimisch.

In der Verbreitung der Landsäugetiere macht sich der ausgesetzte Charakter der Insel bemerkbar, denn für einen natürlichen Austausch waren und sind die Entfernungen zu den nächsten Ländern zu groß. Bereichert wurde die Tierwelt erst während der Besiedlung vor rund 1100 Jahren, als der Mensch seine Haustiere mitbrachte. Es war ein Unterfangen mit tiefgreifenden ökologischen Konsequenzen, denn die im polarnahen Raum empfindlich reagierende Pflanzendecke wurde nun das Opfer weidender Haustiere, der Schafe, Pferde, Rinder und Ziegen. Die Folgen stellten sich bald ein. Der Mensch leistete durch Abholzung und Rodung auch seinen Beitrag. Er störte nicht nur auf diese Weise das empfindlich reagierende ökologische Gleichgewicht Islands. Es muß ihm angelastet werden, daß in diesem Jahrhundert über die einheimische Vogelwelt eine Katastrophe hereinbrach. Um Fischabfälle nutzbringend verwenden zu können, wurden Pelztierfarmen angelegt. In den 30er Jahren ausgebrochene Nerze breiteten sich aus und dezimierten in besonders starkem Maße die Entenbestände. Den Vögeln war zwar auch der einheimische Fuchs nicht abhold gewesen, aber der von ihm angerichtete Schaden hielt sich in Grenzen, da er nicht wie der Nerz aus reiner Mordgier tötet.

Islands Ureinwohner – Der Eisfuchs

Der Eisfuchs ist der einzig wahre Isländer, denn er lebt seit dem Ende der letzten Eiszeit auf der Insel und beherrschte das Land, bis vor 1100 Jahren der Mensch kam. In Teilen der Landbevölkerung ist heute eine abgrundtiefe Abneigung gegenüber dem Fuchs verwurzelt, denn kranke und verletzte Schafe und besonders Lämmer und Nachgeburten waren früher für den Fuchs eine willkommene Ergänzung seines Speisezettels. Heute hält er sich fast nur noch an die Kadaver verunglückter Tiere. Daß er in der Vergangenheit unter ihnen leicht Beute machen konnte, ist im wesentlichen in der Form der Schafhaltung begründet: Die Tiere blieben größtenteils auch während des Winters draußen. Sobald sich das erste Grün zeigte, und bevor die Lämmer zur Welt kamen, wurden die Herden auf die Hochweiden in den Bergen getrieben. Wetterstürze und letzte Schneestürme in den ersten Frühlingswochen setzten ihnen schwer zu. Die Zahl der Tiere, die in den reißenden Flüssen ertranken, abstürzten oder an Erschöpfung starben, war groß. So war es für den Fuchs ein leichtes, hilflose Tiere anzugreifen und zu töten oder sich von den toten Tieren zu ernähren. Während der Zeit des Gebärens verendeten oft die frisch geborenen Lämmer in großer Zahl, wenn sich das Wetter verschlechterte. Häufig waren die Muttertiere so erschöpft, daß sie die Jungen nicht vor dem Fuchs schützen konnten. Reichste Beute machte er gerade in schlechten Jahren. Aus diesem Grunde wurde er gehaßt. Heute kommen gesündere und widerstandsfähigere Lämmer in den Ställen auf die Welt. Damit ist der Fuchs für sie eine geringere Gefahr geworden. Ihm wird trotzdem noch nachgestellt, weil man glaubt, daß ohne seine Verfolgung sich die Verluste unter den Schafen erhöhen würden. Inzwischen hat er sich in die Naturräume zurückgezogen, wo er dem Menschen bestenfalls dann begegnet, wenn im Herbst die Schafe zusammengetrieben werden.

Der Eisfuchs ist dimorph. Daher gibt es von ihm eine ›blaue‹ Spielart, die das graublaue Fell während des ganzen Jahres behält. Die im Winter nahezu vollständig weiße Art hat im Sommer einen graubraunen Pelz. Der ›braune‹ Typus hält sich hauptsächlich an der Küste auf, im Landesinneren kommen beide Spielarten vor. Dort ist das Nahrungsangebot bedeutend geringer. Die Tiere müssen umherschweifen und manchmal auch ihr Terrain verlassen, wenn sie ein Exemplar ihrer Hauptbeute, das Schneehuhn, verfolgen. Im Osten sorgt manchmal ein Rentierkadaver dafür, daß sie für Wochen ausgesorgt haben.

An der Küste lebende Füchse sind standorttreu und verlassen ihr Territorium während des ganzen Jahres nicht. So leben sie dort im wesentlichen von den Tieren, die sie am Strand vorfinden. Das sind hauptsächlich Wirbellose und gestrandete Fische. Sie wenden sich auch gern den in den Kliffs und auf den Sanderflächen nistenden Vögeln zu. Selbst Krähenbeeren werden nicht verschmäht. Die jungen Füchse kommen in Bauen zur Welt, die manchmal über 100 Jahre alt sein können. Nach der Geburt schafft das männliche Tier über mehrere Wochen Futter heran, betritt aber die Höhle nicht. Nach etwa vier Wochen, wenn die Welpen in der Lage sind, Fleisch zu fressen, versorgt sie meistens die Füchsin, das männliche Tier überwacht dann das Revier. Wenn der Sommer kommt, übernehmen beide Eltern die Versorgung der Jungtiere und die Verteidigung des Reviers. Das Revier wird mit Urin markiert. Wenn ein Rivale sich dem Gebiet nähert, wird er unwirsch vertrieben. Sollte er Widerstand leisten, kommt es zu einem Kampf.

Verwilderte Einwanderer – Die Rentiere

Es wurde in der Vergangenheit kein Versuch unterlassen, skandinavische Tiere auch in Island heimisch zu machen, um einen Nutzen aus den Grünflächen im Hinterland zu ziehen. Als letzte Weidetierart wurde im 18. Jh. das Rentier in Island eingeführt, um eventuell Gewinne aus seiner Haltung zu erwirtschaften. Die ersten von ihnen – es waren drei von ursprünglich dreizehn verschickten Tieren – erreichten per Schiff aus Nordnorwegen kommend 1771 die Insel. Es dauerte fünf Jahre, bis ihr Bestand auf elf Stück angewachsen und damit sichergestellt war, daß diese Tierart in ihrer neuen Umgebung gedeihen würde. Man fühlte sich ermutigt, drei weitere Schiffsladungen mit Rentieren folgen zu lassen. Lappen sollten die Isländer in der Rentierhaltung unterweisen, was allerdings mißlang. Die alteingesessenen Bauern waren nicht daran interessiert, als Nomaden den Herden zu folgen. Sie wollten nur ihr Einkommen durch die Verwertung erjagter Rentiere aufbessern und ließen die Bestände verwildern. Die sowohl im Osten als auch im Südwesten ausgesetzten Tiere gediehen so gut, daß zu befürchten war, daß in ihnen eine unliebsame Konkurrenz zu den Schafen erwuchs, die mehr Schaden anrichtete, als sie nützte. Aus diesem Grunde wurden die Bestände im Süden und Norden durch die Jagd ausgerottet. Nur in Austfirðir überlebten die Rentiere und vermehrten sich sogar in der Wildnis der ostisländischen Wald- und Heidelandschaft. Durch eine behutsame Hege ist ihr Bestand mittlerweile auf etwa 3000 Tiere angewachsen. Einzelne Gruppen verteilen sich an der Ostküste (etwa 1700–1800 Tiere). Die restlichen 1200 Rentiere halten sich etwa in der Umgebung des Zentralvulkans Snæfell auf. 600 Stück werden jährlich zum Abschuß freigegeben, damit sie nicht zu sehr die Schafhaltung beeinträchtigen. In den Ostfjorden dringen einzelne Tiere auf der Suche nach Futter manchmal bis in die Ortschaften vor. Trotzdem sind sie die einzigen wild lebenden Rentiere in Europa, ausgenommen Spitzbergen.

Die Rentiere haben also nie die wirtschaftliche Bedeutung erlangt, wie sie auch heute noch den Schafen zukommt. Der Stellenwert des Schafes in der Agrarwirtschaft ist zwar wegen Absatzschwierigkeiten der von ihm gelieferten Produkte (außer der Wolle) und wegen der von ihm verursachten ökologischen Schäden kleiner geworden. Da es aber in den vergangenen Jahrhunderten eine außerordentlich große Bedeutung für den Lebensunterhalt der auf der Insel lebenden Bevölkerung besaß und auch Bestandteil der sommerlichen isländischen Landschaft ist, müssen ihm, dem eingebürgerten Mitglied der isländischen Tierwelt, ebenso wie dem Pferd einige Zeilen gewidmet werden.

Nutztiere – Schaf und isländisches Pferd

Obwohl seit über einem Jahrtausend die Schafe die Insel bevölkern, gehören sie noch zu der gleichen Rasse wie die Exemplare, die von den nordischen Einwanderern nach Island gebracht wurden. Sie besitzen gebogene Hörner, so daß mancher Besucher Mutterschafe als Hammel ansieht. Die meisten von ihnen haben ein weißes zottiges Fell, andere sind braun und scheckig, und selbstverständlich gibt es auch schwarze Schafe. Die Schafe ermöglichten es den Besiedlern als Fleisch- und Kleidungslieferanten, harte Winter und schlechte Zeiten zu überstehen und sicherten damit den Verbleib der Menschen auf Island. Nach der Landnahme zogen die Siedler so viele Schafe wie möglich heran. Sie hatten noch nicht erkannt, daß die Vegetation äußerst empfindlich auf Beeinträchtigungen jeglicher Art reagierte, und daß sie sich in einer Art Schicksalsgemeinschaft mit den Pflanzen und vor allem den Schafen befanden. Eine schlechte Heuernte ließ auch nur eine geringe Anzahl von Schafen zur Überwinterung zu. Stellten sich Naturkatastrophen ein, dann starben zuerst die Tiere und dann die Menschen. Aus diesem verhängnisvollen Kreislauf konnten sich die Isländer erst mit dem Ausbau der Fischereiwirtschaft lösen (Es ist eine neue Abhängigkeit, deren Problematik erst in den letzten Jahrzehnten zur Kenntnis genommen wurde).

Früher wurden die Lämmer nach ihrer Geburt, wenn sie von den Muttertieren entwöhnt waren, auf die Hochweiden getrieben. Die Mutterschafe blieben auf den Höfen zurück, um regelmäßig gemolken zu werden. Ihre Milch verarbeiteten die Bauern zu Käse, Butter und Skyr. Hirtenjungen hatten die Mutterschafe auf der Weide zu bewachen, damit sie nicht ausbrachen und zu ihren Lämmern auf die Außenweide zogen. Die Bedeutung und der Wert der Schafe kann darin ermessen werden, daß Schafhirten bis in die Nacht hinein nach entlaufenen Tieren suchten, um sie wiederzufinden; die Bauern kannten keine Gnade mit dem Hirtenjungen, wenn ein Tier fehlte.

Die Widder führten ein Leben in freier Natur. Sie waren härter als die Mutterschafe und daher in der Lage, bei ausreichend großen Weideflächen draußen zu überwintern. Noch heute erfreuen sie sich großer Wertschätzung. Diese Form der Schafhaltung war wegen des zu frühen Weideauftriebs mit zu großen Verlusten gerade während der ersten Frühjahrsmonate verbunden. Als nach intensiven Bodenverbesserungsmaßnahmen vermehrt Kühe als Milchlieferanten gehalten werden konnten, war die Schafsmilch nicht mehr gefragt. Etwa zu Beginn dieses Jahrhunderts hörten die Bauern auf, die Lämmer den Mutterschafen zu entwöhnen und brachten sie zum Sommer gemeinsam auf die Hochweide. Dort dringen sie sogar bis in die Wüsten vor. Wenn die Mutterschafe im Herbst mit ihren Lämmern zusammengetrieben werden, ist die Zeit der Trennung gekommen, denn der größte Teil der Lämmer ist für die Schlachthäuser bestimmt. Für viele Isländer ist es ein abenteuerliches Freizeitvergnügen, die Schafe mit Pferden aufzuspüren und zusammenzutreiben. Die Aussortierung wird in Sammelhürden vorgenommen. Die Mutterschafe überwintern in den Ställen und werden mit Heu durchgefüttert. Bis zu Beginn der 80er Jahre zählte die Winterherde noch 800 000 Tiere. Das waren pro Einwohner mehr als drei Schafe. Auf den Sommerweiden hielten sich dann mit den Lämmern etwa 2 Millionen Schafe auf. Das Problem der heutigen Schafhaltung besteht darin, daß auf dem Markt eine große Nachfrage nach Wolle und Häuten einer unzureichenden nach Fleisch gegenübersteht. Es müssen also neue Märkte für Lammfleisch erschlossen werden. Dabei sind Vorurteile gegenüber der Qualität zu überwinden. Als weitere Probleme machen die Überweidung und die Bodenabtragung der Schafhaltung immer mehr zu schaffen. Es muß der fortschreitenden Bodenabtragung Einhalt geboten werden, was allerdings eine Schafhaltung in größerem Umfang verbietet.

Das isländische Pferd ist auf der Insel fast ein Bestandteil der Landschaft (Farbabb. 26, Abb. 34), obgleich es viel von seiner wirtschaftlichen Bedeutung durch die Modernisierung des Verkehrswesens mit der Einführung von Motorfahrzeugen verloren hat. Bis zur Einfuhr der ersten Autos war das eher kleine, aber erstaunlich kräftige und ausdauernde isländische Pferd vom späten 9. bis zum frühen 20. Jh. einziges Landtransportmittel und hatte viele Aufgaben zu erfüllen (Abb. 64). Mit ihm reisten die Isländer von einem Teil der Insel zum anderen. Es transportierte Waren zwischen entlegenen Höfen und den Handelsposten an der Küste, brachte auf dem Rückweg von den Wiesen nahe der Küste das für die Viehversorgung im Winter wichtige Heu mit und trieb im Herbst die Schafe zusammen. Schließlich diente es dem Menschen als Fleischlieferant, denn Pferdefleisch war in vielen Teilen Islands ein Hauptnahrungsmittel. Es wird auch jetzt noch als Delikatesse geschätzt.

Heute besitzt das Pferd kaum noch eine praktische Funktion. Als Arbeitstier wird es nach wie vor von den Bauern hauptsächlich für den Schafabtrieb verwendet, denn es gilt als flink und trittsicher im Gelände. In den letzten Jahren ist hingegen sein Stellenwert in der Freizeitgestaltung enorm gestiegen. Gerade in Reykjavík gibt es viele Pferdeliebhaber und Reiter, die zwei oder gar mehrere Pferde besitzen. Es leben heute in Island 60 000–80 000 Pferde.

Das isländische Pferd hat im Durchschnitt ein Stockmaß von 1,35 m, sein Gewicht beträgt 300–400 kg. Die Fellfärbung ist verschieden, häufig braun, kastanienbraun oder schwarz. Auch Schecken sind nicht selten. Ihnen allen wächst im Winter ein dichter Zottelpelz. Typisch ist der lange, volle Schweif. Mehr als die Hälfte von ihnen ist halb verwildert und bleibt selbst während der langen stürmischen und kalten Wintermonate draußen. Seit ihrer Ankunft auf Island mit den ersten Siedlern sind Kälteresistenz und Genügsamkeit die Kriterien ihrer natürlichen Auslese. Die Rasse des Islandpferdes besteht schon seit über 1000 Jahren, denn im Jahre 930 sprach das Althing ein Einfuhrverbot für Pferde aus, was noch heute besteht. Es gibt keinen Nachweis, daß Pferde nach 1100 auf die Insel gebracht wurden. Damit auch weiterhin die Reinrassigkeit der Islandpferde garantiert ist, dürfen Tiere, die einmal die Insel verlassen haben, nicht wieder zurückkehren.

Zur Einhaltung der Verbote und damit der Reinrassigkeit hat nicht zuletzt Islands isolierte geographische Lage beigetragen. Das Islandpferd wird nur langsam erwachsen und sollte nicht vor dem vierten bis fünften Lebensjahr gezähmt und zugeritten werden. Es verfügt über fünf verschiedene Gangarten und ist berühmt für seinen ›Tölд‹, eine Art Paßgang, der als ureigene Gangart von keiner anderen Pferdeart in Europa beherrscht wird. Der ›Tölд‹ kommt dem Reiter entgegen, denn er bleibt ruhig im Sattel sitzen und wird kaum geschüttelt.

Islands Vogelwelt – Vom Küstenbewohner zum Einsiedler im Landesinneren

Die Herkunft der auf Island nistenden Vögel

Obgleich Vögel wesentlich besser in der Lage sind, größere Strecken über weite Wasserflächen hinweg zu überwinden, ist das Artenspektrum mit 76 verschiedenen, auf der Insel nistenden und 220–230 beobachteten Vogelarten wegen einer fast neuen Entfaltung des Vogellebens nach der letzten Eiszeit und wegen der subarktischen und isolierten Lage Islands ziemlich klein. Es muß davon ausgegangen werden, daß mit dem Ende des Eiszeitalters keine ›isländische‹ Vogelfauna die kalte erdgeschichtliche Epoche überdauerte und sich bei zunehmend besseren Klimabedingungen wieder über die Insel ausbreitete, sondern daß wie in der Pflanzenwelt neben einer geringen Zahl an Vogelarten, die auf der Insel überdauerten, die meisten einwanderten, und zwar hauptsächlich aus dem europäischen Raum.

Wegen der Lage Islands zwischen den Kontinenten kamen die Einwanderer nicht nur aus dem Osten und Südosten, sondern auch aus Nordamerika sowie anderen benachbarten

Meeres- und Festlandgebieten und lieferten ihren Beitrag an dem Aufbau der sehr jungen isländischen Vogelwelt. Obwohl die Insel seit nunmehr rund 10 000 Jahren für eine Besiedlung durch die Vögel attraktiv ist, hält ihr Artenspektrum einem Vergleich mit beispielsweise dem Großbritanniens oder Norwegens nicht stand. Den Grund dafür sollte man nicht allein in der isolierten Lage Islands, sondern besonders in den eigenständigen ökologischen Verhältnissen hinsichtlich des Vulkanismus, der Vergletscherung, der Böden, des Klimas und nicht zuletzt hinsichtlich des fehlenden Waldes suchen. Wegen der geringen Waldbestände werden auch kaum Vogelarten einwandern, die auf diesen Biotop fixiert sind. In Anpassung an die naturräumlichen Gegebenheiten gehören von den auf Island nistenden Vogelarten fast drei Viertel zu den Wasservögeln oder den Arten, die sich in der Nähe von Gewässern, in Sümpfen oder Mooren aufhalten.

Es ist über die Zusammensetzung der Vogelwelt in der vorgeschichtlichen Zeit nur wenig bekannt. Wenn einige Arten die Vereisungen auf Island überdauert haben, dann werden sie

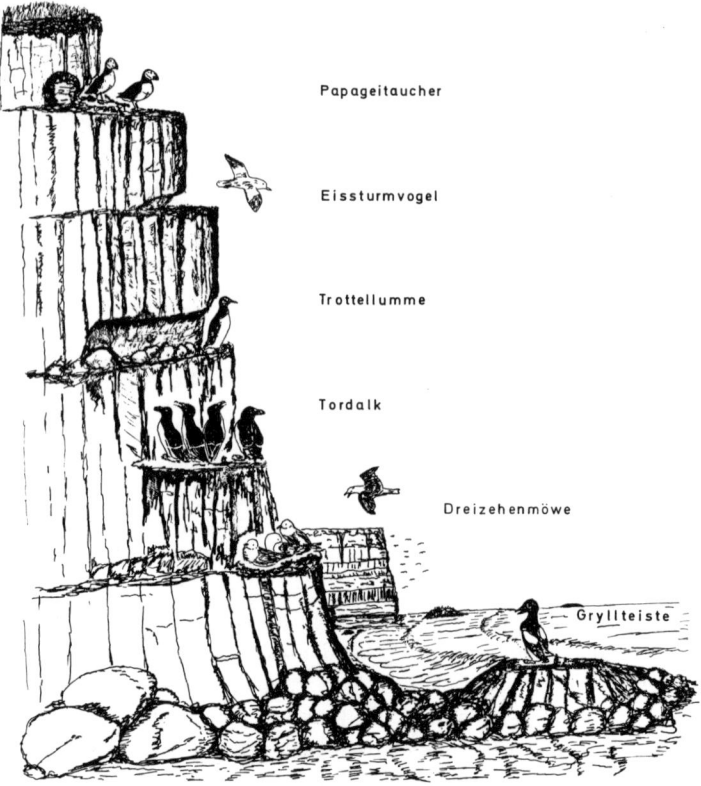

Papageitaucher

Eissturmvogel

Trottellumme

Tordalk

Dreizehenmöwe

Gryllteiste

Nistschema der Küstenvögel

unter den heute einheimischen arktischen Arten zu suchen sein, und dazu gehören das Alpenschneehuhn, der Birkenzeisig, die Dickschnabellumme, die Eisente, die Eismöwe, der Eissturmvogel, der Island-Falke, der Krabbentaucher, die Kurzschnabelgans, der Meerstrandläufer, die Schneeammer und das Thorshühnchen. Es kann allerdings bei diesen Arten nicht ausgeschlossen werden, daß sie erst in der Nacheiszeit aus anderen Polargebieten einwanderten. Schließlich beträgt die Distanz nach Grönland nur etwa 300 km. Betrachtet man aber den Trend in der Entwicklung der Vogelfauna, so findet offensichtlich ein Wechsel in der Zusammensetzung statt. Die arktischen Arten weichen zurück – beispielsweise lebt der geschützte Krabbentaucher heute nur noch auf der Insel Grímsey, dem nördlichsten Teil Islands, und der Einfluß der Vögel aus dem gemäßigteren Klimabereich wird immer größer.

Nach Timmermann nisteten vor rund 50 Jahren auf Island erst 66 Vogelarten. Zu ihnen gehörten noch nicht der Haussperling, die Rauchschwalbe oder der Star. Seitdem hat die Anzahl der auf Island nistenden Vogelarten durch Einwanderung um etwa 15 % zugenommen. Mittlerweile beträgt der Anteil der aus der Alten Welt (Paläarktis) stammenden und postglazial eingewanderten Arten über 50 %. Sie werden in erster Linie von Skandinavien und von den Britischen Inseln gekommen sein. Beispielsweise dürften die Bachstelze, die Bergente, der Gänsesäger, der Regenbrachvogel und die Rotdrossel im kontinentalen Skandinavien zu Hause gewesen sein; die Heringsmöwe kam höchstwahrscheinlich aus England oder von den Färöer-Inseln. Die Zuwanderung aus der Neuen Welt (Nearktis) war deutlich geringer. Nach ihrem Verbreitungsmuster werden nur drei Arten den Weg nach Island gefunden haben, um dort zum Teil vollständig seßhaft zu werden. Zu der nearktischen Gruppe gehören lediglich der stattliche Eistaucher, die farbenprächtige Kragenente und die schwarzweiße Spatelente.

Schließlich beherbergt Island eine weitere größere Gruppe von Arten, die sowohl in der Nearktis (Amerika und Grönland) als auch in der Paläarktis (Eurasien), also zirkumpolar vorkommen. Von ihnen sind Kolkrabe, Kormoran und Küstenseeschwalbe auch in Mitteleuropa bekannt; zu ihnen zählt der wohl populärste Vogel Islands, der Papageitaucher. Als letzte Gruppe sind schließlich noch die Seevögel Baßtölpel, Wellenläufer, Schwarzschnabel-Sturmtaucher und Große Raubmöwe mit dem Atlantik als Herkunftgebiet zu nennen. Die Große Raubmöwe hat sich in der Antarktis entwickelt und wie der Eissturmvogel ihren Weg nach Norden gefunden.

Die Vögel Islands verteilen sich grob zugeordnet auf folgende acht Lebensräume oder Biotope: Küsten, Flüsse und Seen, Wiesen und Moore, Heiden, Schutträume, Lavafelder, Wälder und Kulturlandschaften. Für den Besucher sind sicherlich die ersten vier Lebensräume die interessantesten, da die Anzahl der dort lebenden Individuen am größten ist. Wegen des akuten Futtermangels sind Lava- und Schutträume nur dünn besiedelt, der Waldvogelfauna mangelt es an Wald, Vogelbeobachtungen in Kulturlandschaften werden kaum angestellt. Wer beachtet in Reykjavík schon einen Birkenzeisig oder eine Rotdrossel? Am attraktivsten sind die Küsten mit ihren Vogelfelsen, aber auch die Seen, vor allem der wegen seines Vogelreichtums weltbekannte Mývatn.

Der Mývatn – Das nordische Entenparadies

Ein reichhaltiges Nahrungsangebot an Unterwasserpflanzen, planktonischen Kleinlebewesen sowie eine Unzahl an Mücken sind die Lebensgrundlage für die meisten gefiederten Bewohner und Anrainer des Sees. Die Mückenlarven stellen die Hauptnahrung für Fische und Vögel dar. Große Schwärme (daher auch die Bezeichnung ›Mývatn‹ = Mückensee) männlicher Zuckmücken lassen nach dem Schlüpfen an manchen Tagen im Juni und August die Ufer wie im Dunst unscharf erscheinen. Am Mývatn, auf seinen Inseln und an den angrenzenden Gewässern brüten in jedem Jahr etwa 10 000 Entenpaare. Es sind hier alle 15 in Island nistenden Entenarten vertreten, davon sorgen die Schnatterente, die Spatelente und die Trauerente nur hier im Norden für Nachwuchs.

Für die Spatelente ist dies sogar der einzige Nistplatz in Europa. Als Brutplätze dienen ihr Spalten und Nischen. Da sie zu diesem Zweck auch verlassene Häuser und Schuppen belegt, hat diese Verhaltensweise ihr die Bezeichnung ›husönd‹ (Hausente) eingetragen. Von den im Jahre 1978 im Mývatn-Gebiet rund 9000 brütenden Entenpaaren war die Reiherente mit 3500 Paaren am häufigsten vertreten. Von der Bergente brüteten 1800 Paare; Mittelsäger, Pfeifente und Spatelente je 400–700 Paare, außerdem noch in beträchtlicher Zahl die Eisente, die Kragenente, die Krickente, die Stockente und die Trauerente. Gänsesäger, Löffelente, Spießente und Schnatterente waren seltener. Die Eiderente brütet an der Laxá. Zwischen 1965 und 1969 betrug das Mittel der brütenden Entenpaare 16 595 Paare. Die Populationen sind also starken Schwankungen unterworfen. Sie hängen zum Teil vom Nahrungsangebot ab. Bei Nachtfrösten sterben die Mücken ab, was Futtermangel zur Folge hat. Anfang der 60er Jahre drang der Nerz in das Mývatn-Gebiet ein und richtete großen Schaden an.

Am Mývatn lassen sich vereinzelt auch Enten aus Nordamerika nieder, ohne zu brüten. So erscheint regelmäßig die Nordamerikanische Pfeifente neben vier oder fünf weiteren Entenarten am See. Als Gäste besuchen alljährlich etwa 600 noch nicht fortpflanzungsfähige Jungschwäne den See. Manche bleiben zum Überwintern. In keiner Landschaft des Landes kann man den Ohrentaucher häufiger bewundern als am Mývatn. Im Durchschnitt halten sich am See 250 Paare auf. Der Vogelfreund wird außer den Enten noch etwa 25 andere Vogelarten beobachten können. Dazu gehören u. a. der Island-Falke, das Alpenschneehuhn, der Eistaucher, der Merlin und der Goldregenpfeifer.

Vögel der Küstenregion

Einen derartigen Artenreichtum kann die Küste mit ihren Vogelfelsen nicht bieten, aber die Individuenzahlen am Mývatn, werden von denen einiger Felsen bei weitem übertroffen. Nicht allein aus diesem Grunde sind sie eine der großen Attraktionen Islands. Überrascht ist man von der Zahmheit der in den Felsen lebenden Vögel. Wenn man behutsam ist, kann man sich durchaus den manchmal zu Hunderten vor ihren Höhleneingängen sitzenden Papagei-

2 Blick auf die Plateaubasalt-Höhen vor Mýrar (Halbinsel Snæfellsnes)
◁ 1 Der Säulenbasalt von Gerðuberg (Halbinsel Snæfellsnes)
3 Tal im Bergmassiv Hafursfell (Halbinsel Snæfellsnes)

4 Auf dem Krater des Búðahraun. Der erloschene Vulkan Snæfellsjökull (1446 m)
                    6   Eldgjá, die »Feuerschlucht«, größte Eruptionsspalte der Erde (Südisland) ▷
5 Rote Aschen auf der Lava Rauðahálshraun in der jüngeren Vulkanzone (Halbinsel Snæfellsnes)

8 Randhöhen des größten Vulkans, des 2119 m hohen Öræfajökull
◁ 7 Geburt der Vulkaninsel Surtsey im Jahre 1963
9 Blick auf das aktive Krafla-Vulkangebiet im Nordosten Islands (1977) ▷

17 Reykjavík vor der Kulisse der 909 m hohen Esja
◁ 16 In der Landschaft der Ostfjorde. Der Fischerort Eskifjörður
18 In der Altstadt von Reykjavík. Häuser aus der Zeit um die Jahrhundertwende in der Grjótagata

19 Das bunte Reykjavík. Blick vom Turm der Hallgrímskirche

20 Arktischer Thymian (Thymus arcticus)

23 Arktisches Weidenröschen (Epilobium [Chamaenerion] latifolium)

21 Gewöhnliches Leimkraut (Silene maritima)

22 Stengelloses Leimkraut (Silene acaulis)

24 Gewöhnliche Grasnelke (Armeria maritima)

25 Silberwurz (Dryas octopetala)

27 Tundrenlandschaft am Kjalvegur. Im Hintergrund der Tafelberg Hrútfell (1410 m)
◁ 26 Pferde in der Almannagjá (Þingvellir)
28 Die Brennisteinsalda (885 m) und der Obsidianstrom Laugahraun bei Landmannalaugar

29 Blick von Höfn í Hornafjörður auf den Südostteil des Vatnajökull

31 Blöcke eines Gletscherlaufs am Nordhang des Zentralvulkans Eyjafjallajökull ▷

30 Im Finnafjörður (Nordisland). Blick auf den Vulkanrest Gunnolfsvíkurfjall (719 m)

32   Vík í Mýrdal (Südisland)

33   Gehöft im Kolbeinsdalur (Skagafjörður, Nordisland)

34   Blönduós (Húnafjörður, Nordisland)

35 »Öxarárfoss«, Gemälde von Jóhannes S. Kjarval (um 1935)

tauchern nähern, obgleich in früher Zeit der Vogelfang und das Aufsammeln von Eiern in den Steilwänden für die Küstenbewohner lebensnotwendig gewesen ist. Beispielsweise wurden 1856 auf den Westmänner-Inseln noch 331 000 Papageitaucher mit großen Käschern vor ihren Höhlen gefangen, denn ihr Fleisch wurde als eine Delikatesse geschätzt. Heute dürfen sie noch im Juli und August gefangen werden.

Die meisten der an Islands Küsten nistenden Vögel halten sich nur als Sommergäste an den Kliffs auf, denn als Seevögel verweilen sie nur während der Brutzeit an Land. Den größten Teil ihres Lebens verbringen sie aber auf dem Meer. Die zahlenmäßig stärkste Gruppe bilden von ihnen die Alken mit dem Papageitaucher, der Trottellumme, der Dickschnabellumme, dem Tordalken, der Gryllteiste und dem streng geschützten und nur auf Grímsey lebenden Krabbentaucher.

Die bekanntesten Vogelfelsen in oder um Island sind auf der in einem Tag von Reykjavík mit dem Auto erreichbaren Halbinsel Snæfellsnes die bizarren Felsen bei Arnarstapi und das Gebiet von Lóndrangar. Weniger leicht zugänglich sind die auf der Nordwest-Halbinsel gelegenen Vogelfelsen von Látrabjarg und im Norden der Halbinsel die Felsen von Hornbjarg. Recht leicht mit einem Boot zu erreichen ist außerdem im Norden die Insel Drangey im Skagafjörður, eine Fluglinie führt zu den Klippen der Insel Grímsey am Polarkreis und weniger bekannt sind im kaum besuchten Nordosten die Steilküsten der Halbinsel Langanes. Im Osten bevölkern viele Seevögel die vor der Fjordküste gelegene Insel Papey. Sehr bekannt sind die Vogelfelsen bei Vík í Mýrdal und Dyrhólaey und die der Westmänner-Inseln, des einzigen Brutplatzes der Sturmschwalbe, des Schwarzschnabelsturmtauchers und des Wellenläufers. Zur Halbinsel Reykjanes gehören schließlich die Vogelfelsen von Krísuvíkurbjarg. Streng geschützt und nur mit Sondergenehmigung erreichbar ist die 80 m hohe Vogelinsel Eldey, etwa 25 km vor der Südwestküste von Reykjanes. Die Insel ist sehr klein; senkrechte Wände steigen zu einem etwa fußballfeldgroßen Plateau an, das dicht mit Baßtölpeln besetzt ist. Die Oberfläche ist vollständig mit dem stinkenden Guano bedeckt. Auf dem Plateau hat wegen der dichten Besetzung und der ätzenden Ausscheidungen kein Grashalm eine Chance aufzukommen. Die Baßtölpel leben hier unter totalem Schutz. Denn bis in das vergangene Jahrhundert stellten die Küstenbewohner ihnen als wichtige Eiweißspender nach und dezimierten ihre Bestände so sehr, daß sie auszusterben drohten. Damit wäre ihnen dasselbe Schicksal beschieden gewesen wie dem Riesenalken (Alca impennis, isl. Geirfugl). Die Insel wurde seit 1940 erst zweimal von Expeditionen besucht.

Papageitaucher (Fratercula arctica, isl. Lundi; Abb. 35)
Nach dem Nistschema der Küstenfelsen sind die geselligen Papageitaucher die Bewohner der obersten Etage. Im Gegensatz zu den meisten anderen Kliffbewohnern nisten sie in unterirdischen Bruthöhlen. Dabei suchen sie entweder breite Spalten und Klüfte im Gestein auf oder graben in die weichen oberen Boden-, Tuff- oder Torfschichten 1–1,5 m lange Gänge. Die Papageitaucher sind holarktisch verbreitet, d. h. man trifft sie vor allem an den Küsten Spitzbergens, Nowaja Semljas, Norwegens, in einzelnen Kolonien auch in Ostgrönland an. Sie sind sogar in der Lage, den Atlantik zu überqueren. An den Küsten Islands leben

während der Sommermonate etwa eine Million Paare. Ihre dem eines Papageien ähnelnde Schnabelform ermöglicht es den Altvögeln, bei der Nahrungssuche bis zu zwölf kleine Fische, meistens Sandaale, aufzunehmen und zu transportieren. Die Brutperiode beginnt Anfang Mai. Es wird nur ein Ei etwa 40–42 Tage lang bebrütet. Etwa 40 Tage nach dem Schlüpfen muß das Junge schon für sich allein sorgen. Es wird von den Eltern verlassen. Der Abzug auf das Meer erfolgt Ende August bis Anfang September.

Eissturmvogel (Fulmarus glacialis, isl. Fýll)

In den oberen Stockwerken steiler Küsten oder auch im Hinterland gelegener Felswände brütet fast in Gemeinschaft mit den Papageitauchern der Eissturmvogel. Er kann mit den Möwen verwechselt werden, gehört aber zur Familie der Sturmvögel und ist relativ leicht an seiner gedrungenen Gestalt und an seinem sehr eleganten Flug zu erkennen. Man wird ihn an den meisten Küsten der Insel antreffen. Dabei bevorzugt er nicht allein Kliffs in Gemeinschaft mit anderen Seevögeln als Nistplatz, sondern auch hohe Berge in Küstennähe. In der Regel wird das einzige Ei in einen Gang oder eine Felsnische gelegt. Die Brutzeit dauert 42–56 Tage. Wenn sich das Meer in Sichtweite befindet, halten die Eissturmvögel oft auch ein Habitat (Lebensraum) besetzt, was vor mehreren Jahrtausenden, vor der Hebung Islands, noch unmittelbares Küstenland gewesen ist. So befinden sich ihre Nester in Südisland vor allem in den ehemaligen, heute über 20 km landeinwärts gelegenen Kliffs. Möglicherweise folgen sie einem alten, angeborenen Trieb. Warum sollten die Eissturmvögel in diesem Falle sonst ihrer Nachkommenschaft die Strapazen einer etwa 20 km langen Wanderung zum Meer bereits 46 Tage, nachdem sie das Licht der Welt erblickt hat, zumuten? Nur dort werden sie die lebensnotwendigen Weich- und Krustentiere sowie Fische zu ihrer Ernährung finden.

Trottellumme (Uria aalge, isl. Langvía; Abb. 37)

Innerhalb des Nistschemas schließt sich dann in den steilsten Teilen der Wände mit den schmalsten Gesimsen der Lebensraum der Trottellumme, der Dickschnabellumme und des Tordalken an. Die Trottellumme hält sich vorwiegend an den Küstensäumen der südlichen Inselhälfte auf. Mit ihrem fast schwarzen Körper, der weißen Brust und dem aufrechten Gang ähnelt sie den Pinguinen. Während des späten Frühlings findet sie sich in großen Scharen an den Küsten ein und beginnt Mitte bis Ende Mai mit dem Brutgeschäft, soweit ihr das Ei nicht vom Menschen weggenommen wird. Die Trottellumme kennt wie die anderen Lummen keinen Nestbau. Sie legt das Ei auf den nackten Felsen und brütet es auch dort aus. Trotzdem rollt das Ei nicht von den schmalen Gesimsen, da es sich wegen seiner birnenartigen Form nur im Kreise drehen kann. Der Nachwuchs stellt sich während des Frühsommers nach 28–30 Tagen Brutdauer ein und wird in eine auf schmalen und überfüllten Felsbändern zusammengedrängte gesellige Kliffgemeinschaft aufgenommen. Als sehr geselliger Vogel lebt sie in Kolonien, die in Island weit über 10000 Vögel (Látrabjarg ca. 5 Millionen Lummen, mit der Dickschnabellumme) zählen können. Während des Frühlings und des Sommers sind ihre Brutfelsen von einem ohrenbetäubenden Geschrei erfüllt, das aus einiger

Entfernung an Kindergeschrei oder Hundegeheul erinnert. Der Lärm beruht aber nicht auf Unmutsäußerungen, die durch Streitereien bedingt sind. Die Vögel verhalten sich vielmehr zurückhaltend und rücksichtsvoll und nehmen durchaus auch fremde Jungvögel unter ihre Fittiche, während die Eltern Jungfischen des Kabeljaus oder des Schellfisches nachstellen. Die Eltern sind emsig bestrebt, die Jungen großzufüttern, stellen aber schon nach zwei Wochen die Fütterung ein, um ihren Nachwuchs zum Sprung aus der Wand in das Wasser, dem »Lummensprung«, zu veranlassen. Dabei fliegen sie hinunter zum Meer und fordern schreiend die Jungen auf, den Felsrand zu verlassen. Es ist amüsant, den Vögeln zuzuschauen. Die Schauspielerei der Eltern kann bei furchtsamen Jungvögeln ihren Zweck verfehlen und endet damit, daß diese oben bleiben und verhungern. Die Trottellumme hält sich nicht nur in Island auf, sondern brütet auch an anderen europäischen Steilküsten des atlantischen Raums (sogar in Portugal!). Sie verläßt Island im Herbst und begibt sich aufs Meer, kehrt aber mitten im Winter wieder zurück. Bis ins 20. Jh. hinein wurde bei dem Erwerb eines Hofes in Küstennähe darauf geachtet, ob er sich in der Nähe einer kreischenden Trottellummenkolonie befand, was den Wert des Objektes wegen der in Mengen anfallenden Vogeleier und der zu erwartenden Gewinne aus dem Vogelfang gesteigert hätte. Die mit der Trottellumme zusammenlebende Dickschnabellumme unterscheidet sich in ihrer Lebensweise kaum von der ersteren. Ihr Anteil auf dem Vogelfelsen nimmt gegenüber dem der Trottellumme vom Süden nach Norden zu.

Tordalk (Alca torda, isl. Álka)

In den unteren steilen Partien der Vogelfelsen ist der Tordalk zu Hause. Er ist ein häufiger über alle Küsten der Insel verbreiteter Seevogel, der während der 33–36 Tage dauernden Brutzeit oft in direkter Nachbarschaft mit der Trottellumme lebt. Während der Wintermonate sucht der Tordalk wahrscheinlich südlichere Meeresgebiete auf. Er legt Ende Mai ein einziges Ei auf den Fels. Auch sein Nachwuchs wagt nach zwei Wochen mit noch unvollständig entwickeltem Gefieder den Sprung ins Meer. Die meisten Tordalken (70 % des Weltbestandes) brüten auf den Britischen Inseln. Da er etwa acht Monate auf dem Meer lebt, ist er einer der am stärksten von der Meeresverschmutzung betroffenen Seevögel.

Dreizehenmöwe (Rissa tridactyla, isl. Rita)

Feste und tiefe Nester aus Land- und Wasserpflanzen sowie aus Erde baut im Gegensatz zu den Alken die Dreizehenmöwe im Kliff. Sie ist ein Hochseevogel, der sich etwa Mitte Mai an den Küsten Islands einfindet. Die Eiablage erfolgt von Ende Mai bis Mitte Juni. Meistens sind es zwei Eier, aus denen nach 21–26 Tagen Brutdauer die Jungvögel schlüpfen. Sie bleiben bis zum Alter von fünf bis sechs Wochen auf den Kliffs. Nach der Brutzeit begibt sich die Dreizehenmöwe wieder hinaus aufs offene Meer.

Gryllteiste (Cepphus grylle, isl. Teista)

An der Basis des Kliffs findet in erster Linie die Gryllteiste die Möglichkeit zu nisten. Im Gegensatz zu den anderen Alken, die auf offener See fischen, sucht die Gryllteiste ihre aus kleinen Fischen, Mollusken und Krebstieren bestehende Nahrung in der Brandungszone. Sie lebt einzeln oder in kleinen Gruppen und ist den Verhältnissen am Brandungsfuß eher angepaßt, da sie sich an Land geschickter bewegt als ihre Verwandten. Sie hält sich am Kliff fast unmittelbar über der Flutlinie in Gesteinstrümmern, Felsklüften oder sogar in Höhlen auf. Das Brutgeschäft wird an der Monatswende Mai/Juni begonnen. Nach 27–28 Tagen schlüpfen die Jungen. Sie sind Nesthocker und verlassen das Nest nach knapp 40 Tagen mit vollem Gefieder. Die Gryllteiste kehrt während der Wintermonate wieder an Land zurück.

In den seltensten Fällen wird man in den Vogelfelsen Islands alle beschriebenen Vogelarten zusammen antreffen. Manchmal werden sie nur vom Papageitaucher, dem Eissturmtaucher und den Lummen bewohnt. In einem anderen Fall leben Papageitaucher und Eissturmvogel zusammen. Manches Mal gesellt sich zu der Gryllteiste der durch seinen schwirrenden Flug auffallende Kormoran (Phalacrocorax carbo). Oft hockt er auf Steinen an der Küste, um mit weit ausgebreiteten Schwingen sein Gefieder nach einem Tauchgang zu trocknen. Zu den Küstenbewohnern gehören auch die Sturmschwalben (Hydrobates pelagicus), die Austernfischer (Haematopus ostralegus), die Wellenläufer (Oceanodroma leucorrhoa), die Schwarzschnabel-Sturmtaucher (Puffinus puffinus) und die Küstenseeschwalbe (Sterna paradisaea). Das Verbreitungsgebiet des seltenen Krabbentauchers (Plautus alle) beschränkt sich auf die am Polarkreis gelegene Insel Grímsey.

Baßtölpel (Sula bassana, isl. Súla)

Die Gattungsbezeichnung des Baßtölpels ›Sula‹ ist wahrscheinlich von der schottischen Solan-Gans abgeleitet. Als der größte Seevogel des Nordatlantiks wiegt er über 3 kg und erreicht die beträchtliche Flügelspannweite von etwa 1,80 m.

Die Brutplätze beschränken sich auf 40 Kolonien im Atlantik. Sieben von ihnen beherbergen mehr als 10 000 Paare. Dazu gehört auch Eldey. Derartige Konzentrationen großer Vögel luden selbst an zurückgezogenen und schlecht zugängigen Plätzen zur Ausbeutung ein. Dieses traditionelle ›Aufsammeln‹ wird noch in einigen wenigen Baßtölpelkolonien betrieben, einschließlich der Westmänner-Inseln. Den Sammel- und Ausbeutungsgelüsten kam noch die Eigenschaft der Baßtölpel entgegen, daß sie wie ihre Verwandten, die Kormorane, tief schlafen. Diese Verhaltensweise nutzten die Einwohner von Akranes in der Faxa-Bucht im 18. Jh. In den hellen Sommernächten ruderten sie aus und sammelten die auf See schlafenden Baßtölpel ein. Der Baßtölpel ernährt sich von der Lodde, dem Hering und dem Sandaal. Durch seine auffallende Art zu fischen, zeigte er früher den Fischern die Position der Schwärme an. Es ist ein Erlebnis, die ästhetischen Bewegungen des Baßtölpels beim Fischen zu verfolgen. Wenn er aus der Luft im Wasser seine Beute erspäht hat, geht er aus einem Gleitflug in etwa 30 m Höhe in den Sturzflug über, indem er sich mit halb geöffneten Flügeln fallen läßt. Kurz bevor der Vogel auf das Wasser stößt, stellt er die Flügel so an, daß er flach eintauchen kann. Nach einem erfolgreichen Tauchgang ruht er sich kurz auf der Wasseroberfläche aus. In der Bucht Faxaflói hat man nicht selten die Gelegenheit, von der Fähre von Reykjavík nach Akranes aus den Seevögeln im Vorbeifahren beim Fischen zuzuschauen.

Eiderente (Somateria mollissima, isl. Æðarfugl).

Die größten Eiderenten-Kolonien befinden sich auf der Nordwest-Halbinsel im Ísafjarðar-djúp auf Æðey und auf Papey im Südosten Islands. Sie bevorzugt für die Brutzeit flache, grasbewachsene Inseln, aber auch die Mündungsgebiete großer Flüsse und das Umfeld brackischer Seen sind beliebte Standorte. Es gibt auf Island etwa 250 Brutkolonien. Einzelne von ihnen sind mit mehr als 1000 Paaren bevölkert. Die gesamte Anzahl der auf Island lebenden und streng geschützten Eiderenten beträgt etwa 200000 Einzeltiere. Wegen der wirtschaftlichen Bedeutung der Eier und vor allem der Daunen stehen die Eiderenten voll-ständig unter Schutz. Die Weibchen haben ein rötlichbraunes Gefieder, die Männchen sind schwarz und weiß. Sie unterscheiden sich von anderen Enten durch ihren keilförmigen Kopf, an dem die Stirn und der Schnabelfirst eine Linie bilden. Die Eiablage erfolgt in der Zeit vom April bis Juni mit vier bis sechs Eiern. Nach 25–30 Tagen Brutzeit sind die Jungen geschlüpft, die sich dann mit den Weibchen in Trupps von manchmal einigen hundert Tieren an der Küste aufhalten und bei Annäherung recht schnell davonschwimmen.

Große Raubmöwe (Catharacta skua, isl. Skúmur)

Die Große Raubmöwe oder der Skua gehört zu den größten und den gefürchtetsten Bewoh-nern der flachen Küstenlandschaft. Sie ist sowohl in der Arktis als auch der Antarktis zu Hause. Ihr Lebensraum beschränkt sich auf die weiten und unwegsamen Flächen der San-dergebiete von der Mündung der Ölfusá bis zum Lónsfjörður in Südisland und auf den Axarfjörður in Nordisland, wobei sich im Süden die Brutplätze auf ein Gebiet vom Skeiða-rársandur bis zum Breiðamerkursandur konzentrieren. Auf einer Fahrt durch die Land-schaft südlich des Öræfajökull wird man ihr während der Sommermonate häufig begegnen. Als Zugvögel treffen die Skuas Ende März in Island ein, um für den Nachwuchs zu sorgen. In der von reißenden Flüssen gestalteten Landschaft sind ihre Nester auf Schotterbänken vor räuberischen Landtieren, beispielsweise dem Eisfuchs, sicher. Das Gelege umfaßt durch-schnittlich zwei Eier und wird etwa ab Mai bebrütet. Wenn die Jungen nach 28–30 Tagen schlüpfen, werden sie noch sechs bis sieben Wochen von beiden Eltern versorgt. Sie verlas-sen Island gegen Ende August, nachdem die Jungvögel die volle Flugfähigkeit erlangt haben. In den Wintermonaten halten sie sich im Nordatlantik auf. In Island beringte Vögel wurden sowohl in Schottland, Südwest-Grönland als auch in Neufundland angetroffen. Die Raub-möwe ernährt sich in erster Linie von Fischen (ca. 80 %), die sie meistens anderen Vögeln abjagt, aber auch von Jungvögeln, Eiern und Aas. Sie verfolgt und tötet nicht nur Jungvögel oder kranke Vögel, sondern auch gleichgroße gesunde Vögel. Ein beliebtes Jagdobjekt sind vor allem Eiderenten. Nähern sich Menschen oder Hunde ihren Gelegen oder Jungen, werden sie von den Eltern angegriffen. Sie sollen selbst vor Autos nicht zurückschrecken. Ihre Angriffe können zu ernsthaften Verletzungen führen.

Küstenseeschwalbe (Sterna paradisaea, isl. Kría)

Die im Mai von einer langen Reise in den Süden zurückkehrende Küstenseeschwalbe bevor-zugt als Brutgelände Feuchtwiesen und Moore. Sie ist ein hervorragender Langstreckenflieger, der jährlich etwa 40 000 km zurücklegt und dessen Rückkunft aus dem Süden alljährlich in Reykjavík, wo sich auf der Insel im Tjörnin eine Brutkolonie befindet, mit großer Spannung erwartet wird. Der Stichtag für diesen Frühlingsboten ist der 14. Mai. Die Tagespresse überwacht genau die Einhaltung dieses Termins. Sie spendet der Seeschwalbe Beifall, sollte sie früher oder pünktlich eintreffen. Verzögerungen bringen ihr nur abfällige Bemerkungen ein. Kaum ein Tier auf der Welt ist reiselustiger. Obgleich ihr Kurs nicht leicht aufzuspüren war, kennt man heute recht genau einzelne Routen und ihre Reisegeschwindigkeit. So wurde zum Beispiel ein Vogel am 8. Juli 1951 in Grönland beringt und befand sich bereits am 30. Oktober in Durban. In etwa 100 Tagen hatte diese Seeschwalbe rund 18 000 km zurückgelegt. Das sind pro Tag 180 km! Die am häufigsten benutzte Route auf dem Weg in den Süden führt von Island über Südeuropa an der Küste Afrikas entlang bis nach Südafrika oder weiter zur Antarktis. Die Hauptsommeraufenthalte sind der Nordatlantik, eingeschlossen Grönland, Island und Ostkanada. Küstenseeschwalben bilden Kolonien mit unterschiedlich großer Individuenzahl, zum Beispiel am Ortsrand von Vík í Mýrdal (Farbabb. 32), auf Dyrhólaey, östlich Hellissandur auf Snæfellsnes oder gar am Flugplatz von Ísafjörður, wo sie kurz vor dem Start oder der Landung eines Flugzeuges von dem Bodenpersonal mit Luftschüssen von der Rollbahn ferngehalten werden. Man sollte sich nicht ohne feste Kopfbedeckung den Brutkolonien nähern, denn die Seeschwalben verteidigen sich mit Schnabelhieben grimmig gegen jeden Eindringling, auch gegen Menschen. In Reykjavík selbst sind sie durchaus friedfertig. Vielleicht haben sie sich dort – wie auf dem Kontinent auch – bereits an den Menschen gewöhnt.

Die Seeschwalbe brütet am Meer und im Binnenland und legt in flache mit Halmen ausgekleidete Vertiefungen im Boden durchschnittlich drei Eier, die nach etwa 24 Tagen ausgebrütet sind. Die Jungen sind zwar nach etwa drei bis vier Wochen flügge, werden aber von den Eltern noch monatelang gefüttert, bis sie selbst in der Lage sind, durch Stoßtauchen kleine Fische zu erbeuten.

Vögel des Landesinneren

Island- oder Gerfalke (Falco rusticolus, isl. Fálki)
Von den Vögeln, die an der Küste und im Landesinneren leben, ist einer der attraktivsten und mit Abstand begehrtesten der Island- oder Gerfalke. Man begegnet ihm seltener als den Seevögeln. Es ist ein erhabener Anblick, wenn er, die Aufwinde nutzend, sich in die Höhe schraubt, um seine Beute zu erspähen. Er greift vor allem verwundete, kranke oder schlafende Schneehühner an. Zu seiner Beute zählen auch Enten, Lummen, Eissturmvögel, Dreizehenmöwen, selbst viel größere und erwachsene Schwäne sind vor ihm nicht sicher. Seine Jagdtechnik wurde besonders in früheren Zeiten vom europäischen Adel hochgeschätzt. Das dänische Königshaus verschenkte ihn in Diplomatenkreisen und betrieb über Jahrhunderte einen regelrechten Handel mit Island-Falken. Jährlich wurden etwa 100 Vögel nach Kopenhagen gebracht. Seine Wertschätzung ist auch daran zu ermessen, daß er selbst

bei einem Gefangenenaustausch als Gegengabe akzeptiert wurde. Nach 1805 mußte der Handel weitgehend eingestellt werden, weil die Jagd mit dem Falken – zumindest in Europa – aus der Mode gekommen war. Im Orient jedoch ist er noch heute ein begehrter Jagdvogel. Von reichen Ölscheichs gebotene Unsummen verleiten daher gewissenlose Abenteurer, in Island Falkenhorste zu plündern. Im ganzen Land leben nur einige Hundert Falkenpaare, die vom Gesetz vollständig geschützt sind. Es ist nicht erlaubt, sich ohne besondere Genehmigung des isländischen Kultusministeriums einem Horst zu nähern oder die Vögel zu photographieren. Der Island-Falke baut seinen Horst im unzugänglichen steilen Gelände. Dort legt er Mitte bis Ende April drei bis fünf Eier ab. Nach dem Schlüpfen hält sich das Weibchen am Nestrand auf, behütet die Jungen und füttert sie mit der Beute, die das Männchen heranbringt. Nach zwei Monaten verlassen die Jungen das Nest, um dann für sich selbst zu sorgen. Im Spätherbst und im Winter halten sich die Falken vorwiegend an der Küste auf und leben vor allem von Seevögeln. Die im Landesinneren zurückbleibenden verfolgen Schneehühner als ihre Hauptbeute.

Im Hochland ernährt sich außerdem die sehr scheue und seltene Schnee-Eule (Nyctea scandiaca) von den Schneehühnern. Sie bewohnt mit nur wenigen Exemplaren die Wüstenlandschaft.

Kurzschnabelgans (Anser brachyrhynchus fabalis, isl. Akurgæs)

Die Brutplätze der Kurzschnabelgans liegen höher als 400 m über dem Meeresspiegel in Oasen der wüstenartigen Moränenlandschaften zwischen oder vor den großen Gletschern Hofs- und Vatnajökull. Am bekanntesten dürfte wohl der Brutplatz in der Þjórsárver-Oase am Rande des Hofsjökull sein, der als der größte auf der Welt gilt. Alljährlich finden sich in dem 150 km² großen Gebiet etwa 10 000 Paare ein. In geringerer Zahl kommen sie außerdem am Westrand der Lavawüste Ódáðahraun und am Hvítárvatn (Langjökull) vor. Das Brutgebiet in der Þjórsárver-Oase wurde erst im Jahre 1951 wiederentdeckt. Als Zugvogel kehrt die Kurzschnabelgans etwa ab Ende April aus den Winterquartieren zurück. Ein Teil von ihnen zieht nach Nordost-Grönland weiter. Der Nistplatz in Flußniederungen wird so gewählt, daß die Umgebung nach allen Seiten hin gut einzusehen ist und sie rechtzeitig vor Eindringlingen gewarnt wird. Es ist eine besondere Schutzmaßnahme vor allem gegen den Eisfuchs. Die Nester befinden sich dabei in unmittelbarer Flußnähe, um den flugunfähigen Jungvögeln eine Flucht über das Wasser zu ermöglichen. Im Þjórsá-Gebiet erinnern noch reusenartige Steinhaufen daran, daß die Gans bereits während des Mittelalters vom Menschen verfolgt wurde. Man hat wohl ihre 25 Tage lang dauernde Flugunfähigkeit während der Mauser genutzt, um sie zu fangen. Ein Projekt der Nationalen Energiebehörde, an den Quellen der Þjórsá einen Stausee entstehen zu lassen, hätte das Brutgebiet zerstört. Nach Protesten wurde das Projekt fallengelassen.

Bisweilen trifft man in der Abgeschiedenheit der Hochländer auf einsamen Seen den Singschwan (Cygnus cygnus), Islands größten Vogel an. Er bevorzugt vor allem die Tiefländer in Küstennähe.

Landnahme und Geschichte Islands

Der Siedlungsgang – Zeit und Ursachen der Besiedlung

Als in Europa das Frankenreich bereits aufgeteilt worden war, lebten auf Island, einer Insel immerhin von der Größe Baden-Württembergs und Bayerns, am Rand des menschlichen Siedlungsraums bestenfalls einzelne irische Mönche in völliger Abgeschiedenheit. Trotz ihrer Lage in den kühleren Breiten besaß sie einen potentiellen Siedlungsraum für etwa 40 000 Menschen. Daß er noch nicht genutzt worden war, lag an den für die damalige Zeit extremen Entfernungen, die vom Festland oder von den Britischen Inseln zurückzulegen waren. Der Entwicklungsstand der Seefahrt und des Schiffbaus gestattete zwar ein regelmäßiges Befahren von Küstengewässern, große Entfernungen konnten jedoch noch nicht sicher überwunden werden. Ein anderer Grund dafür, daß Island noch unbewohnt war, lag wohl auch in seiner mangelnden Attraktivität. Es besitzt als ein gebirgiges Land im subpolaren Raum nur wenige besiedlungsfähige Gebiete. Schließlich ist bereits oberhalb einer Höhe von 400 m die Vegetation so schütter, daß sie nicht mehr als Grundlage landwirtschaftlicher Aktivitäten, und damit auch als Existenzgrundlage, dienen kann. Es konnten sich die Menschen vor allem in einer Höhenlage zwischen dem Meeresspiegel und 200 m (ca. 25 % der Fläche Islands), also in Küstennähe, niederlassen. Nur dort waren wegen des ausgleichenden ozeanischen Klimaeinflusses (Ausläufer des Golfstromes) die Temperaturen relativ mild. Das verdeutlicht der Unterschied zwischen der verhältnismäßig hohen Januarmitteltemperatur von 1,4 °C auf den Westmänner-Inseln und −4,8 °C nahe dem etwa 400 m hoch gelegenen Grímsstaðir. Die höheren Regionen (ab 250–400 m) gestatteten wegen der rauhen klimatischen Bedingungen nur in Gunstlagen, beispielsweise am Mývatn, eine Besiedlung. Daher konnten Bodenverhältnisse, Klima und Vegetation hauptsächlich in Küstennähe und in den Flußniederungen die für die Siedler lebensnotwendige Viehhaltung sicherstellen.

Für eine ackerbauliche Nutzung des Bodens eigneten sich bestenfalls Waldgebiete. Sie setzten allerdings eine Rodung voraus. Einen Aufenthalt auf der Insel erschwerten zudem die vielen aktiven Vulkane mit manchmal verheerenden Ausbrüchen. Zu den Einflüssen, die eine Besiedlung behinderten, gehörten außerdem die negativen Wirkungen des Treibeises, denn öfters dauerte die eisige Umklammerung der Insel so lange, daß die daraus resultierenden niedrigeren Frühjahrs- und Sommertemperaturen die Vegetationsperiode drastisch verkürzten und die Bereitstellung von Futter für die Wintermonate einschränkten, wenn nicht sogar ausfallen ließen. Hungersnöte waren also vorprogrammiert.

Wahrscheinlich waren diese naturräumlichen Bedingungen schon bekannt, denn in der klassischen griechischen und römischen Literatur taucht bereits der Begriff des »Ultima Thule«, des sagenhaften nördlichsten Landes auf. Es ist nicht auszuschließen, daß der griechische Geograph und Seefahrer Pytheas aus Massilia (dem heutigen Marseille) Island nach drei Tagesreisen nördlich von Schottland zwischen 345 und 325 v. Chr. entdeckte. Denn Pytheas drang bis an die Treibeisgrenze vor.

Weil Ausgrabungen an verschiedenen Stellen der Insel einige römische Münzen zu Tage förderten, war ein Streit unter den Historikern ausgebrochen, ob die Römer Island vor der Landnahme betreten hätten oder nicht. Es kann nicht ausgeschlossen werden, daß einzelne Römer auf ihren Fahrten nach England vom Kurs abkamen und nach Island gelangten. Ihre Anwesenheit wird aber nicht durch die Münzen belegt. Denn diese können sich auch im Besitz von Wikingern befunden haben, die sie als ehemalige Beutestücke von England in ihre neue Heimat mitbrachten. Zusammen mit den Münzen wurden an mindestens drei Fundorten auch Gegenstände normannischer Herkunft gefunden. Von irischen Mönchen ist bekannt, daß sie mit ihren ›Curragh‹ bezeichneten Lederbooten die Insel bereits während des 6. Jh. (zwischen 561 und 573) erreichten und daß sie sich mit Sicherheit vor der Landnahme durch die Wikinger vorübergehend auf Island und seinen vorgelagerten Inseln aufhielten. Davon zeugen die geographischen Bezeichnungen ›Papey‹, die Pfaffeninsel, oder ›Papafjörður‹, der Pfaffenfjord. Einer der größten Gelehrten des 12. Jh., Ári Þorgilsson, erwähnt im *Íslendingabók*, daß sich irische Mönche, ›Papar‹, auf der Insel aufhielten. Er deutet an, daß einige nur im Südosten lebten, wo man früher, vom Festland oder von den Britischen Inseln kommend, Island anlandete. Die Iren haben keine Spuren hinterlassen,

Der Siedlungsraum Islands (nach Orkumál 1971)

0   50   100 km

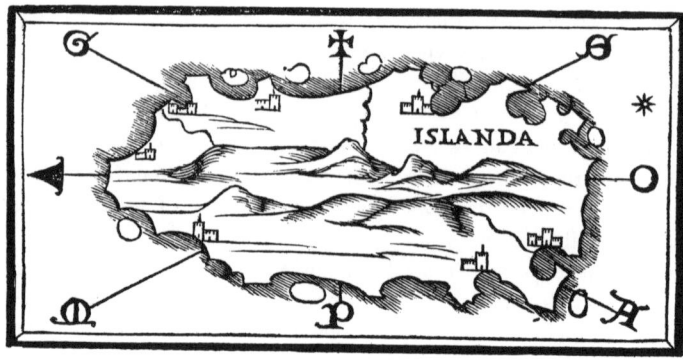

Bendetto Bordone, Islanda, 1528. Die erste Spezialkarte der Insel

weder Überreste ihrer Unterkünfte, noch irgendwelche Artefakte. Da sie sich nur kurze Zeit auf Island aufhielten und wieder nach Süden zurückkehrten, kann ihre Anwesenheit auf der Insel nicht als eine dauerhafte Besiedlung angesehen werden.

Obwohl die Bedingungen für die Besiedlung und Erschließung Islands nicht ideal waren, denn Klima und Boden erlaubten nur einen bescheidenen Wohlstand, erfaßte die Insel im 9. Jh. eine Besiedlungswelle solchen Ausmaßes, daß bereits nach einigen Jahrzehnten der gesamte besiedlungsfähige Raum besetzt war. Es stellt sich daher die Frage nach den Ursachen für ein derartiges abenteuerliches Unternehmen, das für die meisten Menschen eine Fahrt ins Ungewisse gewesen sein muß. Die Einwanderer kamen vor allem aus Norwegen, wo sie Veränderungen in den Machtstrukturen des Landes zu diesem Schritt zwangen. Norwegen setzte sich aus 30 kleinen und unabhängigen Königreichen zusammen, bis einer von ihnen, König Harald aus Südnorwegen, genannt Schönhaar, den Entschluß faßte, sich das ganze Land zu unterwerfen. Innerhalb von zwölf Jahren war der Widerstand sämtlicher Kleinkönigreiche gebrochen. Diejenigen, die sich weiterhin weigerten, König Harald die geforderten hohen Steuern zu entrichten, mußten das Land verlassen. Einige wanderten nach den Färöer-Inseln, den Shetland-Inseln, den Hebriden, nach Schottland oder Irland aus, um dann von dort später nach Island überzusiedeln. Ein großer Teil fuhr direkt nach Island, das ihnen bekannt gewesen sein mußte. Nach den Sagas ist Naddoðr der erste norwegische Adlige gewesen, der 860 n. Chr. nach Island gelangte. Er war bereits nach den Färöer-Inseln ausgewandert, kam wahrscheinlich nach einem Besuch in seiner Heimat auf dem Rückweg vom Kurs ab und erreichte die Fjordlandschaft im Südosten Islands und kehrte wieder zu den Färöer-Inseln zurück. Als nächster Nordmann gelangte der Schwede Garðar Svafarsson nach Island. Auch er hatte sein Ziel verfehlt, denn ursprünglich befand er sich auf einer Fahrt von Dänemark nach den Hebriden. Ihn verschlug es ebenfalls an die Südostküste Islands zum Austurhorn. Es kann allerdings auch eine geplante Erkundungsfahrt nicht ausgeschlossen werden, da er anschließend als erster die Insel umrundete. Sein Weg führte zunächst nach Westen. In Nordisland überraschte ihn der Winter bei Húsavík, wo er bis zu seiner Rückkehr im folgenden Frühjahr bleiben mußte. Island erhielt vorübergehend nach ihm die Bezeichnung ›Garðarshólmi‹ (Garðars Insel).

Der Dichte der überlieferten ersten Besuche ist schon zu entnehmen, daß in der zweiten Hälfte des 9. Jh. ein reger Schiffsverkehr nach Island unterhalten worden sein muß, denn nur wenige Jahre nach Garðars Islandaufenthalt brach mit Flóki Vilgerðarson der erste norwegische Wikinger im Jahre 865 mit seiner ganzen Habe und seiner Familie auf, um auf Garðarshólmi eine neue Existenz zu gründen. Auf seiner Suche nach einer geeigneten Bleibe umfuhr er Island im Süden und Westen und ging in einer kleinen Bucht des Breiðafjörður, im Vatnsfjörður (an der Südküste der Nordwest-Halbinsel) an Land. Derartige Landschaften bevorzugten auch später die Siedler, weil die Schiffe in den kleinen Fjorden Schutz finden konnten und zugleich die randlichen Partien flach genug waren, um auf Wiesen Haustiere zu halten. Flóki hatte einen solchen günstigen Platz für seine Haustiere gefunden, wie es die heutigen Islandbesucher nachvollziehen können, denn das Innere des Vatnsfjörður ist die geschützte, mit einem buschartigen Birkenwäldchen bestandene Lage von Flókalundur (Wäldchen des Flóki). Flóki wird damals genügend saftige Wiesen vorgefunden haben. Aber anstatt während der Sommermonate Heu zu gewinnen und damit für den Winter vorzusorgen, widmete er sich dem Fischfang in den fischreichen Gewässern. Seine Tiere verhunger-

Mittelalterliche Seewege der Wikinger im Nordatlantik mit Routen nach Grönland und Nordamerika (nach Ingstadt 1966)

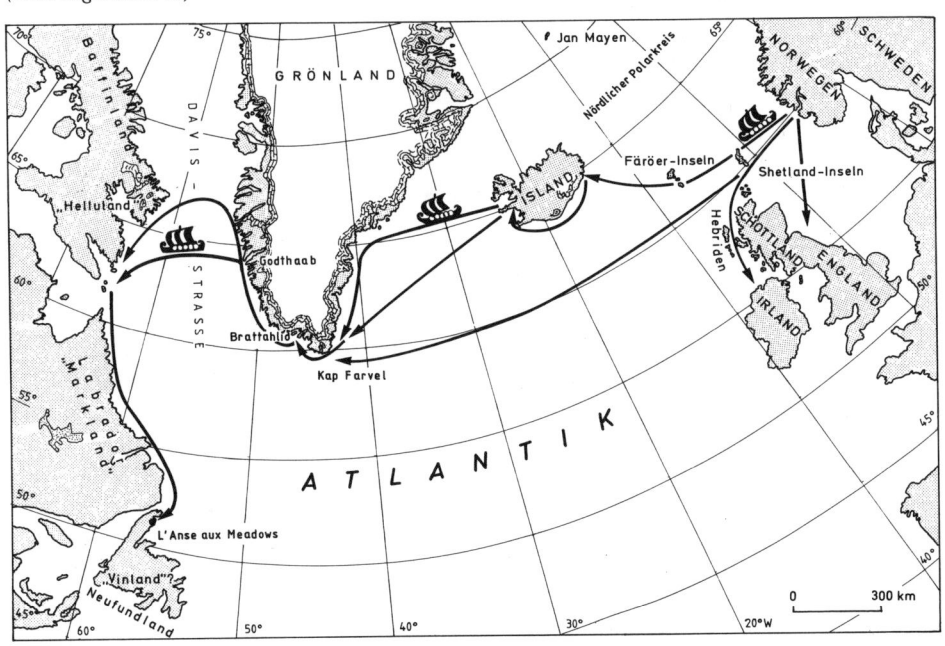

ten im folgenden Winter. Zwei Jahre später war er gezwungen, nach Norwegen zurückzukehren. Da er, als er auf einen Berg gestiegen war, einen vollständig mit Eis ausgefüllten Fjord im Norden sah, gab er wohl aus Enttäuschung der gesamten Insel den Namen Island. Mit dem Norweger Ingólfur Arnarson sollte dann schließlich der erste Landnehmer nach Island kommen, der nicht mehr zum Kontinent zurückkehrte und seine neue Heimat auf Island fand. Er war nicht aus politischen Gründen, sondern wegen Streitigkeiten mit tödlichem Ausgang zusammen mit seinem Blutsbruder Hjörleifur gezwungen, das Land zu verlassen. Auf einer 872 durchgeführten Erkundungsfahrt gelangte er zum Álftafjörður (Schwanenfjord) in Ostisland und kehrte nach Norwegen zurück, um zwei Jahre später endgültig zur Ausreise aufzubrechen. Als er Land sichtete, hatten seine Götter zu entscheiden, wo sich sein endgültiger Aufenthaltsort befinden sollte. Einem Orakel folgend, wurden die Pfosten des Hochsitzes (der Platz des Schiffsführers) der Meeresströmung anvertraut, und dort, wo sie an Land geschwemmt wurden, sollte letztlich der neue Wohnsitz auf Island sein. Ingólfur ging mit seinem Blutsbruder bereits südlich des Öræfajökull an der Landzunge von Ingólfshöfði (Kap des Ingólfur) an Land und verbrachte dort den ersten Winter. Im kommenden Sommer wurden zwei Sklaven ausgesandt, die an Land geschwemmten Hochsitzsäulen zu suchen. Sie wurden im Inneren der großen Bucht Faxaflói gefunden. Ingólfur errichtete dort 877 seinen Hof und benannte den südlichen Teil des Faxaflói wegen seiner vielen aufsteigenden Dampfsäulen Reykjavík, die ›Rauchbucht‹. Heute befindet sich dort die Hauptstadt Islands. Viele Generationen seiner Nachkommen lebten noch auf dem von ihm gegründeten Anwesen.

Die Besiedlung Islands lief nur zögernd an. Es ist bekannt, daß während der politischen Wirren die Norweger nur zum Teil direkt nach Island segelten. Viele verließen ihr Heimatland, um sich auf den Britischen Inseln niederzulassen. Erst nach einem Feldzug von König Schönhaar nach Britannien waren auch sie gezwungen, ihre zweite Heimat in Richtung Island zu verlassen. Sie werden Sklaven irischer oder keltischer Herkunft mitgenommen haben. Wie hoch ihr Anteil gewesen sein wird, darüber streiten sich noch die Anthropologen. Nach Blutuntersuchungen bei den Isländern soll bis zu einem Drittel von ihnen während der Wikingerzeit keltischer Abstammung gewesen sein. Eine fast absolute Dominanz der nordischen Einwanderer ist allerdings nicht von der Hand zu weisen, denn der kulturelle Einfluß der Iren oder Kelten war zu gering. Das Isländische ist eine nordische Sprache, und man fand in Island kaum Gegenstände aus dem keltischen Kulturkreis.

Nach dem Feldzug Haralds erreichte die Einwanderung in Island ihren Höhepunkt. Innerhalb von nur 60 Jahren war die Insel mit 30 000–40 000 Menschen bevölkert. Damit war auch die Grenze des Aufnahmevermögens erreicht, denn nach den naturräumlichen Gegebenheiten und nach den Ernährungsmöglichkeiten war die Insel in der Lage, einer Bewohnerzahl in dieser Größenordnung ein Auskommen unter bescheidenen Lebensbedingungen zu bieten. Zieht man die technischen und wissenschaftlichen Möglichkeiten der Menschen im frühen Mittelalter in Betracht, dann war die Besiedlung Islands eine gewaltige, von äußerst schwierigen Bedingungen diktierte Leistung. Sie setzte nicht nur gründliche seemännische Kenntnisse und Wagemut voraus, sondern erforderte große Fertigkeiten im Schiffsbau und vor allem Anpassungsfähigkeit an einen völlig unbekannten Naturraum (Vulkan-landschaften, Holz- und Lehmmangel etc.). Die Landnahme stellte die Besiedler vor unge-wohnte Bedingungen, da eine völlig unbewohnte Insel in Besitz genommen wurde. Es fielen zwar Auseinandersetzungen mit bereits anwesenden Menschen oder wilden Tieren weg, in dieser Hinsicht traf man auf geradezu paradiesische Zustände. Aber wer sollte ihnen beibrin-gen, sich mit ihren Lebensbedürfnissen an das Land anzupassen? Den nordischen ›Erobe-rern‹ fehlten die unterworfenen Einheimischen, von denen sie hätten lernen können.

Der ihnen aufgezwungene Anpassungsprozeß machte sie schließlich zu Isländern, obwohl sie sich noch weiterhin der norwegischen Sprache, allerdings mit neuen Begriffen (Vulkanismus), bedienten, ihre auf dem Kontinent erlernten Arbeitsmethoden (Hausbau) anwandten, das mitgebrachte Brauchtum pflegten und nach mitgebrachtem Recht lebten.

Gegen Ende der Landnahmezeit bevölkerten damit schon so viele Menschen die Insel, wie das naturräumliche Potential auf der Basis großräumlich betriebener Landwirtschaft und des Fischfangs gerade noch zu ernähren vermochte. Das gute, besiedlungsfähige Land in den günstigen Küstengebieten des Nordens und Westens sowie die ausgedehnten Flußniederun-gen mit ihren potentiellen Weideflächen waren längst im Besitz einiger weniger Frühsiedler. Ingólfur gehörte z. B. das Land zwischen der Ölfusá an der Südküste und dem Hvalfjörður nördlich von Reykjavík.

Obgleich das Land mit verwandten Nachzüglern geteilt wurde, griff die Besiedlung unter dem Bevölkerungsdruck schon recht bald auf höher gelegene Täler oder Fjordabschnitte über. Gerade diesen Siedlern war es zu verdanken, daß sie das Land außerhalb der Siedlungs-räume erkundeten und zumindest neue Verkehrswege fanden. Auch die Siedler, die genü-gend Land zur Verfügung hatten, mußten recht bald erkennen, daß die Lebensgewohnhei-ten ihrer Heimat wegen der schlechteren klimatischen Verhältnisse und der sich daraus ergebenden schlechteren Wachstumsbedingungen nur teilweise auf Island übertragbar waren und Einschränkungen erforderten. Angebautes Korn ist wohl nicht jeden Sommer zur Reife gekommen, eine Schweinehaltung war kaum möglich. Den vom Boden, Klima und Futterangebot Islands aufgezwungenen Haltungsbedingungen war das genügsame Schaf am besten angepaßt. Es lieferte den Menschen das Rohmaterial für die Kleidung und war lebenswichtiger Fleischlieferant für die kalten Jahreszeiten. Aber gerade von ihm ging schon bald, da er bis an den Saum des zentralen Hochlandes und damit an den Rand weidefähiger Flächen vordrang, jene verheerende Wirkung der Boden- und Vegetationszer-störung aus, die mit der beginnenden allgemeinen Klimaverschlechterung zunahm.

Erkenntnisse über die Lebensgewohnheiten der Siedler gewann die Wissenschaft aus dem Studium der altisländischen Sagas und in letzter Zeit auch durch archäologische Untersu-chungen. Belege über das alltägliche Leben der ersten Jahre der Besiedlung und über den Zeitpunkt der Landnahme lieferte eine 1971 auf Heimaey begonnene Ausgrabung.

Nach dem *Landnámabók* sollten die Westmänner-Inseln bis etwa in das 10. Jh. durchge-hend besiedelt gewesen sein. Die Ausgrabungsbefunde widerlegten diese überlieferten Angaben. Aufschluß über das Alter und die Dauer der Besiedlung gab ein datierbarer Horizont vulkanischer Aschen in der Ausgrabungsstätte. Als sie um das Jahr 896 fielen, existierten auf Heimaey bereits Siedlungen. Erste Siedler bevölkerten wohl schon in der ersten Hälfte des 9. Jh. und damit vor Ingólfur isländisches Territorium. Bereits vor Ende des gleichen Jahrhunderts muß nach den Bodenuntersuchungen eine starke Bodenabtragung die Lebensbedingungen erschwert und die Besiedlung unterbrochen haben. Die Ursache wird Überweidung gewesen sein; denn es gibt keinen einzigen Hinweis, daß das Ausbleiben der Vegetation durch eine natürliche Katastrophe, z. B. durch einen Vulkanausbruch, erklärt werden könnte.

Nach den Ausgrabungen haben auf Heimaey keine ›Westmänner‹ oder Kelten, die nach dem *Landnámabók* hierher geflohen sein sollen, sondern in frühester Zeit Menschen nordischer Herkunft gelebt. Gebäudereste und gefundene Artefakte sind nordischen Ursprungs. Dabei erinnern die Relikte älterer Gebäude sehr an Funde aus dem 9. Jh. in Norwegen oder anderen Ländern Skandinaviens oder an ähnliche Überreste nordischen Ursprungs auf den Britischen Inseln. Die jüngeren Relikte lassen Anpassungen in der Architektur an die isländischen Verhältnisse erkennen.

Die nordische Herkunft der Artefakte offenbart sich in dem verarbeiteten Material, denn sie sind aus Gesteinen angefertigt, die nicht auf Island anstehen, so z. B. Abziehsteine aus Schiefer, Spindelköpfe und Scherben aus Speckstein sowie Feuersteinpartikel. Speckstein kommt in Norwegen vor. Er wurde dort bereits während der Wikingerzeit verarbeitet. Nach den Knochenfunden müssen sich die Menschen als Bauern hauptsächlich der Schafhaltung gewidmet haben. Zu ihrem Viehbestand gehörten außerdem Rinder, Schweine, Pferde und Hunde. Einen Hinweis auf die Schafhaltung lieferten auch die zur Wollverarbeitung gebrauchten Spindelköpfe.

Weitere Vorstellungen über die Art der Viehhaltung gewann man aus den Grundrissen der Gebäude. Offensichtlich wurden nur die Kühe in Ställen gehalten. Die Schafe überwinterten draußen, was durchaus bei den milden Wintermonaten auf den Westmänner-Inseln denkbar ist (S. 292). Bruchstücke von Handmühlen sowie Gerstenpollen im Boden sind der Beweis, daß Getreide angebaut wurde.

Nach aufgefundenen Knochenresten von Vögeln, Robben und Walen ist es erwiesen, daß auch das Nahrungsangebot der isländischen Küstenlandschaft genutzt wurde. Zweifelsohne besaß man Schiffe um zu fischen, um Holz (Treib- und Birkenholz) vom etwa zehn Kilometer entfernten ›Festland‹ zu holen und dort befindliche Felder zu bestellen.

Das herangeholte Holz wurde als Baumaterial verarbeitet und diente außerdem als Brennholz. Die gefundenen Überreste ließen nicht erkennen, ob auch Holzkohle zum Schmieden hergestellt und ob Torf als Heizmaterial verfeuert wurde. Als Beleuchtung haben wohl einfache Öllampen mit Fischöl gedient.

Die Zeit des Freistaates und der Fremdherrschaft

Die Zeit der Besiedlung oder die Landnahmezeit schloß mit dem Stillstand der Einwanderung und aus politischer Sicht damit ab, daß in den Bewohnern der Insel das Bewußtsein und das Verlangen gewachsen war, sich als eine Gemeinschaft, als Isländer zu fühlen und sich eine soziale Ordnung zu geben. Die Verbindungen innerhalb der Bevölkerung waren enger geworden, so daß daraus immer mehr das Bedürfnis nach einer allgemeinen Rechtsordnung erwuchs. Schließlich wurde beschlossen, sich eine Verfassung zu geben und dieses im Jahre 930 in der für die damaligen Siedlungsgebiete zentral gelegenen Landschaft von Þingvellir vollzogen. Damit war der isländische Staat gegründet.

Der neue isländische Freistaat war eine Art Föderation der von Goden (Häuptlinge und Tempelbesitzer) geführten 13 Kleinstaaten mit der gesetzgebenden Einrichtung des Althing. Die alljährlich in Þingvellir zusammenkommende gesetzgebende Körperschaft, die ›lögrétta‹, setzte sich aus 147 Mitgliedern, 39 Goden (drei Goden pro Kleinstaat) und neun Titulargoden mit je zwei Begleitern sowie dem Gesetzessprecher und nach der Christianisierung den beiden Bischöfen zusammen. Vorsitzender des Althing war der auf drei Jahre von der Lögrétta gewählte Gesetzessprecher. Es mußte ein auf dem Gebiet der Rechtsprechung und Gesetzgebung bewanderter Mann sein, da die Gesetze nicht aufgeschrieben, sondern im Gedächtnis des Sprechers bewahrt wurden. Er hatte während seiner Amtszeit dem Althing jährlich ein Drittel der als ›grágás‹ bezeichneten Gesetze vom Gesetzesfelsen, dem Lögberg, vorzutragen. Die andere Aufgabe des Althing war die Rechtsprechung. Die Richter wurden von den Goden ernannt.

Die Struktur des isländischen Freistaates läßt erkennen, daß die Goden die Macht besaßen. Das Althing als ältestes Parlament der Welt repräsentierte keine Demokratie, sondern eine Oligarchie. Bemerkenswert ist, daß dieser Staat keine exekutive Macht besaß. Das heißt, daß Kläger nach dem Urteil darauf achten mußten, daß es auch befolgt wurde.

Die zwei Wochen dauernde Zusammenkunft des Althing war nicht nur ein politisches, sondern auch ein gesellschaftliches Ereignis. Jedes Jahr fand sich im Juni eine große Menschenmenge in Þingvellir ein, denn dort wurde zwar über Streitereien verhandelt, zum Rahmenprogramm gehörten aber auch kulturelle Darbietungen, sportliche Wettkämpfe, der Handel mit handwerklichen Erzeugnissen sowie die Anbahnung und Schließung von Freundschaften oder Ehen.

Der Frieden nach der Staatsgründung dauerte nur 70 Jahre, bis der Staat einer ersten Belastungsprobe ausgesetzt wurde. Bis zur Einführung des Christentums glaubten die meisten Isländer an die alten germanischen Götter (Abb. 59). Nur einige Siedler, die von den Britischen Inseln gekommen waren, hatten bereits den christlichen Glauben angenommen. Als der Einfluß des Christentums in Norwegen wuchs, wurden auch die ersten Versuche unternommen, die Isländer zu bekehren, die aber mißlingen mußten, da damit an den Grundfesten des auf heidnischen Strukturen basierenden Staates gerüttelt wurde.

Als sich schließlich einige Goden bereitfanden, den christlichen Glauben anzunehmen, wurde die Entscheidung über die Einführung des Christentums dem Althing vorgelegt. Im Jahre 1000 wurde der christliche Glaube in Island zur Staatsreligion erklärt. Es war also kein religiöser, sondern ein politischer Akt.

Da die heidnischen Strukturen auch auf die isländische Kirche übertragen wurden – die Goden waren zugleich Priester, falls sie sich weihen ließen –, konnte sie ursprünglich nicht zu einer Macht im Staate mit eigenem Kirchenrecht, wie auf dem europäischen Kontinent, werden. 1056 wurde Ísleifur als erster isländischer Bischof in sein Amt in Skálholt (Südwestisland) eingeführt. Der Bischof besaß Sitz und Godenrecht im Althing. 1106 erhielt Island in Hólar im Hjaltadalur seinen zweiten Bischofssitz.

Anfangs war die finanzielle Situation der Kirche prekär und besserte sich erst, als der Nachfolger Ísleifurs aufgrund seiner Beliebtheit den Zehnten einführen konnte. Damit entrichteten die Isländer Steuern und gaben einen Teil der Unabhängigkeit auf, für die ihre Vorfahren 200 Jahre zuvor ihr Heimatland verlassen mußten, weil sie zu ähnlichen Abgaben nicht bereit waren. Der Zehnte wurde zwar nur einer kirchlichen Macht entrichtet, aber die Bereitschaft zu zahlen, weckte später Wünsche und Ansprüche beim weltlichen norwegischen König. Auf diese Weise konnte sich die Kirche als unabhängige Institution und somit als ein neuer Machtfaktor in Island etablieren. Gleichzeitig wuchsen Macht und Einfluß der Häuptlinge, die als Kirchenvorstände die Abgaben für eigene Zwecke verwenden konnten. Die Bedeutung der Kirche im kulturellen Leben des Mittelalters kann nicht hoch genug eingeschätzt werden. Gerade die von ihr eingerichteten Klöster hatten einen großen Anteil an der Blüte und am hohen Stand der mittelalterlichen Kultur Islands. Der Kirche ist es zu verdanken, daß das große isländische Gedankengut niedergeschrieben wurde. Aber kein Bischofssitz oder Kloster avancierte zum literarischen Zentrum der Insel. Der Hof Oddi in Südwestisland war Bildungsstätte für viele namhafte Dichter. Darunter war auch der größte, Snorri Sturluson.

Snorri lebte bereits in einer Zeit, als sich der Niedergang des isländischen Freistaates abzeichnete. Schon im frühen 12. Jh. wuchs in einigen Häuptlingen immer mehr das Verlangen nach Macht und Einfluß. Diesen Personen kam die Möglichkeit der alten Ordnung sehr entgegen, das Amt eines Goden, das ›goðorð‹, zu kaufen oder zu verkaufen. Allmählich sammelte sich die Macht in den Händen einiger weniger Personen. Das Kräfteverhältnis wurde sehr gestört, als einzelne Goden durch den Erwerb von Goðorðen ein Viertel isländischen Landes auf sich vereinigen konnten. Zu Beginn des 13. Jh. beherrschten schließlich nur wenige Familien, darunter auch die Snorris, die Sturlunger, das gesamte Land. Als diese sich untereinander zerstritten und um etwa 1230 die beiden Bischofssitze neu zu besetzen waren, war für den norwegischen König die Gelegenheit gekommen, seinen Einflußbereich auf Island auszudehnen. Der Erzbischof von Trondheim ernannte im Jahre 1238 zwei norwegische Bischöfe für die vakanten Bischofssitze Skálholt und Hólar. Weitere Ausländer sollten folgen. Die Bischöfe erstrebten die Unabhängigkeit der Kirche in Island und forderten zugleich von den Häuptlingen, ihnen die Gotteshäuser sowie ihren Grund und Boden der Kirche zu übereignen. Die Häuptlinge waren untereinander zu sehr zerstritten, um geschlossen den Forderungen der Kirche entgegenzutreten. Sie wandten sich an den norwegischen König und ersuchten ihn, ihnen bei ihren gegenseitigen Auseinandersetzungen und dem Streit mit der Kirche zu helfen. Natürlich ließ sich der König diese Chance nicht entgehen, seinen Machtbereich auszuweiten. 1262 unterwarfen sich die Nord- und die Westisländer dem norwegischen Königshaus. Als letzter Landesteil gab dann Ostisland seine Unabhängigkeit auf. Damit hatte der Freistaat aufgehört zu existieren. Die Isländer waren Untertanen des norwegischen Königs geworden, der nun in Personalunion über beide Länder herrschte. Besiegelt wurde das Schicksal durch den ›Alten Vertrag‹ (Gamli sáttmáli).

Unabhängig von der politischen Entwicklung trugen auch wirtschaftliche Probleme zum Niedergang des isländischen Freistaates bei. Durch die planlose Nutzung des Bodens für die Schafhaltung traten erste gravierende Vegetationsschäden und Bodenauswehungen auf. Als Folge davon gingen während strenger Winter große Viehbestände zugrunde. Mit dem 14. Jh. begann eine über 500 Jahre andauernde Zeit der Not und des Elends. Island besaß keine Schiffe mehr, die die Versorgung mit lebenswichtigen Importgütern sicherstellten, und es war 1380 in Personalunion mit Norwegen von der dänischen Krone übernommen worden. In diesem Jahrhundert brachten allein drei Ausbrüche der Hekla den in der Nachbarschaft des Vulkans lebenden Menschen Tod und Verderben. Der Öræfajökull vernichtete 1362 mit einem Ausbruch eine ganze Landschaft. Immer häufiger drang das Treibeis bis an die Küsten vor und ließ dort mit seinem abkühlenden Einfluß selbst in den Sommermonaten kaum die Vegetation aufkommen. Um die Wende des 14. zum 15. Jh. verhungerten im Norden 600 Menschen. Fast jedes Jahr forderten Hungersnöte oder Seuchen ihre Opfer. Der Frühling 1309 ging in die Geschichte als ›Todesfrühjahr‹ ein. 1347 forderte die Beulenpest viele Opfer. Allein in Südisland soll es 1000 Tote gegeben haben. Im Winter 1374/75 kam wiederum eine Hungersnot über die Isländer. Schließlich raffte zwischen 1402 und 1405 die Pest wahrscheinlich zwei Drittel der isländischen Bevölkerung dahin.

Die isländische Tracht zu Beginn des 19. Jh. Aus: »Voyage en Islande et au Groenland« von Paul Gaimard, 1842

Die wirtschaftlichen Verhältnisse verschlechterten sich so weit, daß der Handel fast erstarb. Als die Engländer zu Beginn des 15. Jh. den Handel mit den Isländern aufnahmen und bessere und billigere Waren lieferten als die norwegischen und dänischen Kaufleute, bestrafte man die Isländer mit einem strengen Handelsverbot. Verstöße wurden mit dem Einzug des gesamten Besitzes und der Todesstrafe geahndet. Auch Kontakte mit der Hanse verbesserten die Situation nicht, obgleich sie eine gewisse Stetigkeit in der Versorgung mit Importgütern nach sich zogen. Das dänische Königshaus empfand Engländer und Deutsche als lästige Konkurrenten und brachte den für die Isländer segensreichen Handel zum Erliegen, indem es 1602 das Handelsmonopol den Städten Malmö, Helsingör und Kopenhagen übereignete und damit den Handel einigen wenigen einflußreichen Personen überließ.

Der durch das Monopol stark eingeschränkte Handel, die allgemeine Klimaverschlechterung mit Einbußen in der Landwirtschaft, Epidemien und vor allem katastrophale Vulkanausbrüche (Laki) brachten im 18. Jh. das isländische Volk an den Rand des Ruins. Die eisigen Winter zu Beginn des Jahrhunderts gingen als ›Marter‹- oder ›Eiswinter‹ in die Geschichte ein. 9000 Menschen starben an ihren Folgen. Nach der Volkszählung von 1703 mußten 44 % der Bauernhöfe aufgegeben werden. Unter diesen schlimmen Einflüssen sank vor rund 200 Jahren die Bevölkerungszahl mit 35000 Einwohnern auf einen absoluten Tiefstand. Ursprünglich bevölkerten fast 80000 Menschen die Insel. Trotz vergeblicher Versuche von Skúli Magnússon, die durch das Handelsmonopol hervorgerufenen Mißstände zu überwinden, indem er kleine Manufakturen gründete, sollte sich kurz vor der Selbstaufgabe des Volkes der Ausweg aus der Notlage zu einem Neubeginn abzeichnen. Der dänische König ordnete eine Bestandsaufnahme der natürlichen Ressourcen des Landes an, um einen Plan für die Verbesserung der Lebensbedingungen zu entwickeln. Die damit betrauten Eggert Ólafsson und Bjarni Pálsson erfüllten ihre Aufgabe bravourös. 1787 verfügte die Regierung angesichts der fürchterlichen Folgen des Laki-Ausbruchs eine Lockerung des Handelsmonopols, indem der Handel für dänische Untertanen freigegeben wurde. Die Hoffnung auf einen Aufschwung ließ aber noch lange auf sich warten, denn auf dem Kontinent sorgte Napoleon für so viel Furore, daß die Notlage des kleinen isländischen Volkes gar nicht beachtet werden konnte. Im Gegenteil: Wegen der Teilnahme Dänemarks an den Napoleonischen Kriegen war durch englische Angriffe auf Kopenhagen der Güterverkehr zwischen Island und Dänemark blockiert. Am Kriegsende stand Dänemark auf der Seite der Verlierer. Seine Machtposition im Norden Europas wurde durch den Kieler Frieden 1814 sehr geschwächt. Es mußte Norwegen an Schweden abtreten, Island blieb unter dänischer Oberhoheit.

Als um 1830 die Welle der Freiheitsbewegungen Europa erfaßte, schwappte sie auch nach Island über. Das isländische Volk begann sich seiner Eigenständigkeit zu besinnen und forderte die Wiedereinsetzung des Althing, das 1800 aufgelöst worden war. In diesem Freiheitskampf tat sich besonders Jón Sigurðsson aus Hrafnseyri hervor. Unter seiner Führung wurde die Freiheit schrittweise zurückerobert. Das neue Althing trat 1845 wieder zusammen, allerdings nur als beratende Körperschaft. Gerade Jón Sigurðsson und Jónas Hallgrímsson, einer der bekanntesten Dichter Islands, kämpften für die Abschaffung jeglicher Handelsbeschränkungen und forderten die vollständige Wiederherstellung der legislativen Gewalt sowie die Kontrolle über die Finanzen. In einer am 5. Juli 1851 zusammengekommenen Landesversammlung präzisierten sie die isländischen Forderungen: Anspruch auf ein freies Bündnis Islands mit Dänemark unter völkerrechtlichen Bedingungen. Behandlung aller isländischen Sonderfragen durch eine isländische Regierung. Das Althing erhält vollständig die gesetzgebende Gewalt und freies Bestimmungsrecht in allen innenpolitischen Angelegenheiten.

Der erste Erfolg ihrer Bemühungen stellte sich ein, als der dänische König zur Tausendjahrfeier der Besiedlung Islands 1874 eine Verfassung überbrachte, obwohl die Isländer damit keineswegs zufriedengestellt wurden. Das Althing erhielt unter Aufsicht der dänischen Krone die gesetzgebende, die nationale Autonomie und die Kontrolle über die eigenen Finanzen. Die exekutive Gewalt übte ein Gouverneur aus, der dem Minister für isländische Angelegenheiten verantwortlich war. 1904 gestanden die Dänen den Isländern einen Minister zu. Dennoch blieb Island noch Bestandteil der dänischen Monarchie, denn isländische Gesetze mußten weiterhin dem dänischen Staatsrat vorgelegt werden. Weitere Verbesserungen erfolgten 1915 durch eine Verfassungsänderung. Der Durchbruch war schließlich 1918 geschafft. Island wurde unabhängiger Bestandteil des dänischen Königreiches.

Der wirtschaftliche Aufschwung und die Wiedererlangung der Unabhängigkeit

Der allgemeine politische, wirtschaftliche und kulturelle Durchbruch gelang Island um die Jahrhundertwende. Die 1855 gegründete ›Isländische Nationalbank‹ ermöglichte durch Kredite eine Modernisierung der Fischerei und der Landwirtschaft. Der Einsatz größerer Schiffe ließ innerhalb kurzer Zeit die Fangquote auf das Zehnfache ansteigen. Der Anteil der Fischereiwirtschaft am Export verdoppelte sich in den ersten Jahrzehnten des 20. Jh. von 40% auf 85% und brachte der isländischen Bevölkerung einen anfangs bescheidenen, später aber beträchtlichen Wohlstand. Eine Intensivierung der Handelskontakte und eine Umorientierung der wirtschaftlichen Beziehungen nach Großbritannien und den USA bewirkten eine allmähliche Lösung aus der ökonomischen und politischen Abhängigkeit von Dänemark und führten letztendlich über die Aufhebung der Personalunion mit Dänemark zur Unabhängigkeit. Am 17. Juni 1944 wurde die Republik Island in Þingvellir ausgerufen.

Die Isländer hatten schon früh erkannt, daß ihre auf dem Fisch basierende Volkswirtschaft in starkem Maße von den Fangergebnissen abhing. So war es das Hauptanliegen des jungen isländischen Staates, die Fischbestände um die Insel zu erhalten und dafür Schutzmaßnahmen zu ergreifen, die schließlich zur Erweiterung der Fischereigrenzen führten und damit Konflikte mit der ausländischen Konkurrenz heraufbeschworen. Besonders heftig waren die Auseinandersetzungen mit Großbritannien, die als ›Kabeljaukriege‹ in die Geschichte eingegangen sind.

Die Bedeutung der Fischerei nahm noch bis in die 60er Jahre des 20. Jh. zu. Denn immerhin 97% der isländischen Exporterlöse erbrachten der Fischfang und die Fischverarbeitung. Der Einsatz größerer Schiffseinheiten und die Anwendung modernster Fangmethoden ließ den Fischbeständen kaum noch Zeit, sich zu erholen. Die Anzeichen der Überfischung machten sich in besonders starkem Maße im Heringsfang bemerkbar. In einem Zeitraum von fünf Jahren nahmen die Erträge in bedrohlicher Weise von 763 000 t auf etwa 50 000 t ab. Um sich die Erträge der Fischgründe um die Insel und damit ihre Wirtschaftsgrundlage zu sichern, sah sich die isländische Regierung genötigt, ihre Fischereigrenzen 1975 auf 200 Seemeilen festzusetzen. Trotz Diversifizierungsbemühungen durch die Nutzung eigener Energievorräte im geothermalen Bereich und auf dem Gebiet der Wasserkraft sowie der Ansiedlung energieintensiver Industrien (Aluminium- und Düngemittelherstellung etc.) sind immer noch Fischfang und Fischverarbeitung die Basis der isländischen Wirtschaft. Die Isländer landen pro Kopf etwa sechs Tonnen Fisch im Jahr an und übertreffen mit dieser Leistung jede fischfangende Nation der Erde. Der hohe Leistungsstandard ist in der schnellen Übernahme technischer Neuerungen begründet, was inzwischen zu Überkapazitäten geführt hat. Die Fangerträge könnten ohne Schwierigkeiten bei voller Auslastung der Flotte verdoppelt werden, wenn nicht damit die Fischbestände in Gefahr gebracht würden, wie es beispielsweise schon mit dem Hering geschehen ist und sich in den Schwankungen der Fangquoten der Lodde, die nur als Industriefisch gefangen wird, andeutet. Der Rückgang der Fangerträge bei der Lodde wirkte sich in doppelter Weise nachteilig auf die Fischereiwirtschaft aus, denn von ihrem Ausbleiben ist im ökologischen Gefüge auch als Konsument der Kabeljau und damit der Kabeljaufang betroffen. Ein durch Überfischung bedingtes Ausbleiben des Fisches hätte noch katastrophalere Auswirkungen für die isländische Wirtschaft.

Die Geschichte des Fischfangs

Obgleich die Erträge aus dem Fischfang seit der Landnahme Schwankungen unterworfen waren, wurden die Bestände durch die Fischerei nie in Frage gestellt. Der Fischfang wurde von Bauern als Küsten-, Fjord- und Flußfischerei betrieben. Über schlechte Erträge berichten bereits die Sagas. So werden in der Saga Grettirs schlechtere Fangbedingungen gegen Ende des 10. Jh. beschrieben: »Zu dieser Zeit kam der schlimmste Hunger, den man je in Island erlebte. Die Fänge auf der See gingen fast auf nichts zurück, und es gab kaum etwas Treibholz.« Über Schwankungen in den Fangerträgen wird auch später berichtet. Außerordentlich gut waren die Fänge zwischen 1670 und 1685. Aber bereits im folgenden Jahr konnten in ganz Island nur geringe Fischmengen angelandet werden. 17 Jahre blieb der Fisch vollständig aus. Das hatte für die Bevölkerung katastrophale Folgen. Ungezählte Menschen verhungerten. Viele waren zur Landstreicherei verurteilt.

Gerade aus dieser Zeit wird von schrecklichen Unglücksfällen berichtet, als Boote und Besatzungen für immer draußen blieben. 1685 gingen nicht weniger als 22 Boote unter. Die Anzahl der Todesopfer betrug 181 Fischer, davon 136 allein während eines einzigen Tages

Fischerhütte in Reykjavík. Aus: »Voyage en Islande et au Groenland« von Paul Gaimard, 1842

im März. 1700 ertranken 185 Menschen, und von diesen ließen 160 wiederum an einem Tag ihr Leben. In dieser Zeit war jeder dreißigste Tote ein verunglückter Fischer. Die Ursache für diese beiden großen Unglücke waren plötzliche Wetterstürze.

Die Meeresfischerei beschränkte sich fast bis in das 20. Jh. hinein wegen der Benutzung kleiner offener Boote auf den küstennahen Raum. Fisch wurde bis in das 14. Jh. hinein nur für den Eigenbedarf gefangen. Als aber die Hanse Interesse an isländischem Fisch und Fischprodukten (z. B. Lebertran) bekundete, änderte sich die Einstellung zum Fisch. Die Isländer erkannten seinen Wert als Handelsware. Diese Haltung wurde sicher durch die Einbußen der Landwirtschaft in Rinderhaltung und Getreideanbau bestärkt. Auch als bereits der Fischfang einen wesentlichen Beitrag zum Lebensunterhalt der Isländer leistete, blieb er weiterhin eine Aufgabe des Fischbauerntums. Erst als gegen Ende des 18. Jh. größere Fischerboote eingesetzt wurden, kann in Island von einer eigenständigen Berufsgruppe der Fischer gesprochen werden.

Der Beruf des Meeresfischers war und ist einer der härtesten Berufe. Wenn der Kabeljau oder der ›Gelbe‹ biß, ging es hinaus aufs Meer, auch bei weniger gutem Wetter. Denn keiner wußte, ob er noch am nächsten Tage beißen würde. Da gab es keine Chance, auch nur ein wenig zu schlafen. Um die Jahrhundertwende wird von einer Mannschaft in Nordwestisland berichtet, daß sie mehr als 90 Stunden ununterbrochen auf Fischfang gewesen sei. Das bedeutete: Hinausfahren, Einholen der Fangleinen, den Köder auslegen, den Fang an Land bringen und wieder hinausfahren. Es wurde durchaus als eine durchschnittliche Leistung angesehen, 72 Stunden ununterbrochen zu arbeiten. Eine Fahrt zu den Fischgründen dauerte hin und zurück 8–10 Stunden, wenn im Winter die Bedingungen ideal waren. Wenn aber die Fischgründe weiter entfernt lagen oder das Wetter schlecht war, dauerte ein Fischzug 16–20 Stunden. Für gewöhnlich wurde keine Nahrung mitgenommen. Es gab keine heißen Getränke. Der Durst wurde mit einem kräftigen Schluck Molke gestillt, auch wenn sie sich bei der Kälte in Eisschlamm verwandelt hatte.

In den größeren Fischereiorten wurde im Winter um fünf Uhr morgens aufgebrochen. Nach dem Gebet und dem Ablegen ruderte man hart durch zu den Fischgründen, denn jeder Fischer versuchte, den besten Platz zum Fischen zu erhalten. Nach dem Auslegen der Fangleinen mußten die Männer ein oder zwei Stunden, oft beißender Kälte ausgesetzt, warten. Einer mußte das Boot bei der Boje halten. Mit Schlägen an den eigenen Körper hielt man sich warm. Ein isländischer Minister fragte einmal einen alten Skipper, ob die harte Arbeit der Gesundheit geschadet habe. Die Antwort: »Nicht in meiner Crew. Ich sorgte immer dafür, daß sie genug Schlaf bekamen.« Es waren zwei Stunden zwischen den Ausfahrten. Obgleich nach 1921 per Gesetz eine sechsstündige Ruhe zugestanden wurde, sah es in der Praxis manchmal anders aus. Mit den modernen Schiffen und Fangmethoden können viel mehr Fischarten erreicht und in größeren Mengen gefangen werden als mit den Ruder-

Olaus Magnus, Carta marina, 1539 (Ausschnitt). Magnus schuf mit der »Carta marina« die erste großmaßstäbliche Karte der nordischen Länder

booten. Von den rund 150 um Island lebenden Fischarten sind etwa 20 für den Fischfang interessant. Größere Bedeutung besitzen u. a. Kabeljau, Rotbarsch, Schellfisch, Scholle, Hering (Abb. 15, 16), Seelachs, Heilbutt und als Industriefisch in erster Linie die Lodde.

Heute arbeitet etwa die Hälfte der rund 6000 Fischer auf Schiffen mit mehr als 100 BRT und stellt dem Fisch auf hoher See nach. Dabei schonen sie weder sich noch ihre Ausrüstung. Die Zahl der Unfälle – wenn auch nicht die schlimmeren – steigt an, wenn neue Technologien eingeführt werden, wenn schlechtes Wetter aufkommt und wenn zu schnell gefahren wird. Die isländischen Fischer verbrauchen mehr Treibstoff und Fanggeschirr als ihre ausländischen Kollegen. Sie haben aber den Ruf, bei jedem Wetter zu arbeiten und sehr geschickt mit ihren Schiffen umgehen zu können. Sie arbeiten auch heute noch hart. Wenn im modernen Fischfang eher die Fähigkeiten gefragt sind, ein Schiff in rauher See zu steuern und zu beherrschen sowie Fischschwärme aufzuspüren, so ist immer noch eine körperliche Fitness gefragt und hoch geschätzt. Früher trainierten die jungen Männer für ihren Einsatz auf der See ihren Körper, indem sie Felsbrocken stemmten und miteinander rangen. Ein 1919 an der Küste von Snæfellsnes bei Dritvík veranstalteter Wettbewerb soll veranschaulichen, zu welchen Leistungen Fischer fähig waren. An der Küste der Halbinsel liegen mehrere von der Brandung glatt polierte Gesteinsblöcke, die als Gewichte dienten. Ziel des Wettbewerbs war es, jeden dieser schwer in den Griff zu bekommenden Steine auf einen Sims in Hüfthöhe zu heben. Der schwerste wiegt 140 kg, der nächstkleinere 125 kg, während die Steine für Schwächlinge wesentlich leichter sind. 40 Fischer entschlossen sich 1919, diesen Platz aufzusuchen. Alle hoben den 125 kg schweren Stein auf den Sims. Nicht weniger als 22 schafften auch den schwereren, und alle waren in der Lage, ihn anzuheben.

Kräftemessende Wettbewerbe finden auch heute noch große Beachtung. Mit Jón Páll Sigmarsson lebt in Island einer der stärksten Männer der Welt. Er ist in der Lage, ein 370 kg schweres Gewicht zu heben und einen 115 kg schweren Stein zur Hochstrecke zu bringen. Die Fischer hätten ihm fast Paroli bieten können.

Die Bedeutung der Landwirtschaft im Wandel der Zeit

Von der Landnahme bis zum Ende des vergangenen Jahrhunderts gab es keine grundlegenden Veränderungen in der Siedlungs- und Lebensform der isländischen Bevölkerung. Nach den Daten der ersten Volkszählung im Jahre 1703 – es war die erste moderne der Welt – kann noch von einer reinen Landbevölkerung gesprochen werden, denn 69 % der 50 444 auf Island lebenden Menschen waren Bauern, die ihren Lebensunterhalt von der Landwirtschaft (hauptsächlich Schaf- und Rinderhaltung) allein bestritten; 16 % waren Bauern, die während des ganzen Jahres neben der Landwirtschaft Fischfang im Küstenraum betrieben; 14 % waren Bauern, die nur saisonal dem Fischfang nachgingen. Soweit es die Umstände erlaubten, konnten die Bauern durch den Flußfisch- und Vogelfang, durch Robben- und Fuchsjagd, durch das Sammeln von Federn und Eiern sowie von Treibholz ihr Einkommen

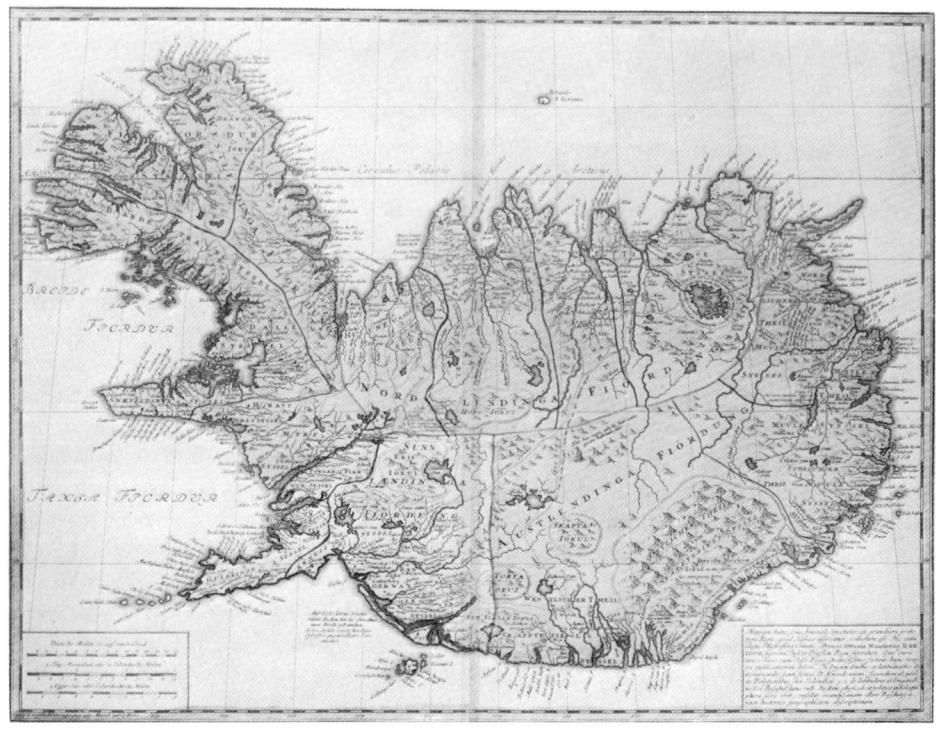

Homanns Erben, Insulae Islandiae, 1761. Die Homännische Offizin brachte am Anfang des 18. Jh. die deutsche Kartographie auf ein hohes Niveau, was sich in der meist vollständigen Überarbeitung der Karten zeigt

verbessern. Dennoch lebten sie im 18. Jh. unter oft erbärmlichen Verhältnissen, da häufige Naturkatastrophen ihr Land und den Viehbestand vernichteten.

Der größte Teil des nutzbaren Landes gehörte der Kirche oder dem dänischen König, so daß viele Bauern wegen des hohen Pachtzinses kaum Eigeninitiativen entwickeln konnten, um ihre Situation zu verbessern. Die Höfe befanden sich in einem schlechten Zustand. Für die Schafe konnten entlang der gesamten Südküste keine Ställe gebaut werden. Soweit das Heu nicht auf den Wiesen liegengelassen wurde, deckte man die Heuhaufen nur notdürftig mit Netzen oder Planen ab, so daß es durch den Regen seinen Nährwert verlor. In ihrer mißlichen Situation verwerteten die Bauern im Süden Strandroggen (Elymus arenarius) als Brotgetreide.

Mit der Zahlung von Zuschüssen und der Gewährung von Darlehen sowie mit dem Übergang vom Fischbauerntum zur Hochseefischerei und der damit verbundenen Gründung von Fischerorten änderte sich die Struktur und die Bedeutung der Landwirtschaft gegen Ende des vergangenen Jahrhunderts. Da in der aufkommenden Fischereiwirtschaft bessere Löhne gezahlt wurden, wanderten aber viele der ursprünglich auf dem Lande tätigen Menschen in die Fischerorte ab. So lebte 1901 nur noch etwa die Hälfte (50,7%) der isländischen Bevölkerung von der Landwirtschaft. Hingegen war der Anteil der vom Fischfang lebenden Isländer von 7% um 1850 auf 27,2% im Jahr 1901 angestiegen. Um der Abwanderung entgegenzuwirken, schlossen sich die Bauern zu landwirtschaftlichen Produktionsgenossenschaften zusammen. Aber trotz Modernisierung, Erhöhung der Produktivität und Verbesserung der Lebensumstände konnte die Abwanderung der Bevölkerung nicht aufgehalten werden. 1920 war der Anteil der von der Landwirtschaft abhängigen Bewohner Islands auf 42,9% zurückgegangen. Zwanzig Jahre später betrug er 30,5%, heute sind es nur noch rund 10%. Parallel zu dem Rückgang der Landbevölkerung ist die Produktivität gestiegen, was am besten an der Heugewinnung zu ermessen ist. Zwischen 1961 und 1970 produzierten etwa 23000 Landbewohner rund sechsmal soviel Heu als 48760 Bauern im Zeitraum zwischen 1882 und 1890. Die erhöhte Futtererzeugung ist das Ergebnis einer intensiveren Bewirtschaftung der Grünflächen um die Gehöfte (tún) durch eine zunehmende Mechanisierung, durch Drainierung von Moorflächen, Aufbringung von Mineraldüngern und Verwendung ertragreicherer Grassorten. Diese Maßnahmen ermöglichten im größeren Umfang Rinderhaltung, insbesondere die Milchviehhaltung, deren Produkte auf den neu entstandenen Märkten in den wachsenden Städten und kleineren Ortschaften Absatz fanden. Heute ist Island in der Lage, sich mit Milch und Milchprodukten selbst zu versorgen und sie sogar auszuführen. Der Pro-Kopf-Milchverbrauch ist mit etwa 185 l Voll-, Mager- und Sauermilch pro Jahr (Wert von 1987) mit Abstand der höchste auf der Welt. Es wird in Frankreich beispielsweise mit 77,3 l nur etwa ein Drittel dessen getrunken. Ein Grund für den ungemein großen Milchdurst mag das allgemeine Alkoholverbot und damit auch die Beschränkung des Bierkonsums sein.

Rund 36000 Kühe produzieren mittlerweile etwa 120 Millionen l Milch. Davon werden 45% als Konsummilch abgegeben, und der Rest wird zu Butter bzw. Käse (ca. 500 t werden exportiert) verarbeitet. Wegen der Überproduktion an Milchprodukten stagniert die Anzahl der Rinder. Die Erträge aus der Rinderhaltung machen etwa die Hälfte der landwirtschaftlichen Produktion aus, die der Schafhaltung etwa ein Drittel. Wegen der verursachten Umweltschäden (s. S. 169) ist die Anzahl der Schafe, und damit auch ihre Produktivität nach einem Höchststand mit 860000 Tieren im Jahr 1975 um fast 100000 Tiere zurückgegangen. An Bedeutung hat in der Landwirtschaft nur der Gartenbau mit Unterglaskulturen (Gurken, Tomaten, Salat, Blumen und Zierpflanzen etc.) gewonnen und wird wegen der steigenden Gewinnung von geothermaler Energie noch zunehmen. Inzwischen beträgt die Gesamtfläche für die Kulturen unter Glas 150000 m². Die Gartenbauzentren befinden sich genauso wie die Zentren der Milchwirtschaft in Südwestisland (Hveragerði mit 24,7% der Unterglaskulturen) und im Hinterland des Borgarfjörður.

Der Ackerbau hängt sehr stark von den Witterungsbedingungen ab. Mit einigem Erfolg wird Kartoffelanbau betrieben, so daß in guten Jahren der Bedarf vollständig gedeckt werden kann, in schlechten sind besonders wegen der Frosteinbrüche Einbußen von etwa 40%

zu verzeichnen. Der Getreideanbau ist mit einer allgemeinen Klimaverschlechterung in den letzten 25 Jahren rückläufig. Es können im Südwesten Islands nur Hafer und Gerste angebaut werden, die allerdings wegen der klimatischen Verhältnisse selten ausreifen und meistens an das Vieh verfüttert werden. Trotz der Bemühungen, gegen Kälte resistentere Getreidesorten zu züchten, wird Island auch in Zukunft Getreide einführen müssen.

Wirtschaftsentwicklung und Lebensstandard auf Island heute

Die Produktivität der Fischerei- und der Landwirtschaft trägt zwar heute noch im wesentlichen den Lebensstandard der Bevölkerung; sie ist aber in starkem Maße von Faktoren abhängig, die nur bedingt vom Menschen beeinflußt werden können. Nach dem Zweiten Weltkrieg wurde die Anfälligkeit der isländischen Wirtschaft gegenüber ökologischen Katastrophen, hervorgerufen durch Vulkanausbrüche, drastische Klimaverschlechterungen mit den Temperaturen der ›Kleinen Eiszeit‹ oder durch Überfischung, erkannt. Aus diesen Gründen wurde mit der Erschließung und der Nutzung der im Lande reichlich vorhandenen Energieressourcen (Geothermalenergie, Wasserkraft) begonnen. Denn dem Ausbau der Landwirtschaft sind trotz hoher Investitionen und Modernisierung natürliche und ökonomische Grenzen gesetzt. Daher wandelte sich seit der Jahrhundertwende die Bevölkerungsstruktur. Lebten um 1900 noch 62 909 Isländer (80,2 %) auf dem Lande (Ortschaften bzw. Siedlungen mit weniger als 300 Einwohnern), so waren es 1974 nur noch 29 894 (13,8 %). Es ist auch noch in nächster Zeit zu erwarten, daß sich die Landflucht fortsetzt. Denn aufgrund der weiteren Modernisierung werden in der Landwirtschaft weniger Arbeitskräfte erforderlich sein und Betriebe in klimatisch ungünstigen Räumen aufgegeben.

Auch die Fischerei hat mittlerweile ihren Höhepunkt an Produktivität überschritten. Die Zeiten der stürmischen Entwicklung im Fischfang, wie in den ersten Jahrzehnten des 20. Jh., sind längst vorbei. Somit werden die isländischen Hoffnungen auf die Nutzung der Energievorräte gesetzt, die wegen der noch umfangreichen Reserven auf das Zehnfache gesteigert werden kann und die Ansiedlung energieintensiver Industrien (Aluminiumgewinnung, Düngemittelherstellung etc.) interessant macht. In der Nutzung der geothermalen Energie als Fernheizwärme kann die isländische Wirtschaft einzigartige Erfolge aufweisen. Mit dem umweltfreundlichen Energieträger des geothermal aufgeheizten Wassers werden heute rund 81% aller isländischen Haushalte, Gewächshäuser mit einer Gesamtfläche von rund 15 Hektar und 85 von den Isländern so geschätzte Schwimmbäder versorgt und beheizt. In Reykjavík hat man bereits damit begonnen, Bürgersteige und kürzere Straßenabschnitte zu beheizen.

Wenn der heutige Lebensstandard der Isländer erhalten bleiben soll, so ist das nur durch eine verstärkte Nutzung der Energievorräte und durch eine Ansiedlung energieintensiver Industrien möglich. Schon heute ist der Pro-Kopf-Energieverbrauch/Jahr einer der höchsten auf der Welt. Er entspricht etwa der Energie von 8,2 t Rohöl und wird noch weiter steigen.

226

Da die Landwirtschaft (außer dem Gartenbau) in Zukunft keine neuen Arbeitsstellen schaffen wird, ist eine noch größere Konzentration der Bevölkerung in den Städten zu erwarten. Bereits heute lebt jeder zweite Isländer in Reykjavík oder in den unmittelbar an die Hauptstadt angrenzenden Nachbarstädten.

Gesamtansicht von Reykjavík mit der Esja. Aus: »Voyage en Islande et au Groenland« von Paul Gaimard, 1842

Reykjavík

Obgleich Reykjavík nach mitteleuropäischen Maßstäben kaum den Charakter einer großstädtischen Metropole besitzt, kann es mit einigen Kuriositäten oder gar Superlativen aufwarten. Reykjavík ist die nördlichste und mit etwa 95 800 Einwohnern eine der kleinsten Hauptstädte der Welt. Da aber die meisten Einwohner im eigenen Haus mit Garten leben, nimmt es im Verhältnis zur Einwohnerzahl die größte Fläche ein. Es hat nie einen Bahnhof besessen, und sein Flughafen liegt fast in der Innenstadt, so daß die Flugzeuge je nach Windlage im Landeanflug tief über sie hinwegbrausen. Davon nehmen allerdings die Passanten kaum Notiz. Auf den meisten Häusern befinden sich keine Schornsteine, da fast alle Haushalte (98,5 %) mit geothermaler Warmwasserheizung versorgt werden. Daher ist das Leben in dieser Metropole nicht so sehr von der Luftverschmutzung betroffen wie in anderen Hauptstädten Europas. Aus diesem Grunde wird behauptet, daß die Luft in Reykjavík genauso klar und rein sei wie im Landesinneren. Leider trifft das aber in letzter Zeit wegen des starken Autoverkehrs (etwa 492 Pkw/1000 Einwohner im Landesdurchschnitt) nicht mehr oder nicht immer zu. Auch wenn ständig wehende Winde für einen guten Luftaustausch sorgen.

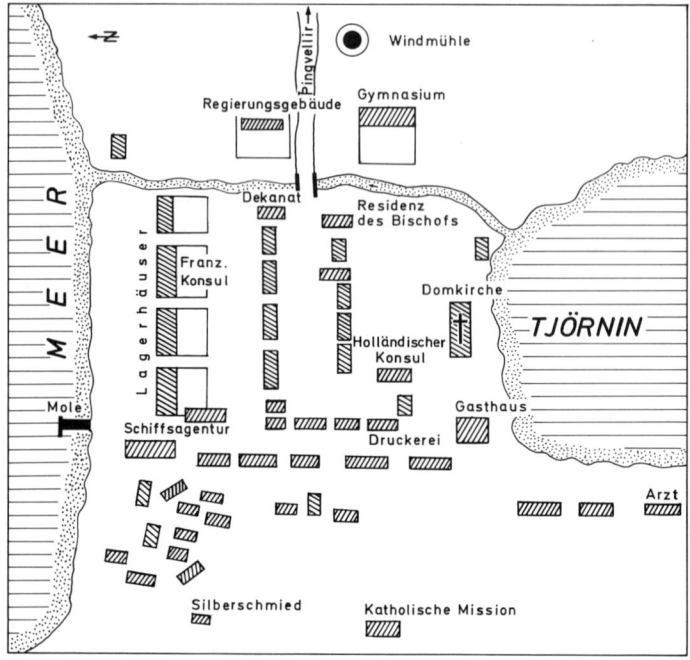

Reykjavík im Jahre 1863 (verändert, nach einer Darstellung in H. R. Barðarson 1982)

Die Entwicklung Reykjavíks

Obgleich Ingólfur sich bereits vor rund 1100 Jahren in der ›Rauchbucht‹ niederließ und Reykjavík zur ältesten Dauersiedlung des Landes machte, war die heutige Metropole bis vor rund 200 Jahren nicht mehr als ein Bauernhof. In unmittelbarer Nachbarschaft des heutigen Hafens befand sich auf den kleinen flachen Inseln seit Jahrhunderten der winzige Handelsposten Hólmur. Mit der Ansiedlung von Manufakturen durch Skúli Magnússon vergrößerte sich die Siedlung und erhielt mit 250 Einwohnern am 18. August 1786 das Stadtrecht. Noch 1801 lebten in Reykjavík gerade 301 Einwohner, weniger als 1 % der Gesamtbevölkerung. Dennoch besaß es schon eine zentrale Bedeutung. Es war Handelsplatz, 1796 war der Bischof von Skálholt dorthin gezogen, und 1800 tagte in Reykjavík zum ersten Mal das Althing. 100 Jahre später war die Bevölkerung auf 5802 Personen angewachsen, und 1989 lebten in der Hauptstadt rund 95 800 Einwohner. Das sind etwa 38% der isländischen Gesamtbevölkerung (251700 Einw.). Nimmt man die Bevölkerung der angrenzenden Städte Garðabær, Kópavogur, Seltjarnarnes und Hafnarfjörður – was wegen der kaum erkennbaren Stadtgrenzen gerechtfertigt erscheint - hinzu, so lebt in dem städtischen ›Agglomerat‹ Reykjavík deutlich mehr als die Hälfte der isländischen Bevölkerung.

Solange die Isländer hauptsächlich von der Landwirtschaft lebten, bestanden für die Hauptstadt kaum Aussichten für ein Wachstum, denn mit den Erträgen der landwirtschaftlichen Betriebe aus der näheren Umgebung konnte eine größere Einwohnerzahl nicht versorgt werden. Diese Situation änderte sich erst 1880 mit der Erstellung des ersten ausgebauten Weges nach Südwesten, der Anbindung an die wichtigsten Agrargebiete und 1894 mit der Regelung des Wegebaus durch Gesetz. Bis dahin wurden die Lasten auf den Rücken der Pferde transportiert. Der wirtschaftliche Aufschwung um die Jahrhundertwende spiegelt sich in der sprunghaften Zunahme der Bevölkerungszahl wider (Abb. 48). Von 1901 bis 1910 stieg die Einwohnerzahl von 6682 auf 11600. Ein ähnliches Wachstum war sonst nur in den ersten Jahren nach dem Ersten Weltkrieg zu verzeichnen.

Die Lage der Stadt

Der größte Teil der Stadt liegt auf einer flachen Halbinsel, die sich nach Westen in die große Meeresbucht Faxaflói erstreckt. Jüngere Stadtteile erfassen bereits im Osten das flachhügelige Hinterland. Aus geologischer Sicht ist es das Gebiet ehemaliger Strandterrassen und

Der Hafen von Reykjavík im 19. Jh. Aus: » Voyage en Islande et au Groenland« von Paul Gaimard, 1842

Die Hauptstraße von Reykjavík. Aus: »Voyage en Islande et au Groenland« von Paul Gaimard, 1842

ideal für eine Besiedlung geeignet. Diese Gunstlage ist sicherlich nur ein Grund für die Bevölkerungsverdichtung gerade hier im Südwesten des Landes. Die anderen sind die reichen Fischgründe in der Faxaflói-Bucht und ihren angrenzenden Gebieten, die vielen heißen Quellen im Umland, die zentrale Lage zwischen den beiden wichtigsten Landwirtschaftszentren in den Flußniederungen Südwestislands und im Borgarfjörður sowie ein eisfrei bleibender Hafen.

Reykjavík ist in eine Landschaft mit Vulkanbergen unterschiedlichen Aufbaus und verschiedenartiger Herkunft eingebettet. Beherrscht wird ihre Umgebung von dem 909 m hohen Massiv des ›Stadtberges‹ Esja (Abb. 44).

Die Stadt entwickelte sich trotz ihrer abseitigen Lage am Südwestrand der Insel zum Verkehrs- und Verwaltungszentrum des Landes. Ihr eigenes Zentrum ist die Altstadt mit Regierungs- und Verwaltungsgebäuden, darunter das isländische Parlament mit der Domkirche in unmittelbarer Nachbarschaft, das Ministerratsgebäude (erbaut 1764, ältestes Gebäude, einst als Gefängnis vorgesehen), mehrere Geschäfts- und Bankhäuser. Die größte Zierde des Stadtzentrums ist ein kleiner See, der Tjörnin mit seinen Parkanlagen. Ihm schließt sich im Südwesten als geistiges und kunsthistorisches Zentrum die Universität mit dem Arnamagnäanischen Institut, wo die alten Schriften aufbewahrt werden, und dem Nationalmuseum an.

In den letzten Jahrzehnten hat sich die Stadt besonders nach Osten ausgedehnt. Die jüngsten Stadtrandsiedlungen liegen bereits etwa 10 km vom Zentrum entfernt und besitzen eigene Einrichtungen der Grundversorgung. Ein Ende des außerordentlich starken Wachstums ist noch nicht abzusehen. Immer mehr neue Areale in fast unberührter Natur müssen zur Bebauung bereitgestellt werden. Drehscheibe des inländischen Personenverkehrs ist der im Süden an das Zentrum angrenzende Inlandflughafen. Hier wird fast die Hälfte (ca. 46 %) des Inlandflugverkehrs abgewickelt. Dabei werden von der Hauptstadt 16 Ortschaften im Lande, darunter auch einzelne mit einer Einwohnerzahl von weniger als 500 Personen, regelmäßig angeflogen. Von dem unmittelbar neben dem Flugplatz gelegenen Busbahnhof kann man alle größeren Ortschaften auf der Insel erreichen. Vom Hafen aus werden Frachtlinien zu den meisten Küstenorten und ein Fährdienst nach Akranes unterhalten.

Der Tjörnin und seine Umgebung

Die Sehenswürdigkeiten Reykjavíks konzentrieren sich um den Tjörnin. Er ist mit seinen Anlagen fester Bestandteil des Reykjavíker Stadtbildes und findet nicht nur das Interesse der Stadtbevölkerung. Als Reykjavík vor 200 Jahren zur Stadt erhoben wurde, standen die meisten Häuser auf einer schmalen Landzunge zwischen dem See und dem Meer. Die lutherische Domkirche stand einst an seinem Seeufer. Unmittelbar nach der Jahrhundertwende wurde die Uferpromenade geschaffen und der Hljómskálargarðurinn (Harmoniehallen-Garten) als erster Park Reykjavíks angelegt. Während der Sommermonate zieht er Spaziergänger und Sonnenanbeter an, im Winter tummeln sich auf seiner Eisfläche Schlittschuhläufer.

Der See ist nur einen halben Meter tief. Auf dem Grund hat sich mittlerweile eine zwei Meter mächtige Schlammschicht angesammelt. Es muß schon recht lange her sein, daß im Tjörnin Lachse und Forellen lebten. Beide Fischarten kommen allerdings noch in den Flüssen der Stadtrandgebiete vor. Im Sommer 1987 wurde noch ein mehr als 15 Pfund schwerer Lachs in der Elliðaá im Osten Reykjavíks gefangen. Das Vogelleben an den Ufern und auf dem Wasser ist sehr vielfältig. 50 verschiedene Vogelarten geben sich hier im Laufe des Jahres ein Stelldichein. Von ihnen sind trotz des Autoverkehrs am Rande die Küstenseeschwalbe und sechs verschiedene Entenarten, darunter auch die Eiderente, nicht abzuhalten, am oder auf der Insel im See zu nisten. Unumstrittenes Hauptquartier der Küstenseeschwalbe ist die kleine Insel, wo alljährlich etwa 100 Nester gezählt werden. Das Westufer umsäumen viele ältere und vornehme Häuser, u. a. auch die einstige Residenz des Ministerpräsidenten. Heute ist es das offizielle Empfangsbebäude der Regierung.

Bis in die ersten Jahre dieses Jahrhunderts floß ein kleiner Bach vom See in den Hafen. Er brachte den Anwohnern viel Ärger, denn von Zeit zu Zeit überschwemmte er die an seinen Ufern gelegenen Gärten und richtete Schäden an den Häusern an. Heute weist nur noch der Name der darüber befindlichen Straße auf seine vormalige Anwesenheit hin. Es ist die stark befahrene Lækjargata (Bachgasse) und der Lækjartorg (Bachplatz).

Der See mitten in der Stadt regte schon immer die Phantasie von Stadtplanern und Bürgern an. Ein namhafter Maler schlug im vergangenen Jahrhundert vor, den Tjörnin mit dem Meer im Norden durch einen Kanal zu verbinden und als zusätzliches Hafenbecken zu nutzen. Ein anderer bekannter Bürger, der im Winter auf dem Eis ein Karussell unterhielt, äußerte die Absicht, auf der kleinen Insel ein Restaurant zu errichten, das über eine Holzbrücke zu erreichen sein sollte. Die Stadtverwaltung verwarf das Projekt. Ein Bauunternehmer bot sich etwa zur gleichen Zeit für ein Entgelt an, den See aufzufüllen. Vor etwa 20 Jahren sollte schließlich eine Stadthalle im See gebaut werden. Eines Tages erhielt der See, möglicherweise nach dem Vorbild im Kopenhagener Hafen, die Statue einer Meerjungfrau, was den Unwillen vieler Reykjavíker Bürger herausforderte. In einer Neujahrsnacht flog die Statue, wahrscheinlich mit den Krachern und Raketen in die Luft. Seitdem wurden keine neuen ›Verschönerungspläne‹ für den Tjörnin geäußert oder in die Tat umgesetzt. Nur am südlichen Ende springt seit einiger Zeit eine Fontäne, die wiederum auch nicht gerade eine ungeteilte Zustimmung unter den Einwohnern fand.

Das Erscheinungsbild der ältesten Stadtteile ist uneinheitlich und etwas verwirrend. Ältere niedrige Gebäude stehen neben mehrgeschossigen Betonhäusern. Es gibt verständlicherweise keine wegen ihres Alters hervorzuhebenden Bauten. Die Domkirche stammt in ihrer ältesten Form von 1790. Nur wenig älter ist das bereits erwähnte Ministerratsgebäude. Eines der wenigen aus Naturstein errichteten Häuser ist das Parlamentsgebäude aus dem 19. Jh., das neben der Domkirche im historischen Stadtzentrum, dem Austurvöllur-Platz mit der Statue von Jón Sigurðsson, steht. Wo die Lækjargata auf die Bankastræti stößt, befindet sich als allgemeiner Treffpunkt das wahre Zentrum der Stadt mit den Torfa-Häusern (Abb. 43), flankiert von dem Ministerratsgebäude auf der nördlichen Seite und dem 1846 erbauten Gymnasium, das bis 1919 von Halldór Laxness besucht wurde. Bei schönem Wetter finden sich an der Lækjargata Schachspieler ein, Passanten setzen sich auf den Rasen in die Sonne. Manchmal werden sie von einem Straßenmusikanten unterhalten.

Einige der älteren Gebäude des Stadtzentrums (etwa um 1875) besitzen meistens rein dänische Form- und Stilelemente. Es sind Häuser mit niedrigen Seitenwänden und einem steil abfallenden Dach. Die Seitenwände sind als Schutz gegen verwehten Regen mit Holz oder Stein verblendet. Unmittelbar vor der Jahrhundertwende erfaßte die ›Norwegische Stilepoche‹ (wenngleich die Norweger diese Stilart als ›schweizerisch‹ bezeichneten) Reykjavík und Island. Die Vorbilder dieser Hausform übernahmen die Isländer von den in Island lebenden norwegischen Heringsverarbeitern. Ihre Häuser waren geräumiger als die des dänischen Typus. Die ersten Häuser dieser Art kamen als Fertighäuser einschließlich der Dekorationen und aller einbezogenen Einbauteile aus Norwegen. Später benutzten die Isländer die norwegische Form, um einen neuen Baustil zu kreieren. Wenige Jahre nach der Jahrhundertwende baute man in Reykjavík zwei Stockwerk hohe Häuser. Das charakteristische der isländischen Bauweise ist die Verarbeitung von Wellblech (Farbabb. 18, Abb. 49). Es ist nicht ganz klar, wie es zur Verwendung dieses nicht gerade sehr attraktiven, aber doch als Wetterschutz sehr wirksamen Baumaterials kam. Das Wellblech hielt den Regen ab und ließ zugleich auch noch einen Luftaustausch zu, der tragende Teile des Hauses vor der

43   Reykjavík. Torfa-Häuser an der Bankastræti
◁ 42   Reykjavík. Hallgrímskirche
44   Reykjavík. Denkmal Leif Eiríkssons. Im Hintergrund das Esja-Massiv

45   Reykjavík. Angelnde Jungen im Hafen

46   Reykjavík um 1910. Waschfrauen im Laugardalur (Þvóttalaug)

47 Reykjavík. Nationalbibliothek (links) und Nationaltheater

48 Reykjavík. Ansicht um die Jahrhundertwende

49 Wellblechhäuser eines Gehöftes mit Kirche

51 Bischof Guðbrandur Þorláksson. Ältestes erhaltenes Gemälde eines Isländers (1620) ▷

50 Akureyri. Der Hafen zu Beginn dieses Jahrhunderts

EFFIGIES REVERENDISSIMI. PIETATE ET DOCTRINA CLAR
ISSIMI PATRIS, DOMIN GVDBRADI THORLACII ISLANDIÆ
BOREALIS EPISCOPI MERISSIMI. ANO 1620 ÆTAT 78.

52   Titelseite der Þorláksson-Bibel (1584) mit Anmerkungen des Herausgebers

53　Kußtäfelchen (Pacificale) aus Walroß-Elfenbein, wahrscheinlich 14. Jh.

54   Bettüberwurf aus dem 17. Jh. in Kreuzstichtechnik

55 Kunstvoll verziertes Speisegefäß (»askur«)

56 Geschnitzter Löffelkasten von 1649

57   Vorderseite eines kleinen Schrankes aus Fichtenholz (1840)

58 Kruzifix aus Birkenholz (12. Jh.). Es stammt aus dem Svarfadalur (Nordisland)

59 Bronzefigur eines heidnischen Gottes, um 1000 n. Chr. (Höhe 6,7 cm)

60 Stuhl aus der Kirche von Grund (Eyjafjörður, um 1540)

62 Reykjavík. Ásmundur Sveinsson »Die Wasserträgerin« auf dem Hügel Golfsskáli
◁ 61 Abendmahlskelch, um 1300 (Bischofssitz Skálholt, frz. Arbeit)
63 Reykjavík. Atelier und Museum von Ásmundur Sveinsson

64   Reykjavík. Denkmal für das isländische Packpferd von Sigurjón Ólafsson

65 Þórarinn B. Þorláksson »Þingvellir« (1900)

66 Þórarinn B. Þorláksson »Stóra Dímon« (1902)

Reykjavík um 1875. Nach einer Zeichnung von Melton Prior

Verrottung schützte. In den ersten Jahrzehnten dieses Jahrhunderts wurden riesige Mengen dieses Baumaterials aus England eingeführt. Bezahlt wurde hauptsächlich mit Schafshäuten. Die meisten alten Häuser Reykjavíks stammen aus dieser Periode. Das Wellblech ist ihr Kennzeichen. Wer sich diese historischen Gebäude auch von innen ansehen will, findet sehr schöne Häuser im sehenswerten Freilichtmuseum von Árbær.

Von den zum Teil wegen ihres interessanten Betonbaustils auffallenden Gebäuden muß quasi als Wahrzeichen der Hauptstadt die nach über 25jähriger Bauzeit allmählich vor ihrer Vollendung stehende Hallgrímskirche hervorgehoben werden (Abb. 42). Mit einer Höhe von 75 m ist sie das höchste Gebäude der Stadt. Sie wird nach ihrer Vollendung mit einer Aufnahmefähigkeit von 1000–1200 Personen die weitaus größte Kirche im Lande sein. Bereits in den ersten Jahren dieses Jahrhunderts reifte der Gedanke, auf dem ideal gelegenen Skólavörðuholt eine Kirche zu errichten. Heute kann man von der Plattform ihres Turmes die gesamte Hauptstadt und ihr Umland überblicken (Farbabb. 19). Die Kirche ist nach dem größten religiösen Dichter Islands, dem Geistlichen Hallgrímur Pétursson (1614–74)

249

genannt. Bereits die Planung verlief schleppend. 1930 wurde ein Architekten-Wettbewerb ausgeschrieben, aber kein Vorschlag fand die Zustimmung. Zehn Jahre später entschied das Althing, die Kirche zu Ehren Hallgrímurs zu erbauen. Die Aufgabe wurde dem Staatsarchitekten Guðjón Samúelsson (1887–1950) übertragen. Samúelsson schuf viele bekannte Gebäude in Island, u. a. das Hauptgebäude der Universität, das Nationaltheater (Abb. 47), die katholische Kirche in Reykjavík und die lutherische Kirche in Akureyri. Getreu seinem Ziel, eine nationale Architektur zu entwickeln, verwandte er Motive und Baumaterial aus dem Heimatland, wobei Basaltformen eine vorherrschende Rolle spielten. Die Form der Hallgrímskirche soll an die zerklüfteten Berge und an die Gletscher, die das isländische Landschaftsbild beherrschen, erinnern. Erst 1948 konnten die Fundamente gelegt werden. Aber wegen der geringen zur Verfügung stehenden Mittel kam der Bau nur langsam voran. Der Turm wurde 1974 vollendet, das Schiff sollte 1986 fertiggestellt sein.

Das Reykjavíker Heizungssystem

Es soll noch eine Besonderheit der Stadt herausgestellt werden, die nicht so sehr als Sehenswürdigkeit angesehen werden kann und dennoch ein prägendes Element für die Hauptstadt einer Vulkaninsel darstellt. Es ist das ›Reykjavíker Heizungssystem‹. Im Gegensatz zu allen anderen Städten außerhalb Islands wird Reykjavík von einem Heizungssystem versorgt, dessen warmes Wasser aus den vulkanisch erhitzten Tiefen unter der Stadt oder aus den Thermalgebieten in seinem Umkreis stammt. Die Warmwasserquellen waren bereits dem ersten Besiedler Islands, Ingólfur Arnarson, bekannt. Für die Beheizung wurde dieser umweltfreundliche und billige Energieträger erst Anfang dieses Jahrhunderts entdeckt und genutzt. 1930 konnte ein erstes Heizungssystem in Betrieb genommen werden. Eine bei Þvóttalaug (Abb. 46) im Osten der Stadt niedergebrachte Bohrung lieferte pro Sekunde 14 l 87 °C heißes Wasser. Damit konnten eine Schule, 70 Haushalte und ein Schwimmbad beheizt werden. Der Bischof hatte sich zwar für die Einweihung des Heizungssystems angesagt, um das Unternehmen zu segnen. Das freundliche Angebot wurde aber abgebogen, da man sich nicht sicher war, ob der Versorger mit der Erdwärme im Untergrund den Spritzern des geweihten Wassers widerstehen konnte. Das erste Fernheizungsprojekt war mit Erfolg beschieden. Im Anschluß daran lieferten niedergebrachte Bohrungen im Thermalfeld von Reykir, ca. 15 km nördlich von Reykjavík, große Mengen heißen Wassers. Für die Sicherstellung der Heißwasserversorgung mußte nun ein Rohrleitungsnetz mit Versorgungsleitungen von Reykir verlegt werden, was noch vor dem Zweiten Weltkrieg in Betrieb genommen werden konnte. 69 Bohrlöcher lieferten nun insgesamt 300 l 86 °C warmes Wasser pro Sekunde aus einer Tiefe von bis zu 628 m. Der Wärmeverlust des Wassers betrug auf dem 15 km langen Weg zu den Vorratstanks auf dem Öskjuhlíð nur wenige Grade. Die Tanks sind heute neben der Hallgrímskirche die Wahrzeichen des modernen Reykjavík. Wegen des gestiegenen Bedarfs nahm die Warmwasserförderung inzwischen auf 1800 l/sek zu. Förderstationen befinden sich überall im Stadtgebiet. Allein elf Bohrlöcher entlang der

Hauptgeschäftsstraßen Laugavegur und Bankastræti liefern aus einer Tiefe von 630 bis 2850 m jede Sekunde 330 l etwa 128 °C heißes Wasser.

Die Entdeckung Amerikas durch Seefahrer isländischer Abstammung

Außer den Wetterfronten nahmen die Menschen, die Tiere und die Pflanzen in geschichtlicher und vorgeschichtlicher Zeit den Weg über den Atlantik mit der Zwischenstation Island eher von Ost nach West als umgekehrt. Island ist auch heute noch ein ›Sprungbrett‹ auf dem Weg von Europa nach Amerika. Die amerikanische Entdeckung Islands erfolgte erst in diesem Jahrhundert aus strategischen Gründen. Die US-Amerikaner folgten dem Weg der meteorologischen Tiefs und nisteten sich auf der Insel als Dauergäste ein. Im Grunde genommen erwidern sie nur in tausendfacher Weise einen wahrscheinlich etwas kürzeren Besuch, den Normannen isländischer Herkunft ihrem Kontinent etwa 1000 Jahre zuvor abgestattet hatten. Während des Mittelalters war also Island die Ausgangsbasis für die Erkundung des Westens. Auf diesem Wege wurden das fast benachbarte Grönland und die Ostküste Nordamerikas entdeckt. Die nordische Entdeckung Amerikas lief weitaus weniger spektakulär ab und fand weniger Beachtung als ihre eigentliche Wiederholung durch Kolumbus etwa 500 Jahre später. Der Zweck beider Reisen war grundverschieden: Die erste Amerikareise über Grönland fand wohl hauptsächlich aus einem lebensnotwendigen Grunde statt. Es fehlte den Nordmännern vor allem an Holz. Kolumbus suchte eine neue Indien-Route, um Luxusgüter nach Europa bringen zu können. Die erste Entdeckung Amerikas war so weit in Vergessenheit geraten, daß sie zumindest in Südeuropa im 15. Jh. unbekannt gewesen ist. Sie wurde den Europäern erst wieder ins Bewußtsein zurückgerufen, als die isländischen Sagas wissenschaftlich aufgearbeitet wurden und vor allem Kartenwerke mit einem geheimnisvollen ›Vinland‹ westlich von Grönland auftauchten. Es ist im wesentlichen das Verdienst der mittelalterlichen Isländer, daß sie die Erzählungen über die Fahrten nach Westen aufzeichneten. Es finden sich darüber Hinweise in einem Bericht von Adam von Bremen (um 1070) und in dem *Íslendingabók* und dem *Landnámabók*. Viele Informationen über die Fahrten nach Grönland liefern die *Grönland-Saga* und die *Eirík-des-Roten-Saga*. Zu diesen Überlieferungen fehlte bis in die 60er Jahre dieses Jahrhunderts der archäologische Beweis, daß Wikinger den nordamerikanischen Kontinent betraten. Es ist der unermüdlichen Arbeit des Norwegers Helge Ingstad und seiner Frau Stine zu verdanken, daß eine frühmittelalterliche nordische Niederlassung auf Neufundland gefunden wurde.

Es kann nicht mehr genau ermittelt werden, warum die Isländer nach Westen aufbrachen, ob beispielsweise die Schären vor Grönland nur durch den Zufall, vom Kurs abgetrieben worden zu sein, entdeckt wurden. Fest steht jedoch nach den Sagas, daß Eirík der Rote 982 die Insel Grönland, allerdings nicht aus dem Antrieb heraus, große Entdeckungen zu machen, sondern um sich als ein in Island Geächteter Racheakten zu entziehen, betrat. Er war im Sommer 982 mit einem Schiff und einer Mannschaft von den Klakkseyjar im Breiðafjörður aufgebrochen, umsegelte das Kap Farvel und gelangte an die Westküste, wo er sich im Eiríksfjörður an der Südwestküste Grönlands niederließ. Das von ihm entdeckte Land bezeichnete Eirík der Rote mit dem Hintergedanken, weitere Siedler nach seiner Rückkehr von Island auf die große mit einer Inlandeismasse bedeckte Insel zu locken, ›Grönland‹, das ›Grüne Land‹. Nachdem er drei Jahre auf Grönland verbracht hatte, war die Acht wieder von ihm genommen. Er kehrte nach Island zurück. Aber nur um ein Jahr dort zu verweilen. Offensichtlich konnte er in Island keinen Fuß mehr fassen, denn seit der Gründung des Freistaates waren bereits über 50 Jahre vergangen. Das Aufnahmevermögen der Insel war längst erreicht, denn Islands Bevölkerung betrug etwa 40 000 Menschen. Wahrscheinlich hatte er viele Schicksalsgenossen, die auswandern wollten. So brach im Jahre 986 Eirík mit seiner Familie und einer erstaunlich großen Flotte von 25 Schiffen mit 300–700 Personen nach Grönland auf. Nur 14 Schiffe erreichten allerdings das Ziel. Der Rest ging entweder unter oder mußte nach Island zurückkehren. Im Julianehaab-Distrikt entstanden 190 Gehöfte. Der größte Teil der Niederlassungen befand sich an Eiríks Heimstatt bei Brattahlíð. Ein anderes Besiedlungsgebiet mit 90 Anwesen (die westliche Besiedlung) entwickelte sich ca. 300 km weiter im Nordwesten, im Godthaab-Gebiet (heute Nuk). Das Anwesen Eiríks des Roten bei Brattahlíð (heute Kagssiarsuk) wurde 1932 im Auftrag des Dänisches Nationalmuseums ausgegraben und enthält einen großen Komplex von Gebäuden nordischen Baustils. Es wurde keine Spur von ›Þjóðhilds Kirche‹ gefunden, was diesen Teil der Eiríks-Saga zunächst als unzutreffend erscheinen ließ. Aber im August 1961 wurde bei Bauarbeiten ein Schädel ausgegraben, der einem mittelalterlichen Normannen gehören sollte. Im folgenden Sommer förderten im großen Stil durchgeführte Ausgrabungen dann doch die Fundamente einer winzigen mittelalterlichen Kirche zutage. Sie war etwa 4,8 m lang und 2,4 m breit, bestand aus etwa 1,2 m dicken Grundmauern aus Torf und Baumstämmen und befand sich in einem Friedhof mit etwa 80 Gräbern. Sie stand etwa 200 m vom Gehöft Eiríks entfernt und verbarg sich hinter einer kleinen Anhöhe. Es wird wahrscheinlich die Kirche Þjóðhilds, der Frau Eiríks, gewesen sein.

Nach der Ankunft im Eiríksfjörður erkundeten dann seine Söhne die Räume weiter im Westen. Ein vorzüglicher Seefahrer war der um 970 in Island geborene Sohn Leifur (Leifur Eiríksson, Abb. 44). Er hatte bereits eine Reise zum europäischen Kontinent unternommen und mit zwei Priestern das Christentum in Grönland eingeführt, als er 1000 n. Chr. zu seiner Entdeckungsfahrt aufbrach, die ihn nach Amerika brachte. Seine eigene Fahrt baute auf den Erfahrungen des Seefahrers Bjarne Herjólfsson auf, der 988 auf einer Fahrt nach Westen schon Amerika gesichtet hatte. Leifur gelangte etwa in der Höhe des Baffin-Landes (kanadische Insel am Polarkreis) an die Küste des nordamerikanischen Kontinents, folgte dem Labradorstrom nach Süden und ging in einem Gebiet zum Überwintern an Land, das er Vinland nannte. Nach den Untersuchungen von Ingstad wird Vinland Neufundland sein, denn nach gründlichen Recherchen konnte er bei L'Anse aux Meadows Reste eines Hauses nordischer Bauart aus der Zeit um die Jahrtausendwende ausgraben. Die Wikinger haben Vinland wohl in erster Linie aufgesucht, um ihren Holzbedarf in Grönland zu decken. In Grönland entstand ein Freistaat nach isländischem Muster. Es existierten aber weder staatsrechtliche, noch kirchliche Bindungen zu Island. Die Kirche wurde zunächst dem Bischof von Bremen zugeordnet und war später dem Erzbischof von Trondheim (Nidaros) unterstellt. Nach einer Blütezeit unter den günstigen Klimabedingungen des Hochmittelalters – zeitweise müssen 4000–5000 Menschen nordischer Abstammung auf der Insel gelebt haben – verschwanden nach 500jähriger Anwesenheit die Grönländer wieder. Der Grund für die Aufgabe der Siedlung ist bis heute unbekannt.

Das kulturelle Erbe und die Kunst

Die isländische Sprache

Um die Verwandtschaft der isländischen Sprache seinen Lesern näherzubringen, stellte der Autor Guðmundur Sæmundsson zu den verwandten Sprachen folgende Beziehungen her: Das Isländisch besitzt vier Schwestern: Die dänische, die färöische, die norwegische und die schwedische Sprache. Mit dem Englisch, dem Deutschen und dem Holländisch besitzen sie eine gemeinsame Großmutter, die germanische Sprache. Über allen thront die Urgroßmutter, die indogermanische Sprache mit allen ihren Nachkommen, zu denen auch Polnisch, Russisch, Indisch, Französisch und Italienisch gehören. Mit dem Isländischen blieb weitgehend die Sprache erhalten, die von den norwegischen Siedlern des 9. und 10. Jh. gesprochen wurde.

In bezug auf ihre geschriebene Sprache können die Isländer auf eine lange Tradition mit hervorragenden Überlieferungen zurückblicken. Die ältesten Aufzeichnungen datieren zurück bis in die Mitte des 11. Jh. Unter den Werken des ausgehenden Mittelalters befindet sich, was einzigartig auf der Welt ist, eine erste grammatische Abhandlung von 1255 mit einer Erläuterung der Phonetik, beruhend auf dem Prinzip der vergleichenden Lautlehre. Die Formen haben sich bis auf den heutigen Tag kaum geändert, mit ihnen auch nur wenig die Deklination und die Konjugation der Wörter.

Natürlich hat die Anzahl der Wörter in allen Lebensbereichen zugenommen, aber das Isländische zeichnet sich dadurch aus, daß kaum Fremdwörter übernommen wurden. Ein großer Teil des ursprünglichen isländischen Wortschatzes blieb bis in die Gegenwart erhalten. Dadurch können auch die heutigen Isländer noch alte Texte lesen. Die Veränderung der Sprache der norwegischen Siedler und damit der Ursprung des Isländischen begann mit der Landnahme, denn das Leben in der neuen Umgebung erforderte gerade wegen der unbekannten geologischen und geographischen Verhältnisse neue Wortbildungen. In den Wortschatz wurden neue Begriffe, wie beispielsweise ›jarðeldr‹ (Vulkanismus) aufgenommen, oder die Bedeutung von Begriffen erweitert. ›Hraun‹ (Lavafeld) bedeutete ursprünglich ›steiniger Boden‹ oder ›Landschaft‹, oder ›laug‹ (warme Quelle) erhielt auch die Bedeutung ›Bad‹. Neue Wortschöpfungen in Verbindung mit der vulkanischen Aktivität waren Laugarnes, Varma oder eben Reykja(r)vík. Mit der Christianisierung wurden weitere

Begriffe in das Isländische aufgenommen. Zu ihnen gehören ›engill‹ (Engel) oder ›djöfull‹ (Teufel).

Im allgemeinen wurde ein neuer Begriff in die isländische Sprache aufgenommen, indem seine Bedeutung im Isländischen nur umschrieben wurde. Damit veränderte sich das moderne Isländisch gegenüber der Vergangenheit kaum und weist auch in der regionalen Verbreitung kaum Unterschiede auf. Regionale sprachliche Abweichungen beziehen sich fast nur auf die Betonung. Aus diesem Grunde sind die isländischen Dialekte nicht so ausgeprägt wie zwischen dem deutschen Norden und Süden. So wird zum Beispiel das ›hv‹, wie es aus den geographischen Begriffen ›hvítá‹, ›hveravellir‹ schon bekannt ist, mit Ausnahme eines kleinen Gebietes im Südosten überall in Island wie ›kv‹ ausgesprochen.

Die revolutionären Veränderungen im wirtschaftlichen, kulturellen und sozialen Leben zu Beginn dieses Jahrhunderts hinterließen gerade zur Zeit des Aufbruchs im isländischen Sprachgut ihre Spuren. Der Umbruch mit einem Sprung vom Mittelalter in das Industriezeitalter brachte den Isländern eine Intensivierung und Vertiefung internationaler Beziehungen, die nachhaltig die Sprache beeinflußten. Die Einführung der Elektrizität, die Benutzung von Fahrzeugen und später von Flugzeugen, die Übernahme vieler neuer Errungenschaften auf den Gebieten der Wissenschaft und Technik machten es mit einer Fülle neuer Begriffe immer schwerer, an der Tradition festzuhalten, für jeden Gegenstand einen passenden Ausdruck aus der eigenen Sprache zu finden, oder, falls sich kein geeigneter fand, einen neuen zu bilden. Bis dahin blieb aus verschiedenen Gründen das Eigentümliche der alten isländischen Sprache weitgehend erhalten. Ein Grund ist geographischer Natur, denn ein sprachlicher Austausch und Einfluß wurde durch die isolierte Lage der Insel und durch die geringe Bevölkerungsdichte (bis zur Jahrhundertwende weniger als ein Einwohner pro Quadratkilometer) wegen schlechter Kommunikationsmöglichkeiten in der Zeit vom Mittelalter bis zur Neuzeit erschwert oder gar verhindert. In gleicher Weise hat auch die geschichtliche Entwicklung zu ihrer Reinerhaltung beigetragen. Ein dritter Grund liegt in der puristischen Einstellung der Isländer, ihre Sprache von jeglichem äußerem Einfluß rein zu erhalten. Diese Einstellung vertraten führende Persönlichkeiten, als der Inselstaat immer mehr in den Würgegriff dänischer Machtpolitik geriet. Zu ihnen gehört der berühmte Bischof Guðbrandur Þorláksson (1542–1627) in Hólar. Er stellt in seinem *Salmabók* fest, daß die isländische Sprache keine fremden Wörter aufzunehmen brauche.

Obgleich vom Mittelalter bis zur Neuzeit nur spärliche Verbindungen zum Kontinent aufrechterhalten wurden, darf man nicht glauben, daß die isländische Sprache wegen der isolierten Lage der Insel während der letzten fünf Jahrhunderte nun völlig frei blieb von Lehnwörtern. Schließlich bestanden auch in der Zeit des Niedergangs Wirtschafts- und Kulturbeziehungen zum europäischen Kontinent. Der Einfluß anderer Sprachen macht sich immerhin durch die nie ganz abgerissenen Verbindungen der katholischen Kirche zum Kontinent, durch das Wirken der norwegischen und dänischen Verwaltungen, durch die Kontakte mit der Hanse, durch die Reformation und durch die wirtschaftlichen und kulturellen Kontakte mit den norddeutschen Räumen bemerkbar, wenn auch Island weitaus weniger Lehnwörter übernahm als andere nordische Länder. Der Einfluß der Puristen muß sehr groß gewesen sein, denn auch Personen, die die Mängel ihrer Muttersprache erkannten, zögerten, fremde Begriffe zu übernehmen. Sie wollten sich nicht einer mangelnden Vaterlandsliebe bezichtigen lassen.

1779 wurde die erste isländische Vereinigung gegründet, die es sich zum Ziel machte, fremdländische Begriffe zu tilgen und durch rein isländische Fügungen oder Neuprägungen zu ersetzen. Diese Aufgabe wurde erschwert, als nach der Zeit der Aufklärung die Naturwissenschaften große Fortschritte machten und technische Neuerungen mit sich brachten, denen sich Island auf die Dauer nicht verschließen konnte. Für viele wissenschaftliche Werke im 19. Jh. mußte ein neuer Wortschatz gefunden werden. Das betraf vor allem Beiträge auf den Gebieten der Geographie, der Astronomie und der Physik. Aus dieser Zeit stammen Begriffe wie ›sporbaugurbraut‹ (Spurringstraße) für ›elliptische Bahn‹ oder ›tónhvisl‹ (Tonflüstern) für ›Stimmgabel‹. Jónas Jónsson veröffentlichte die meisten dieser neuen Wortschöpfungen in einem 1896 in Reykjavík erschienenen Wörterbuch, wo u. a. auch der einem Touristen nach einem kurzen Aufenthalt in Island geläufige Begriff, wie z. B. ›sími‹ für ›Telefon‹ oder auch ›rafgeymir‹ (Strom-(Bernstein)behälter) für ›Batterie‹ und ›smásjá‹ für ›Mikroskop‹ auftaucht.

Eine Gefahr, das strikte Festhalten an der isländischen Ausdrucksweise zu unterlaufen, geht heute von den Schulen aus, da die Schüler eher kurze international übliche Bezeichnungen übernehmen, als sich mit den umständlichen isländischen Begriffen anzufreunden, zumal man oft wegen mangelnder isländischer Literatur auf die ausländische zurückgreift und ohnehin später in der Berufsausbildung nicht auf ausländische Literatur verzichten kann. Es ist sogar mittlerweile eingesehen worden, sich zweckmäßigerweise rechtzeitig an den internationalen Wortschatz zu gewöhnen und sich mit ihm vertraut zu machen.

Der isländische Wortschatz reichte aus, solange der größte Teil der Bevölkerung auf dem Lande lebte. Heute, da die meisten Isländer in dem städtischen Agglomerat um Reykjavík leben und ihren Lebensunterhalt nur noch zu einem geringen Teil aus den Erlösen der klassischen Wirtschaftszweige Landwirtschaft und Fischerei bestreiten und auf die Benutzung von Fremdsprachen angewiesen sind, kann trotz seines gefährlichen Einflusses auf die isländische Sprache der aus der Verfremdung der Sprache gezogene wirtschaftliche, wissenschaftliche, technische und eventuell auch kulturelle Nutzen nicht in Abrede gestellt werden. Man kann sogar noch weiter gehen und behaupten, daß bei einem unnachgiebigen Festhalten an dem althergebrachten Sprachgebrauch der isländische Aufschwung nicht eingetreten wäre. Dennoch sollte bedacht werden, daß die meisten Isländer noch immer zum traditionellen Sprachschatz stehen. Es kann aber auch nicht verhindert werden, daß unweigerlich in der Zukunft eine ständig wachsende Anzahl fremder Begriffe in den Sprachschatz aufgenommen werden muß. So zielt die Entwicklung der isländischen Sprache darauf hinaus, daß sich immer deutlicher zwei Formen des Isländischen herausschälen werden: das Alltagsisländisch, in dem der Anspruch auf Reinheit in Kraft bleibt, und das von den Fachleuten gebrauchte Fachisländisch. Es wäre schade, wenn letzteres das Alltagsisländisch eines Tages verdrängen würde.

Das Schrifttum – Von den Sagas bis Laxness

Die isländische Schriftsprache und damit das Schrifttum ist jünger als das Isländisch, da man geschichtliche Ereignisse und Gesetze mündlich von Generation zu Generation weitergab. Das änderte sich erst, als im Jahre 1000 das Christentum eingeführt wurde. Es wirkte revolutionär auf die kulturelle und literarische Szene. Die Isländer begannen, ihr umfangreiches Gedankengut niederzuschreiben. Dabei beschränkte sich die schriftstellerische Tätigkeit nicht allein auf einzelne Gelehrte und Häuptlinge, sondern das ganze Volk war an diesem literarischen Prozeß beteiligt. Im Winter 1117/18 wurde mit der Niederschrift der isländischen Gesetze in Breiðabólsstaður (Südisland) durch Hafliði Másson begonnen und damit die Grundlage für die isländische Literatur insgesamt geschaffen. Das mündlich überlieferte Gedankengut schrieb selbst der einfache Bauer, der in den Klöstern schreiben gelernt hatte, nieder. Es verwundert nicht, daß im 12. Jh. zunächst nur historische und juristische Texte auf Pergament aufgezeichnet wurden. Schließlich war bei ihnen eine schriftliche Fixierung am notwendigsten. Bis man die ersten Texte festhielt, vergingen noch etwa 100 Jahre.

Die Geschichtsschreibung des 12. Jh. ist untrennbar mit Sæmundur froði Sigfússon (1056–1133) und Ári Þorgilsson (1067–1148) verbunden. Sæmundur gilt als der Vater der isländischen Literatur. Er wurde auf dem Lehrhof Oddi in Südwestisland geboren und studierte als erster Skandinavier in Frankreich. Sein wichtigstes Werk ist eine Chronik der norwegischen Könige. Größere literarische Bedeutung wird Ári Þorgilsson, dem Vater der nordischen Geschichtsschreibung, beigemessen. Er stammte aus dem Breiðafjörður, jener Landschaft, in der sich Flóki Vilgerðarson als erster norwegischer Wikinger für ein Jahr niederließ. Ári schrieb als erster auf Isländisch und verfaßte um 1118 das *Íslendingabók*, das Isländerbuch, eine Geschichte des Inselvolkes mit der Schilderung der Schicksale einzelner Familien während der Besiedlung. Damit wurde die Grundlage für die meisten Sagas und das umfangreiche *Landnámabók* (›Landnehmerbuch‹) geschaffen. In dieser Chronik der Besiedlung wird über alle an der Landnahme beteiligten Geschlechter und deren hervorragende Männer und Frauen berichtet. Ári war genauso wie Sæmundur von Geistlichen geschult worden und hielt sich in dem damaligen geistigen Zentrum, in Oddi, auf. Beide erhielten wegen ihrer kritischen Distanz gegenüber ihren Quellen später den Beinamen ›froði‹ (der Weise). Sie waren nicht daran interessiert, unterhaltsame Geschichten zu schreiben, sondern aus der mündlichen Überlieferung die Fakten auszusondern. Damit war der Weg der isländischen Literatur vorgezeichnet. Sie begann mit der Geschichtsschreibung als Werk von Gelehrten und führte zur Saga.

Die Sagas und die mittelalterlichen Manuskripte

Es ist schwierig, den Begriff ›Saga‹ zu definieren. Er bedeutet Geschehnis und Erzählung, Geschichte und Dichtung. Dabei müssen drei oder gar vier Gattungen voneinander unterschieden werden: die Íslendingasaga, der Isländerroman; die Fornaldarsaga, der Vorzeitroman; die Konungssaga, die Königsgeschichte und die Lygisögur, die Lügensagas, die als eine reine Erfindung der Tatsachenbeschreibung gegenüberstehen. Die klassische Familiensaga, die Isländersaga, ist, obgleich auch die mittelalterliche Konungssaga als einzigartig bezeichnet werden muß, die Saga schlechthin. Sie besitzt eine gewisse Geschichtsnähe und berichtet über die tüchtigsten Menschen ihrer Zeit und Umgebung, ohne daß sie als Romanfiguren überhöht dargestellt oder als beispielhaft hingestellt werden. Der Leser findet keinen Zugang zu ihrem Inneren.

Die erste Art der Saga, die auf Pergament niedergeschrieben wurde, gehört zur Gattung der Konungssaga und wurde etwa um 1170 verfaßt. Das isländische Schrifttum schuf eine große Nachfrage in der Herstellung von Pergamentbüchern. Die Anfertigung literarischer Erzeugnisse hing von der Bereitstellung von Tierhäuten, im wesentlichen von Kalbshäuten, ab. Die Möglichkeit der Rinderhaltung in den großen Flußniederungen kam den literarischen Aktivitäten in Oddi sehr entgegen. Die Anfertigung eines Manuskriptes war ein zeitaufwendiges Unterfangen. Die Arbeitsgänge von der Tierhaut bis zum fertigen Manuskript werden in einer deutschen Überlieferung aus dem 12. Jh. eingehend beschrieben. So ließ man die Häute einen Tag und eine Nacht im Wasser stehen und wusch sie anschließend, bis das Wasser sauber blieb. Danach wurden sie in eine dicke Kalkbrühe gegeben, die dreimal am Tage durchgerührt werden mußte. Während der Sommermonate verblieben sie dort acht Tage, im Winter dauerte der Prozeß doppelt so lange. Schließlich wurden die Häute von ihren Haaren befreit und mit einem scharfen Messer abgeschabt. Die Tätigkeit erforderte einige Geschicklichkeit, denn die Oberfläche mußte völlig frei von Haaren sein. Dabei durfte auf keinen Fall die Haut eingeschnitten werden. Trotzdem sind auf den alten Pergamenten hin und wieder feine Schnitte zu erkennen, wo der Schriftfluß unterbrochen ist. Restliche Kalbshaare sind manchmal an den Rändern dieser Schnitte zu sehen. Wenn die Haut fertig abgeschabt war, wurde sie gereinigt, auseinandergezogen und von Hand geknetet oder gewalkt. Bei dieser Behandlung drehte man die Haut zusammen und zog sie vor- und rückwärts durch das brák, einem eigens dafür aus Rinderhorn hergestellten Werkzeug. Der Arbeitsgang wurde so oft wiederholt, bis die Haut glatt, weich und geschmeidig war. Nach dem Trocknen war sie in Farbe, Dicke und Aussehen einem Papier von besserer Qualität nicht unähnlich. Es war nur weicher und fester. Das Pergament wurde schließlich in rechteckige Blätter verschiedener Größe nach der Falz für das beabsichtigte Manuskript geschnitten. Für die größeren Bücher ergab jede Kalbshaut nur einen einzelnen Bogen, wenn alle Ränder weggeschnitten waren. Der Bogen wurde dann in der Mitte gefaltet und bildete zwei Blätter. Anschließend waren die Blätter für den Text vorzubereiten, denn das Schriftbild mußte geradlinig sein, und zwar mit parallelen Rändern und geraden horizontalen Linien. Dieses wurde durch das Einritzen kleiner Markierungen am Rand der Seite und das Markieren der Spalten und Linien mit einem Stichel erreicht. Bei großen Blättern wurde der Text generell in Doppelspalten niedergeschrieben.

Die meisten Manuskripte wurden von Berufsschreibern angefertigt. Im Grunde genommen waren die meisten Isländer dazu fähig, da sie größtenteils schreiben und lesen konnten.

Unterhaltung und Belehrung: Durch Vorlesen wurden die langen Winterabende verkürzt. Aus:
»Voyage en Islande et au Groenland« von Paul Gaimard, 1842

Das schließt allerdings nicht aus, daß einige auf diesem Gebiet größere Fertigkeiten besaßen als andere. Wohlhabende Männer konnten es sich leisten, ihre Bücher von eigens dafür angestellten Schreibern anfertigen zu lassen. So wurde ein großer Teil des *Flateyjarbók,* der größten aller isländischen Pergamenthandschriften, von zwei Priestern im Auftrage des Landbesitzers Jón Hákonarson aus Nordisland in den letzten 20 Jahren des 14. Jh. angefertigt. Als Schreibgeräte benutzte man Federkiele, vorwiegend aus Schwanenfedern. Die Tinte wurde durch das Kochen von Trieben der Echten Bärentraube (Arctostapylus uva-ursi) hergestellt. Sie war schwarz, manchmal glänzend und außerordentlich dauerhaft. Wie sich später herausstellte, überdauerte sie besonders gut die starken Beanspruchungen, denen ein Buch im Laufe der Jahre oder gar Jahrhunderte ausgesetzt gewesen war. Nach der Fertigstellung der Niederschriften wurden die Lagen verschnürt und zwischen Holzbretter gebunden. Die isländischen Bücher wurden sehr viel gelesen, daher verschlissen sie auch im Laufe der Jahre sehr. Keiner der alten Einbände blieb erhalten, obgleich es noch einige dieser Holzbretter gibt.

Die Herstellung eines Pergamentbuches war immer sehr kostspielig. Für das *Flateyjarbók* mit 225 Blättern mußten 113 Kalbshäute verarbeitet werden. Wegen des großen Arbeitsaufwandes machten die Schreiber, um Zeit und Pergament zu sparen, im großen Umfange Gebrauch von Abkürzungen und Symbolen für besondere Wörter und Silben. In manchen Manuskripten ist kaum ein Wort voll ausgeschrieben. Die Symbole, viele von ihnen sind fremden Ursprungs, waren sehr verschiedenartig und geben heute Aufschluß über das Alter des Manuskripts und die Schreibschule. Wenn ein Manuskript geschrieben wurde, ließ der Schreiber Freiräume für die Anfangsbuchstaben eines jeden Kapitels offen. Danach fügte ein geübterer Schreiber in künstlerischer Form die fehlenden Buchstaben ein, malte sie aus und verzierte sie mit Tinten verschiedener Farben. An wichtigen Stellen wurden die Anfangsbuchstaben mit Illustrationen versehen, die sich auf den behandelten Stoff bezogen. Viele isländische Texte sind auf diese Weise besonders schön erläutert. An diesen Bildern und Verzierungen kann die Entwicklung der isländischen Bildkunst unter dem fortwährenden Einfluß kultureller Strömungen von außerhalb verfolgt werden, ohne allerdings jemals seine Eigenständigkeit verloren zu haben.

Ein Vergleich zwischen den isländischen Pergamentbüchern und den mittelalterlichen Manuskripten anderer Länder zeigt deutliche Unterschiede in der Verarbeitung und Aufmachung. Ihr Pergament ist vorwiegend rein und weiß. Für die Anfertigung der Initialen wurde häufig Blattgold verarbeitet. An ihrer akkuraten, fast maschinenartigen Verarbeitung wird eine lange Tradition handwerklicher Geschicklichkeit erkennbar. Das isländische Pergament dagegen ist verfärbt und dunkel durch das viele Anfassen, denn diese Bücher waren keine Schmuckbände, sondern Gebrauchsgegenstände. Die frische Originalität ihrer Figuren und Verzierungen steht im Einklang mit den Texten auf ihren Seiten. Die ältesten Werke sind kaum illustriert. Die Blütezeit erreichten die illustrierten Darstellungen während des 13. Jh. Die schönsten Werke stammen aus dem 14. Jh. Die isländischen Manuskripte haben genauso ihre Leidensgeschichte wie die anderer Nationen. Aus der frühesten Zeit, dem 12. Jh., gibt es nur wenige Fragmente. Eine Handvoll kompletter Manuskripte und eine größere Anzahl von Fragmenten stammen aus dem 13. Jh. Der größte Anteil der isländischen Pergamentbücher kommt aus dem 14. und 15. Jh.

Das ›Flateyjarbók‹ und das ›Konungsbók eddukvæda‹

Das größte Pergamentbuch Islands ist das *Flateyjarbók*. Obgleich einige seiner Texte auch in anderen Manuskripten und besserer Form abgefaßt sind, enthält es Originaltexte, die es zu dem wertvollsten isländischen Manuskript machen. In ihm sind hauptsächlich die Sagas der norwegischen Könige Ólafur Tryggvason, Ólafur des Heiligen, Sverrir und Hákon Hákonarson niedergelegt. Einer der Texte berichtet über die Entdeckung Amerikas. Es ist die Grænlendinga-Saga. Das *Flateyjarbók* befand sich bis 1647, als es dem Bischof von Skálholt geschenkt wurde, in Privatbesitz auf der Insel Flatey im Breiðafjörður. Neun Jahre später erhielt es der dänische König zum Geschenk. Es blieb bis zu seiner Rückgabe an Island im Jahre 1971 in der Königlichen Bibliothek in Kopenhagen und wird heute im Arnamagnäanischen Institut in Reykjavík aufbewahrt.

Das andere Buch, das Island mit dem *Flateyjarbók* zurückerhielt, ist die älteste und größte Sammlung eddischer Dichtung und zugleich das berühmteste aller isländischen Bücher, das *Konungsbók eddukvæda*, der Codex Regius der Lieder-Edda. Es hatte ein ähnliches Schicksal wie das *Flateyjarbók*. 1643 gelangte es in den Besitz des Bischofs von Skálholt und wurde 1662 ebenfalls dem dänischen König geschenkt. Sein Name ist auf diese Schenkung zurückzuführen und nicht auf den Inhalt, obgleich dieser im gleichen Maße als königlich bezeichnet werden könnte. Der Text wurde zwischen 1250 und 1300 niedergeschrieben, allerdings als Abschrift. Der Verfasser ist unbekannt.

Snorri Sturluson – Der große Poet, Gelehrte und Staatsmann

Nur wenige Isländer sind so bekannt wie Snorri Sturluson. Seine Leistungen als Gelehrter und Literat haben seinen Namen unsterblich gemacht. Aber er war auch Politiker und beteiligte sich an den Machtkämpfen, die letzten Endes zum Verlust von Islands Unabhängigkeit führten. Sein Geburtsjahr ist nicht genau bekannt. Er wurde um 1178 als Sohn eines Häuptlings der Sturlunger geboren und 1241 ermordet. Snorri ist mit Sicherheit der Verfasser der *Snorra-Edda* und der *Heimskringla*. Sie sind so einzigartige Werke, daß Snorri wohl für immer als einer der hervorragendsten Autoren des späten Mittelalters, nicht nur in Island, sondern in ganz Europa gelten wird. Einige Gelehrte schreiben ihm noch weitere Werke zu. Snorri verließ zeitweise seine Heimat und hielt sich von 1218–20 am Hofe Königs Hákon Hákonarson von Norwegen auf. Sein Aufenthalt wird ihn nicht nur dazu bewegt haben, eine Chronik des Königshauses zu schreiben, sondern er mußte in der Zeit auf dem Festland erkennen, daß sich die Literaturszene von der traditionellen nordischen Dichtkunst abwendete und mehr der französischen Ritterdichtung zuneigte. Sie war im Gegensatz zu der althergebrachten Dichtung freier in der Form, locker gereimt und enthielt nur ganz wenige Stabreime. Snorri bemerkte am Hofe die Abwendung von der nordischen Dichtkunst, der fast ausschließlich der Wirkungskreis isländischer Dichter gewesen war.

Die *Snorra-Edda* ist ein Leitfaden über das Wesen der Dichtkunst, die in England als Skaldendichtung bekannt ist und fest in der heidnischen Zeit verwurzelt war. Sie setzt sich aus den vier Teilen Prolog, Gylfaginning (die Verblendung Gylfis), Skáldskaparmal (dichterische Ausdrucksweise) und Háttatal (Typen des Versmaßes) zusammen. Der letzte Teil ist ein Gedicht zum Lobe Königs Hákon Hákonarson und seines Grafen Skúli. Wegen seines einfachen Inhaltes scheint seine Länge von 102 Strophen nicht gerechtfertigt. Das Außerordentliche liegt aber darin, daß es in 100 verschiedenen Versmaßen geschrieben wurde. Das Werk ist insgesamt gesehen eine Demonstration der metrischen Regeln der alten skaldischen Dichtkunst. Es muß unmittelbar nach Snorris Rückkehr aus Norwegen um 1220 niedergeschrieben worden sein. Skáldskaparmál befaßt sich mit der Ausdrucksweise der skaldischen Dichtung. Die schwierigen Regeln der skaldischen Dichtkunst setzen einen immensen Wortschatz voraus. Es wurden ›heiti‹ und ›kenningar‹ verwandt. ›Heiti‹ ist in der altnordischen Dichtung die bildliche Umschreibung eines Begriffes durch einen anderen, z. B.

›Renner‹ statt ›Roß‹, im Gegensatz zu den ›kenningar‹ als bildliche Umschreibung eines Begriffes durch eine mehrgliedrige Benennung. Es wird beispielsweise ein Kamel als Wüstenschiff bezeichnet, nicht weil das Kamel eine Wüste oder ein Schiff oder die Wüste ein Schiff ist, sondern weil das Kamel die Wüste durchquert wie ein Schiff den Ozean. Auf diese Weise wird ein Schiff in der skaldischen Dichtung als ein Seepferd, der Ozean als eine Ebene der Schären (Inseln) umschrieben. Um diese Materie noch schwieriger zu machen, kann ein Schiff als ein Pferd der Schären-Ebene bezeichnet werden. In Skáldskaparmál werden sämtliche ›heiti‹ für Pferd, Schiff etc. aufgezählt. In Gylfaginning wird die nordische Mythologie in Verbindung mit der skaldischen Dichtung gebracht. Snorris Edda zeugt von beeindruckender Kenntnis der nordischen Mythologie und der alten Dichtkunst. Er bezieht sich zum Beispiel auf nicht weniger als 411 Strophen aus Gedichten von 70 Autoren.

Der Titel des zweiten berühmten Buches, die *Heimskringla,* mag seltsam erscheinen, denn diese Bezeichnung ist von den Wörtern ›kringla heimsins‹ abgeleitet und bedeutet ›der Weltenkreis‹. Es enthält die Geschichte der norwegischen Könige vom Beginn bis 1177 und wurde um 1230 geschrieben. Die *Heimskringla* basiert auf einer Vielzahl von Quellen. Unter ihnen sind verschiedene ältere Werke über die Geschichte der Könige von Norwegen, religiöse Sagas, Stammbäume, Sagas über die Isländer, verschiedene Kurzberichte, und nicht zuletzt, – die alte skaldische Dichtkunst.

Die *Heimskringla* ist weit davon entfernt, eine Anhäufung zusammenhangloser Fakten zu sein, wie es teilweise in mittelalterlichen Schriften vorkommt. Sie stellt ein Novum, einen Wendepunkt nicht nur in der Geschichtsschreibung, sondern auch in der Dichtkunst dar. In zweierlei Hinsicht benutzt Snorri bei der Abfassung der *Heimskringla* völlig neue Stilmittel. Die Chronik der Könige wurde im Gegensatz zu den älteren Geschichtswerken zum ersten Mal als ein zusammenhängender Bericht verfaßt. Damit wird dem Leser die Verflechtung historischer Prozesse bewußt gemacht. Die andere Neuerung an der *Heimskringla* ist die Darbietung des Stoffes in einer erzählenden Form, quasi als Roman. Geschichtliche Ereignisse werden inszeniert und im Detail vorgetragen. In einem gewöhnlichen Geschichtswerk ist es unmöglich, den König eine Meinung in einer Zeit, die über 200 Jahre zurückliegt, äußern zu lassen, wenn sie nicht wörtlich überliefert wird. Snorri bedient sich einer Erzähltechnik, für die es bis dahin noch kein Vorbild in der historischen Literatur gegeben hat: Er verband die Geschichte mit der Unterhaltungsliteratur. Seine hervorragendsten Eigenschaften als Schriftsteller ist seine ungewöhnliche stilistische Begabung und seine vorzügliche Fähigkeit, menschliche Charaktere zu beschreiben. Kein anderes mittelalterliches Werk hatte einen so grundlegenden Einfluß auf die literarische Entwicklung und auf das nationale Bewußtsein in Island und Norwegen. Die Norweger sind den Isländern zu Dank verpflichtet, denn es ist das Verdienst Snorris, daß der Hauptteil ihrer frühen Geschichte niedergeschrieben und überliefert wurde. Außerdem beeinflußte die *Heimskringla* in starkem Maße die Entwicklung der berühmten isländischen Sagas.

Snorri Sturluson war nicht nur der bedeutendste isländische Schriftsteller im Mittelalter. Er war auch ein einflußreicher Politiker. Nach der Erziehung in Südisland heiratete er im Alter von etwa 20 Jahren eine der reichsten Frauen des Landes und erwarb dabei den größten

Hof in Westisland und zugleich eine Position mit großem politischen Einfluß. In seiner Zeit übten nur sechs Häuptlingsfamilien die politische Kontrolle über das gesamte Land aus. Sie waren politische Gegner und standen in Konkurrenz mit der an Einfluß gewinnenden Kirche und der norwegischen Krone. Snorris Macht und Einfluß vergrößerte sich durch die Vermählung seiner drei Töchter mit anderen mächtigen Häuptlingen des Landes. Er erwarb schließlich das höchste Amt im isländischen Freistaat als Gesetzessprecher im Althing und wurde für zwei Legislaturperioden (1215–18 und 1228–31) gewählt. 1231 war Snorri auf dem Höhepunkt seiner Macht, denn er beherrschte den gesamten Westen und besaß außerdem einen beträchtlichen Einfluß im Norden und im Süden. Er übte seine Macht allerdings nicht als unabhängiger Mann aus, denn während seines Aufenthaltes in Norwegen (1218–20) soll er Gefolgsmann von König Hákon geworden sein und einen Eid auf die Lehnspflicht gegenüber dem König geschworen haben und sogar genötigt worden sein, Island unter Norwegens Herrschaft zu bringen. 1237 wurde Snorri von seinem Neffen Sturla Sighvatsson entmachtet und gezwungen, nach Norwegen zu gehen. Nachdem er ohne Erlaubnis nach Island zurückgekehrt war, befal König Hákon seinen Agenten, Snorri wegen Verrats festzunehmen und ihn nach Norwegen zu bringen oder ihn zu töten. Im September 1241 stöberten die Gefolgsleute des Königs Snorri auf und töteten ihn, obwohl er sich ergeben wollte. Snorri Sturluson war wie kaum ein anderer Häuptling in die chaotischen Machtkämpfe des 13. Jh. verstrickt, die schließlich mit dem Verlust der Unabhängigkeit Islands (1262) endeten. Wegen seines unrühmlichen Verhaltens in der Politik ging Snorri in erster Linie als Schriftsteller in die Geschichte Islands ein.

Das Ende der Saga-Zeit – Ein Zeitalter der ›Sprachlosigkeit‹

Noch zu Snorris Lebzeiten machte sich der französische Einfluß der epischen Ritterdichtung in Island bemerkbar. Norwegische Übersetzungen französischer Heldenlieder gelangten um 1230 nach Island. Sie wurden bereitwillig von den Isländern aufgenommen und als Vorbilder für ihre literarische Tätigkeit benutzt. Den traditionellen zeitgenössischen Bericht, wie er noch durch die umfangreiche *Sturlunga-Saga* von Snorris Neffen Sturla Þórðarson (1214–84) verkörpert wird, lösen Sagas mit Geschichten ab, in denen der Dichter seiner Phantasie freien Lauf läßt. Die meisten Sagas wurden zwischen 1200 und 1350 geschrieben. Der Einfluß französischer Ritterdichtung offenbart sich in der *Laxdœla-Saga* und *Gunnlaugs-Saga*. Während des 14. Jh. ist die Saga-Dichtkunst bereits Auflösungserscheinungen unterworfen. Es sind entweder reine historische Berichte oder prosaische Werke ohne realistischen Bezug. Bezeichnend ist wohl für die Zeit nach der Unterwerfung des isländischen Volkes, daß zwei Geistliche die letzten Sagas von Bedeutung verfaßten. Es waren die Bischöfe Árni Þorláksson († 1298) und Laurentius Kálfsson († 1331). Nach 1430 wurden keine geschichtlichen Ereignisse mehr aufgezeichnet. Bis nach der Reformation ist nach Sigurður Nordal isländische Prosa nur in Urkunden und Dokumenten zu finden. Das Volk hatte aufgehört zu schreiben. Der Federkiel wurde durch die Druckpresse, Pergament durch Papier ersetzt. Das brachte den Vorteil, daß wegen der schnelleren und billigeren Fertigung die Schriften einen größeren Leserkreis fanden. Zugleich war die Einführung von Papierbüchern für die Bewahrung historischer Werte von Nachteil, denn es wurde kaum darauf geachtet, die Pergamentbücher zu erhalten. Sie verschmutzten und verschossen im Lauf der Zeit, weil sie wegen der veralteten Schreibweise schwieriger zu lesen waren als eine der Papierausgaben. So repräsentieren die überlieferten Pergamentbücher nur einen winzigen Teil (etwa ein Zehntel) der Bücher, die einst existierten.

Es ist das Verdienst von Árni Magnússon (1663–1730), daß viele der kostbaren Manuskripte erhalten blieben. Er war Professor an der Universität von Kopenhagen und zeigte seit seiner Jugend großes Interesse für die isländische Geschichte und damit auch für mittelalterliche Bücher. Da es in Island kein passendes Gebäude zur Aufbewahrung gab, brachte er die kostbaren Werke nach Kopenhagen. Es muß als besonders tragisch empfunden werden, daß gerade in Dänemark ein Teil der Manuskripte 1728 einem Brand zum Opfer fiel.

Die Anfänge des Buchdrucks

In die literarisch wenig ergiebige Zeit um die Reformation fiel die Erfindung der Buchdruckkunst, deren publizistischen Wert der Bischof Arason in Hólar schnell erkannte und 1530 eine Druckpresse nach Island holte. Die Anfertigung erster Druckerzeugnisse am Bischofssitz Hólar leitete eine neue Ära in der Verbreitung und Ausstattung von Schriften ein. Anfangs wurden die Bücher noch in gleicher künstlerischer Aufmachung wie die Manuskripte im Mittelalter angefertigt. Aber mit der Erhöhung der Auflagen verzichtete man auf aufwendige Illustrationen und gestaltete die Bücher in schlichterer Form. Die ersten, im 16. Jh. gedruckten Bücher zeichneten sich daher nur noch durch eine akkurate handwerkliche Verarbeitung aus. Das 16. Jh. ist deshalb weniger wegen seiner geistigen Erzeugnisse von Bedeutung, sondern wegen seiner Neuerungen in der Vervielfältigung von Schriften.

Als erster Drucker arbeitete in Island ein Priester Jón Mattheusson oder Matthíasson oder Jón ›Schwede‹. Er war von Bischof Jón Arason 1530 eingeladen worden, mit seiner Druckpresse nach Island zu kommen und arbeitete dort bis zu seinem Tod 1567. Bischof Arason und sein Nachfolger Ólafur Hjaltason waren die Auftraggeber für Jón, der hauptsächlich in Hólar arbeitete. Was Bischof Arason drucken ließ, ist unbekannt. Es sind in erster Linie religiöse Bücher gewesen. Die ersten Druckerzeugnisse in Island sind verschollen. Ihre Veröffentlichung fiel in die stürmischen Jahre der Reformation, und da sie als Erzeugnisse eines katholischen Bischofs ohnehin nicht geduldet werden konnten, wird über ihre Existenz nur in der Literatur berichtet.

Die Druckerei kam 1550, nach der Enthauptung Arasons, zum Erliegen und konnte erst nach neun Jahren wieder aufgenommen werden. Zwischendurch ließen die Isländer ihre Bücher im Ausland, u. a. auch in Deutschland herstellen. Unter der Ägide von Arasons protestantischem Nachfolger Ólafur Hjaltason wurde das erste erhaltene isländische Buch, Corvinos Version der Passionsgeschichte, 1559 gedruckt. Nach der Übernahme des Bistums durch den berühmten Reformer Bischof Guðbrandur Þorláksson (Abb. 51) begann 1571 zusammen mit Jón Jónsson (Sohn Torfi Jónssons) eine neue und fruchtbare Ära der isländischen Buchdruckkunst. Zunächst schickte der Bischof Jón zur Erlernung neuer Verfahren nach Dänemark. Nach seiner Rückkehr erschienen bis 1584 mehrere Werke. Ab 1594 taucht Jóns Name nicht mehr in Verbindung mit Veröffentlichungen auf. Guðbrandur Þorláksson wirkte noch als Verleger bis zu seinem Tod 1624. Mit diesem Jahre erloschen jegliche Aktivitäten. Die Druckerei wurde aufgegeben.

Das großartigste in Hólar erschienene Werk war eine 1584 veröffentlichte Bibel (Abb. 52). Sie ist noch heute das größte Werk isländischer Buchdruckkunst, sowohl in ihrer äußeren Aufmachung als auch in dem mit großem sprachlichen Geschick abgefaßten Inhalt. Der Arbeitsaufwand für die Anfertigung eines solchen umfangreichen Buches war sehr groß. Ein Drucker und sieben Assistenten benötigten zwei Jahre zu seiner Fertigstellung. Wegen der hohen Druckkosten der Bibel belegte der dänische König jede Kirchengemeinde mit Sondersteuern. Diese wurden zum Teil beim Erwerb einer Bibel gutgeschrieben. Am 20. Oktober 1980 ersteigerte der Isländer Jón G. Sólnes aus Akureyri auf einer Buchaktion bei Sotheby's in London für 7500 englische Pfund ein Exemplar dieser Bibel. Sie ist die wertvollste aller nordischen Bibelausgaben und wird als Guðbrandur-Bibel nach dem Herausgeber Bischof Guðbrandur Þorláksson bezeichnet. Ihre Auflage betrug 500 Exemplare und kostete schon nach ihrem Erscheinen soviel wie etwa zwei bis drei Kühe. Es ist sehr erstaunlich, daß bei so großen Kosten die Bibel in einer so hohen Stückzahl gedruckt wurde. Der Grund für das Interesse der Isländer ist nicht allein in einer ausgesprochen großen Frömmigkeit zu suchen. Vielmehr wird der Grund für die Nachfrage eher in der ausgeprägten Zuneigung der Isländer zu Büchern und wegen der häufigen Benutzung in dem schnellen Verschleiß älterer Manuskripte liegen. Die Bibel enthält 29 Illustrationen, 3 verzierte Titelseiten, sie ist außer der in Rot abgefaßten ersten Titelseite in Schwarz gedruckt und hat einen Umfang von 1240 Seiten. Dem Werk kam neben seinem Wert als religiöses Buch auch eine besondere politische und kulturelle Bedeutung zu: Durch sein Erscheinen verhinderte man, daß dänisches Schrifttum nach Island eingeführt wurde; es war damit ein wichtiger Beitrag zur Erhaltung der isländischen Sprache. Es ist anzunehmen, daß heute noch etwa ein Drittel der 1584 gedruckten 500 Exemplare existiert. 1956 und 1957 wurde das Werk photographisch reproduziert. Diese Auflage ist schon seit langem vergriffen.

Von der Reformation zur Aufklärung

Die Reformation brachte mit der Beseitigung der letzten Macht, die sich der dänischen Krone entgegenstellen konnte, nämlich der katholischen Kirche, den vollständigen Fall in die Geschichtslosigkeit. Die Isländer waren nunmehr Repressalien von dänischer Seite schutzlos ausgeliefert. Die isländische Nation existierte nicht mehr.

Im kontinentalen Europa hatte das Zeitalter der Entdeckungen begonnen. Auch in Island war es üblich, sich über die Entdeckungsreisen zu informieren. Anderseits war Island selbst Ziel von Reiseabenteuern. In diesen Berichten wurde, wie es auch heute noch manchmal nach dem Besuch von Ländern in Übersee geschieht, maßlos übertrieben (wer will den schon zugeben, daß er kaum etwas Aufregendes erlebt hat). So wurden die Isländer als die schlimmsten Wilden ohne jegliches kulturelles Leben beschrieben. Arngrímur Jónsson (1568–1648) sah sich genötigt, durch Veröffentlichungen über sein Heimatland und dessen Bewohner sowie über ihre Geschichte, ihr kulturelles Leben und ihre Literatur falsche Vorstellungen auszuräumen. Seine Bemühungen hatten allerdings nur einen begrenzten Erfolg, da er seine Schriften in Latein schrieb. Er erreichte damit nur die Gelehrten auf dem Kontinent, weckte aber deren Interesse.

In der Zeit nach der Reformation beschränkte sich das literarische Schaffen vorwiegend auf das Übersetzen religiöser Schriften und auf das Verfassen von Kirchenliedertexten. Der größte der isländischen Dichter war der in ärmsten Verhältnissen lebende Landpfarrer Hallgrímur Pétursson, dessen Meisterwerk, die Passionsgesänge, bisher etwa sechzigmal aufgelegt wurden. Seine Grablieder werden seit etwa 300 Jahren am Grab fast eines jeden Isländers gesungen.

Gegen Ende der ersten Hälfte des 18. Jh. hatte die isländische Literatur ihren Tiefstand erreicht. Seuchen, Hungersnöte, Naturkatastrophen, Repressalien ließen die letzten Literaten verstummen. Trotz des vielen Leids, das die isländische Nation an den Rand ihrer Existenz brachte, keimten im anbrechenden Zeitalter der Aufklärung Optimismus und der Wunsch, gedachte Reformen in die Tat umzusetzen. Skúli Magnússon hatte versucht, durch den Bau von Manufakturen, das isländische Volk aus dem dänischen Handelsmonopol herauszuwinden. Er scheiterte noch am Egoismus der Machthaber. Zur gleichen Zeit hatten sich zwei junge Menschen auf Befehl des dänischen Königs aufgemacht, ihr Heimatland zu erkunden und eine Bestandsaufnahme über das wirtschaftliche Potential Islands zu erstellen. Das Reisebuch der beiden Wissenschaftler Eggert Ólafsson und Bjarni Pálsson ist ein eindrucksvolles Zeugnis dieses fortschrittlichen Geistes.

Sie hatten erkannt, daß jede Reform wirtschaftlicher Art eine vollständige Kenntnis von Land und Leuten voraussetzt. Eggert Ólafsson und Bjarni Pálsson hatten bereits aufgrund der Berichte über ihre kurze Reise durch Island im Jahre 1750 auf sich aufmerksam gemacht. Dabei hatten sie mit der Hekla jenen Berg bestiegen, der schon seit jeher im Mittelpunkt abergläubischer Furcht stand. Ihre Überwindung oder Mißachtung des Aberglaubens symbolisiert den Wechsel zu einer realistischeren Einstellung gegenüber der Natur und den sich in ihnen abspielenden Entwicklungen.

Die Expeditionen zur Bestandsaufnahme ihres Heimatlandes begannen im August 1752 und dauerten bis zum Herbst 1757. Die Wintermonate verbrachten beide Naturforscher auf Víðey (Insel bei Reykjavík) bei Skúli Magnússon. Während ihrer Reisen besuchten die beiden praktisch alle bewohnten Gebiete der Insel, drangen aber nicht bis in das wüstenartige und unbewohnte Landesinnere vor. Die erbrachten Leistungen waren großartig. Es muß nämlich berücksichtigt werden, daß die Arbeiten unter schlechten Witterungsbedingungen in einem praktisch noch nicht kartierten und weglosen Land durchgeführt wurden. Daher erregten ihre alljährlich nach Dänemark geschickten Berichte großes Aufsehen. Nach der Ernennung Bjarni Pálssons zum Amtsarzt im Jahre 1759 fiel die Aufgabe, das Reisebuch zu vollenden, an Eggert Ólafsson. Er arbeitete in Kopenhagen und Island daran. Es war ein mühevolles, aber auch sehr reizvolles Unterfangen, die vielen Daten und Aufzeichnungen auszuwerten; denn viele Naturphänomene Islands waren und sind einzigartig. Vergleiche mit anderen Ländern ließen sich nicht anstellen. 1767 vollendete Eggert Ólafsson das Manuskript in Kopenhagen und kehrte nach Island zurück. Ein Jahr später ertrank er im Breiðafjörður. Das für die Veröffentlichung fertige Manuskript wurde später von Jón Eiríksson, einem Beamten isländischer Herkunft und dem Dänen Schöning herausgegeben. Das Reisebuch ist nicht nur eine Beschreibung der geologischen und geographischen Verhältnisse, sondern vor allem ein Bericht über die Lebensbedingungen in Island. Es erschien 1772 in dänischer Sprache als zweibändige Ausgabe unter dem Titel *Reise igiennem Island*.

Der Titel trifft nicht ganz zu, denn das Buch ist ein naturkundliches und soziologisches Werk und nur z. T. ein Reisebericht. Sein Inhalt beruht in erster Linie auf eigenen Beobachtungen, bezieht sich aber auch auf Informationen geschichtlicher Art aus älteren Werken. Es enthält sieben Hauptkapitel mit Beschreibungen der ›sýslur‹, der Verwaltungsbezirke, die mit einer Darstellung der geographischen Verhältnisse beginnen, denen eine Beschreibung der Naturgeschichte, der Geologie, der Vegetation und der Tierwelt mit einem abschließenden Bericht über die Lebensbedingungen des Menschen folgt. Die Landwirtschaft wird dabei mehr beachtet als der Fischfang. Dem Werk sind Berichte über die Besteigung der Hekla und des Snæfellsjökull und die Erkundung der Lavahöhlen von Surtshellir beigefügt. Eggert Ólafsson hat mit seinem Werk Pionierarbeit geleistet und damit einen grundlegenden Beitrag zu dem Beginn eines neuen Zeitalters in Island geliefert. Obgleich manche Schlußfolgerungen, besonders auf dem Gebiet der Geologie, später widerlegt wurden, sind viele Erkenntnisse auch heute noch gültig. Ólafsson und Pálsson erklärten als erste die Formation der Grauen Basalte (Jungtertiär bis Pleistozän). Sie entdeckten die Fossilien von Brjánslækur und ordneten sie auch richtig ein. Bei der Interpretation der Fossilbänke von Tjörnes und der Braunkohle an der gleichen Küste behaupteten sie zu Recht, daß beides nur durch Meeresspiegelschwankung entstanden sein konnte. Zudem geben sie viele zuverlässige und zutreffende botanische Informationen. Der Bericht über die Fauna Islands war einer der ersten. Die Säugetiere, einschließlich sämtlicher Wale, eine sehr große Anzahl von Fischarten und Vögeln werden beschrieben. Die Beschreibung der Lebensumstände versetzt den Leser in das Island des 18. Jh. Es wird dargelegt, wie sich die Menschen kleideten, ernährten, wie ihre Unterkünfte aussahen, unter welchen hygienischen Bedingungen sie lebten, worunter sie litten, aber auch, was sie unternahmen und welchen sportlichen Betätigungen sie nachgingen. Es wird über ihre Hauptbeschäftigungen und Arbeitsmethoden berichtet, sei es nun auf dem Lande oder auf See.

Man mag sich vielleicht über Eggert Ólafsson wundern, auf welche Weise er die Naturschönheiten betrachtete, schilderte und beurteilte. Das Maß der Attraktivität eines Gebietes war jedoch allein seine Nutzbarkeit. Damit schrieb er die erste sachliche Länderkunde über Island. Ólafsson bemühte sich vor allem, falsche Vorstellungen über Land und Leute richtigzustellen und Mythen über Island zu widerlegen. Er zeigte auf, daß das völlig verarmte

und von Widrigkeiten heimgesuchte Island auf eine große kulturelle Tradition zurück-
schauen könne und daß es eine Zukunft haben werde, wenn sein Volk die natürlichen
Ressourcen zu nutzen wisse. Das Reisebuch fand außerhalb Dänemarks eine große Resonanz und wurde bald darauf in mehrere Sprachen übersetzt. Es erschien in Deutsch (1774/
75), in Französisch (1802) und in Englisch (1805). Die Isländer mußten noch bis ein Jahr vor
ihrer vollständigen Unabhängigkeit warten, um es auf Isländisch lesen zu können: Eine
isländische Übersetzung erschien erst im Jahre 1943. Als Beschreibung von Island gab es für
mehr als ein Jahrhundert kein gleichartiges anderes Buch, das ihm hätte Konkurrenz machen
können. Ein ausführliches Werk über Island verfaßte Þorvaldur Thoroddsen 1905. Zwei
weitere Schriftsteller aus dieser Zeit, Jón Þorláksson (1744–1819) und Benedikt Gröndal
(1762–1825) taten sich durch Übersetzungen hervor und wurden zu Wegbereitern der isländischen Dichtkunst. Zu erwähnen sei noch aus geologischem Interesse das autobiographische Werk von Pastor Jón Steingrímsson (1728–91), einem Zeitgenossen Ólafssons, der als
Geistlicher in Südisland lebte und 1783 Zeuge der Laki-Katastrophe wurde.

Literatur der Neuzeit

Im 19. Jh. zeichnete sich der größte isländische Dichter seiner Zeit, Jónas Hallgrímsson
(1807–45), neben seiner meisterhaften Lyrik durch vortreffliche Naturbeschreibungen aus.
Er bereiste zwischen 1839 und 1842 ganz Island und beabsichtigte, ein größeres Werk über die
geographischen und geologischen Verhältnisse Islands zu schreiben, was aber durch seinen
frühen Tod verhindert wurde. Er war einer der herausragenden Vertreter des Idealismus, der
mit der Julirevolution von 1830 auch in Island anbrach und etwa 1880 vom Realismus abgelöst
wurde.

Im 20. Jh. hat sich eine Reihe von Schriftstellern, Dichtern und Dramatikern hervorgetan.
In der Literatur fanden die Isländer zunächst in dänischer Sprache internationale Beachtung.
Zu nennen sind die beiden größten isländischen Dramatiker Jóhann Sigurjónsson
(1880–1919) und Guðmundur Kamban (1888–1945). Eines der berühmtesten Stücke Sigur-
jónssons ist das nach einer Volkslegende 1911/12 verfaßte Schauspiel *Fjalla-Eyvindur*.
Fjalla-Eyvindur war ein im Ódáðahraun ausgesetzter Geächteter. Das Stück setzt sich mit
dem Konflikt zwischen den beiden stärksten Naturtrieben des Mannes, dem Drang nach
Liebe und dem Bedürfnis nach Nahrung auseinander. Kamban war sehr vielseitig, er schrieb
Satiren, Tragödien, romantische, realistische Stücke moderner und historischer Art. Der
Autor Gunnar Gunnarsson (1889–1975) war der erste und der größte der isländischen
Literaten, die zuerst in dänischer Sprache schrieben, um mit ihren Werken ein größeres
Publikum zu erreichen, als es in Island möglich war. 1939 kehrte er nach Island zurück und
schrieb in seiner Muttersprache. Seine Werke befassen sich mit verschiedenen Perioden der
isländischen Geschichte. Sein bekanntester Roman *Die Bergkirche* (1923–28), ist von seinen
Jugenderinnerungen durchdrungen. Die bekannteren Dichter der Neuzeit sind Stefán
(Sigurðsson) frá Hvítadal (1887–1933) und Davið Stefánsson frá Fagraskógi (1895–1964).

In der Reihe der auch im Ausland bekannten Literaten Islands darf auch nicht der Jesuitenpater und Lehrer Jón Sveinsson, genannt Nonni (1857–1944), vergessen werden, der in deutscher Sprache seine Kindheitsabenteuer beschrieb. Nonni hat dazu beigetragen, sein Heimatland in der Welt durch seine spannenden Bücher bekannt zu machen. Sie wurden in fast 30 Sprachen übersetzt und haben eine Gesamtauflage von weit über zwei Millionen erreicht. Daß Nonni seltener im literarischen Zusammenhang genannt wird, liegt wohl in erster Linie daran, daß er für Kinder oder jugendliche Leser schrieb und sich darauf beschränkte, nur eigene Erlebnisse zu berichten. Nonni wurde 1857 geboren und entstammte einer Familie, deren Ursprung bis in die Wikinger-Zeit zurückreicht. Seine Kindheit verbrachte er auf dem Gehöft Möðruvellir, ca. 12 km nördlich von Akureyri. 1869, im Todesjahr seines Vaters, war die Familie nach Akureyri umgezogen. Später reiste er über Kopenhagen nach Frankreich und verbrachte dort seine Jugend. Nach der Konversion und weiteren Aufenthalten in den Niederlanden und Kopenhagen begab er sich nach England, wo er 1890 zum Priester geweiht wurde. Schließlich kehrte er kurzzeitig nach Island zurück und fing an, seine Kindheitserlebnisse niederzuschreiben. Nach der Niederschrift seines Erstlingswerkes *Nonni* im Jahre 1895 folgte 1911 die deutsche Übersetzung als *Zwischen Eis und Feuer*. 1912 kam er wegen seiner rheumatischen Erkrankung nach Holland, wo er sich nun intensiver der schriftstellerischen Tätigkeit widmete. Seine Arbeiten blieben aber weitgehend unbekannt. Erst seine Zusammenarbeit mit dem Herder-Verlag trug Früchte, wo im November 1913 *Nonni, Erlebnisse eines jungen Isländers, von ihm selbst erzählt* erschien. Darauf folgten *Sonnentage, Nonnis Jugenderlebnisse aus Island, Aus Island, Erlebnisse und Erinnerungen.* 1922 setzte Sveinsson seine Nonni-Serie mit dem Band *Die Stadt am Meer* fort, dem die Beschreibung weiterer Kindheitserlebnisse folgte. Neben seiner schriftstellerischen Tätigkeit hat Sveinsson innerhalb von etwa 30 Jahren ca. 4500 Vorträge in fast allen Ländern Europas gehalten. Als er 1939 nach einer Weltreise, von seiner chronisch-rheumatischen Krankheit geschwächt, nach Europa zurückkehrte, ließ er sich in Valkenburg nieder. Während der Kriegswirren verschlug es ihn nach Aachen und später nach Köln, wo er am 16. Oktober 1944 starb. Der Wert von Nonnis Büchern liegt darin, daß sie eine Welt beschreiben, die den jugendlichen Menschen fesselt.

Halldór Laxness

Zu den vielseitigsten Romanschriftstellern der Welt gehört Halldór Laxness. Er wurde am 23. April 1902 in Reykjavík geboren. Nach einem einjährigen Besuch des Gymnasiums begab er sich 1919 auf die Wanderschaft, die ihn in fast alle Länder Europas und nach Nordamerika führte. Davor hatte er bereits sein erstes Buch geschrieben. Seine Auslandsaufenthalte waren immer wieder mit kurzen oder auch längeren Besuchen in seinem Heimatland verbunden. Seine Jugend war eine Zeit der Unrast. Er trat 1923 zum katholischen Glauben über, um innerliche Ruhe zu finden. Daher wollte er in Rom Theologie studieren. Aber anstatt das Studium aufzunehmen, reiste er 1925 nach Taormina und wandte sich der linken Presse zu. Als sein Roman *Der große Weber von Kaschmir,* der seinen Weg zum Katholizismus schildert, 1927 erschien, hatte er sich schon sozialistischen Ideen kommunistischer Prägung zugewandt. Neben diesem autobiographischen Werk befassen sich seine literarischen Aktivitäten mit dem isländischen Volk in Gegenwart und Vergangenheit.

Als er in Amerika die wirtschaftliche Depression miterleben mußte, wandte er sich noch engagierter dem Sozialismus zu. Damit beginnt im Jahre 1930 eine Schaffensperiode, die mit dem Roman *Salka-Valka* eingeleitet wird (1931/32) und ihn zum führenden Romanschriftsteller Islands werden ließ. Er stellt im Stile der Sagas in einem außerordentlich realistischem Porträt die Verhältnisse in einer isländischen Fischersiedlung dar und setzt sich mit dem Leben dieser einfachen und ausgebeuteten Menschen auseinander, die sich darum bemühen, ihre Situation zu verbessern. Das Werk besitzt die Objektivität und Klarheit der klassischen Sagas. Die Heldin, die junge Salka-Valka, ist eine der denkwürdigsten Figuren in der isländischen Literatur.

Halldór Laxness setzte damit die Tradition der vielfach unbekannten Saga-Schreiber des Mittelalters fort. Mit seinem lebendigen dramatischen Stil hat er mehr als irgendein anderer moderner Romanschriftsteller für die Erneuerung der isländischen Prosa getan und beherrschte die literarische Szene in seinem Heimatland von der Mitte der 20er bis zur Mitte der 60er Jahre. Seine Werke wurden in einer so großen sprachlichen Virtuosität abgefaßt und identifizieren sich so vollständig mit seiner heimatlichen Tradition, daß ihre eigentliche Qualität in eine andere Sprache nicht übertragen werden kann. In seiner besten Zeit war Laxness eine sonderbare Mischung zwischen einem universellen schöpferischen Geist und einem widerständlerischem Essayisten, der den radikalen Sozialismus propagiert. Er trennte zwischen seiner Kunst und seinem sozialen und politischen Denken, mit dem Resultat, daß seine Romane weitgehend frei von den Tendenzen sind, die oft die Arbeiten sozial engagierter Autoren beeinträchtigten. Er besaß eine überraschend breite Stilpalette und der Themen, so daß sich nicht zwei seiner Romane auch nur in irgendeiner Art einander ähnelten. Viele seiner Figuren wurden in Island genauso bekannt, wie die Helden der alten Sagas. Ein Grund für den weitreichenden Einfluß auf seine Landsleute ist der, daß Laxness von Anfang an in einem beständigen Dialog mit seinem Volk stand, in dem man ihm manchmal heftig entgegentrat und widersprach.

Das nächste monumentale Werk Laxness' ist *Weltlicht.* Es basiert auf einem Tagebuch, das ein unbekannter Volksdichter hinterlassen hat. Sein Buch *Atomstation* (1948) ist eine phantasievolle und scharfe Satire auf das Leben im modernen Island, besonders in seiner Heimatstadt Reykjavík. Es ist das Bild einer Bevölkerung, die, dem bäuerlichen Leben entrückt, hektisch nach neuen Formen des gemeinschaftlichen Lebens sucht, und beschreibt den kulturellen und sozialen Umbruch während der ersten Hälfte des 20. Jh. *Gerpla* (1952) spielt in der Wikingerzeit um das Jahr 1000. Manche seiner Formulierungen sind beinahe wörtlich aus der altisländischen Saga entnommen.

In der Trilogie *Die Islandsglocke* (1943–46) wendet sich Laxness der Geschichte zu. Es ist die Zeit um 1700, als Island vor dem Untergang stand. Eine der zentralen Figuren ist niemand anderer als der berühmte Gelehrte und Manuskriptsammler Árni Magnússon

(1663–1730). Die Hauptperson des Romans, der einfache Bauer Jón Hreggviðsson, ist als Verfolgter mit einer unbesiegbaren inneren Freiheit ausgestattet. Eine andere wichtige Figur ist die stolze und vornehme Snæfríður. Sie besitzt die mystischen Qualitäten isländischer Natur und symbolisiert die Vision Islands in seiner ruhmreichen Vergangenheit. In den drei Hauptfiguren stellt Laxness die Geschichte Islands dar. Es ist der niedergetretene, sich nie ergebende einfache Mensch; der Gelehrte und der Staatsmann mit seiner leidenschaftlichen Hingabe gegenüber vergangenem Ruhm, und schließlich die Rauhheit und Schönheit der Natur des Landes, verkörpert durch Snæfríður. *Die Islandsglocke* ist einer der besten isländischen Geschichtsromane. In Island ist es Laxness' beliebtestes Buch.

Nach einer langen Pause veröffentlichte Laxness 1952 den streitbaren Roman *Die glücklichen Krieger*. Er basiert auf Saga-Motiven im exakten Stil der Sagas des 13. Jh. und beschäftigt sich mit wohlbekannten Figuren, hauptsächlich aus der Eidbrüder-Saga. Laxness hatte alle traditionellen Vorstellungen auf den Kopf gestellt und machte aus einem, der am meisten verehrten Könige des Nordens, dem St. Olaf von Norwegen († 1030), einen fetten barbarischen Schurken. Mit den anderen Helden verfuhr er nicht besser. Das Buch ist eine äußerliche Abwendung von dem heroischen Geist, wie er in der alten isländischen Literatur gepriesen wurde. Laxness' Absicht war es, die Torheit des blinden Gehorsams gegenüber den Idealen einer Ideologie, die mit der Wirklichkeit im Widerspruch steht, zu entlarven. Hierin zeigt sich seine Abkehr vom Klassenkampf und die Hinwendung zu einer humanistischeren Haltung. Er sucht nach einer Art Existenz, die es ihm ermöglichte, ein Leben in Harmonie mit seiner Umwelt zu führen, ohne das Recht anderer zu verletzen, die dasselbe tun. Diese ›taoistische‹ Einstellung spiegelt sich nun in allen seinen Werken wider.

Der erste Roman in dieser Einstellung war das *Fischkonzert*, eine lyrische Beschreibung des Lebens in Reykjavík um die Jahrhundertwende, bevor sich moderne Produktions- und Wirtschaftsmethoden durchsetzten. Dieser faszinierenden Geschichte über das letzte Paradies folgte *Das gezähmte Paradies* (1960), worin des Menschen fortwährende Suche nach dem Ewigen und Absoluten in der menschlichen Existenz durch die Abenteuer des armen Bauern Steinar, der seine Heimat verläßt, um das Heil für sich und seine Familie in einem fremden Land zu suchen, symbolisiert wird. Sein Streben war vergeblich. Er akzeptiert am Ende seine mißliche Lage mit der Erkenntnis, daß diese Erfahrung ihm Reife gebracht hat.

Auf dem Höhepunkt seines Schaffens wandte er sich dem Theater zu. Während der nächsten Jahre schrieb er drei Stücke, die in Reykjavík aufgeführt wurden. Sie sind auch von dem ›taoistischen‹ Ideal der Selbstbescheidung getragen. Sein nächster Roman nach dem Ausflug in die Theaterwelt ist *Seelsorge am Gletscher* (1968), ein sehr komplexer Roman. In *Eine Landeschronik* (1970), einer Beschreibung des Tales nahe Reykjavík, wo er auf einer Farm, die ›Laxness‹ (daher sein Pseudonym) bezeichnet wurde, aufwuchs, produzierte Laxness einen kleinen Juwel, eine Parabel über die menschliche Treue. In *Gottes gute Gaben* (1972) benutzt er einen bekannten Unternehmer als Modell für einen zärtlichen Charakter, der viele ausgezeichnete Qualitäten besitzt, aber ein unheilbarer Dilettant in seinem privaten wie im öffentlichen Leben ist. Zwischen 1975 und 1980 schrieb Laxness vier autobiographische Romane über seine ersten zwanzig Lebensjahre.

Trotz seiner literarischen Karriere war Laxness in der Lage, das beschauliche Leben des Schriftstellers mit dem eines Aktivisten zu verbinden. Sein Ideal ist das selbstbescheidene, introvertierte Individuum. Dennoch ist seine künstlerische Fruchtbarkeit fest verbunden mit seiner Aufgeschlossenheit und seiner Neugier über die Welt um ihn, seiner Empfindlichkeit gegenüber sozialer Ungerechtigkeit und seinem Sinn für die Schönheit. In *Weltlicht* sagte Laxness, daß sein Schreiben ein Teil des Kampfes gerade für die Gesellschaft sei, die Schriftsteller überflüssig mache. Für sein Werk erhielt er 1955 den Literatur-Nobelpreis.

Die Kunst Islands

Bei der Fülle der Skulpturen, dem großen Angebot an Gemälden und den interessanten Mosaikarbeiten ist man geneigt, die Darstellungen in den alten Manuskripten und die wenigen anderen künstlerischen Werke des Mittelalters zu vergessen und zu behaupten, daß das kulturelle Leben in bezug auf die gegenständliche Kunst in Island erst im vorigen Jahrhundert begonnen habe. In der Malkunst trifft das weitgehend zu, denn es ist sicher, daß die isländische Bildkunst nach einer Jahrhunderte dauernden Stagnation nach dem Untergang des Freistaates erst mit den Anfängen der Unabhängigkeit wieder auflebte, wenn auch ihre Wurzeln bis ins Mittelalter zurückreichen. Seit der Christianisierung und dem damit beginnenden Kirchenbau wurde Island aufgrund eines regen Austausches von Priestern mit dem europäischen Festland auch von dessen kulturellen Strömungen erfaßt (Abb. 53, 61). So läßt sich in mittelalterlichen Zeichnungen der gotische Einfluß nicht verleugnen. Er hat sich sogar auf Island früher bemerkbar gemacht als in den übrigen nordischen Ländern, denn mit der Errichtung eines Bischofssitzes und einer Schule in Skálholt nahm Island intensiver am kulturellen Geschehen teil als die skandinavischen Länder. Einige Geistliche studierten in England bzw. Deutschland. Seine Bedeutung als kulturelles Zentrum erlitt großen Schaden, als 1526 in den Wirren der Reformation Skálholt in Flammen aufging und der größte Teil wertvoller Kunstgegenstände und Schriften für immer verloren war. Während des vorübergehenden Niedergangs des isländischen Volkes rissen die kulturellen Beziehungen zu Europa nicht ab. Es ist erstaunlich, daß die kulturellen und künstlerischen Strömungen stärker mit der mittel- und westeuropäischen Tradition verbunden waren. Nach der politischen Lösung von Dänemark zeigt sich die Eigenständigkeit der isländischen Kunst darin, daß nun Verbindungen vor allem mit der nordamerikanischen Kunstwelt aufgenommen wurden.

Isländische Malerei

Die Künstler des 19. Jh. studierten noch zum großen Teil in Kopenhagen. Für sie war es schwierig, in Island Fuß zu fassen und von ihrer Kunst zu leben. Sæmundur Magnus Holm (1749–1821) zum Beispiel erhielt an der Königlichen Kunstakademie in Kopenhagen alle erdenklichen Preise. Nach der Rückkehr in seine Heimat aber wurde er Bauer und Pfarrer. Aus Zeitmangel mußten daher seine künstlerischen Fähigkeiten brachliegen. Sigurður Guðmundsson (1833–74) versuchte, als erster in Island von der Kunst zu leben. Er verhungerte gerade in dem Jahr, als Island das 1000jährige Jubiläum seiner Besiedlung feierte. Die Dekorationen für die Festveranstaltung in Þingvellir hatte er noch geschaffen und erhielt viel Bewunderung, davon konnte er nur nicht leben.

Als erster Maler des modernen Island kann Þórarinn B. Þorláksson (1867–1924), der Gründer der nationalen isländischen Malerei, angesehen werden. Er war der Sohn eines Landpfarrers in Nordisland und zog mit 18 Jahren nach Reykjavík, wo er neben einer Buchbinderlehre Zeichenunterricht nahm. Danach studierte er in Kopenhagen Kunst und malte in den Sommermonaten vor allem dänische Landschaften. Um 1900 fand seine erste Einzelausstellung statt. Es war die erste Einzelausstellung eines Malers in Island überhaupt. Neben Landschaftsbildern schuf er hauptsächlich Porträts, Interieurs, Stilleben und Altarbilder. Wegen seiner hervorragenden Landschaften in den ersten beiden Jahrzehnten dieses Jahrhunderts war er zu Lebzeiten die bedeutendste Persönlichkeit unter den isländischen Malern. Sein Einfluß auf seine Zeitgenossen Ásgrímur Jónsson, Jón Stefánsson und sogar Jóhannes Kjarval ist erkennbar.

Die Anfänge der isländischen Malerei wurden von der romantischen Bewegung Europas mit der Entdeckung und der Hinwendung zur Schönheit der Natur geprägt. Damit erfolgte eine Abkehr von jener jahrhundertealten Einstellung zur Natur, die besagte, daß sie nur dann schön sei, wenn sie einen Nutzen erbringe. Einen Nutzen allerdings erbrachte sie den ersten Malern noch nicht. Þorláksson und einige seiner Kollegen stellten unberührte und menschenleere Landschaften mit fernen Bergen und Gletschern in indirektem Licht dar. Es sind Bilder der Ruhe. Diese Stimmung wird treffend in Þorlákssons Gemälde *Þingvellir* (Abb. 65), einem schlichten Abbild der historisch bedeutenden Landschaft, zum Ausdruck gebracht. Im Licht der aufgehenden Sonne ist die Landschaft in ein Blau verschiedenster Schattierungen getaucht. Weite und Ruhe offenbaren sich durch den in der Ferne leuchtenden Schildvulkan Skjaldbreiður.

Nach dem 1902 abgeschlossenen Studium kehrte Þorláksson wieder nach Island zurück und fuhr fort, isländische Landschaften zu malen. Eines seiner bedeutendsten Werke aus dieser Zeit ist die Gegend mit dem Inselberg des Großen (Stóra) Dímon in Südisland. 1903 malte er den Gletscher Eyjafjallajökull, ein Gemälde ohne Lebewesen. Es ist die unberührte Landschaft mit ihrer beeindruckenden Stille und Schönheit. Selbst in seinem Bild von Reykjavík *Sonnenuntergang am Tjörnin* (1905) herrscht völlige Ruhe, kein Mensch ist zu sehen, kein Fenster ist erleuchtet. Nur der Himmel strahlt in den hellen Farben eines immer wieder faszinierenden nordischen Sonnenunterganges.

Für Ásgrímur Jónsson (1876–1958) war ebenfalls die isländische Landschaft mit ihren Vulkanen, Springquellen, Wasserfällen, Bergen und Gletschern im unterschiedlichsten Licht das Hauptthema. Nach einer vorübergehenden Zuwendung zu den Motiven aus der Welt der Volkssagen beeindruckte ihn 1947 der Ausbruch der Hekla, an deren Fuß er aufgewachsen war. Eines seiner letzten Bilder, die 1955 gemalte *Flucht vor dem Vulkanaus-*

bruch veranschaulicht treffend die schaurigschöne Gewalt vulkanischer Explosionen. Ásgrímur vermachte dem isländischen Volk fast 200 Gemälde, 277 Aquarelle, viele Zeichnungen sowie sein Haus, wo ständig Wechselausstellungen seiner Werke zu sehen sind.

Im hohem Maße wird noch immer Jóhannes Kjarval (1885–1972) verehrt. Sein künstlerischer Werdegang führte ihn nach London und Kopenhagen. In London fand er keine Anerkennung, aber er lernte die Werke Turners kennen und sah darin vollendet, was er angestrebt hatte: das Leuchten der Farben und die visionären Wirkungen des Lichtes (*Öxarárfoss;* Farbabb. 35). Er löst sich von den Vorstellungen, die Natur traumhaft verklärt zu sehen und stellt den Betrachter mitten in die Landschaft bemooster Lavafelder oder in die felsige Umgebung der Moosheiden. Seine Gemälde *Moos und Lava* (1939) und *Moos am Vífilsfell* (1940) lassen die eintönige und abweisende Landschaft interessant erscheinen, da viele Formen in ihr ein Eigenleben entwickeln. Kjarval malte aber nicht allein die unmittelbare Realität einer Landschaft mit ihren Einzelheiten, er bringt in seinen Bildern auch die mystische Welt der Isländer zum Ausdruck, wo keine Grenze zwischen der Phantasie und der Realität gezogen werden kann.

Als Island in der Zeit zwischen den Weltkriegen Teil des modernen Europas wurde, schlug sich dies in der Kunst durch eine Art künstlerischer Befreiung und Erneuerung nieder. Zur Avantgarde gehörte auch wohl Islands bekannteste Künstlerin Nína Tryggvadóttir (1913–68). Sie verbrachte die meiste Zeit ihres Lebens in London, Paris und New York und gilt als die erste abstrakte Malerin Islands. Außerdem war sie eine hervorragende Glasmalerin, Mosaikbildnerin, schrieb Kinderbücher und Gedichte. Ihr erster Lehrer in der Malerei war Ásgrímur Jónsson. Es folgten Studien an der Kunstschule in Reykjavík und vier Jahre Ausbildung an der Königlichen Akademie der Schönen Künste in Kopenhagen. Bereits nach wenigen Jahren hatte Nína mit einer Ausstellung ihrer Landschaftsbilder und Porträts einen festen Platz in der isländischen Kunstszene erlangt. Danach gab sie die bis dahin verfolgte traditionelle Richtung auf und wandte sich ihrem eigenen, gegenstandslosen Stil zu. Auf der Suche nach neuen Ausdrucksformen schuf sie Collagen, bemalte Glas und fertigte Wandgemälde an. Nína Tryggvadóttir war die erste Künstlerin, die 1958 in Paris Glaskunst auf der Basis mittelalterlicher Technik ausstellte und eine so große Resonanz fand, daß sie eine Vielzahl von Aufträgen zu bearbeiten hatte. Bewundernswert sind auch ihre Glasmosaiken im Nationalmuseum.

Große Bekanntheit erlangte Gerður Helgadóttir durch ihre Glasmalereien in der 1955 eingeweihten Kirche von Skálholt. Beide Künstlerinnen verkörpern die Nachkriegsgeneration. Sie vollzogen einen Bruch mit der Vergangenheit.

Bildhauerei

Unter den Bildhauern ist Ásmundur Sveinsson (1893–1982) über die Grenzen seines Landes hinaus bekannt. In Reykjavík begegnet man einigen seiner manchmal recht deftigen Skulpturen. Nach seiner Rückkehr aus Schweden schuf er monumentale Standbilder arbeitender

Menschen. Dazu gehören die *Wasserträgerin* (Abb. 62) auf dem Golfsskáli als Huldigung der arbeitenden Frauen; der *Schmied* an der Snorrabraut ist den Männern gewidmet und hat zudem eine mythologische Nebenbedeutung; die *Frau am Butterfaß* im Freilichtmuseum Árbær soll an den Einsatz und Mut des Landvolkes erinnern. Den Wäscherinnen ist an dem alten Waschplatz Þvottalaug (Abb. 46) im Laugardalur eine weitere Skulptur zugeeignet. In einer späteren Schaffensperiode arbeitete er in Holz und Metall. Sein Stil wurde vielfältiger und abstrakter, obgleich sich auch hier Beziehungen zur Geschichte, zur Bibel und Parallelen zum Kampf im täglichen Leben äußern. Viele seiner Skulpturen sind in seiner Privatsammlung ausgestellt (Abb. 63).

Sigurjón Ólafsson (1908–82) arbeitete viele Jahre in Dänemark. Ein Teil seiner Arbeiten besteht aus expressionistischen Werken in Stein und Holz, deren Ausgangsmaterial er in guten Einklang mit dem Kunstwerk bringen konnte, ein anderer aus Porträtbüsten. Die bekannteste Darstellung ist wohl die seiner Mutter aus dem Jahre 1938. Sigurjón Ólafsson hatte eine besondere Vorliebe für den isländischen Basalt (Tholeyit), der auch ›Graustein‹ genannt wird. Eine seiner besten Arbeiten ist die *Frau mit Katze* (1948), heute im Kunstmuseum Islands. Zu den Arbeiten, die außerhalb der Museen Aufstellung gefunden haben, gehört das große Relief *Beim Fischestapeln* (1935/1936) vor dem Eingang zur Seemanns- und Navigationsschule oder das Monument anläßlich des 1100. Jahrestages der Landnahme Islands bei Hagatorg, unweit des Hotels Saga. Eine weitere Arbeit erinnert an die Hilfe des Pferdes bei der Erschließung des Landes. Sie steht an der östlichen Ausfallstraße von Reykjavík, der Miklabraut. Es ist die Skulptur eines beladenen Packpferdes. Ursprünglich sollte die Statue mit einem Fohlen bereits 1966 aufgestellt werden. Da aber die Mittel dazu nicht reichten, konnten sich die bronzene Pferdedame erst im Jahre 1980 ihrer ›Mutterschaft‹ erfreuen (Abb. 64).

Holzschnitzerei

Auf dem Gebiet der gegenständlichen Kunst kann die Holzschnitzerei (Abb. 58, 60) als die Vorgängerin der heutigen, weltweit bekannten isländischen Bildhauerkunst angesehen werden. Allerdings wird sie nur bedingt Impulse für die Gestaltung von Skulpturen aus Gesteinen und Metall gegeben haben. Die Entwicklung der Holzschnitzerei ist im 20. Jh. weitgehend stehengeblieben oder sogar rückläufig, was durchaus mit der Veränderung der Lebensgewohnheiten begründet werden kann. Als Beispiel kann man hierfür den Holzschnitzer Ríkhardur Jónsson anführen, der seit den 30er Jahren sehr aktiv gewesen ist. Er arbeitet aber im Stil des 19. Jh. Obgleich Ásmundur Sveinsson auch einige hervorragende Holzskulpturen anfertigte, ist unter den Bildhauern die einzige wirkliche Ausnahme Sigurjón Ólafsson, der auf das Holz zurückgriff. Aus gesundheitlichen Gründen durfte er nicht mehr schweißen, deshalb schnitzte er Skulpturen aus Treibholz, das er an der Küste vor seinem Studio fand. Eine seiner bekanntesten Plastiken ist *Der Tanz* (1975), allerdings aus Mahagonie.

Der Stellenwert der Schnitzerei war in den vergangenen Jahrhunderten wesentlich höher. Ihre damalige Bedeutung läßt sich an der Vielzahl der Ausstellungsstücke im Nationalmuseum ermessen. Ein großer Teil der Haushaltsgegenstände wurde aus Holz geschnitzt, Möbelstücke wurden mit allerlei Zierat versehen (Abb. 57). In den Westfjorden bestritten viele geschickte Schnitzer ihren Lebensunterhalt damit, Gegenstände des täglichen Bedarfs aus dem in diesem Gebiet zahlreichen Treibholz zu schnitzen.

Von Norwegen und wahrscheinlich auch von Irland brachten die Siedler eine Kunst des Verzierens mit, die als Schnitzkunst in Island bis in das 19. Jh. hinein ausgeübt wurde. Es sind endlos ineinander verschlungene Formen. Das Bedürfnis, Muster in ein Stück Holz zu schnitzen, existierte schon seit der Landnahme. Einige dieser Schnitzereien sind zweifellos verwandt mit der gedankenlosen Beschäftigung zum Zeitvertreib, indem man beispielsweise einfach Muster in einen Stock schnitzt. Es ist aber auch aus anderen Gründen als nur zum Zeitvertreib während der Wintermonate geschnitzt worden, und zwar deshalb, etwas auszudrücken und mit dem Wunsch, die unmittelbare Umgebung zu verschönern (Abb. 56). Somit schnitzte man Muster in die Löffel, die Eßschalen (›askur‹). Später verzierte man Tabakdosen, Schalen und Behälter in der Küche, die Nähkästen und sogar die Griffe der Messer. Schnitzwerk schmückte viele Möbelstücke, auch die Kopfbretter an den Betten. Der Geschickteste war dazu ausersehen, in der Kirche Kanzel, die Kirchenstühle und den Altar zu schmücken. Einige der Schnitzer erlangten einen weit über ihre heimatliche Umgebung hinausgehenden Ruf und betätigten sich sogar im Ausland.

Einer der höchst bemerkenswerten Aspekte der isländischen Holzschnitzerei ist die Entwicklung des ›höfðaletur‹ (höfðalag = Kopfende), eine dekorative Spielart des Alphabets, was wohl ursprünglich durch die Darstellung gotischer Initialen im Mittelalter inspiriert wurde. In dieser Zeit schufen die Holzschnitzer ihre eigenen Variationen dieses Alphabets und wandelten es in eine freie Form um, die in jedes Design eingeführt werden konnte. Kleine Verse wurden zusammen mit dem Namen der Besitzer oder deren Initialen auf Kommoden eingekerbt. Für die meisten Nichteingeweihten sind das Alphabet oder der Spruch recht schwierig zu lesen. Holzknappheit im 18. Jh. bewirkte einen Niedergang der isländischen Schnitzkunst. Der letzte große Vertreter dieser Kunstart war der Dichter Bólu-Hjálmar, der seine besten Arbeiten in der Mitte des 19. Jh. herstellte. Auf den Bauernhöfen sind bis in das 20. Jh. hinein noch gute Schnitzarbeiten angefertigt worden.

Gold- und Silberschmiedekunst

Eine weitere Form der bildenden Kunst, die schon lange in Island ausgeübt wird, ist die Gold- und Silberschmiedekunst. Das Land ist erstaunlicherweise reich an goldenen und silbernen Gegenständen künstlerischer, aber auch praktischer Art, obwohl Island weder über Erzvorkommen verfügt, noch ideale Möglichkeiten für die Bearbeitung gegeben waren. Gerade Silberarbeiten besitzen in Island einen hohen kunstgeschichtlichen Wert. Die meisten Gegenstände sind Trinkkelche (Abb. 61), Hostienteller, Altarkrüge und Hostienbehälter. Eine der am reichsten ausgestatteten Kirchen war die Kathedrale von Hólar mit 22 Kelchen, davon bestanden zwei sogar aus Gold. Während der Reformation wurden aus vielen Kirchen die Schätze geraubt oder beschlagnahmt, um nach Dänemark gebracht zu werden. Einige wertvolle Stücke blieben in Island, darunter die zwei goldenen Pokale von Hólar aus dem 13. Jh. Als Arbeiten im gotischen Stil gehören sie zu den schönsten ihrer Art. Fein verzierte Knoten an den Stielen der Kelche mit eingravierten Rosensprossen oder Filigranmustern können als ein Wesensmerkmal für isländische Arbeiten aus dem 14. Jh. angesehen werden, die z. T. auf dem Bischofssitz Skálholt in einer weithin bekannten Goldschmiedewerkstatt angefertigt wurden. Es ist daher anzunehmen, daß viele der noch in Island vorhandenen alten sakralen Gegenstände auch dort entstanden sind.

Internationalen Ruhm als hervorragender Silberschmied erlangte im 18. Jh. Sigurður Þorsteinsson, der in Dänemark arbeitete. Aus seiner Werkstatt stammen das einzige silberne Taufbecken Islands und eine Reihe über das Land verstreute Trinkkelche. Viele seiner Arbeiten können im Nationalmuseum bewundert werden.

Im Nationalmuseum gibt es ein barockes Trinkgefäß mit Deckel. Das Stück stammt von der Insel Flatey und besitzt offensichtlich eine Verbindung zu dem berühmten *Flateyjarbók*, denn Jón Torfason, sein Besitzer, war ein Neffe des Bauern Jón Finnsson, der 1643 das Manuskript der größten isländischen Saga Bischof Brynhjólfur Sveinsson von Skálholt schenkte. Es befindet sich heute fast wieder in unmittelbarer Nachbarschaft zu dem Trinkgefäß in Reykjavík.

Architektur – Vom Langhaus zum Betongebäude

Das isländische Gehöft im Laufe der Zeit

Die nordischen Einwanderer haben sich im Hausbau recht schnell den natürlichen Bedingungen Islands anpassen müssen, denn eine Übertragung der norwegischen Bauweise wird ziemlich bald auf Schwierigkeiten gestoßen sein: Es mangelte an Bauholz.

Das Holz aus dem auf der Insel wachsenden Birken-Buschwald war wegen seiner schlechten Qualität nur bedingt verwendungsfähig. Das an den Stränden (besonders im Norden und Westen) gesammelte Treibholz, vor allem aus Sibirien, war nicht unerschöpflich. Aus diesem Grunde mußte weitgehend auf Torf und Stein zurückgegriffen werden, die dann kurz nach der Besiedlung zunehmend Verwendung gefunden haben werden.

Der Stöng-Hof

Wie die Häuser unmittelbar nach der Besiedlung Islands ausgesehen haben, ist durch die Ausgrabungen auf den Westmänner-Inseln bereits beschrieben worden. Die Vorstellungen über die Architektur während der Freistaatzeit basieren auf der Ausgrabung des Gehöftes

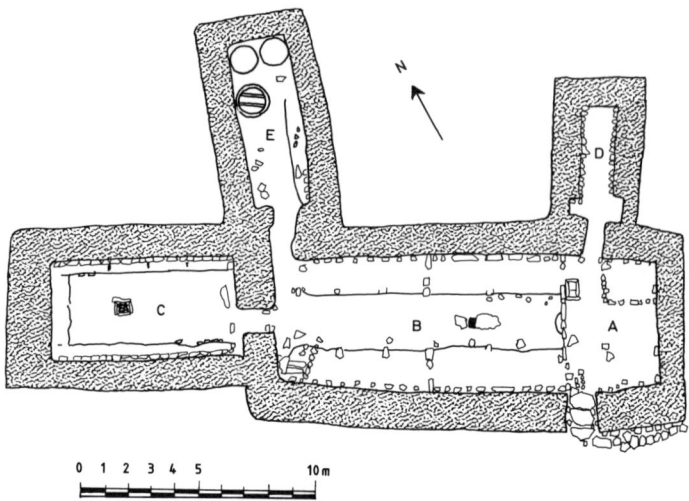

Grundriß des mittelalterlichen Gehöftes Stöng (1104 durch den Hekla-Ausbruch verschüttet; in Hansen 1965)

Stöng im Þjórsá-Tal. Hier hat sich hinsichtlich der Erhaltung der Hausreste und der Erforschung der Architektur die zerstörerische Kraft der Vulkane mit ihren Aschewürfen als Segen erwiesen. Der Niederschlag feinkörniger Bimsaschen von dem Hekla-Ausbruch 1104 hat das Gehöft Stöng in einem solch guten Zustand erhalten, daß heute, nach der Ausgrabung, recht gute Vorstellungen über Konstruktion, Raumgröße, -funktion und -aufteilung gewonnen werden konnten.

Verheißungsvoll erschienen schon früher für den Standort ehemaliger Bauernhöfe kleine Anhöhen. An einem solchen Standort über dem Tal wurden 1939 die ersten Probegrabungen im Þjórsá-Tal mit Erfolg gestartet. Die folgenden Grabungen erbrachten so gute Ergebnisse, daß sich die Isländer in der Lage sahen, unter der Inanspruchnahme von Aufzeichnungen aus dem Mittelalter, den Hof Stöng zu rekonstruieren.

Anläßlich des 1100jährigen Jubiläums des Staates Island wurde vor 1974 beschlossen, die Nachbildung eines Bauernhofes aus der Freistaatzeit zu bauen. Das Gebäude sollte ein Symbol für die politische und kulturelle Unabhängigkeit sein und den heutigen Isländern zeigen, wie ihre Vorfahren lebten. Der Maler Hörður Ágústsson wurde beauftragt, ein Modell anzufertigen, das auf den Ausgrabungen des mittelalterlichen Bauernhofes von Stöng im Þjórsá-Tal basieren sollte. Da die Überreste unter einer Bimsasche-Schicht des Ausbruchs von 1104 lagen, waren sie genau datiert und auch am besten erhalten. Es gab eine Menge anderer Relikte aus der Landnahmezeit, die gleichfalls als Vorbild für das Vorhaben nützlich gewesen wären, aber die meisten von ihnen befanden sich in einem zu schlechten Erhaltungszustand aufgrund der im Laufe der Zeit angerichteten Verwüstungen, die durch das Klima, aber auch durch das verwendete Baumaterial Torf und Holz bedingt waren. Aus diesem Grunde lieferten die archäologischen Befunde im Gegensatz zur mittelalterlichen

Literatur nur wenige Informationen über die Bau- und Lebensweise in der frühen Besiedlungszeit. Im *Landnámabók* werden allein Einzelheiten von wenigstens 20 Bauernhöfen aus dem 10. und 11. Jh. beschrieben.

Dank der guten Erhaltung unter der Bimsasche fand man Überreste eines vollständigen Bauernhauses mit Kuhstall und Schmiede. Es wurde offensichtlich Hals über Kopf von den Bewohnern verlassen, als während des katastrophalen Ausbruchs der Hekla Aschen niederfielen. Nach der Auffassung von Experten ist Stöng ein einzigartiger Fund im gesamten nordischen Raum. Seine Überreste vermitteln ein gutes Bild über das Aussehen und die Funktion eines mittelalterlichen isländischen Bauernhofes (Abb. 28). Der Stöng-Hof setzt sich aus zwei Haupthäusern oder dem »Langhaus« zusammen. Die beiden Teilhäuser sind unmittelbar aneinandergefügt. Zwei kleinere Seitenhäuser stehen im rechten Winkel zu den Haupthäusern. Ältere und primitivere Hausformen ohne die beiden Anbauten sind auch in Island bekannt (siehe Westmänner-Inseln). Sie sind noch nicht rein isländisch, denn die ersten Siedler bauten noch im norwegischen Stil.

In Stil, Größe und Baumaterial war der Stöng-Hof schon den isländischen Bedürfnissen angepaßt. Seine Konstruktion war über Jahrhunderte maßgebend. Nur wenige für die Rekonstruktion des Gebäudes erforderliche Einzelheiten konnten nicht aus den Ergebnissen der Ausgrabungen abgeleitet werden. Hier halfen die Informationen in den Sagas und die Relikte mittelalterlicher Zimmerarbeiten in den gut erhaltenen Ruinen der früheren nordischen Besiedlung in Grönland weiter.

Das rekonstruierte Gehöft (Abb. 29) steht jetzt in der Nähe des Búrfell-Wasserkraftwerkes im Þjórsá-Tal. Nur wenige Kilometer von der ursprünglichen Ausgrabung entfernt paßt sich das Gehöft seiner natürlichen Umgebung harmonisch an. Es ist ein prächtiger Hof und hat nichts gemeinsam mit den elenden Torfhaufen, in denen die Menschen nach dem ›Goldenen Zeitalter‹ dahinvegetierten. Obgleich die Halle des Stöng-Hofes mit einem Grundriß von 12,25 m × 5,85 m geräumig erscheint, war dieser nur ein Anwesen von mittlerer Größe. Es gibt Berichte über Bauernhäuser aus dem 12. Jh. mit 30–40 m langen Hallen.

Im folgenden sei der Aufbau des Gehöftes kurz beschrieben. Das Langhaus hatte mit den beiden Nebenhäusern nur einen Zugang, der über einen Vorraum (A) in die große Halle ›skáli‹ (B) führte. Diese besaß auf beiden Seiten hölzerne Plattformen, die sich entlang der Wände erstreckten. Zwischen den Plattformen befand sich in der gesamten Länge des Raumes festgestampfter Lehmboden mit einem steinbesetzten Feuerplatz, dem ›langeldur‹ (Langfeuer) im Zentrum. Diese Halle war der wichtigste Raum des ganzen Anwesens. Sie war sowohl Aufenthaltsraum als auch Schlafraum für alle Angehörigen des Hofes. Auf dem Stöng-Hof werden etwa 20 Personen gelebt haben. In dem bereits moderner aufgeteilten Gebäudekomplex des Stöng-Hofes war der Wohnbereich in die eigentliche ›skáli‹ und die von ihr durch eine Wand getrennte ›stofa‹ (C) unterteilt. An den Seiten der ›skáli‹ befanden sich die Bettnischen (›lokrekkja‹). Eine kleine Türöffnung führte direkt in den Wohnraum oder die ›stofa‹ (9,30 m × 4,30 m) mit einer vollständigen Holztäfelung sowie Bänken und Tischen entlang den Wänden. Hier saßen die Frauen mit ihrer Arbeit. Auch Festmahle werden hier stattgefunden haben.

Durch die Hinterwand der Halle führten zwei Türöffnungen in die kleinen ›Hinterhäuser‹, von denen das in Fortsetzung des Einganges als Abort (D) diente und das andere (E) die Funktion eines Vorratsraumes und einer Milchkammer (›búr‹) hatte. Sie war gefüllt mit hölzernen Gefäßen für Sauermilch und Skyr, einem joghurtartigen Magermilchprodukt, das es nur auf Island gibt. Die Bottiche waren in den Boden eingelassen und hatten einen Durchmesser von etwa 1,20 m.

Zu den freistehenden Außenhäusern des Gehöftes gehörten noch ein Kuhstall (›fjós‹) mit einer angebauten Scheune (›hlaða‹), ein kleines Vorratshaus (›skemma‹) und eine Schmiede (›smiðja‹). Die Grundmauern der Gebäude waren aus Basaltsäulen- und Schlackenstücken errichtet worden. Im Norden der Insel wurde dagegen mehr Torf verarbeitet.

Im Þjórsárdalur sind noch zwei weitere Gehöfte ausgegraben worden, die dem Hekla-Ausbruch im Jahre 1104 zum Opfer fielen. Aus dem Gebäudetyp des Stöng-Hofes entwickelte sich die zweckmäßigste Form eines Gehöftes, in dem von einem zentralen Gang die einzelnen Räume und Anbauten mit verschiedenen Funktionen abzweigen. Die meisten Gehöfte mit der nun am Gangende befindlichen ›baðstofa‹, der Wohnstube, waren in dieser Form noch bis zum Beginn dieses Jahrhunderts in Betrieb. Heute dienen sie nur noch musealen Zwecken. Die bekanntesten intakten Gehöfte ihrer Art dürften der Hof Árbær als Zentrum des Freilichtmuseums in Reykjavík (Abb. 33), die Gehöfte Laufás im Eyjafjörður, Grenjaðarstaður (Abb. 30) in der Skjálfandi-Bucht, der Hof Keldur bei Hella in Südisland, Glaumbær im Skagafjörður und als einziges bewohntes Gehöft Burstafell südwestlich Vopnafjörður sein.

Wer über die Ringstraße von Reykjavík nach Akureyri fährt, sollte es nicht versäumen, bei seinem letzten Halt vor Akureyri im Skagafjörður einen Abstecher zu dem auf dem Weg nach Sauðarkrókur gelegenen Gehöft und Freilichtmuseum Glaumbær zu machen. Denn hier erhält man einen anschaulichen Einblick in das ländliche Leben während des vergangenen Jahrhunderts.

Das Gehöft Glaumbær

Glaumbær ist eines der am besten erhaltenen Gehöfte aus dem 18. und 19. Jh., das nach der Aufgabe nur noch musealen Zwecken dient. Es besteht aus neun Einzelhäusern, die im Torfhausbaustil errichtet wurden, der bis etwa zur Jahrhundertwende in den ländlichen Räumen üblich gewesen ist, bevor ihn Betonkonstruktionen ablösten. Heute werden die meisten der neuen isländischen Häuser sowohl auf dem Lande als auch in der Stadt aus Beton gebaut (Farbabb. 33, Abb. 34). Wegen des sich bereits während des Mittelalters einstellenden Holzmangels mußte auf den Baustoff Torf, der sich wegen seiner guten Isoliereigenschaften und seiner guten Formbarkeit anbot und in hinreichender Menge zur Verfügung stand, zurückgegriffen werden.

In Glaumbær besteht das Innengerüst des Gebäudekomplexes mit 16 Räumen aus Holz, die Grundmauern und das Dach aus Torf (Abb. 31). Auf den Dächern wächst Gras, das mit

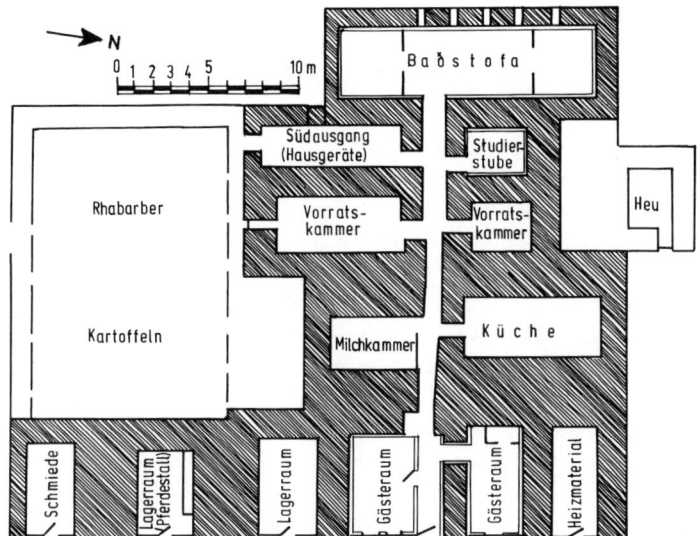

Grundriß des Gehöftes und jetzigen Museums Glaumbær im Skagafjörður (nach E. Sacher 1938)

seinem dichten Wurzelwerk eine verfilzte wasserabhaltende Schicht bildet, so daß in Gebieten mit geringerem Niederschlag (um 500 mm/Jahr) solche Gebäude über ein Jahrhundert überdauern können. Sehr wichtig war für die Erhaltung der Bausubstanz der Neigungswinkel des Daches; denn war das Gefälle zu steil, dann bestand die Gefahr, daß das Regenwasser zu schnell ablief und der Torf bei Niederschlagsmangel austrocknete, rissig wurde, und das Dach damit undicht war. Außerdem fehlt dann dem schützenden Gras die Bodenfeuchtigkeit zu wachsen. Es verdorrt. Ist das Gefälle zu gering, dann sickert das Regenwasser durch.

Der Gebäudekomplex von Glaumbær setzt sich aus mehreren Einzelhäusern zusammen, die, außer den Lagerräumen und der Schmiede, ein zentraler Gang miteinander verbindet. Dieser Gang ist mit rund 20 m außerordentlich lang. Er wurde von einem Besucher als so lang angesehen, daß er spaßeshalber meinte, er sei mit dem nächsten Bauernhof verbunden. Dieser Gang stellt die Verbindung mit neun ›Einzelhäusern‹ her. Zwei Zwischentüren halten im Winter die Kälte von dem am Ende des Flures gelegenen Aufenthalts- und Schlafraum, der ›baðstofa‹, ab. Von dieser Schutzmaßnahme konnten aber nur die Inhaber profitieren. Den Gästen mutete man schon kühlere Temperaturen zu. Sie erhielten ihr Quartier direkt hinter der Eingangstür. Ob man in Island auch den Spruch kannte, daß Fisch und Besuch nach zwei Tagen stinken, und in dieser Form gegen einen längeren Besuch vorgesorgt wurde? Nun zum Gästezimmer (links). Dieser Raum wurde 1841 gebaut. Im selben Jahr hielt sich hier der Dichter Jónas Hallgrímsson auf. Hinter dem auf der rechten Seite gelegenen Gästezimmer schließt sich die Küche oder das Küchengebäude als ältester Gebäudeteil an. Sie entstand wahrscheinlich im 18. Jh. und wurde kontinuierlich bis zum Beginn des 20. Jh. genutzt. Hier wurden am offenen Feuer Mahlzeiten für 20 Personen zubereitet. Der aufsteigende Rauch machte zugleich das unter der Decke aufgehängte Lammfleisch (Hangikjöt) haltbar. Möglicherweise blieben die Küchenhäuser länger im guten Zustande, weil die Holzkonstruktion durch den Ruß konserviert wurde und die von dem Feuer ausgehende Wärme sie trocken hielt. Als Brennmaterial wurde Torf oder getrockneter, geruchsloser Schafsdung verwandt. Der Schafsdung war auch ein vorzüglicher Dünger für die Hauswiesen (›tún‹). Wenn man von der Küche aus weiter in das Haus hineingeht, dann schließt sich unmittelbar an die Küche einer der beiden Vorratsräume an.

Der Gang endet in der ›baðstofa‹, der Wohnstube (Abb. 32). Hier hielt sich die Bauernfamilie mit ihrem Gesinde auf, sie aß, verrichtete ihre Heimarbeit und schlief auch dort. Die ›baðstofa‹ von Glaumbær wurde um 1876 gebaut. In den drei Räumen stehen elf Betten, so daß insgesamt 22 Personen hier genächtigt haben werden, da immer zwei Personen zusammen schliefen. Das Bett diente gleichzeitig als Sitz- und Arbeitsplatz. Über dem Bett stand auf einem Brett das private hölzerne Eßgeschirr mit Deckel, auf Isländisch als ›askur‹ (Esche) bezeichnet (Abb. 55). Manchmal ist es mit verschnörkelten Ornamenten versehen. In diesen Behältnissen wurde das Essen aus dem Vorratsraum geholt. Die Frauen hielten sich an der helleren Fensterseite des Zimmers auf, da sie mehr Licht zum Spinnen und zum Stricken benötigten. Die Männer kämmten Wolle, drehten Seile aus Roßhaar oder schnitzten. Häufig unterhielt während der langen Winterabende ein Mitglied des Hauses seine Mitbewohner mit dem Vorlesen einer Saga oder dem Vortragen von Gedichten. Manchmal wurden sie von Vortragskünstlern besucht, die von Hof zu Hof wanderten. Geschlafen wurde in voller Bekleidung. Man deckte sich mit Wolldecken (Abb. 54) und Federbetten zu und befestigte sie an der Gangseite an einem manchmal mit Schnitzereien verzierten Bettbrett, dem ›rúmfjöl‹. Tagsüber lag das Brett an der Wandseite des Bettes. Die Frauen schliefen unter den Fenstern, die Männer auf der Gangseite. Der Bauer hatte mit seiner Frau die Schlafstätte im linken Teil der ›baðstofa‹, die Kinder im rechten.

Die ›baðstofa‹ wurde auch während der kalten Wintermonate nicht beheizt. Den Raum hielten die Körperwärme seiner Bewohner und die hervorragenden isolierenden Eigenschaften des Torfes warm. Außerdem hielt der Torf die Körpergerüche zurück. Heute sind in den Räumen verschiedene für die Wollverarbeitung benötigte Gegenstände, außerdem die Nationaltracht und andere Festkleidung sowie ein ›langspil‹, ein typisch isländisches Saiteninstrument ausgestellt.

Der Zugang zu den Innenräumen erfolgte nicht nur durch den östlichen Eingang. Nach Süden diente eine weitere Außentür als Notausgang, falls es im Vorderhaus brennen sollte. In den Vorratskammern konnten die Lebensmittel gut frisch gehalten werden, denn durch die isolierende Eigenschaft des Torfes blieb es auch in den Sommermonaten kühl. In einer Milchkammer gegenüber der Küche wurde die Milch in viele ›Trennschüsseln‹ gegossen. Nachdem die Milch sich nach 36 Stunden von der Sahne abgesetzt hatte, wurde die Magermilch abgeschüttet und zu ›skyr‹ verarbeitet. Aus der Sahne wurde Butter hergestellt. Erwähnenswert ist noch die Schmiede, die jeder isländische Bauernhof besaß, denn sie diente zur Reparatur und zur Herstellung von Geräten, die auf dem Hof zum Einsatz kamen. Ihre wichtigste Funktion bestand aber im Schärfen von Sensen.

Von der Torfkirche zur Betonkirche

Überreste isländischer Kirchen aus der Zeit unmittelbar nach der Christianisierung im Jahre 1000 sind nicht bekannt. Die älteste Darstellung einer isländischen Kirche stammt aus dem 13. Jh. und befindet sich auf einer geschnitzten Kirchentür aus Valaþjófsstaður in Ostisland. Sie zeigt eine Kirche, die zweifellos den ältesten bekannten norwegischen Stabkirchen ähnelt. Weitere historische Darstellungen isländischer Kirchen lassen den Schluß zu, daß sie eine isländische Variante des norwegischen Baustils repräsentieren. Für die Konstruktion der oft winzigen Gotteshäuser wurden seit der Landnahmezeit bis in das 19. Jh. Baustoffe verarbeitet, die im Lande zur Verfügung standen. Man verwandte in erster Linie Gras- und Torfsoden, Steine sowie zur Errichtung der tragenden Gerüste Holz, hauptsächlich Treibholz. Es ist erstaunlich, daß nach neuesten Funden trotz der Einschränkungen, die das isländische Volk auf sich nehmen mußte, seit der Christianisierung vornehmlich Holz für den Kirchenbau verarbeitet wurde. Abgesehen von einem gescheiterten Versuch aus dem 14. Jh., eine Kirche aus Stein zu bauen, ist nicht bekannt, daß dieses dauerhafte Baumaterial Verwendung fand. Auf Holz als Baumaterial wurde auch während der schlimmsten Notzeiten zu Beginn des 18. Jh. nicht verzichtet. Zu dieser Zeit gab es auf Island immerhin 30 Holzkirchen. Es ist nicht auszuschließen, daß ihre Anzahl während des ›Goldenen Zeitalters‹ im Mittelalter größer gewesen ist. Die Kirchen oder Kathedralen der beiden Bischofssitze Hólar und Skálholt waren bei weitem die größten und sollen sogar mit ihren Ausmaßen die Kirchen der anderen nordischen Länder übertroffen haben. Beide Gotteshäuser besaßen einen Grundriß von gleicher Größe. Sie waren etwa 50 m lang, ca. 11 m breit, hatten eine Höhe von 13 m, das Querschiff maß 22 m. Nach der Reformation entwickelte sich der Trend zu kleineren Kirchenbauten, obgleich auch diese noch von einer beträchtlichen Größe gewesen sein müssen.

Von den alten Holzkirchen ist keine erhalten, aber von den Torfkirchen haben noch fünf (die älteste ist aus dem 17. Jh.) bis zum heutigen Tage überdauert. Es sind winzige, aus Torfsoden und Steinen erbaute, grasgedeckte Gebäude, von denen das kleinste mit den Ausmaßen einer Kapelle eine Fläche von nur 5,2 × 2,5 m einnimmt. Schiff und Chor bilden eine Einheit und werden nur durch einen Wandschirm mit einer Tür und einem Geländer voneinander getrennt. Die Kirchen stehen unter Denkmalschutz. Drei von ihnen befinden sich im Nordland, davon zwei, die Torfkirche von Gröf und die von Víðimýri im Skagafjörður und die Saurbær-Kirche im Eyjafjörður. Außerdem blieben zwei weitere in Südisland erhalten. Es sind die Hofkirche von Núpsstaður und die Kirche von Hof am Öræfajökull.

Die Kirche von Gröf

Als die ältesten gelten die Kirchen von Gröf (Abb. 26) und Núpsstaður, denn beide wurden in der zweiten Hälfte des 17. Jh. erbaut. Wegen ihrer nahezu winzigen Umrisse müßte man sie eigentlich als Kapellen bezeichnen. Die alte Torfkirche von Gröf war schon sehr verfallen und mußte unter der Aufsicht des isländischen Nationalmuseums praktisch neu aufgebaut werden. So besserte der Bildschnitzer Ágúst Sigurmundsson aus Reykjavík die Windbretter am Westgiebel (Abb. 27) mit ihren Schnitzereien und das Schnitzwerk am Altar aus. Einzelnes mußte sogar ganz erneuert werden. Die Bilder im Chorwerk wurden durch die Kunstmalerin Vigdís Kristjánsdóttir aufgearbeitet. Im Jahre 1953 weihte der Landesbischof die restaurierte Kirche.

Bereits im Mittelalter existierte in Gröf eine Kirche oder ein für kirchliche Zwecke geweihtes Haus. Im ausgehenden 16. Jh. gehörten Grund und Boden der Kirche dem Bischof von Skálholt, Guðbrandur Þorláksson. Von 1670–80 wird das alte ›bænhús‹, das Gebetshaus, im Auftrag des Bischofs Gísli Þorláksson mit neuen Verzierungen versehen worden sein. Auf Geheiß des dänischen Königs sollten dann 1765 in beiden Bistümern Halbkirchen und Gebetshäuser, darunter auch die Kirche von Gröf, abgerissen werden. Danach diente sie profanen Zwecken, und ihre Schätze übernahmen andere Kirchen. Nach dem Kauf der verfallenen Überreste 1939 durch das Nationalmuseum konnte wegen fehlender Mittel die dringend notwendige Restauration nicht sofort begonnen werden. Außerdem erwiesen sich die später begonnenen Arbeiten wegen des schlechten Zustands als äußerst schwierig und langwierig. Viele Holzteile mußten vollständig erneuert werden.

Heute stellt sich die winzige, in einer idyllischen Landschaft gelegene Torfkirche so dar, daß die 1,50 m dicken und 1,50–1,70 m hohen Grundmauern aus Torfsoden ein Rechteck von 6,25 m Länge und 3,20 m Breite umfassen. Das Dach ist mit Soden bedeckt. Die beiden Giebelwände aus neuen Kiefernbrettern, auch die Windbretter sind Neuanfertigungen. In dem nur etwa 25 Personen Platz bietenden Innenraum ist ein kleiner Schrankaltar, den ein Bauer im benachbarten Hjaltadalur besessen hatte, das Prunkstück. Ihre Vorderseite verzieren reiche barocke Schnitzereien. Es ist nicht auszuschließen, daß sie vom gleichen Schnitzer angefertigt wurden, der auch die Kathedrale von Skálholt künstlerisch gestaltete. Die Glokken sind im Torbau aufgehängt. Sie wurden vom Nationalmuseum gespendet und stammen von Krossholt und Ketilstaðir. Eine von ihnen trägt die Jahreszahl 1720.

Die Torfkirche von Núpsstaður (Südisland). Im Hintergrund das ehemalige Kliff Lómagnúpur (668 m)

Die Torfkirche von Núpsstaður

Die zu dem Gehöft Núpsstaður gehörende Kirche, oder besser Kapelle, ist noch kleiner und sollte eher als Gebetshaus (bænhús) bezeichnet werden. Der heute noch bewirtschaftete alte Hof ist am alten Kliff von Klaufardrangur über den Sanderebenen Südislands gelegen. Zu Beginn dieses Jahrhunderts stand noch in der Nachbarschaft des kleinen Gotteshauses eine Reihe mit neun Häusern, 1951 existierten nur noch drei von ihnen. Die alten Gebäude sind moderneren gewichen. Am Fuß des gewaltigen Öræfajökull steht in einer Entfernung von etwa 60 km von Núpsstaður die jüngste der in den vergangenen Jahrhunderten erbauten Torfkirchen (1883 erbaut) in der Siedlung Hof.

Die Kirche von Víðimýri im Skagafjörður

Wegen ihrer Lage in der Nähe der Überlandstraße Reykjavík – Akureyri wird wohl die 150 Jahre alte Kirche von Víðimýri am häufigsten besucht werden. Sie wurde auf einer Grundfläche 6 × 4 m von Jón Samsonarson 1834 errichtet und 100 Jahre später vom isländischen Staat erworben. Sie wird von einem kleinen Friedhof umgeben. Außer den beiden beschriebenen Kirchen befand sich bis in die 50er Jahre dieses Jahrhunderts in Silfrastaðir eine weitere Torfkirche. Sie steht heute im Freilichtmuseum Árbær von Reykjavík (Abb. 33). Die 1842 errichtete Kirche war in der Zeit von 1896–1950 bewohnt. Ihr Innenraum war zu einem Aufenthalts- und einem Schlafraum umgebaut. Die Torfkirchen stimmten im ihrer Architektur weitgehend überein. Einrichtungen und das Gebälk waren nach traditioneller Bauweise konstruiert worden. Es befinden sich im Grunde genommen zwei Häuser unter einem Dach, nämlich der Chor und das Schiff, verbunden durch den Chorgang. Als Trennwände beiderseits des Ganges fungiert ein Gitterwerk. Die Kanzel befindet sich auf der Südseite unter einem kleinen Fenster oder einer Dachluke, so daß dem Pastor genügend Licht zum Lesen zur Verfügung stand. Die wohlhabenden Bauern nahmen ihren Platz im Chor ein, wobei eine strenge Ordnung nach dem Zehnten eingehalten wurde. Die Ehefrauen saßen neben der Trennwand und die einfachen Leute und Kleinbauern nahmen weiter hinten Platz. Arme Leute mußten mit den Eckbänken direkt neben der Tür vorliebnehmen.

Als sich im 19. Jh. die Lebensverhältnisse nach fünf Jahrhunderten des Elends und der Not besserten, zeigte sich der steigende Wohlstand auch in der Bauweise der Kirchen und der Wohnhäuser. Es wurde nun Holz als Baumaterial bevorzugt. Die Konstruktion blieb vorläufig noch die gleiche. Nur anstelle der Torf- bzw. Grassoden wurden nun Bretter für die Seitenwände verwandt. Etwa ab Mitte des vergangenen Jahrhunderts änderte sich auch der Baustil. Das Kirchengebäude wurde größer und höher und erhielt einen Turm. Offensichtlich wurde diese Novität der 1847 erbauten Kathedrale von Reykjavík nachempfunden. Zu den gelungenen Kirchenbauten dürfte die Holzkirche des ersten Architekten in Island, Rögnvaldur Ólafsson (1874–1917), in Húsavík gehören. Eine weitere Neuerung im Kir-

Die Torfkirche Viði-
mýri im Skaga-
fjörður (Nordisland)

chenbau setzte sich zu Beginn dieses Jahrhunderts durch. Beton verdrängte allmählich das Holz als Baumaterial. Ein gelungenes Bauwerk in Beton ist die Háteigs-Kirche in Reykjavík (Farbabb. 17).

Der Bischofssitz von Hólar

Die verschiedenen Epochen der Kirchenbaukunst bestimmten das Erscheinungsbild der Bischofssitze mit ihren Kathedralen. Die älteste Kirche von Hólar im Hjaltadalur (Seitental des Skagafjörður) ließ Ó. Hjaltason schon vor der Gründung des Bischofssitzes 1106 in der Mitte des 11. Jh. als Holzkirche erbauen. Sie fiel einem Brand zum Opfer. Die zweite wurde auf Anordnung des ersten Bischofs Jón Ögmundarson eingerissen, damit sie einer größeren und schöneren Domkirche Platz machte, die bis etwa 1300 hielt. Die folgende Holzkirche bestand bis zum 27. Dezember 1394, als ein Unwetter sie zerstörte. In der Zwischenzeit hatte aber schon der aus Norwegen stammende Bischof Auðinn rauði Þorbergsson 1313 eine große Steinkirche errichten lassen. Offensichtlich bestanden zwei Kirchen nebeneinander, denn es soll eine vierte Holzkirche mehr als zwei Jahrhunderte überdauert und bis 1624 existiert haben. Von diesen Holzkirchen blieben keine Spuren zurück. Die jetzige Domkirche wurde aus einem in unmittelbarer Nachbarschaft anstehenden sandsteinartigen Vulkangestein erbaut und am 20. November 1763 eingeweiht. Sie ist einer der ältesten Steinbauten in ganz Island. An dem Aufbau sollen auch deutsche Steinmetze und Maurer beteiligt gewesen sein; so wird in den Chroniken berichtet, daß an den Arbeiten 1757 der deutsche Maurermeister namens Sabinski und an dem Abbruch der alten Domkirche 1759 der Deutsche Schlätzer beteiligt gewesen seien. Die Domkirche von Hólar ist 20,60 m lang, 9,00 m

286

breit. Sie besitzt einen 5,05 m langen und 6,10 m breiten Vorraum in gleicher Höhe wie das Kirchenschiff. Der 1,70 m hohe kunstvolle gotische Altar ist mit einer Darstellung der Kreuzigung Christi im Mittelteil versehen, auf den Seitenflügeln befinden sich Abbildungen der zwölf Apostel. Er soll eine Stiftung des letzten katholischen Bischofs Islands, Jón Arason, sein. Der wahrscheinlich aus norwegischem Speckstein geschnitzte Taufstein wurde im Jahre 1674 von dem Bauern und Schnitzer Guðmundur Guðmundsson aus Bjarnastaðahlíð angefertigt. Als jüngster Teil der Kirche steht neben dem langgestreckten Gebäude ein 1950 zum Andenken an Bischof Arason errichteter großer Glockenturm. Als 1801 eine für ganz Island zuständige Diözese mit Bischofssitz in der Hauptstadt in Reykjavík eingerichtet wurde, war das Ende für Hólar als kirchliches Zentrum gekommen.

Der Bischofssitz Skálholt

Skálholt befindet sich in Südisland nahe der Ölfusá und ist der ältere von Islands historischen Bischofssitzen. Das Bistum war seit jeher eine Hofanlage mit mehreren Gebäuden. So gruppierten sich nach Lageplänen von 1784 73 Nebengebäude (Scheunen, Schafställe, Vorratshäuser, Schmieden, Wohngebäude etc.) um die Domkirche, so daß hier durchaus von der Skálholt-Siedlung gesprochen werden kann. Nach den Überlieferungen soll sich zuerst Teitr, der Sohn des alten Ketilbjörn von Mosfell hier niedergelassen haben. Sein zum Christentum übergetretener Sohn Gizur erbaute die erste Kirche und sein Enkelsohn Ísleifur wurde 1056 zum ersten Bischof von Skálholt geweiht. Die erste Kirche wurde in der Folgezeit ausgebaut und reichhaltig dekoriert. Klængur Þorsteinsson (Bischof von 1152–76) ließ eine neue Kirche bauen, die 1309 einem Brand zum Opfer fiel. Ein weiterer Kirchenbrand ereignete sich 1526, dem auch alle Nebengebäude zum Opfer fielen. Es konnte jedoch der größte Teil der Kirchenschätze gerettet werden. Die Domkirche wurde wieder aufgebaut, war aber nach 100 Jahren so baufällig, daß sie 1650 durch eine neue ersetzt werden mußte. Es war wie in den folgenden Zeiten ein solider Holzbau, der das Bistum Skálholt überdauerte und erst 1802 abgerissen werden mußte.

Der Dom von Skálholt (1605–1802) nach einer Skizze des englischen Malers Edward Dayes aus dem Jahre 1789

Die Domkirche im Zentrum von Reykjavík

Etwa 730 Jahre nach der Gründung des Bischofssitzes verlor Skálholt 1785 seine Bedeutung als geistliches und weltliches Zentrum Islands, als unter dem Eindruck der von einem Erdbeben angerichteten Schäden der letzte Bischof von Skálholt, Hannes Finnsson, zusammen mit der Schule nach Reykjavík übersiedelte. Bis dahin hatten in Skálholt 32 Bischöfe während der katholischen Zeit und 13 Bischöfe nach der Reformation residiert.

Der heutige Kirchenbau ist der elfte. Seine Grundsteinlegung erfolgte 1956, die Einweihung am 21. Juli 1963. Ausgestattet wurde das Innere mit einem Mosaikbild über dem Altar von Nína Tryggvadóttir, einer der berühmtesten Künstlerinnen Islands. Die bunten Fenster gestaltete Gerður Helgadóttir. Stellvertretend für die vielen in der Nachkriegszeit gebauten Betonkirchen soll die größte Kirche Islands, die Hallgríms-Kirche in Reykjavík, herausgestellt werden. Mit einer Höhe von 75 m ist die Hallgríms-Kirche das alles überragende Gebäude in Reykjavík. Sie wird nach ihrer Vollendung mit einer Aufnahmefähigkeit von 1000–1200 Personen im Kirchenschiff die weitaus größte Kirche Islands sein.

Praktische Reisehinweise

Vor Reiseantritt

Informationsstellen

Auskünfte erteilen das Isländische Fremdenverkehrsamt
Brönnerstr. 11
6000 Frankfurt/M.
☎ 0 69/28 55 83
und folgende Spezialreiseveranstalter für
Island:

Schwedisches Reisebüro
Joachimstaler Str. 10
1000 Berlin 15
☎ 0 30/8 82 15 16

Wolters Reisen
Postfach 10 01 47
2800 Bremen
☎ 04 21/8 99 91

Airtours International
Adalbertstr. 44–48
6000 Frankfurt/M. 90
☎ 0 69/7 92 80

Frankfurter Nachrichten-Reisen
Eichwaldstr. 26
6000 Frankfurt/M.
☎ 0 69/43 99 11–13

Inter-Air-Voss Reisen
Triftstr. 28–30
6000 Frankfurt/M. 71
☎ 0 69/67 031

Finnland-Reisen
Sedanstr. 10
7800 Freiburg
☎ 07 61/2 27 00

Wikinger Reisen GmbH
Büddinghardt 9
5800 Hagen 1
☎ 0 23 31/4 08 81

Lundi-Tours
Amsinkstr. 45
2000 Hamburg 1
☎ 0 40/23 20 28

Pegasus Reisen
Gründgensstr. 6
2000 Hamburg 60
☎ 0 40/6 30 00 36

Fast-Reisen
Alstertor 21
2000 Hamburg 1
☎ 0 40/30 90 30

Reisebüro Norden
Ost-West-Str. 70
2000 Hamburg 11
☎ 0 40/36 00 15

Arktis-Reisen Schehle
Memminger Str. 75 a
8960 Kempten
✆ 08 31/2 10 49

Bayerisches Pilgerbüro
Dachauer Str. 9
8000 München 2
✆ 0 89/55 49 71

Hauser-Exkursionen
Marienstr. 17
8000 München 2
✆ 0 89/23 50 06

Studiosus Reisen
Trappentreustr. 1
8000 München 2
✆ 0 89/50 06 00

Spontan Reisen
Servatiiplatz
4400 Münster
✆ 02 51/4 25 94

Fahrtenring GmbH
Unterer Seeweg 3
8310 Starnberg
✆ 0 81 51/30 57

Skandireisen
Filderstr. 65
7000 Stuttgart 1
✆ 07 11/6 40 20 08

Rotel-Tours
Herrenstr. 11
8391 Tittling/Passau
✆ 0 85 04/40 40

Für Österreich:

Ö.A.M.T.C.
Postfach 252
A-1015 Wien

SAB-Tours – Natur & Reisen
Kaiser-Josef-Pl. 2
A-4600 Wels
✆ 00 43/72 42/2 20 13

Für die Schweiz:

Jugi Tours
Neufeldstr. 9
CH-3001 Bern

Touring Club der Schweiz
Rue Pierre Fatio 9
CH-1211 Genf 3

Isländisches Informationsbüro
c/o Icelandair
Siewertstr. 9
CH-8050 Zürich

Die deutsch-isländischen Gesellschaften geben Informationsbroschüren heraus oder veranstalten Kolloquien.

Deutsch-Isländische Gesellschaft e.V.
Apostelnstr. 7
5000 Köln 1
✆ 02 21/21 76 36

Gesellschaft der Freunde Islands e.V.
Raboisen 5–13
2000 Hamburg 1
✆ 0 40/33 66 96

Kartenmaterial

Dem Islandbesucher steht sehr gutes Kartenmaterial zur Verfügung. Karten sind in Buchläden, Tankstellen und in der Verkaufsstelle des Isländischen Landvermessungsamtes (Landmælingar Íslands), 105 Reykjavík, Laugarvegur 178, erhältlich und dort z. T. wesentlich billiger als im Heimatland.

Übersichtskarten stehen im Maßstab 1:1 000 000, 1:750 000 und 1:500 000 zur Verfügung, eine geologische Karte ist genauso wie die General-Karte von Island im Maßstab 1:250 000 angelegt. Genauere topographische Karten gibt es im Maßstab 1:50 000 und 1:100 000. Von touristisch interessanten Regionen sind im gleichen oder kleineren Maßstab folgende Spezialkarten erschienen:
Þórsmörk-Landmannalaugar, Húsavík-Mývatn, Hornstrandir und Skaftafell (alle 1:100 000);
Vestmannaeyjar, Mývatn und Hekla (Maßstab 1:50 000);
Þingvellir und Skaftafell im Maßstab 1:25 000. Einen genauen Stadtplan von Reykjavík gibt es im Maßstab 1:15 000.

Reisepapiere/Kraftfahrzeugpapiere

Für die Einreise in Island genügt für Reisende aus der Bundesrepublik Deutschland, Österreich und der Schweiz ein gültiger Personalausweis. Besondere Impfungen sind nicht vorgeschrieben.

Für das Fahren eines Fahrzeugs in Island benötigen Sie nur den Führerschein des Heimatlandes. Bei der Einfuhr von Kraftfahrzeugen müssen Reisepaß bzw. Personalausweis, internationaler Führerschein, Kraftfahrzeugschein und die grüne Versicherungskarte vorgelegt werden.

Diplomatische Vertretungen

Isländische Botschaft
Kronprinzenstraße 6
5300 Bonn 2
✆ 02 28/36 40 21

Generalkonsulat, Dr. Cornelia Schubrig
Naglergasse 2/5, Ecke Graben
A-1010 Wien
1. Bezirk
✆ 00 43/2 22/5 33 24 98

Konsulat, Vinzenz Losinger
c/o Losinger Ltd.
Koeninzstraße 74
CH-3001 Bern
✆ 00 41/31/45 22 11

Reisezeit (Klima)

Die beste Reisezeit für Island dauert von Mitte Juni bis Anfang September. Zur Zeit der Mittsommernacht geht im Norden die Sonne kaum unter, im Süden und in Reykjavík verschwindet sie für zwei Stunden. Auch außerhalb der Hauptreisesaison ist Island besuchenswert. Selbst Wintersportmöglichkeiten sind in der Umgebung von Reykjavík, besonders aber bei Akureyri vorhanden.

Auf Island herrscht ein kühles ozeanisches Klima. Es ist für die hohen Breiten sehr mild (Golfstrom), aber sehr wechselhaft. Während einer mehrstündigen Wanderung kann sich das Wetter urplötzlich ändern. Daher ist es angeraten, sich mit der entsprechenden Kleidung darauf einzustellen. Die mittlere Tagestemperatur beträgt im Tiefland 10–12 °C (Mai–Sept.). Die mittlere

Sonnenscheindauer beträgt pro Tag im Juli und August 5–6 Stunden.

Klimadaten einiger Stationen in Island

	Gríms-staðir	Akureyri	Raufar-höfn	Stykkis-hólmur	Reyk-javík	Teigar-horn	Vest-manna-eyjar	Vík í Mýrdal
Höhe ü. NN	386	23	5	16	50	18	118	20
Temperaturen								
Januar	**−4,8**	−1,5	1,4	−0,8	−0,4	0,1	**1,4**	**1,2**
Februar	**−4,8**	**−1,6**	**−1,9**	−0,9	−0,1	−0,2	1,6	**1,2**
März	−3,1	−0,3	−0,9	0,2	1,5	1,0	2,7	2,6
April	−1,1	1,7	0,3	1,8	3,1	2,3	3,7	3,9
Mai	3,7	6,3	4,0	5,7	6,9	5,5	6,2	6,9
Juni	7,2	9,3	6,9	8,7	9,5	8,2	8,5	9,3
Juli	**8,9**	**10,9**	**8,9**	10,4	11,2	9,8	**10,3**	11,3
August	8,0	10,3	8,8	10,0	10,8	9,7	10,2	11,0
September	5,4	7,8	6,8	7,9	8,6	8,0	8,4	9,0
Oktober	0,9	3,6	3,3	4,5	4,9	4,8	5,6	5,6
November	−1,8	1,3	1,1	2,2	2,6	2,6	3,8	2,7
Dezember	−3,6	0,5	−0,5	0,4	0,9	1,0	2,5	2,3
Maximum	25,9	28,6		24,5	23,4	30,5		
Minimum	−29,5	−22,1		−15,5	−17,1	−16,8		
Niederschlag								
Januar	26	45	48	83	90	138	138	182
Februar	26	42	32	72	65	97	104	159
März	19	42	28	66	65	96	114	164
April	21	32	26	47	53	82	97	171
Mai	**15**	**15**	**22**	37	42	74	**81**	**143**
Juni	26	22	34	38	**41**	70	**81**	167
Juli	49	35	47	**36**	48	87	84	169
August	**50**	39	61	50	66	100	108	188
September	40	46	65	76	72	136	132	237
Oktober	30	**57**	**71**	87	**97**	**143**	**166**	238
November	25	45	49	**89**	85	127	156	212
Dezember	26	54	47	77	81	143	156	226
Jahresmittel	353	474	530	758	805	1293	1402	2256
Zahl der Nie-derschlagstage	124	139	163	169	212	178	235	245

Die halbfetten Daten sind die Maximal- bzw. Minimalwerte

Bekleidung/Ausrüstung

Für die Reise nach Island sind wegen möglicher feuchter und kühler Witterung folgende Bekleidungsstücke unbedingt erforderlich: 1 Anorak oder Parka, 1 strapazierfähige lange Hose, 1 Paar feste Schuhe, warme Unterwäsche, dicke Oberhemden (Flanell oder Wolle), Wollstrümpfe, 1 Wollmütze, Regenkleidung. Für Touren ins Landesinnere sind außerdem Handschuhe und eine Sonnenbrille ratsam. Auch Badezeug sollte nicht fehlen. Gummistiefel sind nicht unbedingt erforderlich (s. a. Camping).

Devisenvorschriften

Es lohnt sich nicht, isländisches Geld im Ausland einzuwechseln. Die erste Gelegenheit zum Geldwechsel ist bei der Einreise auf dem Flughafen gegeben. Es ist erlaubt, bis zu 14 000 isländische Kronen (IKR) in Banknoten von höchstens 100 IKR mitzubringen. Eine ausländische Währung darf in Form von Kreditbriefen, Reiseschecks oder Noten in beliebiger Höhe eingeführt werden.

Die isländische Währungseinheit ist die Krona = 100 Aurar. Im Umlauf befinden sich Münzen zu 50, 10, 5, 1 Krona, 50 Aurar, 10 Aurar und 5 Aurar. Es gibt folgende Banknoten: 100, 500, 1000 und 5000 Kronar. Eine Krona hatte im März 1990 den Wert von DM 0,045.

Zollbestimmungen

Jeder Reisende ab 20 Jahren darf 10 kg Lebensmittel im Werte von höchstens 4000 IKR (etwa DM 180,–), jedoch weder rohes Fleisch noch Fleischprodukte, Eier, Butter oder ungekochte Milch einführen. Zollfrei sind 1 l Spirituosen (Alkoholgehalt max. 47%) und 1 l Wein (Alkoholgehalt max. 21%) oder 6 l importiertes oder 8 l isländisches Bier anstelle eines der beiden. Jeder Reisende ab 16 Jahren darf 250 g Tabak zollfrei einführen. Verboten ist die Einfuhr von Waffen und Rauschgift, Gift und Arzneien (ausgenommen eine kleine Menge Medikamente für den eigenen Bedarf).

Bei der Ankunft wird das Fahrzeug kontrolliert und eine zeitlich befristete Einfuhrgenehmigung erteilt. Zulässig ist nur die Einfuhr von Fahrzeugen mit weniger als 13 m Länge und einer Höchstbreite von 2,5 m. Fahrzeuge für 15 und mehr Passagiere dürfen keine Anhänger führen. Fahrer, Reiseleiter und Passagiere von Reisebussen müssen das Land auch wieder mit diesem Fahrzeug verlassen. Treibstoff darf im Tank und nicht in Reservekanistern eingeführt werden (Maximum 200 l). Kraftfahrzeuge, die nicht in Island registriert sind und einen anderen Treibstoff als Benzin verbrauchen, werden mit einer Gewichtssteuer belegt. Im Ausland benutzte Angelausrüstungen werden desinfiziert, falls kein gültiges Attest vorgelegt wird.

Ein einreisender Nichtisländer darf zollfrei alle Kleidungsstücke einführen, die er tragen wird, eine gewöhnliche Reiseausrüstung, persönliche Artikel, die sich zur Zeit der Einreise in seinem Besitz befinden, wenn diese

Gegenstände für seine eigene Verwendung vorgesehen sind und nicht für den Verkauf. Diese Gegenstände müssen bei der Ausreise aus Island auch wieder mitgenommen werden.

Ein Nichtisländer darf kleine Geschenke für andere Personen zollfrei einführen. Da das Gesetz keinen Höchstwert vorschreibt, liegt es im Ermessen des Zollbeamten festzulegen, ob der Gegenstand zollfrei eingeführt werden darf.

Anreise

Mit dem Flugzeug

Island kann mit der Icelandair von Frankfurt/Main, Luxemburg und Salzburg täglich angeflogen werden. Einen Flugservice nach Island unterhält ebenfalls die isländische Gesellschaft Eagle Air von Hamburg, Köln, München, Mailand, Amsterdam und Zürich sowie die Lufthansa von Frankfurt. Anschriften der Fluggesellschaften sind:

Für die Bundesrepublik Deutschland:

Icelandair
Roßmarkt 10
6000 Frankfurt/M. 1
✆ 0 69/29 99 78

Eagle Air
Raboisen 5–13
2000 Hamburg 1
✆ 0 40/33 06 09 oder 33 06 52

Für Österreich:

Icelandair
Opernring 1
Stiege R, 7. Stock
1010 Wien 1
✆ 00 43/1/56 36 74

Für die Schweiz:

Icelandair
Siewertstr. 9
8050 Zürich
✆ 00 41/1/3 12 73 73

Eagle Air
8001 Zürich
✆ 00 41/1/2 52 66 77

Für die Niederlande:

Eagle Air
Strawinskylaan 1101
1077 XX Amsterdam
✆ 00 31/20/6 62 11 98

In Reykjavík:

Icelandair
Laegjargata 2
Reykjavík
✆ 0 03 54/1/69 04 85, 2 51 00 (Res.)

Eagle Air
Lágmúla 7
121 Reykjavík
✆ 0 03 54/1/2 95 11

Mit dem Schiff

Man kann Island (Seyðisfjörður) auf vier Fähr-routen erreichen: von Hanstholm (Däne-mark), Tórshavn (Färöer-Inseln), Lerwick (Shetland-Inseln) oder Bergen (Norwegen). Die Fährverbindungen werden von der Smy-ril-Linie mit dem MS-»Norröna« unterhalten. Es können 1050 Passagiere und 300 Personen-kraftwagen mitgenommen werden. Die Fahr-gäste sind in vollklimatisierten Kabinen bzw. auf Liegen untergebracht. Generalagent für die BRD ist

J. A. Reinecke GmbH & Co
Hohe Bleichen 11
2000 Hamburg 36
☎ 0 40/35 19 51

Allgemeine Hinweise: Die Fahrzeuge müssen spätestens 1 Stunde – in Lerwick 2 Stunden – vor der Abfahrt bereitstehen. Bei Buchung ist eine Anzahlung von 25% des Fahrpreises zu entrichten. Eine Umbuchung muß spätestens 4 Wochen vor der Abfahrt erfolgen. Für Umbuchungen wird eine Gebühr erhoben. Bei Annullierung behält sich die Reederei das Recht vor, Annullierungsgebühren geltend zu machen.

Kurzinformationen von A bis Z

Apotheken

Arzneien gibt es nur in den Apotheken. Öff-nungszeiten: werktags 9–18 Uhr. Wochen-end- und Nachtdienste werden unterhalten.

Nähere Angaben sind in den Schaufenstern der Apotheken ausgehängt.

Ärztliche Versorgung

In Notfällen kann der diensthabende Arzt in Reykjavík werktags von 8–17 Uhr unter der Telefonnummer 69 66 00 erreicht werden. An Wochenenden steht der Notarzt unter dieser Nummer immer zur Verfügung. An Wochen-tagen ist nach 17 Uhr und an Wochenenden durchgehend 2 12 30 zu wählen. Für eine Notbehandlung steht die Ambulanz des Städtischen Krankenhauses (Borgarspítallinn), ☎ 6 96 60, durchgehend zur Verfügung. Im Landesinneren kann man über das Hotel-personal, Tankstellen, Hüttenwarte etc. den Notdienst rufen.

Auskünfte/Nützliche Adressen

Reykjavík

Busbahnhof (B.S.Í.)
Vatnsmýrarvegí 10
☎ 91/2 23 00

Fähre Akranes, Akraborg Shipping Co.
Tryggvagata 8
☎ 91/1 64 20 oder 1 60 50

Isländischer Automobilklub (FÍB)
Borgartún 33
☎ 91/62 99 99

Isländisches Touristenbüro
Ingólfsstræti 5
Mo–Fr 8.30–19, Sa 8.30–16, So 10–15 Uhr
☎ 91/62 30 45

Isländischer Touristenverein
(Ferðafélag Íslands)
Öldugata 3
✆ 91/1 17 98

Polizei
Hverfisgata 113 am Hlemmtorg
✆ 91/1 11 10

Akureyri

Icelandair
Rádhústorg 3
✆ 96/2 50 00

Krankenhaus, (Sjúkrahúsið)
Spítalastígur am Botanischen Garten
✆ 96/1 01 31

Polizei
Þorunnarstræti
✆ 96/2 32 22

Touristeninformation
Hafnarstræti 82
✆ 96/2 77 33

Touristenverein Akureyri
(Ferðafélag Akureyrar)
Strandgata 23
✆ 96/2 27 20

Autofahren

Die meisten Straßen in Island sind Schotterstraßen. Daher müssen alle Fahrzeuge mit Schmutzfängern ausgestattet sein, um den Steinschlag zu verringern. Aus gleichem Grunde dürfen auch keine Gasbehälter unter oder hinter dem Fahrzeug mitgeführt werden. Straßenstaub behindert bei trockenem Wetter die Sicht stark. Auf Sanderflächen u. ä. kann bei Stürmen wegen des aufgewirbelten Staubes der Verkehr sogar für einige Stunden eingestellt werden. Wegen des Straßenstaubes ist es erforderlich, auch tagsüber die Scheinwerfer einzuschalten. Bei Gegenverkehr ist es wichtig, die Geschwindigkeit (höchstzulässige Geschwindigkeit innerhalb Ortschaften 50 und auf Landstraßen 70/80 km/h, soweit sie nicht durch Beschilderung verändert wird) zu senken und möglichst weit rechts zu fahren. Wegen des häufig hügeligen Geländes haben isländische Straßen viele unübersichtliche Höhen, die nicht immer durch ein Warnschild mit dem Wort »Blindhæð« angekündigt werden. Die meisten Brücken sind einspurig. An ihren Rampen befinden sich besonders viele und tiefe Schlaglöcher. Daher ist es angebracht, die Geschwindigkeit vor Brücken zu reduzieren. Besonders im Hochland aber müssen die Flüsse häufig durch Furten gequert werden. Viele dieser Flüsse sehen harmlos aus, können sich aber beim Durchfahren als sehr tückisch erweisen. Es ist daher sehr anzuraten, die Furt vor dem Queren genau zu untersuchen, besonders dann, wenn kein Begleitfahrzeug mitfährt. Informieren Sie sich genau über den Zustand der Hochlandstraßen und -pisten. Manche von ihnen sind wegen des Bodenfrostes bis weit in den Sommer unbefahrbar. Beachten Sie sämtliche Hinweise durch Verkehrszeichen sorgfältig, vor allem auf Ihnen unbekannten Strecken. Im Sinne Ihrer eigenen Sicherheit und zur Vermeidung ökologischer Schäden ist es verboten, die Pisten zu verlassen. Die Benutzung von Sicherheitsgurten auf den Vordersitzen ist gesetzlich vorgeschrieben und auf den Rücksitzen empfohlen.

Verschmutzte Fahrzeuge können an vielen Tankstellen unentgeltlich gewaschen werden.

Rechnen Sie damit, daß direkt am Straßenrand grasende Schafe, Pferde und Rinder häufig beim Herannahen eines Fahrzeuges die Flucht ergreifen und dabei auf die Straße laufen. Jungschafe flüchten fast immer zum Mutterschaf und kreuzen aus diesem Grunde unvorhergesehen die Straße. In den Sandlandschaften sitzen im Juni und Juli in der Nähe von Brutkolonien Jungvögel (vor allem Seeschwalben) direkt auf der Straße und fliegen erst im letzten Moment auf.

Alkohol am Steuer: max. 0,5 Promille.

Autovermietung

In Island stehen Leihwagen vom Kleinwagen über den Kombi bis zum Geländewagen zur Verfügung. Es ist angebracht, bei einer Wagenmiete rechtzeitig (etwa sechs Monate vor der Abreise) dem Reisebüro seine Wünsche mitzuteilen.

Da bei den Fahrten über Schotterstraßen die Fahrzeuge eher einen Schaden erleiden als auf den Asphaltstraßen in Mitteleuropa, wird dringend geraten, das Fahrzeug gemeinsam mit dem Verleiher zu überprüfen. Es ist beispielsweise auch im Interesse der eigenen Sicherheit, folgendes zu kontrollieren: Reservereifen, Ölstand, Reservekanister, Wagenheber, Werkzeugkasten vorhanden und vollständig usw. sowie vereinbarte Extras, z. B. Schaufel, Seil u. a. Es ist bei der Planung einer Fahrt mit einem geliehenen Fahrzeug

zu beachten, daß mit einem normalen Straßenwagen Hochlandpisten nicht befahren werden dürfen. Wichtig ist bei Geländefahrzeugen die Abklärung des Versicherungsschutzes bei Hochlandfahrten und Inlanddurchquerungen. Man sollte bedenken, daß auch bei einem Vollkasko-Schutz die Versicherung bei Schäden, die bei Flußquerungen entstehen, nicht aufkommt. Außerdem sollte bei der Übernahme des Fahrzeugs eine Liste mit Kontaktadressen einschließlich Telefonnummern erbeten werden. So könnte sich auch der Besitz einer Liste mit den Reparaturwerkstätten an der Route als sehr nützlich erweisen. Mindestalter des Mieters und Fahrers: 20 Jahre. Hier ein Auszug aus den Vermietungsbedingungen von Bílaleiga Akureyrar (vorbehaltlich Änderungen, deutscher Text eines Vertrages):

1. Der Mieter hat das Fahrzeug und Zusätze in perfektem Zustand übernommen.
2. Alle Fahrzeuge müssen demselben Büro zurückgegeben werden, bei dem sie gemietet wurden, d. h. wenn kein Vertrag vorhanden ist, in dem andere Vereinbarungen getroffen wurden. Sonst müssen Überführungskosten bezahlt werden.
3. Sollte der Mieter nicht vereinbarungsgemäß zur rechten Zeit abgeben oder wenn der Mieter nicht rechtzeitig verlängert, darf der Vermieter ohne Anzeigen das Fahrzeug in Beschlag nehmen und dadurch entstandene Kosten dem Mieter anlasten. Eine Verlängerung des Mietvertrages hängt von der Billigung des Vermieters ab.
4. Das Fahrzeug darf nicht zur Beförderung von Personen gegen Bezahlung verwendet werden. Das Fahrzeug darf weder verliehen noch weitervermietet werden.

5. Das Fahrzeug darf nur vom Mieter selbst sowie von einem angestellten Fahrer gelenkt werden. Dieser muß die schriftliche Billigung des Vermieters haben. Der Mieter haftet für den angestellten Fahrer, der wenigstens 20 Jahre alt und seit einem Jahr im Besitz eines gültigen Führerscheins sein muß.

6. Das Fahrzeug muß mit Vorsicht behandelt werden. Der Mieter hat nach einem Unfall die Polizei und den Vermieter zu verständigen. Der Mieter muß bis zum Eintreffen der Polizei am Unfallort bleiben.

7. Die Haftpflichtversicherungs-Prämien und der Beitrag für die Selbstbeteiligung werden durch isländisches Gesetz festgelegt. Das Fahrzeug wird von einer Kaskopolice gedeckt. Tritt ein Schaden am Fahrzeug auf, dann muß der Mieter eine Selbstbeteiligung in Höhe von 50 000 IKR bei Personenkraftwagen und 75 000 IKR bei Fahrzeugen mit Vierradantrieb aufbringen [1987]. Diese Selbstbeteiligungsbeträge können nur reduziert werden, wenn die Schadenssumme niedriger ist.
Durch die Bezahlung eines Betrages, der zu jeder Zeit vom Vermieter beschlossen wird, kann der Mieter diese Haftung der Kaskopolice ausschließen.

8. Der Mieter haftet für alle Schäden am Fahrzeug und/oder an Passagieren, wenn er folgende Einschränkungen nicht beachtet hat:
   a) Fahren außerhalb normaler Straßen, d. h. auf Trampelpfaden, die nicht als übliche Landstraßen bezeichnet werden,
   b) Queren von Wasserfällen,
   c) grobe Fahrlässigkeit oder Vorsatz,
   d) Gebrauch von Rauschgift oder Drogen,
   e) vereinbarungswidriger Gebrauch des Fahrzeugs.

9. Der Vermieter kann nicht wegen oder in Verbindung mit Pannen für die Übernahme der Hotelkosten verpflichtet werden.

10. Der Vermieter haftet für alle Geldstrafen wegen ungesetzlichen Parkens oder verkehrswidriger Verstöße [hier ist der Mieter gemeint!]

11. Reifenschäden und Glasbruch an Scheinwerfern werden nicht durch die Versicherung abgedeckt (soweit sie nicht durch Vollkasko-Versicherung abgedeckt sind).

12. Das Tachometer und der Kilometerzähler dürfen nicht berührt werden, Fehlanzeigen müssen sofort dem Vermieter gemeldet werden.

13. Der Mieter soll alle Kosten annehmen, die der Vermieter zufällig bezahlen muß in Verbindung mit dem Verlangen der Bezahlung.

14. Alle Änderungen oder Abweichungen von den Bedingungen müssen schriftlich vereinbart werden.

15. Gerichtsstand für alle Streitigkeiten aus oder über diesen Vertrag wird Akureyri oder Reykjavík ohne frühere Verhandlungen zur Versöhnung.

Es ist in den flüchtigen deutschen Übersetzungen zu beachten, daß z. T. die Begriffe ›Mieter‹ und ›Vermieter‹ verwechselt werden. Aus diesem Grunde sollte man sich ruhig Zeit nehmen und die Verträge gründlich durchlesen. Bei Fahrten durch das Hochland soll man das notwendige Allradfahrzeug Vollkasko versichern lassen. Kleinere Schäden treten auch bei vorsichtiger Fahrweise an den schon manchmal etwas altersschwachen Fahrzeugen auf. Resümee der Kleinschäden einer zwölftägigen Geländefahrt: Bruch einer Kabelhalterung, Bruch der Kühlerhaubenhalterung, Reifenschaden,

Bruch einer Sitzbank. Die Vollkasko-Versicherungsprämie belief sich 1989 auf etwa 19 US$/Tag.

Bei Übernahme oder Rückgabe eines Leihwagens am Flughafen Keflavík fallen pro Strecke Überführungskosten in Höhe von ca. US$ 25,– an. Diese Kosten sind vor Ort an den Vermieter zu zahlen. Das gilt nicht für Akureyri.

Gegen Extrakosten besteht die Möglichkeit, einen Anhänger oder ein Funkgerät zu mieten. Es ist zu bedenken, daß trotz besserer Staumöglichkeiten für das Gepäck ein Anhänger im schwierigen Gelände (Lavaströme, Furten) behindert.

Autowerkstätten

Es ist nicht immer einfach, sich Ersatzteile zu beschaffen. Allerdings gibt es selbst in kleinen Orten immer jemanden, der bei kleineren Reparaturen aushilft. Obwohl die Isländer gern bei einer Panne auf der Straße Hilfe leisten, sollte man regelmäßig kleine Routinekontrollen (Reifen, Öl, Wasser, Batterien etc.) am Fahrzeug durchführen.

Briefmarken

Man kann Sondermarken, auch in Jahresbriefen, an vielen Postschaltern erhalten. Die Hauptpost Reykjavík unterhält einen Sonderschalter mit einem Zugang von der Austurstræti.

Camping

Zur Campingausrüstung sollten, gerade wenn entlegenere Gebiete auf eigene Faust aufgesucht werden, folgende Gegenstände gehören: 1 einigermaßen sturmsicheres Zelt, 1 Luftmatratze oder eine ähnliche Unterlage, 1 Daunenschlafsack (hier sollte auf eine gute Qualität geachtet werden), 1 Gaskocher und Kochgeschirr, Ersatzschnüre und -stangen für das Zelt, Geschirrtücher.

Die Ausrüstung kann man auch im Fluggepäck mitnehmen. Doch sollte man dabei bedenken, daß man sich, was die anderen Reiseartikel anbetrifft, sehr einschränken muß. Denn ein 4-Personen-Zelt wiegt immerhin 10 kg, wenn man nicht gerade über ein Leichtzelt verfügt. Es sollte bei der Planung der Reise überlegt werden, ob man sich nicht in Island die schwereren Ausrüstungsgegenstände, wie z. B. Zelt und Luftmatratze, selbst wenn man sie zu Hause besitzt, entleiht (in Reykjavík).

Bei einer Anreise mit dem Flugzeug ist zu beachten, daß Campingkocher mit einer Gaskartusche nicht mitgenommen werden dürfen. Kartuschen kann man in Reyjkavík (dort sollte man sich mit einem kleinen Vorrat eindecken) in Eisenwarenhandlungen und Sportgeschäften, an Tankstellen und in größeren Verkaufsstellen im Lande beziehen. Bei Hochlandtouren mit Bussen wird die Ausrüstung ohne Schlafsack vom Ausrichter der Reise gestellt.

Adresse des Verleihers: Sportleigan – Rent a Tent
Vatnsmýrarvegi 9 v/Umferðamiðstöðina (am Busbahnhof)
101 Reykjavík
✆ 13072

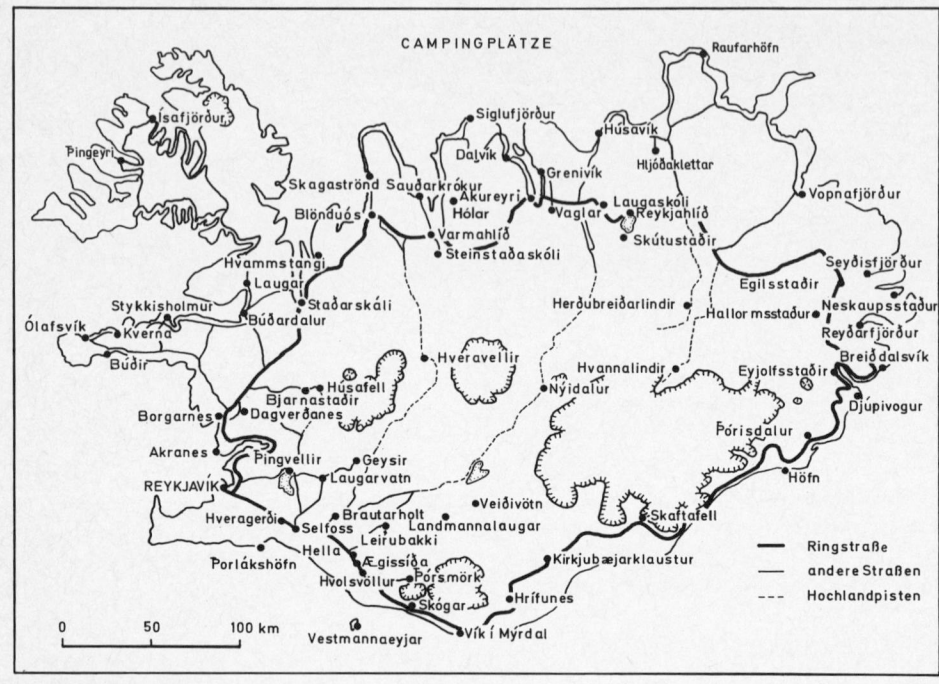

Campingplätze in Island

Außerhalb Reykjavíks befinden sich die am besten ausgestatteten Campingplätze in Akureyri, Egilsstaðir, Hella, Húsafell, Jökulsárgljúfur (Hljóðaklettar), Ísafjörður, Laugarvatn, Mývatn (Reykjahlíð), Skaftafell und Þingvellir. Island besitzt nur wenige Campingplätze, die ganz den Vorschriften des Gesundheitsministeriums entsprechen. Man muß es daher manchmal hinnehmen, daß nur eine Wasserstelle und eine Toilette für mehr als 50 Personen zur Verfügung stehen. An einigen Orten ist Camping nur innerhalb besonderer, markierter Areale erlaubt. Sonst ist es fast überall dort gestattet, wo es nicht ausdrücklich verboten ist (z. B. am Mývatn außerhalb der Campingplätze). Auf dem Lande muß bei dem jeweiligen Bauern die Zustimmung zum Zelten eingeholt werden; besonders dann, wenn es sich um kultiviertes Land (z. B. Túnflächen) handelt. Die in der Tabelle angegebenen Einrichtungen sind nicht immer direkt am Platz, sondern öfters in der Siedlung oder in der Stadt oder in einer angemessenen Entfernung vom Platz gelegen. Das betrifft vor allem Geschäfte, Restaurants, Hotels, Autowerkstätten, Schwimmbäder oder Duschen.

Liste der meisten Campingplätze in Island

1 Wasserklosett
2 primitive Toilette ohne Wasserspülung
3 Wasserquelle oder Bach
4 Kaltwasserleitung
5 Dusche
6 Schwimmbecken
7 Kiosk
8 Laden, Einkaufsmöglichkeit
9 Imbiß-Stube, Restaurant
10 einfache Unterkunft
11 Hotel
12 Angelausweise erhältlich
13 Busverbindungen
14 Flugverbindungen
15 Passagier- und Autofähre
16 Autowerkstatt
17 Tankstelle

Ort	1	2	3	4	5	6	7	8	9	10	11	12	13	14	15	16	17	geöffnet
Ægissíða	+	–	–	+	–	+	+	+	+	+	–	–	+	–	–	+	+	1.6.–31.8.
Akranes	+	–	–	+	+	+	+	+	+	+	+	–	+	–	+	+	+	1.6.–31.8.
Akureyri	+	–	–	+	+	+	+	+	+	+	+	+	+	+	+	+	+	10.6.–31.8.
Bjarnastaðir, Hvít.	+	–	–	+	–	–	–	–	–	–	–	–	+	–	–	–	–	10.6.–31.8.
Blönduós	+	–	–	+	+	+	+	+	+	+	+	+	+	–	+	–	+	1.6.–31.8.
Borgarnes	+	–	–	+	+	+	+	+	+	–	+	–	+	–	–	+	+	1.6.–31.8.
Brautarholt	+	–	–	+	+	+	+	+	+	+	–	–	+	–	–	+	+	1.6.–31.8.
Breiðdalsvík	+	–	–	+	–	–	+	+	+	–	+	+	+	–	+	+	+	1.6.–31.8.
Búðardalur	+	–	–	+	–	–	+	+	+	–	+	+	+	–	+	+	+	1.6.–31.8.
Búðir	+	–	–	+	–	–	+	–	+	–	+	–	+	–	–	–	–	1.6.–31.8.
Dagverðanes	+	–	–	+	–	–	–	–	–	–	–	+	–	–	–	–	–	1.6.–31.8.
Dalvík	+	–	–	+	+	+	+	+	+	+	+	+	+	–	–	+	+	1.6.–31.8.
Djúpivogur	+	–	–	+	+	+	+	+	+	+	+	+	+	–	–	+	+	1.6.–31.8.
Egilsstaðir	+	–	–	+	+	+	+	+	–	+	+	+	+	+	–	+	+	1.6.–31.8.
Eyjolfsstaðir	+	–	–	+	–	–	–	–	–	–	–	–	+	–	–	–	–	15.6.–15.9.
Geysir	+	–	–	+	–	+	+	–	+	+	–	–	+	–	–	+	+	1.6.–31.8.
Grenivík	+	–	–	+	–	–	+	+	+	+	–	–	+	–	–	+	+	1.6.–15.9.
Hallormsstaðarskóg.	+	–	–	+	–	–	+	–	+	+	+	–	+	–	–	+	+	1.6.–31.8.
Hella	+	–	–	+	+	+	+	+	+	+	+	+	+	–	–	+	+	1.6.–31.8.
Herðubreiðarlindir	+	–	–	+	–	–	–	–	–	–	–	–	+	–	–	–	–	15.6.–31.8.
Hljóðaklettar	–	+	–	+	–	–	–	–	–	+	–	–	+	–	–	–	–	15.6.–15.9.
Höfn í Hornafirði	+	–	–	+	+	+	+	+	+	+	+	–	+	+	–	+	+	15.6.–20.8.
Hólar í Hjaltadalur	+	–	–	+	+	+	–	–	–	–	–	–	–	–	–	–	–	1.6.–31.8.
Hrífunes	+	–	–	+	–	–	+	–	+	–	–	+	–	–	–	–	+	15.6.–31.8.
Húsafell	+	–	–	+	+	+	+	–	+	–	+	–	+	–	–	–	+	1.6.–10.10.
Húsavík	+	–	–	+	+	+	+	+	+	+	+	–	+	+	–	+	+	1.6.–31.8.
Hvammstangi	+	–	–	+	+	–	+	+	+	+	–	+	+	–	–	+	+	1.6.–31.8.
Hvannalindir	+	–	–	+	–	–	–	–	–	+	–	+	–	–	–	–	–	15.6.–31.8.
Hveragerði	+	–	–	+	+	+	+	+	+	+	+	–	+	–	–	+	+	1.6.–15.9.
Hveravellir	–	+	–	+	–	–	–	–	–	+	–	–	+	–	–	–	+	1.7.–31.8.
Hvolsvöllur	+	–	–	+	+	+	+	+	+	+	+	–	+	–	–	+	+	1.6.–30.9.
Ísafjörður	+	–	–	+	+	+	+	+	+	+	+	+	+	+	+	+	+	15.6.–31.8.
Kirkjubæjarklaustur	+	–	–	+	+	+	+	+	+	+	+	+	+	–	–	+	+	15.6.–31.8.
Kverná	+	–	–	+	+	+	+	+	+	+	–	+	+	+	–	+	+	15.6.–31.8.
Landmannalaugar	+	+	+	+	–	–	–	–	–	+	–	+	+	–	–	–	–	1.7.–31.8.
Laugar í Sælingsdalur	+	–	–	+	+	+	–	–	–	+	+	–	–	–	–	–	–	10.6.–31.8.

301

Ort	1	2	3	4	5	6	7	8	9	10	11	12	13	14	15	16	17	geöffnet
Laugarvatn	+	–	–	+	+	+	+	+	+	+	+	+	+	–	–	+	+	10.6.–31.8.
Laugaskóli	+	–	–	+	+	+	+	+	+	+	+	+	+	–	–	+	+	1.6.–31.8.
Leirubakki	+	–	–	+	–	–	+	–	+	+	–	+	+	–	–	–	+	1.6.–30.9.
Neskaupsstaður	+	–	–	+	+	+	+	+	+	+	+	+	+	+	+	+	+	1.6.–31.8.
Nýidalur (Tung.)	–	+	–	+	–	–	–	–	–	+	–	–	+	–	–	–	–	1.7.–31.8.
Ólafsvík	+	–	–	+	+	+	+	+	+	–	+	+	+	–	–	+	+	1.6.–31.8.
Raufarhöfn	+	–	–	+	+	+	+	+	+	+	+	–	+	+	–	+	+	1.6.–31.8.
Reyðarfjörður	+	–	–	+	+	+	+	+	+	–	+	+	+	–	–	–	+	15.6.–31.8.
Reykjahlíð	+	–	–	+	+	+	+	+	–	+	+	+	+	+	–	+	+	1.6.–10.9.
Reykjavík	+	–	–	+	+	+	+	+	+	+	+	–	+	+	+	+	+	1.6.–31.8.
Sauðárkrókur	+	–	–	+	+	+	+	+	+	+	+	+	+	+	–	+	+	1.6.–31.8.
Selfoss	+	–	–	+	+	+	+	+	+	+	+	+	+	–	–	+	+	15.5.–31.8.
Seyðisfjörður	+	–	–	+	+	+	+	+	+	+	+	–	+	–	+	+	+	1.6.–31.8.
Siglufjörður	+	–	–	+	+	+	+	+	+	+	+	–	+	+	–	+	+	1.6.–31.8.
Skaftafell	+	–	–	+	+	–	+	+	+	+	–	–	+	–	–	–	+	1.6.–31.8.
Skagaströnd	+	–	–	+	+	+	+	+	+	+	+	+	–	–	–	+	+	1.6.–31.8.
Skógar	+	–	+	+	–	–	+	+	+	+	+	+	–	–	–	–	+	1.6.–31.8.
Skútustaðir	+	–	–	+	+	+	+	+	+	–	–	+	–	–	–	–	+	15.6.–30.9.
Staðarskáli	+	–	–	+	–	–	+	–	+	–	+	–	+	–	–	–	+	15.6.–31.8.
Steinstaðaskóli	+	–	–	+	+	+	–	–	+	+	–	–	–	–	–	–	–	1.6.–31.8.
Stykkishólmur	+	–	–	+	+	+	+	+	+	+	+	+	+	+	+	+	+	1.5.–30.9.
Þingeyri	+	–	–	+	–	+	–	–	–	–	–	+	+	–	+	+	+	15.6.–31.8.
Þingvellir	+	–	+	+	–	–	+	–	+	–	+	+	+	–	–	–	+	10.6.–31.8.
Þórisdalur í Lóni	+	–	–	–	–	–	–	+	–	–	+	–	–	–	–	–	–	1.6.–15.9.
Þorlákshöfn	+	–	–	+	+	+	+	+	–	–	–	+	–	–	+	+	+	1.6.–30.9.
Þórsmörk	+	+	–	+	+	–	–	–	–	+	–	–	+	–	–	–	–	1.6.–31.8.
Vaglar	+	–	–	+	–	–	+	–	+	–	–	+	+	–	–	–	–	15.6.–31.8.
Varmahlíð	+	–	–	+	+	+	+	+	+	+	+	+	–	–	–	+	+	1.6.–31.8.
Veiðivötn	+	–	–	+	–	–	–	–	+	–	+	–	–	–	–	–	–	1.6.–31.8.
Vestmannaeyjar	+	–	–	+	+	+	+	+	+	+	+	+	–	+	+	+	+	1.6.–31.8.
Vík í Mýrdal	+	–	–	+	+	–	+	+	+	+	+	+	–	–	–	+	+	1.6.–31.8.
Vopnafjörður	+	–	–	+	–	–	+	+	+	+	–	+	+	+	+	+	+	20.6.–31.8.

Informationszentrum (nur für schriftliche Anfragen, kein Besucherverkehr): Ferðamálaráð Íslands, Laugavegur 3, Reykjavík

---

Diplomatische Vertretungen in Island

Botschaft der Bundesrepublik Deutschland
Túngata 18, 101 Reykjavík
✆ 91/195 35, 195 36

Konsulate:
Akureyri
Aðalstræti 16
✆ 96/2 45 10

Isafjörður
Seljalandsvegur 68
✆ 94/33 45

Patreksfjörður
Urðargata 15
✆ 94/1215

Seyðisfjörður
Túngata 12
✆ 97/21212

Vestmannaeyjar
Túngata 5
✆ 98/71232

Österreichisches Generalkonsulat:
Austurstræti 17
Reykjavík
✆ 91/24016

Konsulat der Schweiz:
Austurstræti 6
Reykjavík
✆ 91/24209

wert sind die bekannten Island-Pullover und andere Wollwaren. Sie sind von hoher Qualität und im Vergleich zu gleichartigen Erzeugnissen auf dem Kontinent z. T. sehr preiswert. Außerdem sind keramische Erzeugnisse, Silber- und Filigranarbeiten typisch für Island. Schaffelle und Pferdedecken gelten ebenfalls als beliebte Souvenirs. Sie können in Geschäften eingekauft werden, die auf Souvenirs und Touristen spezialisiert sind. Wer als Gaumenfreund ein Andenken aus Island mitnehmen will, dem sind hochwertige Fischkonserven, Garneelen, geräuchertes Lamm und vor allen Dingen der vorzügliche geräucherte isländische Lachs zu empfehlen. Er ist halb so teuer wie in Deutschland.

Einkäufe und Souvenirs

Die besten Einkaufmöglichkeiten bieten sich in Reykjavík und Akureyri. Empfehlens-

Elektrizität

220-V-Wechselstrom, europäische Normalstecker.

Entfernungen

	Aku-reyri	Bor-garnes	Egils-staðir	Höfn	Ísa-fjörður	Reyk-javík	Sel-foss	Vík í Mýrdal
Akranes	356	37	631	570	463	108	151	286
Akureyri	–	319	275	524	669	436	479	614
Bíldudalur	578	335	853	914	163	452	495	630
Blönduós	146	173	421	670	523	290	333	468
Borgarnes	319	–	594	579	426	117	160	295
Bolungarvík	684	441	949	1020	15	558	601	736
Dalvík	44	343	319	568	693	460	503	638
Djúpivogur	421	676	146	105	1090	573	516	381

	Aku-reyri	Bor-garnes	Egils-staðir	Höfn	Ísa-fjörður	Reyk-javík	Sel-foss	Vík í Mýrdal
Egilsstaðir	275	594	–	249	944	717	660	525
Eskifjörður	324	643	49	293	993	761	704	569
Flateyri	657	414	932	958	26	531	574	709
Flókalundur	534	291	809	835	135	408	451	586
Grímsstaðir á Fjöllum	141	460	810	141	810	577	620	659
Gullfoss	547	228	708	467	654	125	72	183
Höfn í Hornafirði	524	579	249	–	1005	476	419	284
Húsavík	91	410	229	478	760	527	570	705
Hvolsvöllur	528	209	611	370	635	106	49	86
Ísafjörður	669	426	944	1005	–	543	586	721
Keflavík	478	159	753	518	585	48	99	234
Kirkjubæjarklaustur	695	376	444	203	802	273	216	81
Kópasker	192	511	206	455	861	628	671	741
Laugarvatn	515	196	700	459	622	93	40	175
Neskaupsstaður	346	665	71	317	1015	782	728	593
Ólafsfjörður	62	345	337	586	695	461	505	640
Ólafsvík	422	124	697	703	489	241	284	419
Patreksfjörður	596	353	871	932	192	470	513	648
Raufarhöfn	245	564	275	524	914	681	724	800
Reykjahlíð am Mývatn	100	419	175	424	775	541	584	700
Reykjavík	436	117	711	475	543	–	57	192
Sauðárkrókur	120	249	395	644	603	366	409	544
Selfoss	479	160	660	419	586	57	–	135
Siglufjörður	193	332	468	717	682	449	492	627
Skaftafell	653	446	378	137	872	343	286	151
Stykkishólmur	367	100	642	679	432	217	260	395
Þingvellir	428	109	703	465	525	52	46	181
Þorlákshöfn	474	155	692	451	581	52	32	167
Varmahlíð	95	224	370	619	574	341	348	519
Vík í Myrdal	614	295	525	284	721	192	135	–
Vopnafjörður	240	559	179	428	909	676	719	704

Essen und Trinken

Seitdem die Alkoholbeschränkungen in den letzten Jahren gelockert worden sind, hat die Anzahl der Restaurants in Reykjavík enorm zugenommen. Man kann ganz vorzüglich in kleinen und geschmackvoll eingerichteten Restaurants speisen. Auf der Speisekarte stehen als isländische Spezialitäten Fischgerichte und Lammfleisch. Es ist allerdings nicht ganz billig. Für ein Essen in einer mittleren Preisklasse muß man in der Innenstadt einschließlich der Getränke schon etwa DM 60,– veranschlagen. Es gibt auch einige billigere Speisehäuser und Selbstbedienungsrestaurants. Viele Restaurants haben bis 23.30 Uhr geöffnet. Wegen der geringen Anzahl an Plätzen ist bei mehreren eine Tischreservierung zu empfehlen.

Restaurants (Reykjavík und Nachbarstädte)

1 Anzahl der Plätze
2 mit Bedienung
3 Kinderrabatt
4 Begrenzte Öffnungszeiten

5 mit Weinausschank
6 Bar
7 auch für Rollstuhlfahrer
8 Kreditkarten akzeptiert

Name, Adresse	Telefon	1	2	3	4	5	6	7	8
Abracadrabra, Laugavegur 116, 105 Reykjavík	1 03 12	120	–	–	+	+	+	–	+
A-Hansen, Vesturgata 4, 220 Hafnarfjörður	65 16 93	120	+	+	–	+	–	+	+
Alex, Laugavegur 126, 101 Reykjavík	2 46 31	35	+	+	–	+	+	–	+
Arnarhóll, Hverfisgata 8–10, 101 Reykjavík	1 88 33	73	+	+	–	+	+	–	+
Blómasalur, (Hotel Loftleiðir)	2 23 22	100	+	+	–	+	+	+	+
Duus-hús, Fischersund 4, 101 Reykjavík	1 44 46	74	+	+	–	+	+	–	+
El Sombrero, Laugavegur 73, 105 Rekjavík	2 38 66	76	+	–	–	+	+	–	+
Esjuberg, Suðurlandsbraut 2, 101 Reykjavík	8 22 20	90	+	+	–	+	–	+	+
Fógetinn, Aðalstræti 10, 101 Rekjavík	1 63 23	100	+	–	–	+	+	–	+
Gafl-Inn, Dalshraun 13, 221 Hafnarfjörður	5 44 77	130	+	–	+	+	+	–	+
Gaukur á Stöng, Tryggvagata 22, 101 Reykjavík	1 15 56	140	+	+	–	+	+	–	+
Gullni Haninn, Laugavegur 178, 105 Reykjavík	3 47 80	44	+	+	+	+	+	–	+
Hallargarðurinn, Kringlan 9, 103 Reykjavík	3 04 00	50	+	+	–	+	+	+	+
Hornið, Hafnarstræti 15, 101 Reykjavík	1 33 40	100	+	+	–	+	+	–	+
Hótel Borg, Pósthússtræti 11, 101 Reykjavík	1 14 40	300	+	–	–	+	+	–	+
Hótel Holt, Bergstaðastræti 37, 101 Reykjavík	2 57 00	80	+	+	–	+	+	–	+
Italia, Laugavegur 11, 105 Reykjavík	2 46 30	48	+	+	–	+	+	–	+
Jónatan Livingstone, Hamarshúsinu, 101 Reykjavík	1 55 20	70	+	+	–	+	+	+	+
Lækjarbrekka, Bankastræti 2, 101 Reykjavík	1 44 30	86	+	+	–	+	+	–	+
Lauga-Ás, Laugarásvegur 1, 104 Reykjavík	3 16 20	40	–	+	–	–	–	–	+
Leikhúskjallarinn, v/Hverfisgata, 101 Reykjavík	1 96 36	260	+	–	+	+	+	–	–
Napólí, Skipholt 37, 105 Reykjavík	68 56 70	160	+	–	–	+	+	–	+
Naust, Vesturgata 6–8, 101 Reykjavík	1 77 59	200	+	–	–	+	+	–	+
Potturinn og Pannan, Brautarholt 22, 105 Reykjavík	1 16 90	52	–	+	–	–	–	–	+
Sælkerinn, Austurstræti 22, 101 Reykjavík	1 16 30	50	+	–	–	+	–	–	+
Sjanghæ, Laugavegur 28 b, 101 Reykjavík	1 65 13	64	+	+	–	+	–	+	+
Smiðjukaffi, Smiðjuvegur 14 d, 200 Kópavogur	7 21 77	100	–	+	–	+	–	+	+
Svarta Pannan, Tryggvagata/Pósthússtr., Reykjavík	1 64 80	67	–	–	–	–	+	–	–
Þórscafé, Brautarholt 20, 105 Reykjavík	2 33 33	140	+	–	–	+	+	+	+
Þrír Frakkar, Baldursgata 14, 101 Reykjavík	2 39 39	40	+	+	+	+	+	–	+
Torfan, Amtsmansstígur 1, 101 Reykjavík	1 33 03	90	+	+	–	+	+	–	+
Úlfar og Ljón, Grensásvegur 7, Reykjavík	68 83 11								
Við Tjörnina, Templarasund 3, 101 Reykjavík	1 86 66	39	+	+	–	+	+	–	+

Selbstbedienungsrestaurants
(Reykjavík und Nachbarstädte)

Name, Adresse	Telefon	Plätze
Árberg		
Ármúli 21, 108 Reykjavík	68 60 22	50
Askur		
Suðurlandsbraut 4,		
108 Rekjavík	3 85 50	52
Bangkok		
Síðumúli 3–5, Reykjavík	3 57 08	
Café Hresso		
Asturstræti 20, 101 Reykjavík	1 83 85	40
Ingólfsbrunnur		
Aðalstræti 9, 101 Reykjavík	1 36 20	50
Kabarett		
Austurstræti 4, Reykjavík	1 10 21	
Kaffi-Torg		
Hafnarstræti 20, Reykjavík		
Kaffivagninn		
v/Grandagarður,		
101 Reykjavik	1 59 32	60
Kentucky Fried Chicken		
Hjallahraun, Hafnarfjörður	5 08 28	
Kína-Húsið		
Lækjargata 8, 101 Reykjavík	1 10 14	
Matstofan		
Laugarvegur 20 b,		
101 Reykjavík	2 84 10	45
Múlakaffi		
v/Hallarmúli, 108 Reykjavík	3 67 37	160
Norræna Húsið		
v/Hringbraut, Reykjavík	1 70 00	
Pítan		
Bergþórugata 21,		
101 Reykjavík	1 37 30	20
Pítan		
Skipholt 50 c, 105 Reykjavík	68 81 50	85
Pizzahúsið		
Grensásvegur 10,		
108 Reykjavík	3 99 33	66
Sprengisandur		
Bústaðayegur 153, Reykjavík	68 80 88	
Trillan		
Ármúli 34, Reykjavík	3 13 81	
Veitingahöllin		
Kringlan 9, 105 Reykjavík	3 04 06	70

Restaurants (Akureyri)

Bautinn, Hafnarstræti 92,
600 Akureyri, ✆ 96/2 18 18
Hótel Stefania, Hafnarstræti 86,
600 Akureyri, ✆ 96/2 63 66
Hótel Edda, ✆ 96/2 40 55
Hótel KEA, Hafnarstræti 87–89,
600 Akureyri, ✆ 96/2 22 00
Hótel Norðurland, Geislagata 7,
600 Akureyri, ✆ 96/2 26 00
Sjallinn, Geislagata 14, 600 Akureyri,
✆ 96/2 27 70
Smiðjan, Kaupvangsstræti 3,
600 Akureyri, ✆ 96/2 18 18

Feiertage und Feste

Pfingstzeit
Seeangelwettbewerb, der vom Seeangelklub
Reykjavík und vom Angelklub des Flug-
hafens Keflavík organisiert wird.

Pfingstsonntag
Gesetzlicher Feiertag (geflaggt).

Pfingstmontag
Gesetzlicher Feiertag. In Reykjavík jährliche
Pferdeschau mit kleinen Rennen und Wet-
ten.

17. Juni
Nationalfeiertag (geflaggt). Umzüge, Tanz in
den Straßen und Parks von Reykjavík. Gesetzlicher Feiertag.

Anfang Juli
In der ersten Juliwoche veranstalten die Bewohner von Siglufjörður jedes Jahr ein Fest.

Mittsommer
Pferdeschau in einigen Gegenden Islands, gewöhnlich im Juli.

Mittsommer
In Skálholt und Hólar im Hjaltadalur. Feierlichkeiten anläßlich der Gründung der Bistümer von Skálholt (1056) und Hólar (1106) mit Gedenkgottesdiensten. Der Tag ist nicht genau festgelegt.

Erster Montag im August
Bankfeiertag (Verzlunarmannahelgi). Für gewöhnlich macht man Ausflüge in die schönen Gegenden des Landes. Gesetzlicher Feiertag, an dem sämtliche Geschäfte geschlossen bleiben.

Anfang August
Nationalfeiertag auf den Westmänner-Inseln (Þjóðhatið Vestmannaeyja). Zwei bis drei Tage andauernde Festlichkeiten mit Sportveranstaltungen, Tanz, Essen, Trinken, Feuerwerk, Bergsteigen etc. In der Regel eine Woche nach dem Bankfeiertag.

September
Réttir. Die Zeit, wenn die Schafe und Pferde von den Sommerweiden in die Pferche (Réttir) zusammengetrieben und aussortiert werden. Es ist ein sehr geschäftiges und lustiges Ereignis.

Fotografieren

Es ist ratsam, Foto-/Filmmaterial in ausreichender Menge mitzunehmen, da dieses in Island sehr teuer und nicht überall in der gewünschten Qualität erhältlich ist. Auf Gemeinschaftsreisen wird man für überschüssiges Film-/Fotomaterial meistens einen Abnehmer finden. Beim Fotografieren ist zu berücksichtigen, daß gerade bei sonnigem Wetter besonders in den jungen Vulkangebieten zwischen Himmel und Unter- bzw. Vordergrund große Helligkeitsunterschiede auftreten. In manchen Fällen ist der Gebrauch eines Blitzlichtes sehr nützlich.

Geld und Geldwechsel/Banken

Die Devisenabteilung einer jeden Bank wechselt Geld und löst Reiseschecks ein. Es besteht oft die Möglichkeit, auch außerhalb Reykjavíks Geld an Tankstellen oder in Hotels zu tauschen. Reiseschecks werden auch in Hotels, Reisebüros oder in vielen Restaurants entgegengenommen. Übriggebliebenes isländisches Geld kann vor der Abreise in einer Bank zurückgetauscht werden, wenn die Eintausch-Quittung vorgelegt wird.

Kreditkarten bekannter Institute werden von Fluggesellschaften, Restaurants, Souvenirläden, Reisebüros und Autovermietungen akzeptiert. Nach den Geschäftszeiten der Banken kann im Informationszentrum des Isländischen Touristenbüros (Reykjavík, Ingolfsstræti 5) Sa 10–14 Uhr Geld gewechselt werden.

Öffnungszeiten in Reykjavík und Akureyri: werktags 9.15–16, Do 9.15–16 und 17–18 Uhr. Sie sind außer der Landesbank (Landsbanki)-Filiale im Hotel Loftleiðir an den Wochenenden geschlossen. Diese ist Mo–Fr 8.15–16 und 17–19.15 Uhr, an Wochenenden 8.15–19.15 Uhr geöffnet.

Kurioses und Originelles

Der Isländische Kerzenladen in der Austurstræti 1 in Reykjavík verkauft handgemachte Kerzen, u. a. auch in Form isländischer Tiere.

Die Werkstatt Glit, Höfðabakki 9, fertigt Keramiken mit isländischer Lava an. Ihre Produkte sind auch in vielen Souvenirläden zu finden.

Lava-Keramik und Figuren aus Knochen bietet die kleine Galerie Kogga, Vesturgata 5, in Reykjavík an. Jedes Stück ist ein Unikat.

Gold- und Silberschmiedearbeiten können unter folgenden Adressen erstanden werden: Pýrit, Vesturgata 3, Reykjavík; Jens Guðjónsson, Posthússtræti und Galerie Jens, Stígahlíð 45–47, beide ebenfalls in Reykjavík.

Lesetips

In der isländischen Literatur, die dem Leser die isländische Landschaft und Kultur näherbringt, sind vor allem in deutschen Übersetzungen die Werke von Nonni (Jón Sveinsson) und Halldór Laxness zu nennen (siehe S. 269 ff.).

Weitere Werke:

Ingolfsson, A. (Hrsg.): Kjarval, a Painter of Iceland. Iceland Review, Reykjavík 1981.
Nordische Nibelungen. Die Sagas von den Völsungen, von Ragnar Lodbrok und Hrolf Kraki. Aus dem Altnord. v. Paul Herrmann. Köln 1985.

Magnusson, S.: Unter frostigem Stern. Kindheit auf Island. Hannover 1984.
Schier, K. (Hrsg.): Märchen aus Island. Köln 1983.
Die Vinlandsagas. Ausgewählte Texte zur Entdeckung Amerikas durch die Wikinger. Hrsg. v. Else Ebel. Tübingen 1973.

Museen, Galerien und andere Sehenswürdigkeiten

Akureyri

Davíðshús, Bjarkastígur 6. Heim des Dichters Davíð Stefánsson (gest. 1964) mit einer Sammlung vieler Gegenstände aus dem persönlichen Besitz und Bücher.
Öffnungszeiten: 15. 6.–15. 9., 15–17 Uhr.
Matthías-Jochumsson-Museum (Matthíasarsafnið), Eyrarlandsvegur 3. Dieses Haus war das Heim des Dichter Matthías Jochumsson (gest. 1920). Er schrieb den Text der Nationalhymne und übersetzte Shakespeare und andere Klassiker. Ausstellung von Gegenständen aus seinem Besitz.
Öffnungszeiten: 15. 6.–15. 9., 14–16 Uhr. Zu anderen Zeiten nach Vereinbarung.
Naturkundliches Museum, Hafnarstræti 81 (nahe Hotel KEA). Mit einer speziellen und sehenswerten zoologischen und geologischen Wissenschaftsabteilung.
Öffnungszeiten: 1. 6.–10. 9., täglich 11–14 Uhr außer Samstag.
Nonnahús, Aðalstræti 54 b. Sammlung von Gegenständen aus dem Leben von Jón Sveinsson (Nonni), dem auch in Deutschland bekannten und beliebten Kinderbuchautor. Seine Bücher wurden in mehr als 30 Sprachen übersetzt. In dem im Jahre 1850 er-

bauten Haus verbrachte Nonni seine Kindheit.
Öffnungszeiten: 15. 6.–1. 9. 14–16.30 Uhr.
Volkskunde-Museum (Minjasafnið), Aðalstræti 58. Sammlung einer großen Anzahl von Ausstellungsstücken von geschichtlichem Interesse aus Akureyri und Umgebung.
Öffungszeiten: 1. 6.–15. 9., täglich 13.30–17 Uhr. Zu anderen Zeiten auf Vereinbarung.

Heimatmuseen

Heimatmuseen sind ein junges Phänomen auf der Insel. Bis in die 1960er Jahre galt das Nationalmuseum in Reykjavík als die Stätte, wo man historisch wichtige oder vorzeigbare Gegenstände aus dem täglichen Leben betrachten und bewundern konnte. Da gerade in den Nachkriegsjahren vieles aus dem ganzen Lande hierher zusammengetragen wurde, war das Museum innerhalb kurzer Zeit mit seinen Schätzen überladen. Zugleich mangelte es an vorzeigbaren Ausstellungsstücken außerhalb der Hauptstadt. Man erkannte aber, daß viele potentielle Ausstellungsstücke aus dem Umland dorthin zurückkehren sollten, da sie vor allem auch die regionale Geschichte repräsentieren. Hier, so dachte man, fänden sie mehr Beachtung als in Reykjavík, wo sie bloß gesammelt und nur eventuell ausgestellt werden könnten. So wurden in den letzten 20 Jahren mehrere Museen in den kleineren Orten Islands gegründet. In ihnen werden daher weniger Kunst-, sondern vielmehr Gebrauchsgegenstände aus dem häuslichen Bereich und dem Wirtschaftsleben ausgestellt, die aufgrund der verschiedenen Naturräume von Region zur Region variieren.

Blönduós

Heimatmuseum Blönduós. Das Museum beherbergt eine kleine, aber interessante Sammlung von Gegenständen des täglichen Lebens. Öffnungszeiten: 15. 6.–30. 8., Di, Mi und Do 16–18 Uhr. Bei Gruppenbesuchen auch zu anderen Zeiten.

Eskifjörður

Ostisländisches Fischereimuseum Eskifjörður. Das Museum befindet sich in einem alten Handelshaus aus dem Beginn des vergangenen Jahrhunderts. Es zeigt eine Auswahl von Gegenständen der Heringsfischerei, des Wal- und des Haifanges. Außerdem gibt es eine Auswahl von Gegenständen anderer Erwerbszweige zu sehen.
Öffnungszeiten: 15. 6.–1. 9. täglich 14–17 Uhr. Auf Vereinbarung auch zu anderen Zeiten.

Garðar (Akranes)

Ländliches Museum im ältesten Betongebäude Islands (1876 erbaut) mit einer großen Sammlung verschiedener Ausstellungsstücke.
Öffnungszeiten: Mai–August, täglich 11–12 und 14–17 Uhr, während der anderen Monate 14–16 Uhr.

Glaumbær

Volkskundliches Museum, Torfgehöft im Skagafjörður, 6 km nördlich von Varmaland. Ein Bauernhof aus dem 18. und 19. Jh., vollständig eingerichtet.
Öffnungszeiten: täglich 10–17 Uhr

Hafnarfjörður

Isländisches Seefahrtsmuseum. Das Museumsgebäude ist ein restauriertes Lagerhaus von 1865. Im Museum befinden sich Bilder und

Gegenstände aus der elfhundertjährigen Seefahrt der Isländer.

Erreichbar mit dem regelmäßig zwischen dem Zentrum Reykjavíks und Hafnarfjörður verkehrenden Landleiðir-Bus.

Öffnungszeiten: 8. 6.–30. 9., Di–So 14–18 Uhr.

Hrafnseyri (Auðkúluhreppur)

Eine *kleine Gedenkstätte* und Kapelle mit Gegenständen aus dem Leben des aus Hrafnseyri stammenden Volkshelden Jón Sigurðsson. Es kann dort hauptsächlich eine Photosammlung aus Sigurðssons Jugendzeit und während des Unabhängigkeitskampfes im 19. Jh. besichtigt werden.

Öffnungszeiten: 17. 6.–1. 9., 13–20 Uhr oder auf Vereinbarung.

Laufás

Ein *alter Bauernhof* mit seinem Interieur, der zu einem alten Zentrum im Eyjafjörður gehört. Die Kirche wurde 1865 erbaut.

Öffnungszeiten: Di–So, 10–18 Uhr.

Neskaupsstaður

Naturkundliches Museum, Gilsbakka 13. Das Museum besitzt eine ausgezeichnete Sammlung von präparierten Vögeln, von Schalentieren und Gesteinen.

Öffnungszeiten: Juni–September, werktags 16–18, Sa und So 15–18 Uhr. Auf Vereinbarung auch zu anderen Zeiten.

Selfoss

Örtliches Museum des Kreises Árnessýsla, Tryggvagata 17–23. Das Museum ist mit einer Kunstsammlung, mit Holzschnitzereien und mit einer umfangreichen Sammlung präparierter Tiere ausgestattet.

Öffnungszeiten: 17. 6.–1. 9., täglich 14–17 Uhr.

Skógar

Heimatmuseum. Eines der ältesten und am besten bestückten Museen dieser Art in Island (gegründet 1945). Es sind weit über 3000 Gegenstände, von der Schnupftabakdose bis zum Strandgut der in der Nähe befindlichen trügerischen Küste, ausgestellt. Bewundernswert sind vor allem die Schnitz- und Buchbindearbeiten sowie Werkzeuge, die die Bauern mit großem handwerklichen und künstlerischen Geschick angefertigt haben. Es können auch Torfhäuser besichtigt werden.

Öffnungszeiten und Führungen auf Vereinbarung mit dem Kustos Þórdur Tómason.

Stöðvarfjörður

Gesteins- und Mineraliensammlung (Steinasafn Petru). Eine interessante, von Petra Sveinsdóttir zusammengetragene Sammlung.

Besichtigung nach Vereinbarung mit dem Eigentümer, Juni–Ende August.

Vestmannaeyjar (Westmänner-Inseln)

Das *Naturkundliche Museum* der Westmänner-Inseln wurde 1964 gegründet. In einem Aquarium kann man die um Island lebenden Meerestierarten besichtigen. Außerdem besitzt das Museum eine Sammlung präparierter Fische und Vögel mit den 34 Arten, die auf den Inseln nisten.

Öffnungszeiten: 1. 5.–30. 9., täglich 11–17 Uhr.

Das *Heimatmuseum* der Westmänner-Inseln (Byggðasafn Vestmannaeyjar) bietet dem Besucher einen Überblick über die wirtschaftliche Entwicklung von Heimaey seit der Jahrhundertwende. Auch ältere Gegenstände gehören zum Inventar des Museums, z. B. ein Teil der Ausrüstung, den nordafrika-

nische Piraten nach der Besetzung von Heimaey im Jahre 1627 zurückgelassen haben. Die Kunstsammlung enthält 34 Gemälde von Jóhannes S. Kjarval, einem der bekanntesten Maler Islands.
Öffungszeiten: 1. 5.–30. 9., täglich 11–17 Uhr.

Vopnafjörður
Gehöft Burstafell. Der alte Bauernhof ist eines der schönsten noch existierenden isländischen Torfgehöfte. Die umfangreiche Einrichtung verdeutlicht das Leben auf einem alten Großbauernhof in Island.
Öffnungszeiten: Juni – September täglich.

Reykjavík
Die Galerien, Museen und anderen Sehenswürdigkeiten liegen weit verstreut in der Stadt. Daher ist es am günstigsten, die Busse der Städtischen Verkehrsbetriebe (SVR) zu benutzen. Die besten Fahrt- und Anschlußmöglichkeiten ergeben sich von den beiden Verkehrsknotenpunkten Lækjartorg und Hlemmur. Die Linien sind im einzelnen angeführt.

Galerien

Asmundur-Sveinsson-Galerie, Sigtún
Die Galerie stellt Original-Skulpturen von Ásmundur Sveinsson aus, die der Stadt Reykjavík geschenkt wurden. Sveinsson (1893–1982) lernte zunächst Holzschnitzerei in Reykjavík, studierte aber später (1919–29) Kunst in Paris und Stockholm. In der Galerie sind Arbeiten aus der Periode von 1922–74 ausgestellt.
Buslinien 2, 5, 10 und 12 von Hlemmur; 2 und 5 von Lækjartorg
Öffnungszeiten: Juni – September, täglich 10–16 Uhr, Oktober – Mai, täglich 13–16 Uhr. Die Skulpturabgüsse im Garten können jederzeit besichtigt werden.

Gewerkschafts-Galerie, Grensásvegur 16
1961 schenkte der Reykjavíker Geschäftsmann Ragnar Jónsson 120 Werke dem isländischen Arbeiterverband, was zur Gründung dieser Galerie führte. Es werden hauptsächlich Gemälde zur Schau gestellt, aber auch andere Kunstarten einbezogen. Momentan verfügt die Galerie über etwa 2000 Arbeiten.
Buslinien 3, 8, 9, 10, 11, 12 von Hlemmur und 3, 6, 7 von Lækjartorg
Öffnungszeiten: werktags 16–20 Uhr, an den Wochenenden 14–20 Uhr.

Isländische Kunstgalerie, Vesturgata 17
In den letzten drei Jahren hat sich die Galerie des isländischen Kunstvereins auf Malerei und Unterglas-Kunstwerke spezialisiert. Außerdem werden Werke bekannter Künstler sowohl in Einzel- als auch in Gruppenausstellungen präsentiert.
Öffnungszeiten: werktags 9–17 Uhr.

Kjarvalsstaðir-Kunstgalerie, Miklatún
Kjarvalsstaðir ist die städtische Kunstgalerie. Sie wurde 1973 zu Ehren von Jóhannes S. Kjarval (1885–1972), einem der bekanntesten und populärsten isländischen Künstler, errichtet. Eine der beiden großen Ausstellungshallen ist für die Werke Kjarvals vorgesehen. Die andere dient für Ausstellungen isländischer, aber auch ausländischer Kunst.
Buslinien 1, 3, 8, 9, 17 von Hlemmur; 1, 3, 6, 13, 14 und 17 von Lækjartorg
Öffnungszeiten: täglich 11–18 Uhr.

Nationale Kunstgalerie, Sudurgata 41
Die Isländische Nationalgalerie wurde von Björn Bjarnason 1884 in Kopenhagen gegründet. Die ursprüngliche Sammlung umfaßte 51 Gemälde, vor allem aus Schenkun-

gen festländischer nordischer Künstler. Ende 1985 besaß die Nationalgalerie 229 Skulpturen und 4652 Ölgemälde, Aquarelle, Zeichnungen und graphische Werke.
Buslinie 5 von Hlemmur und die Linien 5, 6, 13, 14 und 16 von Lækjartorg
Öffnungszeiten: 15. 5.–15. 9., täglich 13.30 bis 16 Uhr; 16. 9.–14. 5., Di, Do, Sa und So zur gleichen Zeit.

Museen

Arbær-Freilichtmuseum

Das Museum wurd 1957 von der Stadt Reykjavík gegründet. Es zeigt ein historisches Gehöft, eine Torfkirche aus dem Skagafjörður in Nordisland, sowie einige eingerichtete Häuser, die aus älteren Vierteln Reykjavíks ins Museum gebracht wurden. Zu den Attraktionen zählt die Lokomotive, die man 1914–17 zum Hafenausbau Reykjavíks benötigte.
Buslinien von Lækjartorg 1, 2, 3, 4, 5, 17 bis Hlemmur, von dort mit Linie 10
Öffnungszeiten: Juni–August, täglich außer Mo, im September am Wochenende 10–18 Uhr, Oktober–Mai nach Bedarf.

Arni-Magnusson-Institut (Arnamagnäanisches Institut), Suðurgata

Das Forschungsinstitut zeigt Exponate aus seiner Sammlung kostbarer isländischer Manuskripte in einem Besichtigungsraum.
Buslinien 5, 6, 13, 14 und 16 von Lækjartorg, Linie 5 von Hlemmur
Öffnungszeiten: 16. 6.–15. 9., Di, Do und Sa 14–16 Uhr, andere Termine können telefonisch vereinbart werden.

Ásgrímur-Jónsson-Museum, Bergstaðastræti 74

Der Maler Ásgrímur Jónsson (1876–1958) vermachte eine große Anzahl seiner Werke zusammen mit seinem Haus und seinem Studio dem isländischen Staat. Die Kunstsammlung wurde 1960 eröffnet und umfaßt 192 Ölgemälde, 277 Aquarelle und zahlreiche Zeichnungen. Davon werden 30–40 Werke im Turnus gezeigt.
Buslinie 1 von Hlemmur
Öffnungszeiten: Juni–August täglich außer Sa, 13.30–16, September–Mai So, Di und Do 13.30–16 Uhr.

Einar-Jónsson-Museum, am Skólavörðuholt

In dem vom isländischen Staat errichteten Museum ist eine umfangreiche Sammlung von Gemälden und Skulpturen des über Island hinaus bekannten Künstlers Einar Jónsson (1874–1954) zu sehen. 121 Werke sind Bestandteile einer Dauerausstellung.
Buslinie 1 von Hlemmur bis Lækjartorg
Öffnungszeiten: Juni–August, täglich außer Mo 13.30–16 Uhr.

Nationalmuseum (Þhjóðminjasafn), Suðurgata 41

Das 1950 eröffnete Museum besitzt eine umfangreiche Sammlung von Objekten der Kulturgeschichte Islands. Es enthält mehr als 16 000 katalogisierte Gegenstände, von 2200 Jahre alten, in Island gefundenen, römischen Münzen bis zu Gegenständen, die am Schauplatz der Njáls-Saga ausgegraben wurden. Der Reichtum der Sammlung liegt in der eigenartigen Schönheit der Gegenstände des täglichen Lebens.

Separate Abteilungen sind dem Wikinger-Zeitalter, dem Mittelalter im isländischen Sinne, gewidmet. Außerdem können Ausstellungsstücke völkerkundlicher Art, sakraler Kunst, der Seefahrtsgeschichte und eine fotografische Sammlung besichtigt werden.

Die Anzahl der verwahrten Objekte ist riesig, viele sind archiviert und stehen entweder nur für Sonderausstellungen oder für die Forschung zur Verfügung. Das Nationalmuseum unterhält zugleich ein Archäologiezentrum, das jedes Jahr ein oder mehrere Ausgrabungsprojekte unterstützt.
Buslinien 5, 6, 13, 14 und 16 von Lækjartorg; Linie 5 von Hlemmur
Öffnungszeiten: 15. 5.–15. 9. täglich außer Mo 11–16 Uhr, 16. 9.–14. 5. So, Di, Do und Sa 11–16 Uhr.

Naturkundliches Museum (Náttúrugripasafnið), nahe Hlemmur, Hverfisgata 116
In dem Museum sind die wichtigsten Gesteinsarten Islands, die meisten höheren Pflanzen, viele Algen, Moose und Flechten, alle auf Island brütenden Vogelarten, außerdem viele andere Wirbellose und Wirbeltierarten ausgestellt. Als besondere Seltenheit besitzt das Museum ein präpariertes Exemplar des 1844 ausgestorbenen Riesenalken.
Buslinien 1, 2, 3, 4, 5 und 17 von Lækjartorg
Öffnungszeiten: Di, Do, Sa und So 13.30–16 Uhr, ausgenommen Feiertage.

Andere Sehenswürdigkeiten

Staatsarchiv und Nationalbibliothek (Landsbókasafnið) Hverfisgata 17, nahe Nationaltheater (Abb. 47)
Die Nationalbibliothek wurde 1818 gegründet. Lesesäle und Handbibliothek.
Öffnungszeiten: Mo–Fr 9–19 Uhr, Sa 9–12 Uhr; im Mai nur Sa.

Hallgríms-Kirche, Skólavörðuholt
Die Hallgríms-Kirche ist nach dem Reverend Hallgrímur Pétursson, dem Autor der berühmten Passionshymnen, benannt. Der Turm wurde 1974 vollendet. Von der Plattform hat man eine herrliche Aussicht auf die Stadt Reykjavík.
Gottesdienste an Feiertagen um 11 Uhr und im Winter auch um 17 Uhr.
Öffnungszeiten der Aussichtsplattform und der Kirche: täglich außer Mo, 10–18 Uhr

Evangelisch-lutherische Domkirche, Austurvöllur-Platz
1785 entschied der König von Dänemark und Island, den bischöflichen Sitz von Skálholt nach Reykjavík zu verlegen. Zu diesem Zweck wurde auf den Asturvöllur-Platz eine Kirche aus behauenem Basalt gebaut. Ende 1796 konnte das Gebäude eingesegnet werden. Es erwies sich aber schon bald als zu klein. Anbauten wurden 1848 vollendet. Ein Taufbecken des isländisch-dänischen Bildhauers Þorvaldsen ist das kostbarste Kunstwerk der Kirche und wurde 1839 erworben. Das schöne Altarblatt malte der Däne Wegener 1846.
Gottesdienste: So 11, im Winter auch 14 Uhr.
Orgelkonzert Juni–August Mo 11.30 Uhr.
Öffnungszeiten: wochentags außer Mi 9–17 Uhr.

Römisch-katholische Kirche (Krists Konungs Kirkja), Landakot
Die erste römisch-katholische Kirche wurde 1860 erbaut. Der Grundstein zu dem heutigen Bau wurde 1927 gelegt. Die Christusstatue über dem Hochaltar ist eine Gabe von Papst Pius XI. und wurde von dem spanischen Bildhauer Campanya geschaffen. Die Einsegnung der Kirche erfolgte im Sommer 1929.

Heilige Messen: werktags 18 Uhr, außerdem Sa 14 Uhr, So 8.30, 10,30, 14 Uhr.
Öffnungszeiten: täglich 9–18.30 Uhr.

Botanischer Garten (Grasagarður), Laugardalur
Der Botanische Garten im Laugardalur nahe dem Stadion wurde im Jahre 1961 eröffnet. Es wird ein umfangreiches Sortiment isländischer Pflanzen mit der wissenschaftlichen und der isländischen Bezeichnung gezeigt. Außerdem können eingeführte Bäume, Sträucher und Stauden besichtigt werden.
Buslinien 2, 10, 12 und 15 von Hlemmur und Linie 2 von Lækjartorg
Öffnungszeiten: Juni–September, Mo–Fr, 8–22 Uhr, an Wochenenden 10–22 Uhr.

Parlamentsgebäude (Alpinghúsið), an der Südseite des Austurvöllur-Platzes
Seit 1845 tritt das Althing mit 60 Mitgliedern in Reykjavík zusammen. Ein Drittel der Mitglieder sitzt im Oberhaus, die restlichen zwei Drittel im Unterhaus.

Ministerratsgebäude (Stjórnarráðhúsið), Lækjartorg
In dem ursprünglich als Gefängnis vorgesehenen Gebäude befindet sich das Büro des Premierministers, das Außenministerium und zwei weitere Ämter. Das Haus wurde unter dänischer Herrschaft errichtet. Vor dem Gebäude stehen die Statuen des dänischen Königs Christian IX., der Island zur 1000-Jahrfeier besuchte und eine neue Verfassung überreichte, und von Hannes Hafstein, dem ersten Minister nach Gewährung der Selbstregierung im Jahre 1904.

Arnarhóll (Adlerhügel), oberhalb des Lækjartorg
Auf dem kleinen Hügel steht eine Bronzestatue von Ingólfur Arnarson, dem ersten Siedler in Island. Weiter im Osten stehen die meisten Ministerien, an der Hverfisgata das Nationaltheater, das 1950 nach 27jähriger Bauzeit eröffnet wurde (Abb. 47).

Gymnasium (Menntaskólinn), Lækjargata
Dieses größte Gebäude an der Nordostseite des Tjörnin ist eines der ältesten Häuser Islands. Es war bis 1847 die höchste Ausbildungsstätte in Island. Zeitweise wurden hier auch in der Mitte des vergangenen Jahrhunderts Sitzungen des Althing abgehalten. Viele prominente Isländer besuchten die Schule, darunter Halldór Laxness, Schüler bis 1919 und Nobelpreisträger für Literatur 1955.

Universität (Háskólinn), südlich des Tjörnin
Gegründet 1911 mit den Fakultäten für Theologie, Recht, Handel, Medizin, Philosophie. Einbezogen in den Gebäudekomplex ist das Árna-Magnússon-Institut. Vor dem 1940 fertiggestellten Hauptgebäude steht die Skulptur »Sæmundur auf dem Seehund« von Ásmundur Sveinsson.

Öskjuhlíð, südlich des Flugplatzes
Der Hügel Öskjuhlíð mit seinen zylindrischen Warmwasserspeichern (Fassungsvermögen 26 000 m³) ist eines der Wahrzeichen Reykjavíks. Von hier hat man eine sehr gute Aussicht auf die Stadt. In der Nähe steht zur Erinnerung an die früheren, weniger bequemen Zeiten eine weitere Skulptur des Bildhauers Ásmundur Sveinsson, »Die Wasserträgerin«.

Nationalparks

Island besitzt drei Nationalparks, Þingvellir, Skaftafell und Jökulsárgljúfur (siehe S. 146ff., 150) sowie einige besonders geschützte Naturreservate, zu denen die Umgebung der Herðubreið, das Fjallabak-Gebiet, die Mývatn-Region, die Landschaft von Hornstrandir auf der Nordwest-Halbinsel etc. gehören. Sie stehen unter dem besonderen Schutz der isländischen Naturschutz-Behörde. Anschrift: The Nature Conservation Council, Reykjavík, Hverfisgata 26.

Verhalten in der Natur/Naturschutz

Die natürlichen Gegebenheiten in Island sind wegen der polaren Randlage und wegen des Vulkanismus völlig verschieden von den meisten europäischen Ländern. Aus diesem Grund muß der Reisende hier weitaus mehr Verständnis für seine natürliche Umgebung aufbringen, um sie zu erhalten, aber auch um eventuellen Gefahren fernzubleiben. Größte Gefahren bergen die Thermalgebiete in sich, da der Untergrund durch den Aufstieg heißen Wassers oder gar von Dämpfen in starken Maßen in Mitleidenschaft gezogen wird. So bilden sich gerade in der Nähe von heißen Quellen und Schlammtöpfen Hohlräume, deren Gefährlichkeit von einigen Reisenden falsch eingeschätzt oder überhaupt nicht beachtet wird. Darum treten Sie nie zu nahe an die Quellen heran. Ihr Rand könnte einbrechen. Meiden Sie in Thermalgebieten, wenn Sie schon die spektakulären Begleiterscheinungen des Vulkanismus aus der Nähe betrachten wollen, helle Stellen (weiße, hellgraue oder gelbe). Sie sind trügerisch. Beachten Sie auch, daß in einigen Quellen das Wasser oder der Schlamm unerwartet aufspritzt und bedenken Sie, daß sich ihre Aktivität von Tag zu Tag ändern kann. Schlamm und kochendheißes Wasser können zu schmerzlichen oder gar gefährlichen Verätzungen und Verbrühungen führen. Verbrühungen sollten sofort mit kaltem Wasser behandelt werden, bis der brennende Schmerz verschwunden ist. Bedenken Sie auch, daß die Heißwasserquellen keine Trevi-Brunnen sind. Münzen sollte man bei sich behalten oder der Naturschutzvereinigung Islands spenden, anstatt sie in das Becken zu werfen. Auch hineingeworfene Steine tragen nicht zur Verbesserung, und schon gar nicht zur Verschönerung des natürlichen Zustandes dieser Quellen bei.

Bedenken Sie bei Wanderungen durch Flußlandschaften, daß sich die Wasserführung der Flüsse sehr schnell ändern und eine Durchquerung erschweren kann. Besonders tückisch sind in dieser Hinsicht Gletscherflüsse, die meist frühmorgens am wenigsten Wasser führen und am Nachmittag ihren höchsten Wasserstand erreichen. Nach Wärmeeinbrüchen und Regen können sie stark anschwellen, so daß eine Durchquerung unmöglich und lebensgefährlich wird. Denn außer der Strömung, die auch standfeste Menschen zu einem hilflosen Treibgut macht und gegen Felsen schleudern kann, wird die niedrige Wassertemperatur von etwa 5 °C schon nach kurzer Zeit lebensbedrohend!

Bei Aufenthalten im Gebirge ist zu beachten, daß wegen der Unberührtheit der Natur und der intensiven Gesteinsaufbereitung durch den Spaltenfrost das Gehen im unwegsamen Gelände wesentlich unsicherer und die Steinschlaggefahr wesentlich höher als in den Alpen ist. Der Mensch muß sich hier vor dem Wirken der Naturgewalten schützen. Aber auch die natürliche Umgebung muß vor dem Menschen geschützt werden. Wegen der nördlichen Lage Islands sind die Lebensbedingungen für die Pflanzenwelt wesentlich härter als in gleichfeuchten niederen Breiten. Die Wachstumsperiode ist kürzer und die Vegetation reagiert auf menschliche Eingriffe empfindlicher. Reißen Sie daher nie Pflanzen (auch ungeschützte) aus und setzen Sie nie Ihr heißes Eßgeschirr auf bewachsenen Boden; denn eine schadhafte Stelle in der Vegetationsdecke kann wegen der fehlenden tonigen Bindemittel eine Ausblasung und damit eine vollständige Beseitigung des Bodens nach sich ziehen.

Wegen der besonderen Empfindlichkeit der isländischen Umwelt ist es äußerst wichtig, daß folgende Verhaltensregeln beachtet werden:

- Verlassen Sie Ihren Rastplatz immer so, wie Sie ihn antreffen möchten.

- Hinterlassen Sie keinen Müll, weder herumliegend noch unter Steinen. Nehmen Sie ihn bis zum nächsten Müllkontainer mit. Gerade in den letzten fünf Jahren hat die Verschmutzung der Campingplätze und des Umfeldes landschaftlicher Sehenswürdigkeiten sehr zugenommen. Achtlos weggeworfene Zigarettenkippen oder hinterlassene Speise- und Verpackungsreste auf Zeltplätzen oder Tempotaschentücher auf Lavaströmen (Askja) zeugen wohl davon, daß es einigen Islandfahrern eher darum geht, an einer abenteuerlichen Reise teilzunehmen, als Naturschönheiten zu erleben, zu begreifen und auch zu erhalten.

- Entzünden Sie kein Feuer auf bewachsenem Land.

- Brechen Sie keine Steine aus und bauen Sie keine unnötigen Steinmänner (Kaldidalur).

- Verunreinigen Sie kein Wasser, zerstören und beschädigen Sie weder kalte noch heiße Quellen. Die Sinterabscheidungen und Quellen von Haukadalur und Hveravellir haben bereits großen Schaden genommen.

- Beschädigen Sie keine Pflanzen. Bleiben Sie auf den vorgeschriebenen Wegen. Beispielsweise ist die in den 1970er Jahren kaum erkennbare Spur auf dem mit Moos bewachsenen Krater Stútur bei Landmannalaugar in den letzten fünf Jahren zu einem meterbreiten Weg ausgetreten worden.

- Stören Sie nicht das Tierleben.

- Beschädigen Sie keine Naturformen. Wenn auch der Frost mit der Zeit junge Lavaformen verändert, so sollten trotzdem keine Fließformen u. ä. abgeschlagen werden. Solche Erinnerungsstücke geraten zu Hause meistens in Vergessenheit. Vor Ort aber bleiben sie noch lange erhalten. In jüngster Zeit sind einzelne, auch aus wissenschaftlicher Sicht interessante Formen der im Jahre 1980 ausgebrochenen Lava stark beschädigt worden.

- Stören Sie nicht die Ruhe des Hochlandes. Es leben hier außerordentlich scheue Tiere.

- Fahren Sie nicht im freien Gelände, denn Fahrspuren sind manchmal noch nach über einem Jahrzehnt zu sehen, wenn sie nicht zusammen mit dem für den Bewuchs wichtigen Feinboden, soweit er vorhanden ist, ausgeblasen werden.

- Folgen Sie den Wanderpfaden, wo solche gekennzeichnet sind. Gerade in der Umgebung von Landmannalaugar und der Askja (Víti) hat die Landschaft darunter gelitten, daß Hänge zertreten wurden.
- Beachten Sie die Naturgesetze und die Anweisungen der Naturschutzwarte.

Öffnungszeiten

Dienststellen: Mo–Fr 9–17 Uhr.
Geschäfte: Mo–Do 9–18, Fr meist 9–19, vereinzelt sogar bis 22 Uhr, Sa einige Geschäfte 9–12 Uhr. Beachten Sie Feiertage.

Post

Das Hauptpostamt (Pósthúsið) von Reykjavík befindet sich in der Nähe des Austurvöllur-Platzes. Öffnungszeiten: Mo–Fr außer Do (8.30–18 Uhr) 8.30–16.30 Uhr. Öffnungszeiten Postamt am Busbahnhof (Umferðarmiðstöðin, B.S.I.), Hringbraut: Mo–Fr 8.30–19.30, Sa 9–15 Uhr. Das Hauptpostamt hat eine Verkaufsstelle für Sondermarken.

Preisniveau

Die Lebenshaltungskosten sind in Island beträchtlich höher als in der Bundesrepublik Deutschland. Es gibt nur wenige Grundnahrungsmittel (Fisch, Zucker), die dem deutschen Preisniveau entsprechen. Da viele Nahrungsmittel, insbesondere Obst, verschiedene Gemüsearten, Getreide und Getreideprodukte, eingeführt werden müssen, ist generell mit etwa doppelt so hohen Kosten für die Ernährung zu rechnen.

Radfahren

Die Gelegenheit, Island mit dem Fahrrad zu bereisen, ist gegeben. Doch sollte man bedenken, daß nur ein geringer Bruchteil der isländischen Straßen asphaltiert ist. Gerade in den letzten fünf Jahren sind häufiger Radfahrer mit geländegängigen Fahrrädern, die auch die Hochlandwüsten queren, zu beobachten. Fahrräder können an verschiedenen Punkten entliehen werden und ermöglichen dem »Rucksacktouristen« eine größere Beweglichkeit. Informationen beim Isländischen Fremdenverkehrsamt, Frankfurt.

Radio und Fernsehen

Island besitzt eine eigene Radio- und Fernsehgesellschaft. Im Fernsehen werden häufig englische und amerikanische Original-Filme mit isländischen Untertiteln gesendet. Deutsche Sendungen kann man nachts über die Kurzwelle empfangen. Der isländische Rundfunk sendet im 1. Programm täglich um 7.30 Uhr (Juni–1. 9.) Nachrichten in Englisch. Kurzwelle 93,5 MHz, LW 209 kHz, MW 1435.

Religion

Die Staatsreligion ist evangelisch-lutherisch. Es gibt nur eine kleine katholische Gemeinde.

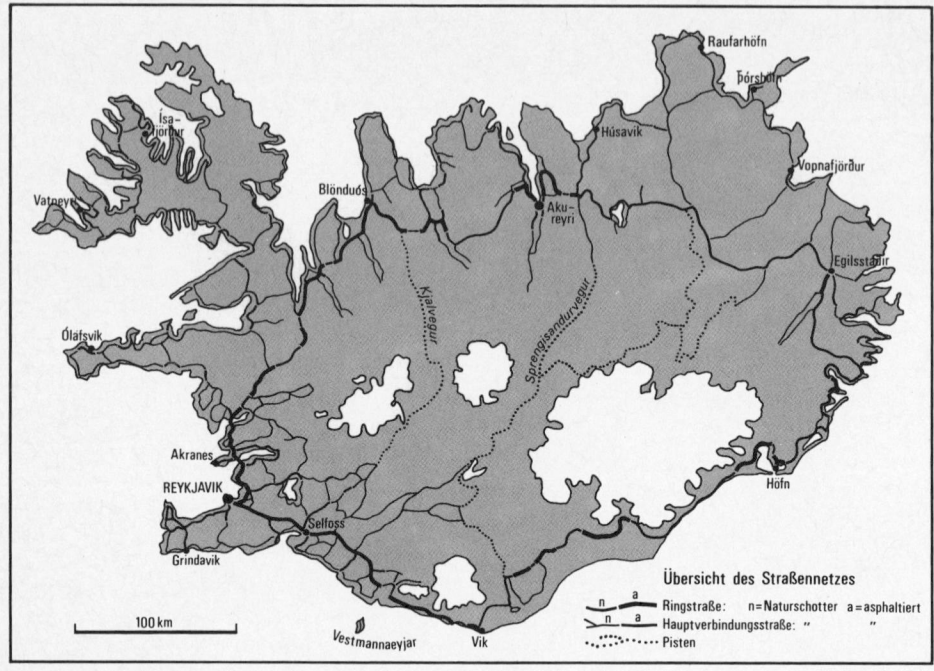

Das Straßennetz Islands

Routen/Ausflüge

Während der Sommermonate werden von Reykjavík ausgehend folgende Ausflüge regelmäßig durchgeführt:

- Stadtrundfahrten durch Reykjavík, 2× täglich.

- Halbtagstouren nach Grindavík und Krísuvík auf der Halbinsel Reykjanes, täglich.

- Halbtagstour zur »Blauen Lagune« von Svartsengi (Reykjanes) mit Badegelegenheit. Vom 1. 6.–31. 8. täglich.

- 12-Stunden-Fahrt nach Þorsmörk, täglich, 1. 6.–31. 8.

- Ganztagestouren zum Angeln von Lachsen und Forellen im Meer werden von mehreren isländischen Reiseveranstaltern in der Umgebung von Reykjavík durchgeführt.

- Ganztagestouren nach Þingvellir, Geysir, zum Gullfoss und nach Hveragerði, täglich.

- Ganztagestouren in die Nähe der Gletscher, zum Hvalfjörður, dem Borgarfjörður und über Þingvellir in das Kaldidalur, Di und Sa.

- Ganztagestouren an die Südküste, Mo, Mi, Fr und So.

- Vestmannaeyjar, täglich; entweder mit Bus und Fähre oder Flugzeug.

- Zweitagesfahrt nach Snæfellsnes mit Übernachtung in Ólafsvik; Mi, Sa, 20. 6.–4. 8.

- Mehrtagesfahrt durch das zentrale Hochland (Sprengisandur); Mo, Mi, Do und Sa.

- Dreitagestour nach Nordwestisland; Do.

- Dreitagestour durch Nordisland; täglich außer Sa.

- Die Icelandair führt von Juni–September täglich außer Di, Sa und So Flüge nach Kulusuk, Grönland, durch. Der Ausflug beginnt am späten Vormittag und dauert etwa acht Stunden. Während des Aufenthalts in Kulusuk kann eine Eskimosiedlung besucht werden.

Informationen: Iceland Tourist Bureau, Reykjavík, Skógarhlíð 18, ✆ 91/2 58 55

Wenn man Island besucht, dann sollte man auf seiner Fahrt den vier wichtigsten Landschaftselementen, den Vulkanen, den Gletschern, den Wüsten und den Küsten einen Besuch abstatten. Soweit man auf der Insel nicht mit der Fähre über Seyðisfjörður eintrifft, werden die Fahrten meistens von Reykjavík gestartet. Ein Besuch Islands sollte schon zwei Wochen dauern. Für eine Fahrt durch das Land sind dann etwa 11–13 Tage zu verplanen. Im Durchschnitt werden in dieser Zeit 2000–2400 km auf Fahrten durch das Land zurückgelegt.

Die Kosten für eine 14tägige Reise hängen stark vom Übernachtungs- und Beköstigungskomfort ab. Eine Reise mit einem gemieteten Geländewagen (6 Teilnehmer, etwa mit dem Verlauf der Route 3) kostete 1989 bei vorwiegender Übernachtung in Zelten und eigener Verpflegung etwa DM 3000,–/Person. In den Kosten sind die Flugkosten nach Island und zurück sowie 3 Übernachtungen in Reykjavík inbegriffen. Rundfahrten (sog. Safaris) mit gechartertem Bus, Reiseführer, gestellter Verpflegung und vorwiegender Übernachtung in Hotels werden wesentlich mehr als DM 3000,–/Person kosten. Eine 10tägige Reise (Route 4) mit einem gemieteten Pkw ist bei eigener Verpflegung und vorwiegender Übernachtung im Zelt einschließlich der Flugkosten mit etwa DM 2400,–/Person zu veranschlagen. Die billigste Möglichkeit, Island kennenzulernen, wird sich in der Nutzung von Sonderangeboten von Icelandair und der Buslinien (siehe S. 335ff. u. 338f.) als »Rucksacktourist« ergeben.

Es gibt folgende Möglichkeiten, auf eigene Faust Island kennenzulernen: Mit dem eingeführten Pkw oder Geländewagen, mit einem gemieteten Pkw oder Geländewagen, mit dem Bus, mit dem Flugzeug oder mit dem Fahrrad. Außerdem kann man sich einer Bus-Reisegesellschaft anschließen oder auf sportliche Art einen Trip mit dem Islandpferd unternehmen.

Am beweglichsten ist man mit dem *Geländewagen*, da man nach eigenem Ermessen disponieren und auch unzugänglichere Gebiete aufsuchen kann. Bei Fahrten mit dem Pkw ist ein Besuch der meisten Hochlandgebiete nicht möglich. Mit einem gemieteten Pkw ist sogar die Benutzung der Hochlandpisten verboten. Bei Fahrten mit dem Bus ist man auf die Haltepunkte angewiesen. Allerdings zeigen da Busfahrer und Reiseleiter Entgegenkommen, so daß wich-

tige Sehenswürdigkeiten nicht verpaßt werden. Auf einer Rundreise mit dem Linien-
flugzeug sollte man gut zu Fuß sein, um an
den Zielorten die isländische Landschaft erleben zu können. So sind in der Umgebung
von Akureyri beispielsweise sehr schöne
Tagesausflüge in die Bergwelt von Tröllaskagi (Glerádalur, siehe S. 134ff.) oder von
Ísafjörður in die Plateaubasaltlandschaft möglich. Außerdem bieten sich dort Schiffs- und
Busrundfahrten an. In der Umgebung von
Húsavík kann man in aller Ruhe die geologischen Sehenswürdigkeiten der Halbinsel
Tjörnes kennenlernen und studieren oder in
Egilsstaðir das größte Waldgebiet Islands
aufsuchen.

Als *Flugreise* mit Linienmaschinen bietet
sich folgender Rundflug an: Reykjavík –
Ísafjörður – Akureyri – Egilsstaðir – Höfn –
Reykjavík.

Als *Benutzer von Linienbussen* kann man
sich aus dem reichhaltigen Angebot (siehe
S. 335ff.) seine eigene Reiseroute zusammen-
stellen. Bei Reisen mit größeren geschlosse-
nen Gruppen mit dem Bus werden Wünsche
in der Routenführung von den genannten
Reisebüros (siehe S. 289f.) berücksichtigt.

Die **klassischen Routen** schließen eine Durchquerung des zentralen Hochlandes (nur mit
vierradgetriebenen Fahrzeugen) ein, führen
in das Gebiet der Plateaubasalte mit Fjorden,
stellen dem Besucher das Vulkangebiet des
Mývatn und die Flußlandschaft der Jökulsá
á Fjöllum vor und erfassen den Süden des
Landes.

Route 1

(Übernachtungsorte sind unterstrichen)
Reykjavík – Þingvellir – Kaldidalur – Húsafell – Reykholt – Borgarnes-Hvammstangi –

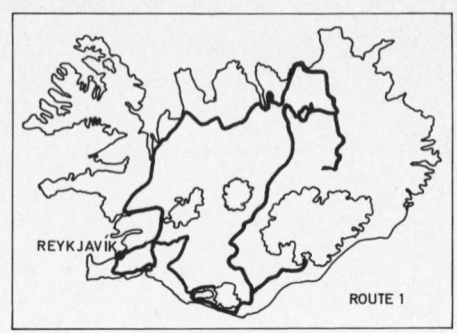

ROUTE 1

Víðidalur – Blönduós – Varmaland – Skagafjörður mit Glaumbær und Víðimýri – Querung Tröllaskagi, Akureyri – Vaðlaheiði –
Vaglaskógur – Húsavík – Tjörnes – Nationalpark Jökulsárgljúfur – Herðubreiðarlindir (Missetäter-Wüste) – Askja – Mývatn
mit zwei Übernachtungen und Besuch des
Krafla-Gebietes, Námaskarð, Dimmuborgir
etc. – Goðafoss – Bárðardalur – Sprengisandur – Nýidalur – Þórisvatn – Landmannalaugar – Eldgjá – Kirkjubæjarklaustur –
Skaftafell – Vík í Mýrdal – Skógafoss – Þórs-
mörk-Hella – Skálholt – Gullfoss – Geysir –
Laugarvatn – Þingvallavatn – Kleifarvatn –
Reykjavík.

Die Fahrt erfaßt die Vulkan- und Graben-
landschaft von Þingvellir, die Vulkan- und
Gletscherwelt des Langjökull, die Küstenlandschaft der Bucht Húnaflói mit Wasserfällen und die geschichtlichen Sehenswürdigkeiten Borgarvirki und Þingeyrar, die
alten Siedlungsgebiete des Skaga- und des
Eyjafjörður mit dem Bergland von Tröllaskagi, die entlegene Küstenlandschaft von
Tjörnes mit den fossilreichen Sandsteinabfolgen,
die grandiose Welt des Jökulsa-Canyon
mit dem größten Wasserfall Europas, dem
Dettifoß. In der Abgeschiedenheit der Missetäter-Wüste kann man in eindrucksvoller

Weise am Beispiel der Schildvulkane, der Tafelberge und der Askja das Wirken des Vulkanismus kennenlernen. Dieser Eindruck wird in der aktiven Vulkanzone am Mývatn noch verstärkt. Auf dem Sprengisandurvegur haben und hatten Wind und Gletscher die Vormacht, bis sie wieder von den farbigen Vulkanformen des Torfajökull-Massivs um Landmannalaugar abgelöst werden. Der Vulkanismus ist mit der Eldgjá und dem Lavastrom der Laki-Spalte weiterhin der Begleiter auf dem Weg nach Süden, wo die Lavaströme von den weiten Sandern und den alten Kliffs abgelöst werden. Der Haltepunkt Skaftafell befindet sich im Schatten des höchsten Berges von Island mit seinen fast in Meereshöhe vordringenden Eisabflüssen. Der faszinierende Charakter der Küstenlandschaft und der Berge im Hinterland ändert sich auch kaum auf dem Weg nach Westen, nach Dyrhólaey, wo bis in den August hinein viele Seevögel die Steilwände bevölkern. Auf dem Weg nach Þórsmörk darf man es nicht versäumen, zumindest einen der beiden Wasserfälle Seljalandsfoss oder Skógafoss zu besuchen. Bei letzterem kann in den Besuch ein Aufenthalt im Heimatmuseum von Skógar einbezogen werden. Großartig und aufregend ist die Fahrt nach Þórsmörk in die unmittelbare Nähe des Falljökull und über eine Flußebene mit riesigen Felsblöcken vom letzten Gletscherlauf. Die Fahrt zur Hütte von Þórsmörk ist mit einem Risiko verbunden. Man sollte, wenn man die Krossá queren will, es möglichst früh am Tag machen. Es bietet sich auch die Möglichkeit, in der Niederung zu zelten, wenn man nicht mit einem Bus zur Hütte mitgenommen wird. Die Annäherung an Reykjavík erfolgt durch die weite Flußlandschaft des Südwestens mit einem Umweg über Skálholt, Geysir und den Gullfoss. Am Zielort Laugarvatn ist die Gelegenheit gegeben, sich in einer Sauna der Körperpflege zu widmen, oder auch den ›Tjöld‹ der isländischen Pferde kennenzulernen. Die letzte Etappe führt schließlich am größten See Islands, dem Þingvallavatn, vorbei zum Gartenbauzentrum Hveragerði und entlang der Südküste schließlich am einsamen Kleifarvatn vorbei nach Reykjavík. Auf dieser Fahrt hat der Teilnehmer Gelegenheit, 6 Thermalgebiete und mindestens 10 Wasserfälle zu besichtigen. Bei den Fahrten über die manchmal nicht einfachen Pisten kann es auch in entlegenen menschenleeren Gebieten Pannen geben. Daher muß der Besucher aus dem hektischen Mitteleuropa drei Eigenschaften auf die Insel mitbringen: Geduld, Gelassenheit und Anpassungsfähigkeit. Dann wird Island selbst bei Regenwetter zu einem schönen Erlebnis, auch wenn man manchmal in abenteuerlicher Weise sein Mittagsmahl draußen einnehmen muß und Gefahr läuft, daß das Essen vom Teller geweht wird, wenn man abends in ein feuchtes Zelt kriechen muß oder sich auf einem Campingplatz mit zwei weiteren Busbesatzungen als einzige Waschgelegenheit einen Wasserhahn teilen muß.

Flexibler ist man als Selbstfahrer und kann eher schlechtem Wetter oder widrigen Übernachtungsbedingungen ausweichen. Die oben beschriebene Tour kann nur mit einem vierradgetriebenen Fahrzeug gefahren werden und stellt außer Þórsmörk keine allzu großen Anforderungen an den Fahrer. Man muß nur wissen, wann ganz langsam gefahren werden muß. Manchmal geht es auch gar nicht anders. Es ist wegen der Querung unbewohnter Landschaften und einiger Flüsse notwendig, mit zwei Fahrzeugen zu fahren.

Man kann die oben beschriebene Route auch ein wenig abändern, indem man den Weg nach Akureyri über den Kjalvegur (siehe S. 97 ff.) wählt und damit zweimal das zentrale Hochland quert. Diese Strecke ist unbequemer und Anfang Juli wegen des noch bestehenden Bodenfrostes unpassierbar. Die Route würde zwar ebenfalls nach Þingvellir, aber dann über Laugarvatn, Geysir und Gullfoss nach Hveravellir als Übernachtungsplatz führen. Die Weiterfahrt erfolgt in Richtung Norden durch eine weite Tundrenlandschaft zum Anschluß an die Ringstraße in Richtung Akureyri.

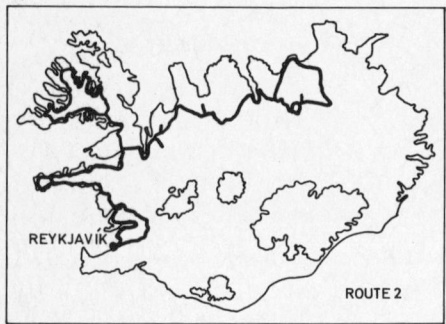

Route 2
Reykjavík – Hvalfjörður – Borgarnes – Mýrar – Olafsvík (zwei Übernachtungen) – Snæfellsjökull – Ólafsvík – Stöð – Stykkishólmur – Laugar – Þorskafjarðarheiði – Ísafjörður – Þingeyri – Flókalundur – Laugar – Laxárdalur – Borðeyri – Blönduós – Varmahlíð – Akureyri – Vaðlaheiði – Húsavik – Tjörnes – Nationalpark Jökulsárgljúfur – Grímsstaðir – Mývatn (zwei Übernachtungen) – Akureyri – Dalvík – Hólar – Blönduós – Staður (Hrútafjörður) – Borgarnes –

Þingvellir – Laugarvatn – Geysir – Gullfoss – Skálholt – Reykjavík.

Diese Tour kann mit einem normalen Pkw gefahren werden und erfaßt große Teile der Faxaflói-Bucht sowie den westlichen Rand des Langjökull mit den Hraunfossar. Es besteht die Möglichkeit, die Lavahöhle Surtshellir im Hallmundarhraun zu besuchen. Als Großlandschaft schließt sich die Halbinsel Snæfellsnes mit ihren vielen Sehenswürdigkeiten an und führt schließlich auf die weniger besuchte Nordwest-Halbinsel mit ihren großartigen Fjorden. Der folgende Besuch des isländischen Nordens erfaßt die gleichen Räume wie Route 1, nur wird nach dem Aufenthalt im Mývatn-Gebiet eine Umrundung der Halbinsel Tröllaskagi mit ihrer abwechslungreichen Küstenlandschaft, verbunden mit einem Abstecher in das Innere, vorgenommen. Am Wege dieser von Touristen seltener befahrenen Strecke liegen die Fischerorte Dalvík, Ólafsfjörður und Siglufjörður. Die Fahrt in den Skagafjörður bietet die Möglichkeit, die Vogelinsel Drangey aufzusuchen. Auf dem Weg zum Tagesziel, dem alten Bischofssitz Hólar mit einem der schönsten Campingplätze in Island, ist ein kleiner Zwischenhalt an der Torfkirche Gröf zu empfehlen. Die Weiterfahrt zum Hrútafjörður führt über eine bereits bekannte Wegstrecke, so daß noch einige Sehenswürdigkeiten mit Muße betrachtet werden können. Die Rückfahrt nach Reykjavík führt an den etwa 3500 Jahre alten Schlackenkegeln Grábrókar und Grábrókarfell im Norðurárdalur vorbei in die Ebene der Hvítá. Von dort aus werden noch die klassischen Haltepunkte im Südwesten, Þingvellir, Geysir etc., aufgesucht. Reizvoll ist es auch, einmal die Insel über die etwa

1400 km lange und teilweise asphaltierte Ringstraße (1) zu umrunden. Dabei ist es günstiger, die Tour in Richtung Südosten zu beginnen.

des Vatnajökull, das Mývatn-Gebiet mit seinem jungen Vulkanismus, die Bergländer im mittleren Norden sowie Tundrengebiete im Osten und Westen.

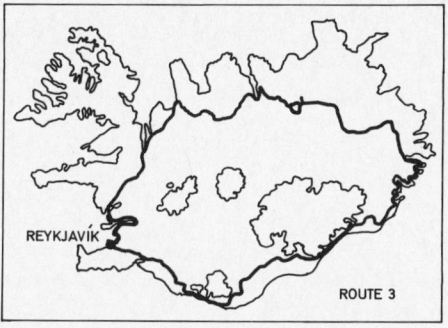

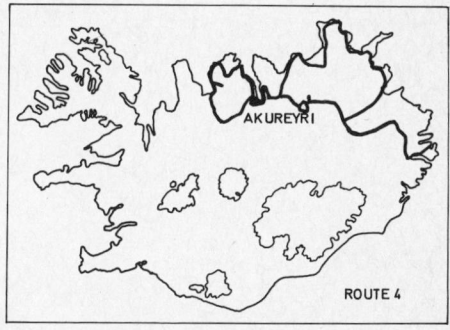

Route 3
Reykjavík – Hveragerði – Hella – Skógar – Dyrhólaey – Vík í Mýrdal – Kirkjubæjarklaustur – Skaftafell – Breiðamerkurjökull – Höfn – Vesturhorn – Eystrahorn – Djúpivogur – Breiðdalsvík – Búðir – Eskifjörður – Neskaupsstaður – Búðareyri – Egilsstaðir – Möðrudalur – Mývatn (zwei Übernachtungen) – Goðafoss – Akureyri – Varmahlíð – Glaumbær – Víðimýri – Blönduós – Norðurádalur – Borgarnes – Hvalfjörður – Reykjavík.

Außer Skaftafell (Ausweichmöglichkeit Kirkjubæjarklaustur oder Höfn) kann man in Hotels bzw. Gästehäusern übernachten. Obgleich die großen Wüstengebiete Zentralislands nicht besucht werden, durchquert man mit den Möðrudalsfjallgarðar eine Kieswüste auf dem Weg von Egilsstaðir nach Möðrudalur. Im Zentrum der Fahrt stehen die Küstenlandschaften mit ihren verschiedenen Formen, der faszinierende Südrand

Route 4
Flug Reykjavík – Akureyri, dann Dalvík – Ólafsfjörður – Siglufjörður – Hólar – Öxnadalsheiði (1) – Akureyri – Húsavík – Tjörnes – Ásbyrgi – Melrakkaslétta – Raufarhöfn – Þórshöfn – Vopnafjörður – Möðrudalur – Egilsstaðir – Eskifjörður – Neskaupsstaður – Eskifjörður – Egilsstaðir – Mývatn – Krafla – Goðafoss – Akureyri.

Diese Rundreise ist für diejenigen gedacht, die nicht so sehr den Touristenströmen in Island folgen wollen und für die kurze Zeit einer Woche die Einsamkeit suchen. Man erlebt die ruhige Fjordlandschaft von Tröllaskagi, die interessante Geologie der Skjálfandibucht mit den Schichten von Tjörnes und den trockengefallenen Wasserfall von Ásbyrgi am Nordrand des Jökulsárgljúfur-Nationalparks. Absolut einsam wird es in den subpolaren Tundren- und Küstenlandschaften des Nordosten bis Vopnafjörður. Auf dem Weg nach Egilsstaðir werden spärlich bewachsene Hochlandgebiete und Kieswüsten gequert. Östlich Egilsstaðir schließt sich die weniger rauhe Landschaft der Ostfjorde an. Auf dem Rückweg nach Akureyri wird noch dem Vulkangebiet um den Mývatn ein Besuch abgestattet.

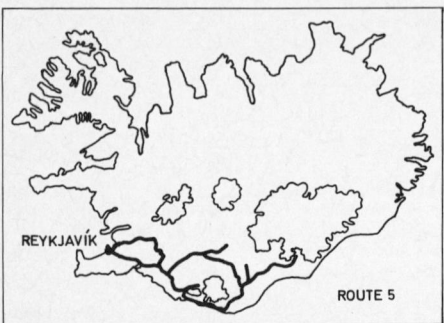

REYKJAVÍK

ROUTE 5

Route 5

Reykjavík – Þingvellir – Laugarvatn – Gullfoss – Geysir – Skálholt – Búrfell – Landmannalaugaur (zwei Übernachtungen) – Veiðivötn – Eldgjá – Kirkjubæjarklaustur – Laki – Vík í Mýrdal – Dyrhólaey – Skógar – Þórsmörk – Hella – Hveragerði – Reykjavík.

Die Fahrt führt in die atemberaubende Vulkan- und Küstenlandschaft des Südens. Für diese Tour sind Geländewagen und Zelte notwendig.

Sport

Das *Bergsteigen* in Island begann, als man sich damit beschäftigte, die Insel genauer zu erkunden. Auf ihren Reisen in der Mitte des 18. Jh. bestiegen bei der geographischen Bestandsaufnahme des Landes Eggert Ólafsson und Bjarni Pálsson 1750 als erste die Hekla (1491 m). In den folgenden Jahren wurde von anderen Isländern der herrliche Vulkankegel des Snæfellsjökull (1446 m) bestiegen. 1794 betraten Menschen erstmals den höchsten Gipfel der Insel, den 2119 m hohen Hvannadalshnúkur als höchste Spitze des majestätischen Öræfajökull im Süden Islands. Bergsteigen im alpinen Stil wurde erst in den 30er Jahren des 20. Jh. intensiver betrieben, nachdem Isländer nach Aufenthalten in den Alpen in ihr Heimatland zurückgekehrt waren und begannen, ihre dort erlernten Kenntnisse in den Bergen Islands in die Tat umzusetzen. 1939 wurde von etwa 40 Individualisten der erste Bergsteigerklub, ›Fjallamenn‹ (Bergmenschen), gegründet. Seine Aufgaben waren es hauptsächlich, in Bergnot geratene Menschen zu retten. Eine Renaissance erlebte das organisierte Bergsteigen, als 1977 der Alpine Klub von Island gegründet wurde. Er hat heute etwa 300 Mitglieder.

Im Vergleich zu den Alpen sind Islands Berge und die zu überwindenden Höhenunterschiede relativ gering. Nur wenige hundert Gipfel überragen 1000 m, 50 erreichen eine Höhe zwischen 1400 m und 2119 m. Die Schneegrenze reicht von 650 bis 1600 m. Es gibt dennoch unbestiegene Berge. Mehrere Berghütten auf oder nahe der Gletscher reduzieren die Gefahr des Eiskletterns und bieten Schutz vor Wetterstürzen vor allem im Frühjahr und im Herbst.

Es kann in der Nähe einiger Orte *Golf* gespielt werden. Frost und Schnee können aber die Ausübung behindern.
Information: Iceland Tourist Bureau, Reykjavík, Skórgarhlíð 9, ✆ 91/2 58 55.

Ein beliebtes Zentrum für den Start von *Reittouren* unterschiedlicher Dauer ist am etwa 75 km östlich von Reykjavík gelegenen Laugarvatn. Von dort aus kann man dann mit dem Pferd Sehenswürdigkeiten, wie beispielsweise Skálholt, Geysir, den Gullfoss oder Þingvellir aufsuchen. Informationen: Miðdalur, 840 Laugarvatn, Island; ✆ 91–61 69. Hliðarvegur 38, 200 Kópavogur, Island; ✆ 91–4 34 20. Außerdem erteilen isländische und deutsche Reisegesellschaften Auskünfte.

Schwimmen ist für die Isländer Volkssport Nr. 1. Daher verfügen sie über 85 beheizte Schwimmbäder. Im folgenden eine Aufstellung der wichtigsten Bäder.

Akranes; Bjarnalaug, Laugarbraut 6, 600 Akranes

Akureyri; Þingvallastræti
Öffnungszeiten: 1. 6.–30. 9., Mo–Fr 7–21, Sa 8–18, So 8–12, im Juni und Juli 8–15 Uhr.

Borgarnes; Sundlaug Borgarnes, v/Iþrottahús, 310 Borgarnes.

Grundarfjörður; Sundlaug Grundarfjarðar v/Grunnskólann, 350 Grundarfjörður.

Hellissandur; Sundlaug Hellissandi, v/Iþrottahús, 360 Hellissandur.

Höfn;
Öffnungszeiten: Mitte Juni–1. 9., werktags 7–12 und 15–21 Uhr, Sa 9–16 und So 10–12 Uhr.

Húsafell; Húsafell edda Hálsahreppi, 311 Borgarnes.

Leirár-og Melasveit; Sundlaug Heiðarborg Leirár-og Melasveit, 301 Akranes.

Laugar; Hotel EDDA Laugum, Sælingsdal, Hvammshreppi, 371 Búðardalur.

Ólafsvík; Sundlaug Ólafsvíkur, Ennisbraut 9, 355 Ólafsvík.

Reykjavík; Sundlaugar Reykjavíkur, großes Freibad und Sauna, Laugardalur.
Das Freibad – für manche Isländer eine täglich aufgesuchte Begegnungsstätte – ist mit einem 50-m-Becken das größte und komfortabelste Islands. Es ist Bestandteil des Sportzentrums von Reykjavík. Auf dem Weg zum Botanischen Garten ist noch eine alte Waschanlage erhalten. Hier steht eine Skulptur (›Wäscherin‹) von Á. Sveinsson.
Buslinie 5 von Hlemmur
Öffnungszeiten: Mo–Fr 7–20.30 Uhr, Sa 7.30–17.30 Uhr, So 8–17.30 Uhr.

Sundlaug Vesturbæjar, Freibad und Sauna, Hofsvallagata
Öffnungszeiten wie Sundlaugar Reykjavíkur.

Sundhöll Reykjavíkur, Hallenschwimmbad an Barónsstígur, nahe Hlemmur
Öffnungszeiten: Mo–Fr 7–20.30 Uhr, Sa 7–17.30, So 8–15 Uhr. Oktober–1. 6. werktags nur bis 19 Uhr geöffnet.

Sundlaug Fjölbrautaskólans, Freibad in Breiðholt, Austurberg 5
Öffnungszeiten: Mo–Fr 7–20.30 Uhr, Sa 7.30–17.30 Uhr, So 8–17.30 Uhr.

Skorradalshreppi; Hreppslaug v/Efrihrepp, Skorradalshreppi, 311 Borgarnes.

Staðarssveit; Félagsheimilið Lýsihóli, Staðarsveit, 311 Borgarnes.

Stykkishólmur; Sundlaug Stykkishólms, v/Austurgata, 340 Stykkishólmur.

Varmaland; Varmaland, Stafholtstunguhreppi, 311 Borgarnes.

Sprache

Die isländische Sprache steht dem Altnordischen sehr nahe. Die meisten Isländer sprechen Englisch, so daß eine gute Verständigung möglich ist.

Tabak und Alkohol

Das staatliche Wein-, Alkohol- und Tabakmonopol unterhält drei Geschäfte in Reykjavík, wo werktags von 9–12 und von 13–18 Uhr alkoholische Getränke zu stark überhöhten Preisen eingekauft werden können. Alkoholische Getränke wie Bier, Wein, Drinks, etc. sind nur in Bars und Restaurants erhältlich. Gasthäuser im mitteleuropäischen Sinne gibt es in Island nicht. Das in Supermärkten und Trinkhallen käufliche Bier ist fast alkoholfrei.

Taxi

Taxidienste werden in fast allen Ortschaften unterhalten. Es können damit auf Vereinbarung kurze Überlandfahrten durchgeführt werden. Die Preise entsprechen dem kontinentalen Standard.

Telefonieren

Ferngespräche nach den meisten europäischen Ländern und in die USA können direkt von Telefonzellen mit internationalen Anschlüssen gewählt werden. Die Gesprächsvermittlung über Hotels und Telegraphenämter ist teurer. Öffnungszeiten des Telefon- und Telegraphenamtes (Símstöðin) in Reykjavík: Mo–Sa 9–19 Uhr, So 11–18 Uhr.

Ferngespräche ins Ausland können dort durchgehend von 0–24 Uhr geführt werden. Der Ländervorwahlnummer muß die Nummer 09 vorangestellt werden. Telegramme können tagsüber unter der Nummer 06 und nachts unter der Nummer 06 und 16411 telefonisch aufgegeben werden. Namensanordnung im Telefonbuch nach Vornamen!

Theater, Oper, Konzert

Während der Sommermonate werden im Viking-Tal in der unmmittelbaren Umgebung von Reykjavík Sagas aufgeführt. Auskünfte erteilt in Reykjavík: Söguleikir, Laugavegi 18 A, 128 Reykjavík.

Theateraufführungen in englischer Sprache finden im Sommer-Theater »Light Nights« von Anfang Juli bis Ende August statt. Das Theater wurde vor fast 20 Jahren gegründet, um den Besuchern in englischer Sprache einen Einblick in isländische Geschichte und Kultur zu bieten. Adresse: Tjarnarbíó, Tjarnargata 10 e, Reykjavík, ✆ 19181.

Weitere Adressen für das kulturelle Geschehen:

Isländisches Nationaltheater, Hversfisgata 19, Reykjavík, ✆ 91/1 12 00

Idnó Stadttheater, Vonarstræti 3, Reykjavík, ✆ 91/16 66 20

Isländische Oper, Gamla Bíó, Ingólfstræti, ✆ 91/1 14 75

Konzerte finden auch während der Sommermonate statt. Informationen erhält man in Reykjavík beim Isländischen Touristenbüro, Ingólfstræti 5 (direkt bei der Bankastræti).

Trinkgeld

Trinkgelder sind in Island nicht üblich. Preise in Hotels und Restaurants sowie Taxigebühren schließen die Bedienung mit ein.

Unterkünfte

Edda-Hotels

Die EDDA-Hotels sind nur während der Sommermonate geöffnet. Sie sind weitgehend die einzigen Hotels im Land an den wichtigsten Verkehrswegen und Sehenswürdigkeiten und bieten außer ihrem normalen Hotel-Service Übernachtungsmöglichkeiten mit dem Schlafsack an.

Kosten (1990): Übernachtung normal (nicht mit dem Schlafsack) ohne Frühstück EZ etwa DM 110,–, DZ etwa DM 80,–/Person; ein Frühstück etwa DM 23,–.

Informationen: Iceland Tourist Bureau, Skógarhlíð 18, 101 Reykjavík, ✆ 91/2 58 55

1 Entfernung von Reykjavík (in km)
2 Anzahl der Zimmer
3 weitere Schlafgelegenheiten
4 Zimmer mit Dusche
5 Restaurant
6 Schwimmbad
7 separate Aufenthaltsräume
8 Alkoholverkauf

Ort, Adresse	1	2	3	4	5	6	7	8
Hótel Edda Akureyri, 600 Akureyri	440	77	–	+	+	+	+	+
Hótel Edda Eiðar, 705 Eiðar	725	50	50	–	+	+	+	+
Hótel Edda Flókalundur, 451 Patreksfjörður	410	14	–	+	+	–	–	–
Hótel Edda Stóru-Tjarnir, 645 Fosshóll	490	24	20	–	+	+	+	+
Hótel Edda Hallormsstaður, 707 Hallormsstaður	725	17	50	–	+	–	+	+
Hótel Edda Nesjaskóli, 781 Höfn	470	34	70	–	+	–	+	+
Hótel Edda Hrafnagil, 601 Akureyri	455	33	60	–	+	+	+	+
Hótel Edda Húnavellir, 541 Blönduós	300	26	50	–	+	+	+	+
Hótel Edda Hvolsvöllur, 860 Selfoss	106	33	–	+	+	+	+	+
Hótel Edda Kirkjubæjarklaustur, 880 Kirkjubæjarklaustur	270	60	50	+	+	+	+	+
Hótel Edda Laugarbakki, 532 Laugarbakki	235	17	30	–	+	+	+	+
Hótel Edda Laugar-Sælingsd., 371 Búðardalur	220	23	60	–	+	+	+	+
Hótel Edda (HSL) Laugarvatn, 840 Laugarvatn	93	26	–	+	+	+	+	+
Hótel Edda (ML) Laugarvatn, 840 Laugarvatn	93	82	50	–	+	+	+	+
Hótel Edda Reykholt, 311 Borgarnes	130	60	10	–	+	+	+	+
Hótel Edda Reykir, 504 Reykjaskóli (Hrútafjörður)	220	40	20	–	+	+	+	+
Hótel Edda Skógar, 801 Selfoss	170	36	30	–	+	–	+	+
Hótel Edda Valhöll, 801 Selfoss (Þingvellir)	53	30	–	+	+	–	+	+

Andere Hotels außer Reykjavík

1 Anzahl der Zimmer
2 Zimmer mit Dusche/Bad
3 Kinderrabatt
4 Kreditkarten werden akzeptiert

5 Restaurant
6 nur Frühstück
7 auch für Rollstuhlfahrer
8 begrenzte Öffnungszeiten während des Jahres

Stadt, Hotel	Telefon	1	2	3	4	5	6	7	8
Westisland									
Akranes, Hótel Akranes, Bárugata 15, 300 Akranes	93/1 20 20	11	–	+	–	+	–	–	–
Borgarfjörður, Sumarhotelið Bifröst, Borgarfirði	93/5 00 00	31	+	+	+	+	–	+	+
Borgarnes, Hótel Borgarnes, Egilsgata 14–16	93/7 11 19	36	+	+	+	+	–	–	–
Búðir, Hótel Búðir, Staðarsveit Snæfellnesi	93/5 67 00	19	–	+	+	+	–	–	+
Ólafsvík, Gästehaus Snæfell, Ólafsbraut 19	93/6 13 00	38	–	+	+	+	–	–	+
Stykkishólmur, Hótel Stykkishólmur, Vatnsás	93/8 13 30	30	+	+	+	+	–	–	–
Nordisland									
Akureyri, Hótel KEA, Hafnarstræti 89, 600 Akureyri	96/2 22 00	72	+	+	+	+	–	–	–
Hótel Stefanía, Hafnarstræti 85	96/2 63 66	18	+	–	+	–	+	–	–
Hótel Norðurland, Geislagata 7	96/2 26 00	26	–	+	+	+	–	–	–
Blönduós, Hótel Blönduós, Aðalgata 6	95/41 26	16	+	+	+	+	–	–	–
Dalvík, Sæluhúsið Dalvík, Hafnarbraut 14	96/6 14 88	40	–	+	+	+	–	–	–
Hólmavík, Hótel Hólmavík, Höfðagata 1	95/1 31 85	10	–	–	+	+	–	–	–
Húsavík, Hótel Húsavík, Ketilsbraut 22	96/4 12 20	33	+	+	+	+	–	–	–
Ísafjörður, Hótel Ísafjörður, Silfurtorg 2	94/41 11	31	+	+	+	+	–	–	–
Ólafsfjörður, Hótel Ólafsfjörður, Bylgjubyggd 2	96/6 24 00	11	+	+	+	+	–	–	–
Reykjahlíð, Hótel Reykjahlíð, Mývatnssveit	96/4 41 42	12	–	+	+	–	–	–	+
Hótel Reynihlíð, Mývatnssveit	96/4 41 70	48	+	+	+	+	–	–	–
Sauðárkrókur, Hótel Mælifell, Aðalgata 7	95/3 52 65	36	+	+	+	+	–	–	–
Siglufjörður, Hótel Höfn, Lækjargata 10	96/7 15 14	14	–	+	+	+	–	–	–
Staðarhreppur, Staðarskáli, Staður	95/11 50	4	–	+	+	+	–	–	–
Þingeyjarsýsla, Hótel Laugar	96/4 31 20								
Þingeyri, Pension Höfn									
Varmahlíð, Hótel Varmahlíð, 560 Skagafjörður	95/61 70	33	–	+	+	+	–	+	–
Vopnafjörður, Hótel Tangi, Hafnarbyggd 17	97/3 12 24	12	–	+	+	+	–	–	–
Ostisland									
Breiðdalsvík, Hótel Bláfell, 760 Breiðdalsvík	97/5 67 70	15	+	+	+	+	–	–	–
Djúpivogur, Pension Framtið, 765 Djúpivogur	97/8 88 87	16	–	+	+	+	–	–	–
Egilsstaðir, Hótel Valaskjálf, Skógarströnd	97/1 15 00	68	+	+	+	+	–	–	–
Eskifjörður, Hótel Askja, Hólsvegur 4	97/6 12 61	12	–	+	–	+	–	–	–
Seyðisfjörður, Hótel Snæfell, Austurvegi 3	97/2 16 40	9	+	+	+	+	–	–	–
Südisland									
Hella, Hótel Mósfell, Þrúðvangur 6, 850 Hella	98/7 58 28	45	+	+	+	+	–	–	–
Höfn, Hótel Höfn, 780 Höfn, Hornafjörður	97/8 12 40	40	+	+	+	+	–	+	–
Hveragerði, Hótel Ljósbrá, Breiðamörk 25	98/3 45 88	12	–	+	+	–	–	–	–
Selfoss, Hótel Þóristún, Þóristún 1	98/2 16 33	16	+	+	–	–	+	–	–

Stadt, Hotel	Telefon	1	2	3	4	5	6	7	8
Vestmannaeyjar, Hótel Gestgjafinn, Herjólfsgata 4	98/1 25 77	22	+	–	+	+	–	–	–
Hótel Þórshamar, Vestmannabraut 28	98/1 29 00	18	+	+	+	+	–	–	–
Vík í Mýrdal, Pension KS, Víkurbraut 24									

Die Übernachtungskosten sind im Durchschnitt etwa genauso hoch wie in den Edda-Hotels. Es muß für ein Einzelzimmer mit mindestens DM 85,–/Übernachtung und für das Doppelzimmer mit etwa DM 120,– gerechnet werden (Preise von 1990).

Hotels Reykjavík

Name, Adresse	Telefon	1	2	3	4	5	6	7	8
Hótel Borg, Pósthússtræti 11, 101 Reykjavík	1 14 40	45	+	+	+	+	–	–	–
Hótel City, Ránargata 4 a, 101 Reykjavík	1 86 50	31	+	+	+	+	–	–	–
Hótel Esja, Suðurlandsbraut 2, 108 Reykjavík	8 22 00	134	+	+	+	+	–	+	–
Hótel Lind, Rauðarárstígur 18, 105 Reykjavík	62 33 50	44	+	+	+	+	–	+	–
Hótel Holt, Bergstaðastræti 37, 101 Reykjavík	2 57 00	50	+	–	+	+	–	–	–
Hótel Loftleiðir, Reykjavíkurflugvellur, 101 Reykjavík	2 23 22	218	+	+	+	+	–	+	–
Hótel Óðinsvé, Þórsgata 1, 101 Reykjavík	2 56 40	28	+	+	+	+	–	–	–
Hótel Saga, Hagatorg 1, 107 Reykjavík	2 99 00	218	+	+	+	+	–	+	–
Hótel Geysir, Skipholt 27, 105 Reykjavík	2 64 77	23	–	+	+	–	+	–	–

Kosten (1990): EZ DM 105,– bis DM 210,–/Tag, DZ DM 160,– bis DM 270,–.
Frühstück ist nicht immer eingeschlossen. Kosten: etwa DM 13,– bis DM 20,–.
In Reykjavík kann auch in Frühstückspensionen übernachtet werden. Kosten (1990): Übernachtung mit Frühstück im DZ etwa ab DM 60,–/Person, im EZ ab DM 70,–.

Hütten

In den entlegenen Landschaften befinden sich Schutzhütten, die bei Schlechtwettereinbrüchen oder aber, soweit es keine Nothütten sind, zur Übernachtung aufgesucht werden können. An den Küsten gibt es außerdem Schutzhütten, die in erster Linie für Schiffbrüchige bestimmt sind (z. B. auf den Sandern im Süden). Die Hütten werden von drei verschiedenen Organisationen unterhalten. Es sind das Direktorat für Landstraßen (Vegamálaskrifstofan), die Isländische Lebensrettungsgesellschaft (Slysavarnafélag Íslands) und der Isländische Touristenverein (Ferðafélag Íslands), der Touristenverein Akureyri (Ferðafélag Akureyrar) sowie der Touristenverein von Egilsstaðir (Ferðafélag Fljótsdalshéraðs). Die Hütten der ersten beiden Institutionen sind nur als Notunterkünfte vorgesehen. Die Hütten der Touristenvereine werden in erster Linie von Mitgliedern benutzt. Sie stehen aber auch Nichtmitgliedern zur Verfügung, falls sie nicht belegt sind, was allerdings während der Hauptsaison selten der Fall ist.

Die Hütten befinden sich in folgenden Gegenden (siehe auch Übersichtsskizzen): Drekagil (Dyngjufjöll, S. 66), Hagavatn (Langjökull, S. 98), Herðubreiðarlindir (S. 46, 48), Hveravellir (S. 98), Hvítárnes (Hvítárvatn, S. 98), Kerlingarfjöll (S. 98), Kverkfjöll (S. 46),

Landmannallaugar (S. 74), Laugafell (Hofsjökull, S. 103), Nýidalur (Tungnafellsjökull, S. 103), Veiðivötn (S. 76), Snæfell (S. 46), Þjófadalir (Langjörkull, S. 98) und Þórsmörk (S. 105). Sie sind teilweise beaufsichtigt und mit Öfen, Heiz- und Kochgeräten, Schlafräumen mit Matratzen ausgerüstet. Für die Benutzung sind Gebühren vor Ort (soweit möglich) oder an die Eigentümeradresse zu entrichten.

Adresse: Ferðafélag Íslands, Öldugata 3, Reykjavík; ✆ 91/195 33 und 1 17 98.

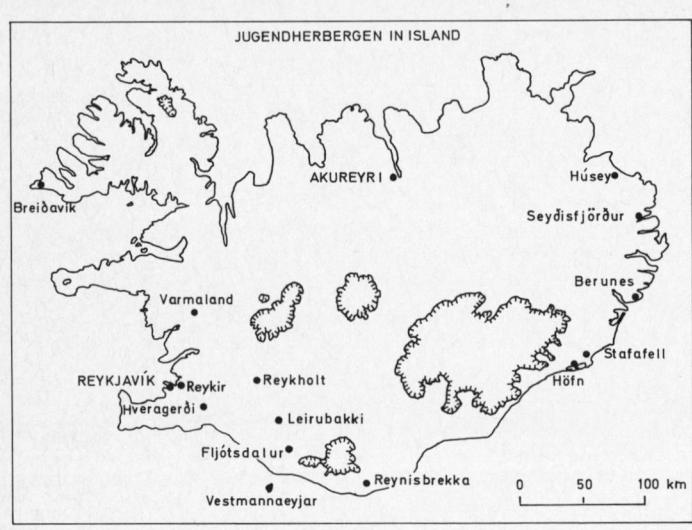

Jugendherbergen

Jugendherbergen

In Island gibt es 18 Jugendherbergen (Farfuglaheimili) mit insgesamt 607 Betten (Stand 1989). Die Herbergen sind nicht gleich groß und gleichartig ausgestattet. So schwankt ihre Bettenzahl zwischen 15 und 82. Ihr Standard entspricht den internationalen Anforderungen und bietet jungen Menschen »jeden Alters« Unterkunft mit einem Bett, einem Bettuch und einem Kopfkissen. Ein Leinenschlafsack ist entweder mitzubringen oder in der Jugendherberge auszuleihen. Außer in den Jugendherbergen in Reykjavík sind in den anderen auch Schlafsäcke zulässig. In keiner Jugendherberge gibt es eine Bewirtschaftung. Man kann sein eigenes Mahl in der Jugendherberge herrichten. Außerdem sind fließend kaltes und warmes Wasser, Duschen und eine Zentralheizung vorhanden. Mit Ausnahme von Reykjavík und Fljótsdalur befinden sich in allen Häusern zusätzliche Familienräume. Die meisten Herbergen besitzen eine gute Verkehrsanbindung.

1 Familienübernahme	7 Hafen (Fähre)	11 Fischen
2 Mitgliederküche	(Entf. in km)	12 Ponyreiten
3 Mahlzeitangebot in der Nähe	8 Schwimmbad	13 Tankstelle
4 Frühstück in der Nähe	(Entf. in km)	(Entf. in km)
5 Bus	9 Einkaufsmöglichkeit	14 Werkstatt
6 Flugplatz	(Entf. in km)	(Entf. in km)
(Entf. in km)	10 Fahrradmiete	15 Zeltplatz

Adresse	1	2	3	4	5	6	7	8	9	10	11	12	13	14	15	geöffnet
Akureyri																
Stórholt 1, 600 Akureyri	+	+	–	–	+	3	1	+	+	–	–	–	+	+	–	1.1.–31.12.
Lónsá, 601 Akureyri	+	+	–	–	+	6	–	3	3	–	–	–	3	3	–	1.6.–1.10.
Glæsibærhreppur																
Berunes																
765 Djúpivogur	+	+	+	+	+	–	–	–	–	–	–	–	+	–	–	1.6.–1.9.
Breiðavík																
451 Patreksfjörður	+	+	+	+	+	50	–	–	+	–	–	–	6	–	–	1.2.–30.11.
Fljótsdalur																
Fljótshlíð, 861 Hvolsvöllur	–	+	–	–	16	–	–	–	27	–	–	–	15	27	–	15.4.–15.10.
Höfn																
Nyibær, Hafnarbraut 8	–	+	+	+	+	7	+	+	+	–	+	–	+	–	–	15.5.–15.9.
Húsey																
701 Egilsstaðir	+	+	+	–	+	–	30	–	–	–	+	–	–	–	+	1.6.–1.9.
Hveragerði																
Ból, Hveramörk 14	+	+	+	+	+	–	–	+	+	+	–	–	+	+	+	1.5.–30.9.
Leirubakki																
Landssveit, 851 Hella	+	+	+	–	+	–	–	–	+	–	–	–	+	–	+	15.5.–15.9.
Reykholt																
Biskuptungum, 801 Selfoss	+	+	+	+	1	–	–	+	–	–	–	–	+	–	+	10.6.–25.8.
Reykir																
Sæberg, Hrútafjörður, 500 Brú	+	+	–	–	1	–	–	+	–	–	–	–	–	–	–	1.1.–31.12.
Reykjavík																
Laufásvegur 41	–	+	+	+	+	1	1	+	+		–	–	+	+	+	15.1.–15.12.
Sundlaugarvegur 34	–	+	+	+	4	1	4	+	+		–	–	+	+	+	1.6.–1.9.
Reynisbrekka																
Suðurvíkurvegur 2, 870 Vík	+	+	+	–	4	–	–	–	10	–	–	–	10	10	–	1.6.–15.9.
Seyðisfjörður																
Hafaldan, 710 Seyðisfjörður	+	+	–	–	+	26	+	+	+	–	–	+	–	+	+	1.1.–31.12.

Adresse	1	2	3	4	5	6	7	8	9	10	11	12	13	14	15	geöffnet
Stafafell Lón, 781 Höfn	+	+	−	+	+	31	−	31	31	−	−	−	+	−	−	1.6.–1.10.
Varmaland Stafholtst., 311 Borgarnes	+	+	+	+	+	−	−	−	+	+	−	−	−	−	−	15.6.–15.8.
Vestmannaeyjar Faxastígur 38	+	+	−	−	−	1,5	1	+	+	−	+	−	+	+	+	1.6.–15.9.

Adresse des Verbandes Isländischer Jugendherbergen: Bandalag Íslenskra Farfugla, Laufásvegur 41, P.O.Box 1045, 121 Reykjavík, Island; ✆ 91/1 04 90 und 2 49 50

Schlafsack-Unterkünfte

Es gibt in Island die Möglichkeit, in den verschiedensten Häusern im Schlafsack zu übernachten. Privathäuser, Schulen, Hotels etc. bieten diese relativ preisgünstigen Schlafgelegenheiten an und können eine willkommene Gelegenheit sein, während schlechtem Wetter auf die Übernachtung im Zelt zu verzichten. Ihr Komfort reicht vom Fußboden eines Klassenzimmers bis zum Zweibettzimmer. Das einzige Gemeinsame ist das Platzangebot für die Reisenden, und man darf seinen Schlafsack mitbringen. Es sind keine Jugendherbergen, und damit sind sie auch nicht deren Richtlinien unterworfen. Nur wenige Häuser bieten Kochgelegenheiten an. In manchen Unterkünften (Edda-Hotels) kann man auch ein Frühstück einnehmen. Es wird geraten, sich nach dem Preis zu erkundigen. Alle Zahlenangaben in der folgenden Aufstellung geben Entfernungen in Kilometern an.

Zusammenstellung der Schlafsack-Unterkünfte

1 Dusche/Bad
2 Küche
3 Speisegelegenheit im Ort
4 Bushaltestelle
  (Entf. in km)
5 Flugplatz (Entf. in km)
6 Schwimmbad (Entf. in km)
7 Einkaufsmöglichkeit
  (Entf. in km)
8 Möglichkeit zum Fischen
9 Reitgelegenheit
10 Tankstelle
  (Entf. in km)
11 Reparaturwerkstatt
12 Zeltplatz

Adresse	1	2	3	4	5	6	7	8	9	10	11	12	geöffnet
Bær Reykhólasveit	−	+	+	+	7	−	+	−	+	+	+	−	1.1.–31.12.
Blönduós Hótel Blönduós, Aðalgata 6	+	−	+	+	25	+	+	−	−	+	+	+	1.6.–3.8.
Bölti Skaftafell, 705 Fagurhólsmýri	−	−	+	+	−	+	+	−	+	+	−	+	1.1.–31.12.

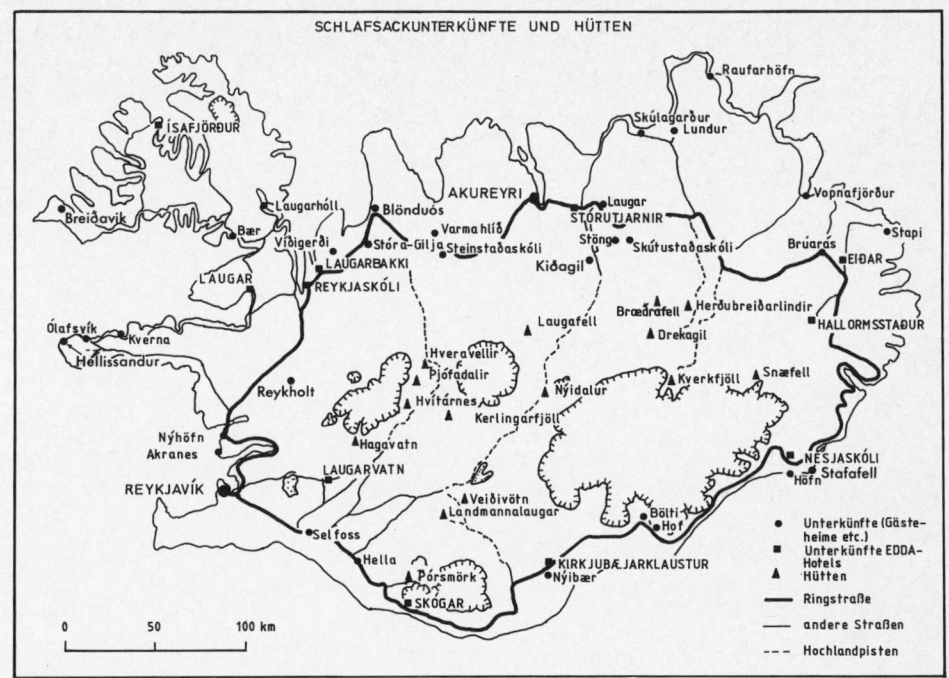

SCHLAFSACKUNTERKÜNFTE UND HÜTTEN

Map labels include: Raufarhöfn, Skúlagarður, Lundur, ÍSAFJÖRÐUR, Laugarhóll, Blönduós, AKUREYRI, Laugar, Vopnafjörður, STÓRUTJARNIR, Breiðavík, Bær, Viðigerði, Stóra-Gilja, Varma hlíð, Stöng, Skútustaðaskóli, Brúarás, Stapi, Steinstaðaskóli, LAUGARBAKKI, Kiðagil, EIÐAR, LAUGAR, REYKJASKÓLI, Ólafsvík, Kverna, Laugafell, Brœdrafell, Herðubreiðarlindir, HALLORMSSTAÐUR, Hellissandur, Drekagil, Hveravellir, Reykholt, Þjófadalir, Nýidalur, Kverkfjöll, Snæfell, Hvítárnes, Kerlingarfjöll, Nýhöfn, Akranes, Hagavatn, LAUGARVATN, NESJASKÓLI, Höfn, Stafafell, REYKJAVÍK, Veiðivötn, Landmannalaugar, Bölti, Hof, Selfoss, Hella, KIRKJUBÆJARKLAUSTUR, Þórsmörk, Nýibær, SKÓGAR

Legend:
- Unterkünfte (Gästeheime etc.)
- Unterkünfte EDDA-Hotels
- Hütten
— Ringstraße
— andere Straßen
--- Hochlandpisten

0   50   100 km

Schlafsackunterkünfte und Hütten

Adresse	1	2	3	4	5	6	7	8	9	10	11	12	geöffnet
Breiðavík Látrabjarg, 451 Patreksfjörður	−	+	+	12	−	−	12	+	−	−	−	−	1.5.–1.9.
Bruarás Jökulsárhlíð, 701 Egilsstaðir	−	+	+	+	−	−	+	+	+	−	−	−	20.6.–20.8.
Eiðar Hótel Edda Eiðum	−	−	+	14	17	+	−	+	−	−	−	−	20.6.–31.8.
Hallormsstaður Hótel Edda, Hallormsstaður	−	−	+	16	20	−	−	−	−	−	−	+	12.6.–25.8.
Hella Gisting Mosfells, 850 Hella	−	−	+	+	+	+	+	+	+	+	−	+	1.1.–31.12.
Hellissandur Gistihúsið Gimli, Keflavíkurgata 4	−	+	+	+	3	+	+	−	−	+	+	−	1.6.–1.9.
Hof (Öræfum) Bauernhof, 765 Fagurholsmýri	−	+	−	+	−	−	+	+	−	+	−	−	1.1.–31.12.
Höfn Jugendhaus, Hafnarbraut 8, 780 Höfn	+	+	+	+	7	+	+	+	−	+	+	+	15.5.–15.9.

333

Adresse	1	2	3	4	5	6	7	8	9	10	11	12	geöffnet
Ísafjörður													
Hótel Ísafjörður, Silfurtorg 2	–	–	+	+	10	+	+	–	–	+	+	+	27.5.–25.8.
400 Ísafjörður													
Kiðagil													
Hótel Kiðagil, Bárðardalur	–	–	+	–	–	–	–	+	–	2	5	–	20.6.–20.8.
645 Fosshóll													
Kirkjubæjarklaustur													
Hótel Edda Kirkjubæjarklaustur	–	–	+	+	–	+	+	–	–	+	+	+	1.1.–31.12.
V.-Skaft.													
Kverná													
Eyrarsveit, 350 Grundarfjörður	+	+	–	+	–	+	+	+	+	+	+	+	1.1.–31.12.
Laugar													
Hótel Edda Laugar-Sælingsdalur	–	–	+	2	–	+	–	–	–	–	–	+	15.6.–25.8.
Hótel Laugar, Reykjardalur	–	–	+	+	20	+	+	–	–	+	+	+	1.6.–31.8.
Laugarbakki													
Hótel Edda, 531 Hvammstangi	–	–	+	1	–	+	–	+	–	–	–	–	20.6.–20.8.
Laugarhóll													
Sumarhótelið L., 510 Hólmavík	–	–	+	+	–	+	–	+	–	+	+	+	17.6.–31.8.
Laugarvatn													
Hótel Edda (ML), Laugarvatn	–	–	+	+	–	+	+	–	+	+	+	+	12.6.–31.8.
Lundur													
Axarfjörður, 671 Kópasker	–	–	+	+	–	+	+	–	+	+	–	+	20.6.–20.8.
Nesjakóli													
Nesjahreppur, 781 Höfn	–	–	+	+	1	–	–	–	–	–	–	–	15.6.–31.8.
Nýibær													
Landbrot, 880 Kirkjubæjarklaustur	–	+	–	+	–	–	+	–	+	+	2	–	1.5.–1.11.
Ólafsvík													
Gästehaus Snæfell, Ólafsbraut 19	–	–	+	+	5	+	+	–	–	+	+	+	1.1.–31.12.
Raufarhöfn													
Hótel Norðurljós, 675 Raufarhöfn	–	–	+	+	+	+	+	–	–	+	+	+	15.6.–1.9.
Reykholt													
Hótel Edda Reykholt, 311 Borgarnes	–	–	+	+	–	–	–	–	–	+	–	–	15.6.–30.8.
Reykjaskóli													
Hótel Edda Reykir, Hrútafjirði	–	–	+	1	–	+	–	–	–	–	–	–	15.6.–31.8.
Selfoss													
Gistiþjónustan, 800 Selfoss	–	+	+	1	–	+	+	+	+	–	–	–	1.6.–24.8.
Skógar													
Hótel Edda Skógar	+	+	+	+	–	4	+	–	–	–	+	+	15.6.–31.8.
Skúlagarður													
Kelduhverfi, 671 Kópasker	–	–	+	+	–	–	14	+	+	14	+	+	15.6.–1.9.
Skútustaðaskóli													
Mývatnssveit, 660 Reykjahlið	–	+	+	+	+	+	+	–	–	+	–	+	1.6.–1.9.

Adresse	1	2	3	4	5	6	7	8	9	10	11	12	geöffnet
Stafafell Lón, 781 Höfn	–	+	+	+	31	31	31	+	–	–	–	+	1.6.–15.9.
Stapi 720 Borgarfjörður	–	+	–	10	+	–	+	–	–	+	+	+	1.1.–31.12.
Steinstaðaskóli Skagafjörður, 551 Sauðárkrókur	–	+	–	10	–	+	2	–	+	–	–	+	1.6.–31.8.
Stöng Mývatnssveit, 660 Reykjahlíð	–	+	+	5	–	–	–	+	–	–	–	+	1.1.–31.12.
Stóra-Giljá 541 Blönduós	–	+	–	+	–	–	+	+	–	+	–	+	1.6.–1.10.
Stóru-Tjarnir Hótel Edda, Ljósavatnsskarði	–	–	+	+	–	+	–	+	–	–	–	–	25.6.–31.8.
Varmahlíð Skagafjörður, 560 Varmahlíð	–	–	+	+	25	+	+	+	+	+	+	+	1.1.–31.12.
Viðigerði Víðidalur, Hvammstangi	–	+	+	+	–	18	+	+	–	+	–	–	1.1.–31.12.
Vopnafjörður Hótel Tangi	–	+	+	5	+	+	+	+	+	+	+	+	1.6.–30.8.

Verkehrsmittel

Die öffentlichen Verkehrsbetriebe von Reykjavík (Strætisvagnar Reykjavíkur, S.V.R.) verkehren in Reykjavík auf 19 Buslinien. Alle fahren über einen der Hauptverkehrsknotenpunkte Lækjartorg (Innenstadt) und Hlemmur (ca. 1,5 km östlich der Innenstadt). Die meisten überdachten Bushaltestellen sind mit dem Zeichen »SVR« versehen. An manchen von ihnen (außerhalb des Zentrums) wartet man allerdings vergeblich auf einen Bus. Einzelne Linien haben dann eine neue Streckenführung erhalten, ohne daß es an den »blinden« Haltestellen vermerkt wird. Das Fahrgeld oder der Fahrschein werden in einen Behälter beim Fahrer gegeben. Einen Fahrschein erhält man nur auf Verlangen (für Umsteiger). Er ist 45 Minuten gültig. Eine Fahrscheinkontrolle erfolgt nicht. Mehrfahrtenkarten (Discount) können beim Busfahrer und an den beiden Hauptstationen Lækjartorg und Hlemmur bezogen werden. Dort sind auch Fahrpläne gegen eine Gebühr erhältlich.

Bei Touren auf eigene Faust bietet sich als preiswertestes Verkehrsmittel der Bus mit verbilligten Tarifen an. So konnte man 1990 für ungefähr DM 310,– die rund 1400 km lange Ringstraße mit Linienbussen innerhalb von vier Wochen in einer Richtung bereisen und die Fahrt beliebig oft unterbrechen. Ein weiterer Omnibuspaß, der »Tímamíði« mit vier Wochen Gültigkeit, der zur unbegrenzten Benutzung aller Linien mit beliebigen Unterbrechungen berechtigt, kostete DM 670,– (zwei Wochen DM 460,–). Näheres kann man bei der Touristinformation oder der BSI-Agentur erfahren:

BSÍ-TRAVEL, BSÍ-Bus Terminal, Vatnsmý-rarvegur 10, Reykjavík, Island; ✆ 91/2 23 00.

BSÍ (Bifreiðastöð Íslands h/f) ist der Bus-bahnhof für alle fahrplanmäßigen Busse, die Reykjavík verlassen oder anfahren. Das Fahrkartenbüro für die Linienbusse ist täg-lich von 7.30–24 Uhr, der BSÍ-Reisedienst werktags von 7.30–19 Uhr, Sa und So von 7.30–14 und 17–19 Uhr geöffnet.

Im folgenden zur Planung einige Busver-bindungen, die gerade für Fahrten in die ent-legeneren Gebiete (Hochland) interessant erscheinen. Die Angaben beziehen sich auf 1989.

Busverbindungen von Reykjavík und Akureyri (15. 6.–31. 8)

Von Reykjavík nach

Akureyri	täglich
Akranes	täglich
Borgarnes	Mo–Fr 4× täglich, Sa 3× und So 2×
Blönduós	täglich
Búðir (Snæfellsnes)	1× täglich
Búrfell (Þjórsárda-lur)	Di, Fr, Sa, So
Fagurhólsmýri	Di, Do, Sa im Juni, Juli und August täglich
Gullfoss, Geysir	2× täglich (geführte Touren)
Holmavík	Di und Fr
Hreðavatn/Bifröst	täglich
Hvalfjörður	täglich
Hveragerði	mindestens 5× täglich
Hvolsvöllur	2× täglich
Höfn (Hornafjör-ður)	Juni bis August täglich
Ísafjörður	Di, Do im Juli und August

Keflavík	Mo–Sa 5× täglich, So 4×
Kirkjubæjarklaus-tur	Di, Do, Sa im Juni, Juli und August täglich
Laugarvatn	Mo, Di, Sa 1× täglich, sonst 2×
Ólafsvík	1× täglich, Fr 2×
Patreksfjörður	Mo, Do
Reykholt	Mo–Fr 2× täglich
Selfoss	mindestens 5× täglich
Skaftafell (über Landmannalaugar)	täglich im Juli und August
Stykkishólmur	1× täglich, Fr 2×
Þingvellir	2× täglich
Þorlákshöfn	2× täglich (Fährschiff Westmänner-Inseln), an Wochenenden häufi-ger
Þórsmörk	1× täglich
Varmahlíð	täglich
Vík í Mýrdal	2× täglich, Sa 1×

Von Akureyri nach

Dalvík	Mo–Fr 2× täglich
Egilsstaðir	täglich
Höfn	täglich außer So
Húsavík	1× täglich außer Sa
Mývatn	Mo–Fr 2× täglich, Sa, So 1×
Ólafsfjörður	Mo–Fr 1× täglich
Seyðisfjörður	Mo, Do

Von Egilsstaðir nach

Eiðar	Mo, Do
Eskifjörður	Mo–Fr 1× täglich
Fáskrúðsfjörður	Mo–Fr 1× täglich
Hallormsstaður	Mo–Fr 1× täglich
Húsavík	Di, Do
Mjóifjörður	Di
Neskaupsstadur	Mo–Fr 1× täglich

Reyðarfjörður	Mo–Fr 1× täglich
Seyðisfjörður	Mo–Fr 1× täglich, Mi 3×
Stöðvarfjörður	Mo–Fr 1× täglich

Fährverbindungen

Reykjavík-Akranes-Reykjavík

Die Autofähre MS »Akraborg« verkehrt mehrmals am Tage zwischen Akranes und Reykjavík. Diese Dienstleistung bringt dem in den Westen und Norden Reisenden eine Zeitersparnis, denn er umgeht die 80 km längere Fahrt durch den Hvalfjörður. Die Fähre kann 50 Pkw und 400 Passagiere mitnehmen und verkehrt alle drei Stunden (Fahrtdauer: 1 Stunde).
Informationen: in Reykjavík ∅ 16050, 16420; in Akranes 93–12275 oder 93–11095.

Þorlákshöfn-Vestmannaeyjar-Þorlákshöfn

Das Fährschiff »Herjólfur« verkehrt das ganze Jahr über täglich zwischen den Westmänner-Inseln und Þorlákshöfn (50 km südöstlich von Reykjavík). Die Fahrzeuge sollen 45 Minuten vor der Abfahrt bereitstehen. Reservierungen können in Reykjavík unter ∅ 91–686464 und auf den Westmänner-Inseln unter ∅ 98–11792 oder 98–11433 vorgenommen werden. Die Fähre kann 50 Fahrzeuge verschiedener Größe und 360 Personen im Sommer sowie 280 Personen im Winter transportieren. Dauer der Überfahrt: 3 Stunden 15 Minuten.

Es gibt einen regelmäßigen Busverkehr zwischen Þorlákshöfn und Reykjavík mit Anschlußmöglichkeit zur Fähre. Die Abfahrt des Busses erfolgt in Reykjavík vom Bus-Terminal Hringbraut nahe dem Landeskrankenhaus 1½ Stunden, bevor die Fähre Þorlákshöfn verläßt.

Stykkishólmur-Flatey-Brjánslækur-Stykkishólmur

Die Fähre MS »Baldur« verkehrt in der Zeit vom 1. 5. – 30. 9. von Stykkishólmur Mo, Do und Fr und vom 1. 7. – 31. 8. zusätzlich Di, Mi und Sa. An gleichen Tagen verkehrt die Fähre von Brjánslækur. Auf der Insel Flatey ist die Möglichkeit zu einem 4stündigen Aufenthalt gegeben.
Informationen: Flóabáturinn Baldur h.f., Skólastíg 4, 340 Stykkishólmur, Postfach 22, ∅ 93–8120 Stykkishólmur, 94–2020 Brjánslækur.

Árskógssandur-Hrísey-Árskógssandur

∅ 96–61717, 61732, 61764
Die Fähre MS »Sævar« von und nach der Insel Hrísey im Eyjafjörður verkehrt in beiden Richtungen viermal täglich.

Akureyri-Hrísey-Grímsey-Hrísey-Akureyri

Vom 25. 5. – 31. 8. wird ein Fährdienst zwischen Akureyri und den Inseln Hrísey (täglich) und Grímsey (Di, Do, Sa und So) unterhalten.

Neskaupsstaður-Mjóifjörður (Brekka)-Neskaupsstaður

Das Fährschiff »Anny« unterhält von April bis Oktober einen Fährdienst montags und dienstags zwischen Neskaupsstaður und Brekka im Mjóifjörður.

Ísafjörður-Fährdienst

Vom 1. 6. bis Mitte Oktober wird von dem Schiff MS »Fagranes« ein Dienst von Ísafjörður nach den umliegenden Inseln und Fjorden unterhalten.
Abfahrt: Di 8 Uhr von Ísafjörður nach Vigur, Ögur, Æðey, Bæir, Melgraseyri, Reykjanes, Vatnsfjörður, Arngerðaeyri und Eyri im Mjóifjörður.

Abfahrt: Fr 8 Uhr von Ísafjörður nach Vigur, Æðey und Bær.
Abfahrt: Mo, Do und Fr 14 Uhr, 27. 6. – 25. 8. zu Fahrten von Ísafjörður nach Hornstrandir und Jökulfirðir.

Neben dem Bus ist in Island das Flugzeug das wichtigste Verkehrsmittel. Das Fliegen ist billig. Außerdem gibt es von der Icelandair günstige Angebote. So berechtigte 1990 ein für max. einen Monat des ganzen Jahres gültiger »Island-Airpaß« zu vier beliebigen Flügen innerhalb Islands, und zwar nach Orten, die von der Icelandair und ihren Tochtergesellschaften angeflogen werden. Er kostete DM 295,–. Der Paß kann nur vor der Abreise nach Island gekauft werden und ist ausschließlich für Fluggäste mit internationalem Icelandair-Hin- und Rückflugticket.

Flüge von Reykjavík zu anderen Orten in Island

Ziel	Entfernung (km)	Anzahl und Tage der Flüge
Akureyri	436	täglich 6–7×
Blönduós	290	täglich
Egilsstaðir	717	täglich 3×

Innerisländische Flugstrecken

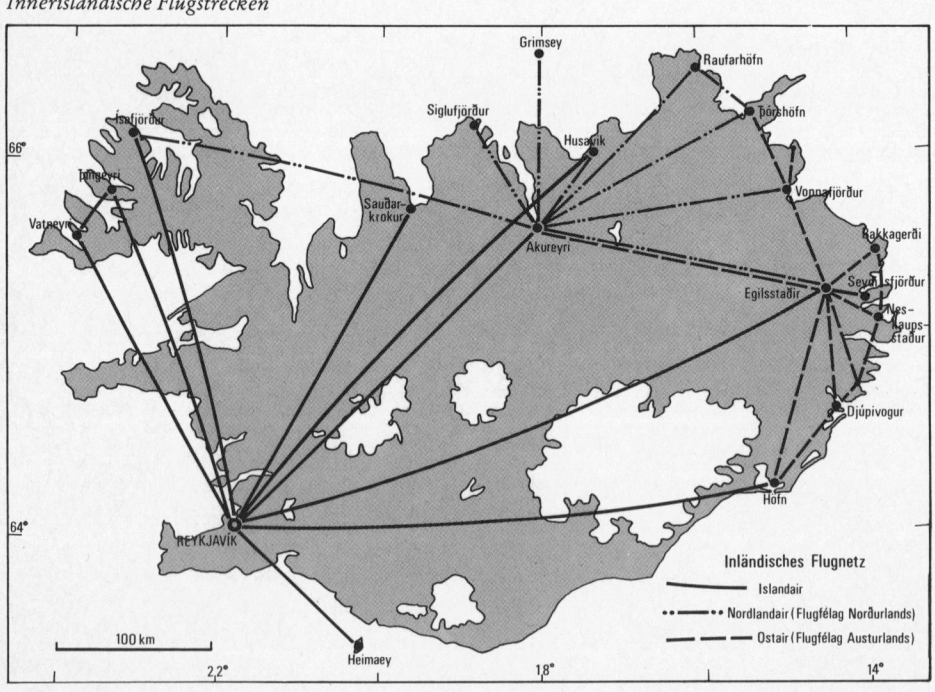

Húsavík	527	täglich 1–2×
Höfn (Hornafjör-ður)	476	täglich
Ísafjörður	543	täglich 2–3×
Patreksfjörður	470	Mo–Fr
Sauðárkrókur	366	täglich außer Sa
Siglufjörður	449	täglich
Stykkishólmur	217	täglich außer Sa
Vestmannaeyjar		täglich 4×

Außerdem wird noch ein Flugdienst zwischen einzelnen der oben angeführten Orte unterhalten. Ein einfacher Flug von Reykjavík nach Akureyri kostete am 30. 1. 1990 4918,– IKR (ca. DM 221,–).

Auskünfte erteilt: Icelandair, Roßmarkt 10, 6000 Frankfurt/Main 1, ✆ 0 69/29 99 78
Für Österreich: Icelandair, Opernring 1/R, 1010 Wien 1, ✆ 00 43/1/56 36 74
Für die Schweiz: Icelandair, Siewertstr. 9, Zürich, ✆ 00 41/1/3 12 73 73

Vogelwelt

Nachstehende Tabelle gibt alle zur Zeit in Island nistenden Vögel an. Für den Interessierten besonders wichtig ist ihr Lebensraum (Biotop) in Island.

Die in Island nistenden Vögel

Deutsche Bezeichnung Wissenschaftlicher Name	Herkunft	Stand-, Zugvogel	Biotop
Alpenschneehuhn (Lagopus mutus)	arktisch	Standvogel	Tundra, Heide; oberhalb der Baumgrenze, felsige Hänge mit Schnee
Alpenstrandläufer (Calidris alpina)	europäisch	Zugvogel	Tundra, Heide, feuchte Niederungen
Austernfischer (Haematopus ostralegus)	europäisch	Stand- und Zugvogel	Strände, Dünen, Wiesen bis 100 km von Küste
Bachstelze (Motacilla alba)	europäisch	Zugvogel	offenes Gelände, Kulturlandschaft
Baßtölpel (Sula bassana)	arktisch	Standvogel	Kliffs
Bekassine (Gallinago gallinago)	europäisch	Zugvogel	Seen, Sumpf, Feuchtwiesen
Bergente (Aythya marila)	europäisch	Zugvogel	Seen, Teiche, Küste
Bläßhuhn (Fulica atra)	europäisch	Stand- und Zugvogel	Seeufer, im Winter Meer
Birkenzeisig (Carduelis flammea)	arktisch	Standvogel	Wald, Buschwerk, Tundra
Dreizehenmöwe (Rissa tridactyla)	atlantisch	Seevogel	Kliffs, im Winter Meer

Deutsche Bezeichnung Wissenschaftlicher Name	Herkunft	Stand-, Zugvogel	Biotop
Dickschnabellumme (Uria lomvia)	arktisch	Seevogel	Kliffs, im Winter Meer
Eiderente (Somateria mollissima)	europäisch	Standvogel	flache Küsten, auch Häfen und Teiche
Eisente (Clangula hyemalis)	arktisch	Standvogel	Seen
Eismöwe (Larus hyperboreus)	arktisch	Standvogel	Küsten und Häfen
Eissturmvogel (Fulmarus glacialis)	arktisch	See- und Standvogel	Kliffs, im Winter Meer
Eistaucher (Gavia immer)	amerikanisch	Zugvogel	einsame Seen, Küstentundra
Gänsesäger (Mergus merganser)	europäisch	Standvogel	klare Seen, Flüsse
Goldregenpfeifer (Pluvialis apricaria)	europäisch	Zugvogel	Tundra, nasse Heide, feuchtes Grasland
Graugans (Anser anser)	europäisch	Zugvogel	seichte Gewässer, Wiesen, Weiden, Tiefland bis ca. 300 m
Große Raubmöwe (Catharacta skua)	atlantisch	Zugvogel	flache Küsten, im Winter Meer
Gryllteiste (Cepphus grylle)	Nachbarländer	Seevogel	Kliffs, im Winter Meer
Halsbandwassertreter (Ódinshühnchen) (Phalaropus lobatus)	Nachbarländer	Zugvogel	Seen und Teiche zwischen Lava, im Winter Meer
Haussperling (Passer domesticus)	europäisch	Standvogel	Umgebung des Menschen
Heringsmöwe (Larus fuscus)	europäisch	Zugvogel	Küsten, auch Binnenseen
Island-Falke (Falco rusticolus)	arktisch	Strichvogel	offenes Gelände, Steilküsten
Kolkrabe (Corvus corax)	Nachbarländer	Standvogel	kein bestimmter Biotop
Kormoran (Phalacrocorax carbo)	Nachbarländer	Standvogel	Felsküsten
Krabbentaucher (Plautus alle)	arktisch	Seevogel	Felsküste, im Winter Meer nur Grímsey
Kragenente (Histrionicus histrionicus)	amerikanisch	Zugvogel	schnellfließende Flüsse, im Winter Küste
Krähenscharbe (Phalacrocorax aristotelis)	europäisch	Standvogel	Kliffs
Krickente (Anas crecca)	europäisch	Zugvogel	seichte Seen
Kurzschnabelgans (Anser brachyrhynchus)	arktisch	Zugvogel	kahles Gelände (Lava) nahe Gewässern
Küstenseeschwalbe (Sterna paradisaea)	Nachbarländer	Zugvogel	Flachküsten, spärlich bewachsene flache Inseln vor Küste
Lachmöwe (Larus ridibundus)	europäisch	Zugvogel	versch. Gewässer, Moore, Sümpfe, Kulturlandschaft
Löffelente (Anas clypeata)	Nachbarländer	Zugvogel	seichte Gewässer unter 500 m
Mantelmöwe (Larus marinus)	Nachbarländer	Standvogel	Küste bis Binnensee, Häfen
Merlin (Falco columbarius)	europäisch	Zugvogel	Wald, Tundra, Moore, Felsküste

Deutsche Bezeichnung Wissenschaftlicher Name	Herkunft	Stand-, Zugvogel	Biotop
Meerstrandläufer (Calidris maritima)	arktisch	Standvogel	Tundra, Heide; im Winter an Küsten
Mittelsäger (Mergus serrator)	Nachbarländer	Zugvogel	Seen, im Winter an Küsten
Ohrentaucher (Podiceps auritus)	Nachbarländer	Zugvogel	Seen, Flüsse, Niederungen
Papageitaucher (Fratercula arctica)	Nachbarländer	Seevogel	Kliffs, im Winter Meer
Pfeifente (Anas penelope)	europäisch	Zugvogel	Seen, Niedermoor, Tundra, Heide, Flachküste
Rauchschwalbe (Hirundo rustica)	europäisch	Zugvogel	offenes Gelände, Brut: Gebäude
Regenbrachvogel (Numenius phaeopus)	europäisch	Zugvogel	Moor, Tundra, Heide
Reiherente (Aythya fuligula)	europäisch	Zugvogel	Seen und Teiche
Rostroter Wassertreter (Thorshühnchen) (Phalaropus fulicarius)	arktisch	Stand-, Zugvogel	Seen (zwischen Lava), im Winter Küste
Rotdrossel (Turdus iliacus)	europäisch	Zugvogel	Wald, Tundra, Kulturlandschaft
Rotschenkel (Tringa totanus)	europäisch	Zugvogel	feuchte Wiesen, sumpfige Heiden
Sandregenpfeifer (Charadrius hiaticula)	europäisch	Zugvogel	flache Kies- und Sandstrände
Schmarotzerraubmöwe (Stercocarius parasiticus)	Nachbarländer	Zugvogel	Küste und nahe Süßwasserseen
Schnatterente (Anas strepera)	europäisch	Zugvogel	Seen (Süß- und Brackwasser)
Schneeammer (Plectrophenax nivalis)	arktisch	Standvogel	Ödland von Küste bis Gebirge, auch nahe Siedlungen
Schnee-Eule (Nyctea scandiaca)	Nachbarländer	Standvogel	Tundra mit Felsen, Hochland
Schwarzschnabel-Sturmtaucher (Puffinus puffinus)	atlantisch	Zugvogel	Seen im Bergland und Heide
Seeadler (Haliaeetus albicilla)	europäisch	Strichvogel	Küste
Silbermöwe (Larus argentatus)	europäisch	Standvogel	Küste, auch an Binnengewässern
Singschwan (Cygnus cygnus)	europäisch	Zugvogel	Seen in Tundra und Bergland
Spatelente (Bucephala islandica)	amerikanisch	Standvogel	Flüsse und Seen, auch im Gebirge
Spießente (Anas acuta)	europäisch	Zugvogel	Sümpfe, Moore, Heide
Star (Sturnus vulgaris)	europäisch	Zugvogel	überall, wo es Nistmöglichkeiten gibt
Steinschmätzer (Oenanthe oenanthe)	europäisch	Zugvogel	Inlandwüsten
Sterntaucher (Gavia stellata)	Nachbarländer	Zugvogel	Seen und Flüsse
Stockente (Anas platyrhynchos)	europäisch	Standvogel	Gewässer mit flachen Ufern, Niedermoore, Kulturlandschaft
Sturmmöwe (Larus canus)	europäisch	Standvogel	Küste und Binnenland

Deutsche Bezeichnung Wissenschaftlicher Name	Herkunft	Stand-, Zugvogel	Biotop
Sturmschwalbe (Hydrobates pelagicus)	atlantisch	Zugvogel	Küsten
Sumpfohreule (Asio flammeus)	europäisch	Standvogel	offenes Land, Tundra, Heide
Tafelente (Aythya ferina)	europäisch	Zugvogel	seichte Süßwasserseen und Lagunen
Tordalk (Alca torda)	atlantisch	Seevogel	Kliffs, im Winter Meer
Trauerente (Melanitta nigra)	europäisch	Zugvogel	Seen und Flüsse
Trottellumme (Uria aalge)	Nachbarländer	Seevogel	Kliffs, im Winter Meer
Uferschnepfe (Limosa limosa)	europäisch	Zugvogel	feuchte Wiesen und Heiden
Wacholderdrossel (Turdus pilarius)	Nachbarländer	Stand-, Zugvogel	Kulturlandschaft, Parks und Gärten
Wasserralle (Rallus aquaticus)	europäisch	Standvogel	Seen, Flüsse, Feuchtgebiete
Wellenläufer (Oceanodroma leucorrhoa)	atlantisch	Seevogel	Küste
Wiesenpieper (Anthus pratensis)	europäisch	Zugvogel	Moore, Wiesen, feuchte Heiden
Zaunkönig (Troglodytes troglodytes)	europäisch	Standvogel	Wald, Gebüsch

Zeit

Island hat immer Greenwich Mean Time (GMT). Gegenüber der deutschen Zeit gehen die Uhren im Sommer in Island zwei Stunden nach.

Zeitungen/Zeitschriften

Deutschsprachige Zeitungen und Zeitschriften können in der Austurstræti zusammen mit Literatur über die Geschichte, die Kunst, die Geologie, Flora und Fauna Islands in der Buchhandlung Sigfús Eymundsson bezogen werden. Weitere Buchläden in Reykjavík:
Bókaverslun Snæbjarnar, Hafnarstræti 4
Málðog Menning, Laugavegur 18.

Raum für Reisenotizen

Raum für Reisenotizen

Literaturauswahl

Allgemeine und umfangreichere Literatur über Island (u. a. Quellen für die Textabbildungen):

Bárðarson, H. R.: Island. Porträt des Landes und Volkes. Reykjavík 1982

Carlé, W.: Dampfquellen, Thermalwässer und Säuerlinge in Island. In: Geol. Jb., C 26, Hannover 1980

Einarsson, Þ.: Jarðfræði (Geologie). Reykjavík 1978

Francke, K. D.: Island. Köln 1985

Gläßer, E. u. A. Schnütgen: Island. Wiss. Länderkunden 28, Darmstadt 1986

Glawion, R.: Die natürliche Vegetation Islands als Ausdruck des ökologischen Raumpotentials. Bochumer Geogr. Arbeiten, H. 45, Paderborn 1985

Guðmundsson, A. T. u. H. Kjartansson: Wegweiser durch die Geologie Islands. Reykjavík 1984

Gunnarsson, G.: Island – Die Saga-Insel. Dresden 1936

Hansen, H. W.: Island. Von der Wikingerzeit bis zur Gegenwart. Frankfurt a. M. 1965

Hansen, W.: Asgard – Entdeckungsfahrt in die germanische Götterwelt. 2. Aufl. Bergisch-Gladbach 1985

Ingstad, H.: Die erste Entdeckung Amerikas. Berlin 1966

Krafft, M.: Führer zu den Vulkanen Europas. Band 1: Allgemeines – Island. Stuttgart 1984

von Linden, F.-K. u. H. Weyer (Hrsg.): Island. Bern – Reykjavik 1974

Magnússon, Þ.: Isländische Kulturschätze aus archäologischer Sicht. Reykjavík 1987

Noll, H.: Maare und maar-ähnliche Explosionskrater in Island. Ein Vergleich mit dem Maarvulkanismus in der Eifel. Sonderveröff. Geol. Inst. Univ. Köln, 11, Köln 1967

Nordal, J. u. V. Kristinsson: Iceland 874–1974. Reykjavík 1975

Ólafsdóttir, G. u. G. O. Ingvarsson: The Population, Settlement and Economy of Iceland. In: Varjo, U. u. W. Tietze: Norden, S. 438–463, Berlin–Stuttgart 1987

Preusser, H.: The Landscapes of Iceland: Types and Regions. The Hague 1976

Rittmann, A.: Vulkane und ihre Tätigkeit. 2. Aufl. Stuttgart 1960

Schutzbach, W.: Island – Feuerinsel am Polarkreis. 3. Aufl. Bonn 1985

Schwarzbach, M.: Geologenfahrten in Island. Ludwigsburg 1964

Schwarzbach, M. u. H. Noll: Geologischer Routenführer durch Island. Sonderveröff. Geol. Inst. Univ. Köln, 20. Köln 1971

Thannheiser, D., G. Leydag u. Th. Willers: Island. Exkursionsbericht, H. 2, Institut für Geographie, Universität Münster 1983

Þórarinsson, S.: Island. In: Sömme, A. (Hrsg.): Die Nordischen Länder. Braunschweig 1974

Thoroddsen, Þ.: Island. Grundriß der Geographie und Geologie. Petermanns Geogr. Mitt., Gotha 1905 und 1906

Aufsätze mit speziellen Themen (u. a. Quellen für die Textabbildungen):

van Bemmelen, R. W. u. M. G. Rutten: Table-mountains of Northern Island. Leiden 1955

Björnsson, A.: Rifting and Volcanism in the Krafla Area. In: Nátturufræðingurinn 46, 4, S. 177–198, Reykjavík 1976

Björnsson, A. et al.: Rifting of the Plate Boundary in North Iceland 1975–1978. Nordic Volc. Inst. 7807, Reykjavík 1978

Einarsson, P: Askja og Öskjugosið 1961 (Englische Zusammenfassung: The Askja-Caldera and the Askja-Eruption 1961): In: Nátturufræðingurinn 32, 1, S. 1–18, Reykjavík 1962

–: Aldursávardanir á fornskeljum (Engl. Zusammenfassung: Radiocarbon dating of subfossile shells). In: Kjartansson, G. et al: Nátturufræðingurinn, 34, S. 127–134, Reykjavík 1964

Engländer, H.: Die Vogelwelt in Island. In: von Linden, F.-K. u. H. Weyer (Hrsg.): Island. Bern – Reykjavík 1974

Gíslason, J.: The Most Treasured Nordic Bible. In: Iceland Review, 4, S. 24–29, Reykjavík 1977

Gunnarsdóttir, K.: 16th Century Book Printing. In: Iceland Review, 1, S. 49–55, Reykjavík 1981

Hospers, J.: The Geology of the Country between Akureyri and Mývatn in Northern Iceland. In: Geologie en Mijnbouw, Nieuwe Serie, 16, S. 491–508, Utrecht 1954

Ingólfsson, A.: A Saga-Age Farmhouse Reconstructed at South-Iceland Excavation Site. In: Iceland Review, 1, S. 25–27, Reykjavík 1980

–: Woodcarving: The Forgotten Craft. In: Iceland Review, 3, S. 55–59, Reykjavík 1980

Joset, A. u. J. J. Holtzscherer: Expédition Franco-Islandaise au Vatnajökull, Mars-Avril 1951. Resultates des sondages seismiques. In: Jökull 4, S. 1–33, Reykjavík 1954

Kristjánsson, J.: With Qill-pen and Parchment – the Treasures of Early Icelandic Literature were First Preserved and Handed Down to Us. In: Iceland Review, 3–4, S. 32–37, Reykjavík 1974

Magnússon, P.: Was Someone Here Before? Excavations in the Westman Islands Pose New Questions About Settlement. In: Iceland Review, 1, S. 14–18, Reykjavík 1983

Magnússon, S. A.: Halldór Laxness at Eighty. In: Iceland Review, 2, S. 32–39, Reykjavík 1982

Njardvík, N. P.: 800-Year Anniversary of Snorri Sturluson: Creator of Documentary Fiction. In: Iceland Review, 4, S. 34–39, Reykjavík 1979

Orkumál: Ed. Orkustofnun (National Energy Authority), 21, Reykjavík 1971

Rittmann, A.: Die Vulkane am Mývatn in Nordost-Island. In: Bulletin Volcanologique, Ser. 2, 4, S. 3–38, 1938

Sæmundsson, K.: Outline of the geology of Iceland. In: Jökull 29, S. 7–28, Reykjavík 1979

Schnütgen, A.: Island – Natur- und Lebensraum im Laufe der Geschichte. In K. D. Francke: Island, Köln 1985

Sigurðsson, F. H.: Report on sea ice off the Icelandic coasts October 1967 to September 1968. In: Jökull 19, S. 77–93, Reykjavík 1969

Steinþórsson, St.: On the age and immigration of the Icelandic Flora. (Societas Scientiarium Islandica, 25, Reykjavík 1962

Steinþórsson, St.: An 18th Century Achievement – Two Men's Unique Description of Land and People. In: Iceland Review, 1, S. 23–27, Reykjavík 1977

Þórarinsson, S.: The Eruption of Hekla 1947–1948. Vísindafelag Íslendinga, II, 3, Reykjavík 1954

–: The Öræfajökull Eruption of 1362. Acta Naturalia Islandica, II, 2, S. 1–100, Reykjavík 1958

–: Der Jökulsá-Canyon und Ásbyrgi. In: Petermanns Geogr. Mitt., 104, S. 154–162, Gotha 1960

–: Some problems of volcanism in Iceland. In: Geol. Rundschau 57, 1, S. 1–20, Stuttgart 1967

–: The Eruptions of Hekla in Historical Times – A Tephrochronological Study. Vísindafélag Íslendinga, Reykjavík 1967

–: Hekla. A notorious volcano. Reykjavík 1970

Þórarinsson, S. u. K. Sæmundsson: Volcanic activity in historical time. In: Jökull 29, S. 29–32, Reykjavík 1979

Venzke, J.-F. u. K. Fuge: Aktueller Vulkanismus in Nordostisland. In: Geogr. Rundschau 33, H. 6, 244–247, Braunschweig 1981

Walker, G. P. L.: Some aspects of Quaternary volcanism in Iceland. In: Trans. Leicester Lit. Phil. Soc., 59, S. 25–39, 1965

Hinweise zur Aussprache des Isländischen

á	=	au, wie ›faul‹
a	=	a, lang wie ›Vater‹
é	=	ähnlich ä, wie in ›jäh‹
e	=	e, wie in ›nett‹, ›Bett‹
ý, í	=	i, langes ›i‹ wie in ›Lid‹, ›dieses‹
y, i	=	i, wie in ›in‹
ó	=	ou, wie in engl. ›so‹ oder ›low‹
o	=	o, wie in ›Loch‹
ö	=	ö, wie in ›Löffel‹
ú	=	u, wie in ›du‹
u	=	ü, kurz, wie in ›Mütze‹;
au	=	ö, lang, wie in ›Höhle‹
Æ, æ	=	ai, wie in ›weit‹
ei, ey	=	ey, wie in engl. ›grey‹
Ð, ð	=	th, wie in engl. ›that‹
Þ, þ	=	th, wie in engl. ›thing‹
ll, rl	=	dl
nn, rn	=	dn
fl	=	bl
fn	=	bn
pt	=	ft

Erklärung isländischer geographischer Begriffe (Glossar)

Isländ. Begriff		Bedeutung	Beispiel	Lage	
á (pl. ár)	f	Fluß	Laxá	in ganz Island	
alda (pl. öldur)	f	Hügelkette, Bergrücken	Brennisteinsalda Vatnaöldur	Landmannalaugar Veiðivötn	S S
ás		kleiner Hügel	Ás	nahe Hafnarfjörður	SW
bær	m	Bauernhof, Gut	Glaumbær	Skagafjörður	N
bakki	m	Bach-, See-, Flußufer	Eyrarbakki	Südwestisland	
berg	n	Stein, Gestein	Gerðuberg	Snæfellsnes	W
bjarg	n	Klippe, Felsen	Látrabjarg	Westspitze Islands	
borg (pl. borgir)	f	burgartiger Felsen, Stadt	Eldborg Dimmuborgir	Snæfellsnes Mývatn	W N
botn	m	Boden, Tal- und Fjordschluß	Botnsheiði	Hvalfjörður	W

Isländ. Begriff		Bedeutung	Beispiel	Lage	
brekka		Hang, Abhang	Höfðabrekka	westl. Mýrdalssand.	S
brennistein	m	Schwefel	Brennisteinsalda	Torfajökull-Massiv	S
bunga		Gewölbe, Anhöhe	Hraunbunga	östl. Mývatn	N
dalur	m	Tal	Bárðardalur	Nordisland	
djúp	n	Tiefe, Untiefe	Ísafjardardjúp	Nordwest-Halbinsel	
drangur		einzelner Felsen	Drangey	Skagafjörður	N
dyngja	f	Klippe, Schildvulkan	Trölladyngja	nördl. Vatnajökull	Z
ey (pl. eyjar)	f	Insel	Eldey Vestmannaeyjar	Südwestisland Südisland	S
eyri	f	Sandbank, flaches Flußufer	Akureyri	Nordisland	
fell	n	Berg, Hügel	Ármannsfell	Þingvellir	SW
fjall (pl. fjöll)	n	Berg	Hverfjall Kerlingarfjöll	Mývatn Zentralisland	N
fjallgarður	m	Bergkette	Dimmifjallgarður	östl. Grímsstaðir	Z
fjörður (pl. firðir)	m	Fjord, breite Bucht, auch Tal	Hvalfjörður Vestfirðir	Faxaflói Nordwest-Halbinsel	W
fljót	n	Strom, Fluß	Skjálfandafljót	Nordisland	
flói	m	große Bucht, Sumpf	Faxaflói	Westisland	
foss (pl. fossar)	m	Wasserfall	Skógafoss Ófærufossar	Südisland Südisland	
gerði		Zaun	Hveragerði	Südwestisland	
gígur (pl. gígar)	m	Krater	Suðúrnámsgígur Lakagígar	Torfajökull-Massiv Südisland	S
gil	n	Schlucht, Abgrund	Gil	bei Akureyri	N
gjá	f	Felsspalte, Kluft	Eldgjá	Südisland	
gljúfur	n	Schlucht	Jökulsárgljúfur	Nationalpark Jökulsárgljúfur	N
hagi	m	Weide (Wiese)	Tomasarhagi	westl. Vatnajökull	Z
háls	m	Bergrücken	Sveifluháls	Reykjanes	SW
heiði	f	Heide, Hochebene	Vaðlaheiði	Eyjafjörður	N

Isländ. Begriff		Bedeutung	Beispiel	Lage	
hellir (pl. hellar)	m	Höhle	Surtshellir	Hallmundarhraun	W
hérað	n	Bezirk, Gegend	Héraðsflói	Nordostisland	
Hlíð (pl. hlíðar)	f	Hang, Abhang	Reykjahlíð	Mývatn	N
hnúkur hnjúkur	m	Spitze	Hvannadalshnúkur	höchste Erhebung Islands, Öræfajökull	S
höfn	m	Kap, Vorgebirge	Ingólfshöfði	südl. Öræfajökull	S
höfði	f	Hafen, Hafenanlage	Höfn	Südostisland	
hóll (pl. hólar)	m	Hügel, abgerundete Anhöhe	Kolvíðarholl Eyvindarhólar	Südwestisland südwestl. Skógar	S
hólmur		kleine Insel	Stykkishólmur	Snæfellsnes	W
holt	n	Hügel, Gehölz	Skálholt	Hvítá-Niederung	SW
hrafntinna	f	Obsidian (Rabenstein)	Hrafntinnahraun	Torfajökull-Massiv	S
hraun	n	Lava, Lavafeld	Hallmundarhraun	westl. Langjökull	W
hvammur	m	Talsenkung	Kirkjuhvammur	Miðfjörður (Húnaflói)	N
hver (pl. hverir)	m	heiße Quelle	Hveravellir	Zentralisland	W
hvoll		Hügel	Stórólfshvoll	nahe Hvolsvöllur	S
jökull	m	Gletscher	Vatnajökull	Südisland	
jökulsá	m	Gletscherfluß	Jökulsá á Fjöllum	Nordisland	
klettur (pl. klettar)	m	Felsen, Klippe	Hljóðaklettar	Nationalpark Jökulsárgljúfur	N
kot	n	kleiner Bauernhof			
kvísl	f	Fluß oder Flußarm	Blautakvísl	Mýrdalssandur	S
lækur	m	Bach	Brjánslækur	Nordwest-Halbinsel	
laug (pl. laugar)	f	warme Quelle	Landmannalaugar	Torfajökull-Massiv	S
lind (pl. lindir)	f	Oase, Grasplatz, Quelle	Herðubreiðarlindir	nördl. Vatnajökull	Z
lón	n	Lagune, Haff	Nípslón	Vopnafjörður	NE
mark	n	Wald, Gehölz	Markarfljót	Südisland	

ERKLÄRUNG ISLÄNDISCHER GEOGRAPHISCHER BEGRIFFE

Isländ. Begriff		Bedeutung	Beispiel	Lage	
melur (pl. melar)	m	Kiesfläche, Sandhügel	Melar	nördl. Akranes	W
múli		Vorgebirge, hervor-springender Berg	Kollumúli	Héraðsflói	NE
mýri (pl. mýrar)	f	Moor	Steinsmýri Mýrar	Meðalland nördl. Borgarnes	S W
nes	n	Kap, Halbinsel	Reykjanes	Südwestspitze Islands	
núpur	m	Bergspitze	Núpar	Nordisland	
öræfi		Wüste	Mývatnsöræfi	Nordisland	
ós	m	Flußmündung	Blönduós	Blanda-Mündung	N
reykur (pl. reykir)	m	Rauch, auch heiße Quelle	Reykjavík Reykir	mehrere Reykir	SW
rif	n	Riff	Malarrif	Halbinsel Snæfellsnes	
sandur	m	Sand, Sandwüste	Skeiðarársandur	Südisland	
sel		Hütte, Alm	Selfoss	Hvítá-Niederung	SW
skagi	m	Halbinsel	Skagi	Nordisland	
skarð	n	Bergpaß, Scharte	Námaskarð	Nordisland	
sker	n	Schäre	Geirfuglasker	südl. Westmänner-I.	S
skógur	m	Wald	Vaglaskógur	Fnjóskádalur	N
slétta	f	Ebene	Melrakkaslétta	Nordostisland	
staður (pl. staðir)	m	Platz, Ort	Neskaupsstaður Grímsstaðir	Ostfjorde Zentralisland	NE
stapi		Felsblock, Tafelberg	Arnarstapi	Sæfellsnes	W
stöð	f	Platz, Station	Stöð	Snæfellsnes	W
strönd	f	Strand, Ufer	Barðaströnd	Breiðafjörður	NW
súla (pl. súlur)	f	(Berg-)kuppe, Säule	Botnssúlur	Hvalfjörður	W
sveit	f	Gegend, ländliche	Mývatnssveit		N
sýsla	f	Gemeinde, Kreis, Ver-waltungsbezirk	Mýrasýsla	Borgarfjörður	W
tangi	m	schmale Landspitze	Hvammstangi	Nordwestisland	

Isländ. Begriff		Bedeutung	Beispiel	Lage	
Þúfa (pl. Þúfur)	f	kleine Bodenerhebung			
tindur (pl. tindar)	m	Bergspitze, Gipfel	Búlandstindur Kalfstindar	westl. Djúpivogur nordöstl. Þingvellir	E
tjörn	f	kleiner See, Teich	Tjörnin	Reykjavík	
tún	n	Hauswiese, kultiviertes Land (Hof)	Þjórsártún	Þjórsá-Niederung	SW
tunga	f	Zunge, Landzunge	Kalmannstunga	westlich Langjökull	W
vatn (pl. vötn)	n	See, Wasser	Mývatn Veiðivötn	Nordisland Zentralisland	S
vegur	m	Straße, Weg	Sprengisandurvegur	Zentralisland	N
vík	f	kleine Bucht	Vík í Mýrdal	Südisland	
vogur	m	Bucht; Bach	Djúpivogur	Ostisland	
völlur (pl. vellir)	m	Ebene, Platz	Hvolsvöllur Hveravellir	Südisland Zentralisland	NW

m, f, n = männlich, weiblich, sächlich
Die Abkürzungen in der rechten Spalte sind die Himmelsrichtungen, E bedeutet Ost in Anlehnung an die geologische Regelung (east).

Himmelsrichtungen:

norður	Norden	austur	Osten	suður	Süden	vestur	Westen
nyrðri	nördlich	eystri	östlich	syðri	südlich	vestri	westlich

Erklärung allgemeiner geologischer und geographischer Begriffe (Glossar)

Andesit
(nach den Anden); junges dunkelgraues bis fast schwarzes Ergußgestein mit Hornblende-, Augit- oder Biotiteinsprenglingen sowie Plagioklas in einer feinkörnigen bis dichten Grundmasse. Andesit bildet Ströme, Decken sowie Kuppen und kommt auch in Deutschland im Siebengebirge und in der Eifel vor.

aktive Vulkanzone
Zone, die sich in einer Breite von 20–40 km in zwei Ästen von Reykjanes und von den Westmänner-Inseln nach Nordosten zum Langjökull bzw. zum

Vatnajökull erstreckt. Der östliche Teil verläuft dann nach Norden zum Axarfjörður. Ein weiterer Ast verläuft in West/Ost-Richtung von Snæfellsnes zum Vatnajökull (Trölladyngja). Die aktive Vulkanzone ist von Spalten durchzogen.

alpine Landschaft	Landschaft mit hochgebirgsartigem Charakter.
Apalhraun	(isl. ›Blocklava‹); an der Oberfläche schollig erstarrte, ursprünglich gasreiche Lava. Derartige Ströme sind schwierig zu begehen.
Asche	staubartiges bis feinkörniges Lockerprodukt vulkanischer Ausbrüche, das aus zerplatztem Magma, zerriebenem Gesteinsmaterial oder aus einem Gemisch von beidem besteht. Wird häufig weit durch den Wind transportiert.
Augit	(griech. auge ›Glanz‹); Pyroxene, Gruppe wichtiger gesteinsbildender Minerale. In basischen Ergußgesteinen (Basalt) Hauptbestandteil.
Ausgleichsküste	Küstenform, deren ausgeglichener Verlauf aus der Abtragung von Vorsprüngen (siehe auf einer Island-Karte z. B. des Vesturhorn in Südisland) und dem Aufbau von schmalen, lang gestreckten Landzungen (Nehrungen, z. B. Austurfjörður östlich Höfn) zwischen den Landvorsprüngen durch seitlichen Materialversatz resultiert.
Basalt	(v. griech./lat. basaltes, verstümmelt aus basanites, ›Stein vom Basan‹/ Syrien); dunkles, kieselsäurearmes, basisches Lavagestein (45–55 % SiO_2). Mineralkomponenten: Plagioklas, Olivin, Augit. Häufigste Basaltart in Island Tholeyit (siehe dort).
Bims	schaumig aufgeblähtes vulkanisches Glas vorwiegend einer rhyolithischen Schmelze (siehe unter Rhyolith). Bimsbröckchen kommen vorwiegend als Lapilli (siehe dort) und in Sand- bis Staubkorngröße als Bimsaschen vor. Im frischen Zustand sind sie sehr porös.
Bimsaschen	feine Bimspartikel von deutlich weniger als einem Millimeter Durchmesser bis zwei Zentimeter. Lagen mit feinen Bimsaschen vor allem von der Hekla, der Katla und der Askja sind über ganz Island im Boden verteilt und dienen als Altersmarken.
Biotit	dunkler Glimmer, häufiger Gemengteil in Magmagesteinen.
Blocklava	(Lava, neapolitanisch ›Regenbach‹); aus einem gasreichen Magma mit relativ niedriger Temperatur zu einem Haufwerk von Blöcken, Schollen und scharfkantigen Scherben erstarrte Lava. In kleinstückiger Form Brockenlava, Aa-Lava (hawaiianische Bezeichnung) oder isländ. »apalhraun«.
Bombe	vulkanisches Auswurfprodukt mit einem Durchmesser von wenigen Zentimetern bis zu über einem Meter. Vulkanische Bomben sind Lavafetzen, die im Flug durch Rotation zugerundet werden und in erstarrter Form niederfallen.

boreal	(lat. borealis ›dem Norden zugehörend‹); dem nördlichen Klima zugehörend.
Breccie	(ital. breccia ›Trümmer‹); durch Bindemittel verfestigtes Trümmergestein, bestehend aus kantig-eckigen Bruchstücken. Beispiel: vulkanische Breccie.
Caldera	(span. ›Kessel‹); kesselförmige Vertiefung an Vulkanen mit einem Ausmaß von einigen hundert Metern bis zu mehreren Kilometern, entstanden durch Einbruch oder durch Einsturz nach gewaltigen Explosionen. Beispiel: Askja.
Canyon	(span. ›Röhre‹); Bezeichnung für lange, tiefe und steilwandige Täler in einer Plateau- oder Gebirgslandschaft. Bekanntestes Beispiel ist der Grand Canyon des Colorado in den USA, der allerdings im Gegensatz zu den canyonartigen Tälern in Island nicht in basaltischen Gesteinen, sondern vorwiegend in Sedimentgesteinen angelegt wurde.
Datierung	C^{14}-Methode zur Bestimmung des absoluten Alters von Holzkohle, Kalk u. ä. mittels der relativ kurzen Zerfallszeit des Kohlenstoff-Isotops C^{14}. C^{14}-Datierungen sind bis zu einem Alter von 50 000 Jahren möglich, also höchstens bis zum Beginn der letzten Eiszeit. Kalium/Argon-Methode. Die Bestimmung eines Gesteins- oder Mineralalters, basierend auf der bekannten radioaktiven Zerfallsrate von K^{40}/Ca^{40}. Die Methode wird bei vulkanischen Gesteinen mit einem höheren Alter als 150 000 Jahre angewandt.
Dacit	Dacit ist ein vulkanisches Gestein und hat ungefähr die gleiche Zusammensetzung wie Andesit. Es hat nur weniger calcitischen Feldspat (Plagioklas).
edaphisch	(griech. édaphos ›Boden‹); bodenbedingt, vom Boden abhängig. Eine vom Boden bedingte Trockenheit ergibt sich dadurch, daß wegen der großen Wasserdurchlässigkeit eines Gesteins, z. B. eines Kieses oder einer vulkanischen Asche, das für die Bildung einer Pflanzendecke wichtige Niederschlagswasser sofort im Untergrund versickert.
Effusiv-Gestein	(lat. effusio ›Erguß‹); Ergußgestein, z. B. basaltische Lava.
eruptiv	(lat. eruptio ›Ausbruch‹); Sammelbegriff für vulkanische Ausbruchtätigkeit.
Fjord	(norweg.); vom Gletscher übertieftes und durch Meeresspiegelanstieg ertrunkenes Tal.
Fladenlava	Lavastrom mit glatter, glasiger, wellen- oder wogenartiger Oberfläche. Isl.: ›helluhraun‹, hawaiianisch: ›Pahoehoe-Lava‹.
Flutbasalt	Bezeichnung für ausgedehnte basaltische Deckenergüsse (Plateaubasalt).
Fumarole	(lat. fumus ›Rauch, Dampf‹); Ausströmen (Exhalation) vulkanischer Gase und Dämpfe mit Temperaturen zwischen 200 und 800 °C. Ihr Chemismus ist temperaturabhängig: über 400 °C saurer Chlorwasserstoff (HCl), Schwefeldioxid (SO_2), Wasserdampf (H_2O); unter 400 °C Salmiakfumarolen.

Gabbro	(nach der Ortschaft Gabbro, südöstlich von Livorno); meist grobkörniges, braunes bis grünlichschwarzes Tiefengestein (siehe dort) aus Plagioklas und Augit. Vorkommen: Vesturhorn, Austurhorn, Snæfellsnes). Vulkanisches Pendant ist der Basalt.
geothermale Energie	umweltfreundliche Energieform, die aus unterirdisch erzeugtem Dampf oder heißem Wasser gewonnen werden kann. Der Dampf oder das Wasser treten in Fumarolen, Geysiren oder einfachen heißen Quellen an die Oberfläche.
Geysir	(benannt nach dem ›Großen Geysir‹ in Island; isl. geysa ›wild strömen‹); kochendheiße Springquelle, die ihr Wasser periodisch auswirft. Das Zeitintervall beträgt z. B. bei dem aktivsten Geysir in Island, dem Strokkur, etwa 10 Minuten. Der herausgeschleuderte Dampf und das mitgerissene Wasser erreichen eine Sprunghöhe bis etwa 15 m.
Geysirit	Kieselsintergestein, das sich aus dem heißen Wasser der Geysire ausscheidet. Der Anteil an gelöster Kieselsäure in Thermalwässern übersteigt manchmal das Hundertfache des in normalem Flußwasser befindlichen Gehaltes.
glazial	(lat. glacies ›Eis‹); a) eiszeitlich, b) sich auf bestimmte Formen und Materialien beziehend, die von Gletschern geschaffen oder abgeleitet werden können, c) sich auf Anwesenheit oder Tätigkeit von Eis/Gletscher beziehend.
Gletscherlauf	(isl. jökulhlaup); katastrophenartiges Ablaufen von Wasser-, Eis- und Schuttmassen nach der Entleerung eines unter dem Gletscher befindlichen Sees, der durch Thermalquellentätigkeit oder durch vulkanische Aktivitäten unter dem Eis entstanden sein kann. Die Abflußmenge kann dann einige 100 000 m³ pro Sekunde betragen.
Granit	(lat. granum, ›Korn‹); häufigstes Tiefengestein (siehe dort), hell, und besteht aus Kalifeldspat, Plagioklas, Quarz, Glimmer und dunklen Gemengteilen. Hoher Kieselsäuregehalt, körnig. Vulkanisches Pendant: Rhyolith oder Liparit.
helluhraun	(isl. ›Plattenlava‹); gasarme Lava, die bei ihrer Erstarrung glatte Oberflächenformen annimmt, oft mit Seil- oder Strickstrukturen.
hochthermale oder Hochtemperatur-Gebiete	Bez. für Gebiete mit mehr als 150 °C warmen Energieträgern.
Holozän	(griech. hólos ›ganz‹ und kainós ›neu, ungewöhnlich‹); Zeitraum seit dem Ende der letzten Eiszeit, Beginn vor etwa 10 000 Jahren. Syn.: Nacheiszeit.
Hornblende	dunkelbraunes bis schwarzes, leicht spaltbares und glänzendes Mineral. Gemengteil basischer Magmengesteine.
Hornito	(span. ›kleiner Ofen‹); kleine, manchmal turm- oder schornsteinartige Kegel auf Lavaströmen, die sich aus verschweißten Lavafetzen und Schlacken auf-

bauen. Sie sind wurzellos und entstanden durch freiwerdende Gase in der Lava.

Hyaloklastit
(griech. hýalos ›Glas‹, klásis ›zerbrechen‹); tuffähnliches, glashaltiges vulkanisches Auswurfsmaterial mit eckigen Bruchstücken. Hyaloklastite entstehen durch den Kontakt von vorwiegend basaltischen Schmelzen mit Wasser sowohl unter dem Gletschereis als auch im Meeresbereich.

interglazial
(lat. inter ›zwischen‹, glacialis ›voll Eis‹); zwischeneiszeitlich. Das Interglazial ist eine Zeit mit deutlicher Erwärmung zwischen zwei Eiszeiten.

Kar
(Volksausdruck); schüsselförmige Vertiefung in einem ehemals vergletscherten Hang mit steilen begrenzenden Hängen. Das Kar kann noch mit einem Kargletscher ausgefüllt sein. Häufig trifft man in einem eisfreien Kar einen Karsee an.

Kaverne
(lat. caverna ›Höhlung, Loch‹); Bez. für eine Höhle größeren Ausmaßes.

Kieswüste
(arab. ›Sserir‹ oder ›Seghir‹); entsteht durch Ausblasung der feinkörnigen Bodenbestandteile, die eine Anreicherung des groben Materials bedingt.

Kissenlava
wulstartige Lavaformen, die sich bei basaltischen Ausbrüchen unter Wasserbedeckung vor allem im submarinen Raum bilden, Syn. Pillow-Lava.

Kleine Eiszeit
Von der ›Kleinen Eiszeit‹ wird in Europa im allgemeinen von einer vorübergehenden Klimaverschlechterung vom 14.–19. Jh. gesprochen.

Kliff
der meist senkrechte Abfall des Landes an Steilküsten. Eine Küste, die über lange Strecken von derartigen Abbrüchen gebildet wird als Kliff- oder Abbruchküste bezeichnet.

Lava
weitgehend entgaste Schmelzmasse, die bei Vulkanausbrüchen an die Oberfläche tritt und manchmal über längere Strecken fließfähig bleibt.

Lavadom
kleiner, hügelförmiger Aufbruch auf einem Lavastrom.

Lavafontänentätigkeit
fontänenartiger Ausbruch dünnflüssiger Lava unter hohem Druck.

Lineareruption
(lat. linea ›Linie‹, eruptio ›Ausbruch‹); eine von Spalten ausgehende vulkanische Tätigkeit.

Liparit
(nach den Liparischen Inseln); Syn. Rhyolith (siehe dort).

Lobus
(gr.-lat.); zungenförmige Ausbuchtung eines Gletscherrandes.

Maar
(Volksausdruck); trichterartige Vertiefung in der Erdoberfläche mit einem kreisförmigen bis ovalen Grundriß. Auf vulkanischem Gebiet ist ein Maar ein Explosionstrichter mit einem niedrigen Aschenwall, der allgemein mit Wasser gefüllt ist. Die Explosionen sind meistens phreatischer Art (siehe dort). Die Maare der Eifel befinden sich vorwiegend in grundwasserreichen Talzügen. Maare können zuweilen einen Durchmesser von einigen 100 m besitzen.

Magma	(griech. mágma ›Teig, geknetete Masse‹); glutförmige, gashaltige Gesteinsschmelze in den tieferen Bereichen der Erdkruste, die bei Vulkanausbrüchen an die Oberfläche gefördert wird.
Magmenkammer	unterirdischer Speicherraum in den höheren Teilen der Erdkruste (wenige tausend Meter), von dem aus vulkanisches Material gefördert wird (siehe auch Caldera).
metamorphe Gesteine	(griech. metamorphóo ›umgestalten‹); Gesteine, die unter veränderten Druck- und Temperaturbedingungen eine Veränderung ihres Mineralbestandes erfahren haben. Das kann geschehen, wenn ein Gestein in tiefere Stockwerke der Erdkruste gelangt. Auf Island gibt es unter den tertiären Basalten an der Oberfläche nur leicht metamorphisierte Abfolgen. Sie sind durch die Abtragung freigelegt worden.
Mittelatlantischer Rücken	durchgehender, seismischer ca. 30000 km langer, durchschnittlich 1000–3000 m hoher und etwa 1500 km breiter submariner Gebirgsrücken mit einer zentralen Einbruchszone und starker vulkanischer Tätigkeit. In seinem Zentrum wird neue Kruste gebildet.
Móberg	(isl. ›Tuff‹); siehe Hyaloklastit.
Mollusken	(lat.); Weichtiere: Muscheln, Schnecken, Tintenfische etc.
Moräne	(franz. moraine ›Geröll‹); Gesteinsschutt, der vom Gletscher transportiert und abgelagert wurde.
Nearktis	tiergeographisches Gebiet, umfaßt Nordamerika, Grönland und Mexiko.
Nehrung	langgestreckte, aus Lockersedimenten aufgebaute Landzunge, die eine Meeresbucht (Fjordmündung, Lagune, Haff) zu einem großen Teil oder vollständig vom offenen Meer abschneidet. Die Nehrung entsteht durch Strandversetzung, hervorgerufen durch küstenparallele Meeresströmungen.
Niedermoor	entsteht durch Verlandung vom Grundwasser gespeister Gewässer (Seen).
Obsidian	(lat., nach dem Römer Obsius); dunkles Gesteinsglas rhyolithischer Natur.
Olivin	(lat. oliva ›Olive‹); graugrünes Mineral, häufig in ultrabasischen Gesteinen.
Paläarktis	tiergeographisches Gebiet, umfaßt Eurasien.
Palagonit	(nach der Ortschaft Palagonia auf Sizilien); wasserhaltiges vulkanisches Glas.
phreatisch	(griech. phréar ›Brunnen‹); Form vulkanischer Ausbrüche oder Explosionen, die durch die Erhitzung und der daraus resultierenden Ausdehnung von Grundwasser beim Kontakt mit heißen Gesteinsschmelzen auftreten.
Pillow	(engl. ›Kissen‹); kissenartige Abkühlform basaltischer Schmelzen, häufig bei submariner oder subglazialer Erstarrung. Die Pillows sind oft radial-prismatisch aufgebaut und zeigen glasige Krusten.

Plagioklas	Feldspatart und häufiges Gemengteil magmatischer Gesteine.
Plateaubasalt	basaltische dünnflüssige Laven, die in rascher Folge aus Spalten ausgebrochen sind und in horizontalen Decken große Gebiete überflossen haben.
Plateaugletscher	Art der Deckgletscher, die große Teile der Erdoberfläche bedecken. Ihre Oberfläche ist schuttarm. Fast nur am Rand ragt der Untergrund heraus. Von den Plateaurändern strömen einzelne Zungen oder Vorlandgletscher ab.
Plattentektonik	(griech. tektonicós ›die Baukunst betreffend‹); nach den neuesten Ergebnissen der Erforschung der Ozeanböden basiert der tektonische Aufbau der Erdkruste auf der Theorie der Plattentektonik. Danach setzt sich die Erdoberfläche, von der Krusten- bis in die Mantelregion reichend, aus 10–25 Platten zusammen. Es sind gewissermaßen Blöcke, die sowohl die kontinentale und die ozeanische Kruste als auch die oberen Teile des Erdmantels erfassen und auf einer dickflüssigen Unterlage im Mantel »schwimmen«. Die Kontinente sind nur ein Teil der Platten und bewegen sich mit ihnen.
Pleistozän	(griech. pleístos ›meist‹, kainos ›neu‹); Syn.: Eiszeitalter, glaziale Epoche. Als Epoche der erdgeschichtlichen Formation Quartär dauerte das Pleistozän in Island 3,1 Millionen bis etwa 10000 Jahre vor unserer Zeit.
Polygonböden	(griech. polygónos ›vielzeugend, fruchtbar‹); auch Frostmusterböden. Durch den jahres- oder tageszeitlichen Wechsel von Gefrieren und Auftauen des Bodens erfolgt eine Sortierung des Bodenmaterials. Auf ebenem Untergrund bilden sich Gesteinsringe, bei stärkerer Neigung Streifenböden. Diese Formen können in Island besonders auf den als ›heiði‹ bezeichneten Flächen beobachtet werden.
Pseudokrater	(griech. pseúdos ›Trug, Schein‹; krater ›Mischgefäß‹); kleinere Krater auf Lavaströmen. Es sind Explosivkrater, die durch phreatische Explosionen (siehe dort) entstanden, als die Lava über einen wasserreichen Untergrund floß. Ein Kontakt zu einem Magmenherd in der Tiefe besteht nicht.
Pyroklastika	(griech. pyr. ›Feuer‹, klásis ›zerbrechen‹); Sammelbegriff für vulkanische Förderprodukte, die während eines Ausbruchs zu Aschen und Schlacken zerkleinert werden.
Rhyolith	(griech. rhéo ›fließen, strömen‹; líthos ›Stein‹); helles kieselsäurereiches Ergußgestein mit Quarz und Feldspat als Einsprenglinge, Syn.: Liparit. Der Rhyolith hat als Vulkanit die gleiche Zusammensetzung wie der in der Tiefe auskristallisierte Granit.
Sander	(isl. sandur ›Sand‹); breite Sand- und Schotterflächen, die vor den Endmoränen der Gletscher durch Schmelzwässer abgelagert wurden.
Schildvulkan	weiter Vulkankegel mit sanftgeneigten Hängen, der sich aus überlappenden und ineinandergreifenden Lavaströmen aufbaut. Ihre Ausdehnung: einige 10 bis über 100 km². Der Ausdruck ist abgeleitet von dem isländischen Vulkan ›Skjaldbreiður‹ = ›Schildbreit‹.

Schlammtopf oder Schlammsprudel	kesselförmige Vertiefung, in der heiße Fumarolengase (siehe dort), das breiige Grundwasser in brodelnder Bewegung halten.
Schollendom	Aufbruch der auf einem Lavastrom unter hydrostatischem Druck stehenden Erstarrungskruste.
Solfatare	(ital. nach der Solfatara/Phlegräische Felder); postvulkanisches Ausströmen (exhalation) von Wasserdampf (100–200 °C) und Schwefelwasserstoff (H_2S, Geruch). Der Schwefel kann sich in elementarer Form niederschlagen.
Spalteneruption	(Lineareruption); eine von längeren oder kürzeren Spalten ausgehende vulkanische Tätigkeit. Je nach Dünnflüssigkeit und Fördermenge können sich von diesen Spalten aus magmatische Schmelzen mehr oder weniger weit nach einer oder beiden Seiten ergießen.
Strandterrasse	schwach seewärts geneigte Plattform (Brandungsplattform, Abrasionsplattform) oder aus Sanden und Schottern aufgebaute Ebene (Akkumulationsterrasse), die durch Hebung des Landes (z. B. Isostasie) oder Senkung des Meeresspiegels (eustastische Meeresspiegelschwankung) über den heutigen Meeresspiegel gelangt ist.
Strukturböden	siehe Polygonböden.
subaerisch	(lat. sub- ›unter-‹, griech. aér ›Luft‹); an der Erdoberfläche entstanden und dort auftretend.
subglazial	(lat. sub- ›unter‹-, glacies ›Eis‹); unter dem Eis gebildet.
Strandsee	ein durch Abschnürung eines Haffs entstandener See, der allmählich aussüßt und verlandet.
Strandwall	einige Dezimeter hoher Wall aus Sand und Geröll im äußersten Auslaufbereich der Brandung.
Streifenboden	siehe Polygonböden.
Surturbrandur	(isl. ›Schwarzgebranntes‹); Braunkohlenhorizonte zwischen den tertiären Basalte.
Tafelberg	subglazialer, isoliert stehender Vulkan meistens mit einer Basaltdecke (Topbasalt) aus der abschließenden subaerischen Ausbruchsphase. Wird auch als ›Tuya‹ bezeichnet. Außerdem bilden sich auch im submarinen Bereich in ähnlicher Weise Tafelberge.
Tafoni	(Bez. aus Korsika); Bröckellöcher im Felsen, die durch chemische und mechanische Verwitterung über einen Meter tief werden können. In Island spielt die salzhaltige Gischt bei ihrer Entstehung im Basalt möglicherweise eine Rolle.
Talsander	großräumige Sand- und Schotterflächen, die von Gletscherflüssen in einem Talboden sedimentiert wurden. Größte Talsander befinden sich in Island am Südostrand des Vatnajökull.

Talung	talähnliche Hohlform ohne fließendes Gewässer, deren Entstehung nicht unbedingt auf einen Fluß oder Bach zurückgeführt werden muß.
Tektonik	(griech. tektonikós ›die Baukunst betreffend‹); Teilgebiet der Geologie, das sich mit dem Bau der Erdkruste und deren Bewegungsvorgängen befaßt.
Tertiär	erdgeschichtliche Formation, die von etwa 65 Millionen bis etwa 2–3 Millionen Jahre vor unserer Zeit dauerte. Island entstand also im Jungtertiär.
Tholeyit	(benannt nach dem Städtchen Tholey im Saarland); eine Gruppe von Basalten, die sich hauptsächlich aus Plagioklas, Augiten und Eisenoxiden zusammensetzt.
Þúfur	(isl. ›kleine Bodenerhebung‹); durch Frosthub entstandene kleine Hügel mit einem Durchmesser von 0,50–2,00 m.
Tiefengestein	ein Gestein, das aus einer in der Tiefe erstarrten Schmelze hervorgegangen ist, z. B. Granit. Syn. Plutonit.
Tundra	(russ. aus finn. tunduri ›hoher Berg‹); baumloser Vegetationstyp des polaren und subpolaren Klimas.
Zentralvulkan	Großvulkan mit gemischter Tätigkeit.
Zungenbeckensee	Hohlform, die durch Gletscherschurf im Bereich der Gletscherzunge geschaffen wurde und sich mit Wasser auffüllte.

Abbildungsnachweis

Register

Obgleich im Isländischen die Buchstaben ›Þ‹, ›þ‹, ›Æ‹, ›æ‹ und ›ö‹ am Ende des Alphabets stehen, wurden sie in Anlehnung an das deutsche im ersten Falle unmittelbar hinter dem ›th‹, im zweiten als ›ae‹ und im dritten gleichrangig mit dem ›o‹ eingeordnet. Die Ordnung des Namensregisters erfolgt bei nordischen und geschichtlichen Namen in Übereinstimmung mit dem Isländischen nach dem Vornamen.

Personen

Adam von Bremen 251
Ágúst Sigurmundsson 284
Ári der Weise (Ári fróði Þorgilsson) 209, 257
Arngrímur Jónsson 266
Árni Magnússon 264, 270
Arni Þorláksson 263
Ásgrímur Jónsson 273 f.
Ásmundur Sveinsson 274 f., 311, 314
Auðinn rauði Þorbergsson 286

Benedikt Gröndal 268
Bjarne Herjólfsson 252
Bjarni Pálsson 218, 266 f., 324
Bólu-Hjálmar 276
Brynhjólfur Sveinsson 277

Campanya 313
Christian IX. König v. Dänemark 314

Davið Stefánsson frá Fagraskógi 268, 308

Eggert Ólafsson 44, 112, 218, 266 ff., 308, 324
Einar Jónsson 312
Eirík der Rote 251 f.

Fjalla-Eyvindur 48, 268
Flóki Vilgerðarson 211 f., 257

Garðar Svafarsson 108, 210 f.
Gerður Helgadóttir 274, 288

Gísli Þorláksson 284
Gissur (Ísleifsson) 287
Grettir 220
Guðbrandur Þorláksson 255, 265, 284, Abb. 51
Guðjón Samúelsson 250
Guðmundur Guðmundsson 287
Guðmundur Kamban 268
Guðmundur Sæmundsson 254
Gunnar Gunnarsson 268

Hafliði Masson 257
Hákon Hákonarson 260, 261, 263
Halldór Laxness 232, 269 ff., 314
Hallgrímur Pétursson 233, 249 f., 266, 313
Hannes Finnsson 288
Hannes Hafstein 314
Harald von Norwegen (Schönhaar) 210, 212
Helge Ingstad 251 f.
Helgi der Magere 132
Herbert von Clairvaux 82 f.
Hjörleifur 212
Hörður Ágústsson 278

Ingólfur Arnarson 108, 144, 212, 213, 228, 250, 314
Ísleifur Gissurarson 216, 287

Jóhann Sigurjónsson 268
Jóhannes S. Kjarval 273, 274, 311

Jón Arason (letzter kath. Bischof) 264, 265, 287
Jón Eiríksson 267
Jón Finnsson 277
Jón G. Sólnes 265
Jón Hákonarson 259
Jón Jónsson 265
Jón Mattheusson (Jón, der Schwede) 264
Jón Ögmundarsson 286
Jón Páll Sigmarsson 223
Jón Samsonarson 283
Jón Sigurðsson 218, 232, 310
Jón Steingrímsson 268
Jón Stefánsson 273
Jón Sveinsson (Nonni) 269, 308 f.
Jón Torfason 277
Jón Þorláksson 268
Jónas Hallgrímsson 218 f., 268, 281
Jónas Jónsson 256

Ketilbjörn von Mosfell 287
Klængur Þorsteinsson 287
Kolumbus 251

Laurentius Kálfsson 263
Leifur Eiríksson 252

Matthías Jochumsson 308

Naddoðr 108, 210
Nína Tryggvadóttir 274, 288

Ólafur Hjaltason 264
Ólafur Tryggvason 260

Pius XI., Papst 313
Pytheas von Massilia 209

Ríkhardur Jónsson 275
Rögnvaldur Ólafsson 286

Sæmundur fróði Sigfússon 257
Sæmundur Magnus Holm 272 f.
Sigurður Guðmundsson 273
Sigurður Nordal 263
Sigurður Þórarinsson 345 f.
Sigurður Þorsteinsson 277
Sigurjón Ólafsson 275
Skallagrímur Kveldúlfsson 144
Skúli Magnússon 218, 228, 266
Snorri Sturluson 144, 216, 261 ff.
Sörli Kolsson 82
Stefán frá Hvítádal 268
St. Ólaf von Norwegen 271
Sturla Sighvatsson 263
Sturla Þórðarson 263
Sverrir Hákonarson 260

Teitr 287
Þjóðhild 252
Þórarinn B. Þorláksson 273
Þorvaldur Thoroddsen 80, 268
Timmermann, Günter 175

Vigdís Kristjánsdóttir 284

Orte und
Landschaftsformen

Aðaldalshraun 43
Aðaldalur 151
Æðey 205, 237
Akrafjall 143
Akranes 143, 144, 204, 231, 325, 337
Akureyrí 13, 110, 132 ff., 250, 269, 308 f., 325; Abb. 50

Aldeyjarfoss 17, 101, 155
Álftabrekkur 97
Álftafjörður 107, 108, 212
Almannagjá 146, 147, 156; Farbabb. 26
Ármannsfell 146
Arnardalsalda 48
Arnarfjörður 111, 112; Abb. 5
Arnarstapi 89, 90, 109, 201; Abb. 14
Ásbyrgi 151, 152 f., 161, 165
Askja 16, 39, 65 ff., 321
Ätna 39, 70
Austfirðir (Ostfjorde) 129 ff., 162 f., 171
Austurhorn 107, 108, 210
Axarfjörður 67, 92, 94, 141, 151, 205
Axarfjörðursandur 110, 151

Bæir 337
Baffinland 252
Bakkabrúnir 141, 142
Bakkafjörður 137, 139
Bakkaflói 137, 139
Bakkahlaup 151
Baldheiði 96, 98
Bárðarbunga 12, 30, 103
Bárðardalur 101
Barðaströnd 111
Baula 88, 90
Berufjörður 107, 108, 130
Bjargtangar 12, 112
Bláfell (Langjökull) 25, 97
Bláfell (Reykjanes) 87
Bláfjall (Mývatn) 41, 92
Bláfjöll 86
Blágnípa 97, 98
Bláhnúkur 73, 74
Bláhver 159
Blanda 98, 141
Blaue Lagune 87, 88
Blesi 158
Blönduós 141, 142, 309; Farbabb. 34
Bodensee 37
Bolungarvík 111
Borðeyri 141
Borgarás 142

Borgarfjörður (Ostisland) 130
Borgarfjörður (Westisland) 142, 143, 225, 230
Borgarnes 143, 144, 325
Borgarvirki 141, 142
Bræðrafell (Hütte) 48
Bræðrahverir (Hveravellir) Farbabb. 15
Brandur 82
Brattahlíð (Grönland) 252
Breiðabólsstaður 257
Breiðafjörður 111, 211, 267
Breiðamerkurjökull 91, 93, 150, 323
Breiðamerkursandur 78, 150, 205
Breiðarlón 78
Breiðdalsvík 130, 320
Brennisteinsalda 73, 74; Farbabb. 28
Britische Inseln 212, 214, 215
Brjánslækur 111, 112, 267, 337
Brúarjökull 46, 67, 91, 93, 151
Brúarsandur 110
Brunná 151
Buðaeyri 130, 323
Búðahraun 17, 91, 167
Búðir (Snæfellsnes) 88, 90
Búðir (Austfirðir) 130, 323
Búlandstindur 108
Búrfell (Mývatn) 41, 42, 92
Búrfell (Þjórsa) 68, 70, 324
Búrfellshraun 42, 45
Burstafell 137, 140, 311

Chiemsee 25

Dalvík 133, 322
Dänemark 131, 210, 218 f.
Deildartunga 144
Dettifoss 151 f., 156, Abb. 22
Dimmuborgir 17, 42, 43
Djúpivogur 106, 107, 108
Domadalshraun 74
Drangajökull 92, 93, 111
Drangey 132, 201, 322
Drekagil 66
Dritvík 223

Dyngjufjöll   34, 36, 46 f., **65 ff.**,
  92
Dyngjufjöll ytri   46
Dyngjujökull   46, 67, 93, 151
Dyngjuvatn   66
Dýrafjörður   111; Abb. 25
Dyrfjöll   23, 130, 131
Dyrhólaey   30, 82, 104, 106,
  109, 201, 206

Eggert   47, 48, 92
Egilsstaðir   130, **131 f.**, 132,
  323
Eiríksfjörður (Grönland)   252
Eiríksgígar   87
Eiríksjökull   92, **96,** 100
Eldborg (Reykjanes)   87
Eldborg (Snæfellsnes)   88, 90
Eldborgarhraun   90
Eldey   82, **201**
Eldeyjar   82
Eldeyjarboði   83
Eldfell (Heimaey)   82, **84 f.**
Eldgjá   **75,** 76, 321;
  Farbabb. 6
Eldhraun   76 f., 167, Abb. 10
Elliðará   231
Esja   24, 146, 230; Abb. 44
Eskifjörður   130, 309, 323;
  Farbabb. 16
Eyjafjallajökull   12, 34, 67,
  92, 94, 104, 106, 162, 273
Eyjafjarðará   133
Eyjafjörður   12, 13, 110,
  132 ff., 163

Falljökull   104, 321
Färöer-Inseln   11, 12, 19, 131,
  210
Fáskruðsfjörður   130
Faxaflói   88, **142 ff.**, 229 f., 322
Finnafjörður   137;
  Farbabb. 30
Fjallabak, siehe Torfajökull-
  Massiv
Fjallfoss   157
Fjallsjökull   78
Fjórðungsalda   103
Fjórðungsvatn   103
Fláajökull   107 f.

Flatey (Breiðafjörður)   86,
  111, 260, 277, 337
Flatey (Skjálfandi)   12, 133
Flateyri   110, 111
Fljótsdalur   130, 131
Flókalundur   111, 211
Fnjóská (-dalur)   133, **136**
Frambruni   17, 101, 155
Frostastaðahraun   74
Frostastaðavatn   74

Gæsafjöll   41, 92
Gæsavatn   137
Garðabær   13, 86, 228
Garðar (Akranes)   309
Garðarshólmi   211
Gásar   133
Geilá   100
Geirfuglasker   83
Geitdalsá   131
Geitdalur   130
Geitlandsjökull   96, 100
Gerðuberg   17, 88; Farbabb. 1
Gerpir   12, 130
Geysir   98
– Großer   158
– Strokkur   158 f.;
  Farbabb. 10–12
Gilsá   157
Gjáin   155
Gjárfoss   155
Gjástýkki   43
Gjátindur   76; Abb. 2
Gláma   111
Glaumbær   132, 133, **280 ff.**,
  309; Abb. 31, 32
Glerá   136
Goðafoss   155
Godthaab (Grönland)   252
Gömlútun   150
Grábrók   90, 322
Grábrókarfell   90, 322
Grábrókarhraun   88
Grænagil   74
Grænalón   80
Grænavatn (Hekla)   77
Grænavatn (Mývatn-
  Gebiet)   42
Grænavatn (Reykjanes)   87
Grafarlönd   47 f.

Grenjaðarstaður   280; Abb. 29
Grímsá   143
Grímsey   12, 71, 95, 175, 201,
  337
Grímsstaðir   45, 208
Grímstunguheiði   141
Grímsvötn   29, 31, 67, 79,
  80 f., 92, 94
Grindavík   86, 87
Grjótagjá   42, 45
Grjótháls   151
Grjótnes   138
Gröf (Torfkirche)   132, 133,
  283 f., 322; Abb. 26, 27
Grönland   11, 12, 19, 161 f.,
  175, **251 ff.**
Grundarfjörður   88, 90
– (Ortschaft)   91, 325
Gullfoss   98, **156 f.**, Abb. 21
Gunnolfsvíkurfjall   137, 139;
  Farbabb. 30

Háabunga   80
Háafell   136
Háahraun   91
Háalda   74
Haffjörður   143
Hafnarfjall   143
Hafnarfjörður   13, 86, 228, 309
Hafnir   86
Hafragil   152
Hafragilsfoss   151, 152
Hafrafell   100
Hafursey   76
Hafursfell   89; Farbabb. 3
Hágöngur (zentr.
  Hochland)   102
Háihnjúkur   66
Hælavík   111
Hallmundarhraun   16, **96,**
  100
Hallormsstaður   130, 132,
  161, 165
Hamarsfjörður   107
Haugsnibba   137
Haugsvatn   137
Haukadalur   157, 158 f.
Hebriden   210
Heðinshöfði   151
Heilagsdalsfjall   41, 42

Heimaey 12, **84f.**, 213f.;
Abb. 17–19
Heinabergsjökull 107, 108
Hekla 12, 16, 18, 34, 35,
38f., **69ff.**, 217, 266, 273,
278, 324
Heklugjá 69
Helgafell 82, 84
Helgoland 13
Hella 145
Hellisey 82
Hellisheiði 87, 144
Hellissandur 88, 91, 206, 325
Hellufell 141
Hengifoss 130, 157
Hengill 145
Héraðsflói 110, 129, 130
Herðubreið 12, 25, 34, 36,
46f., **65**, 92; Abb. 1, 6
Herðubreiðarfjöll 47
Herðubreiðarlindir ˙ 47f., 65f.;
Abb. 6
Herðubreiðartögl 46, 47
Hestfjall 144f.
Hestvatn 145
Hjalp 155
Hjaltadalur 132
Hjörleifshöfði 76
Hjörsey 12, 143
Hlaupfell 48
Hlíðar 146
Hlíðarfjall (Mývatn) 41
– (Eyjafjörður) 135
Hljóðaklettar (Vesturdalur)
17, **152f.**
Hlöðufell 25, 146
Hochland, zentrales 46ff.,
75, 97ff., 101ff., 167, 320;
Abb. 11
Hof (Öræfajökull) 283
Höfðavatn 74
Hoffellsjökull 107f.
Höfn 107, 108, 109;
Farbabb. 29
Hofsjökull 12, 27, 92, **97f.**,
103
Hofsjökull (Südostisland) 107
Hofsós 132, 133
Högnhöfði 146
Hohe Acht 20

Hólaheiði 137
Hólar im Hjaltadalur 132,
133, 165, 216, **264f.**, 279, 286f.
Hólmavík 111, 141
Hólmur (Reykjavík) 228
Hólsá 145
Hólssandur 137
Hóp 141, 142
Hornafjörður 107, 108
Hornbjarg 109, 111, 201
Hornstrandir **111f.**, 138, 337
Hrafnabjörg 146
Hrafnagjá 86
Hrafnseyri 111, 218, 310
Hraun (Þórsmörk) 104
Hraunfossar 96, 100; Abb. 23
Hraunhafnartangi 12, 136,
139
Hraunhafnarvatn 137
Hreppar-Hochland 98
Hrísey 12, 133, 337
Hrossaborg 45f.
Hrútafjöll 137
Hrútafjörður 88, 132, 141
Hrútarjökull 78
Hrútfell 25, 98; Farbabb. 27
Hrútshálsar 47
Húnafjörður 141
Húnaflói 140ff., 320
Húnavatn 142
Húsafell 99, 100, 325
Húsavík 151, 210
Hvalbakur 12
Hvalfjörður **143**, 162, 163,
213
Hvammsfjörður 88
Hvammstangi 141
Hvannadalshnúkur 12, 78,
324
Hveradalur 67
Hveragerði 87, 144, 145, 225
Hveravellir 96, **98f.**, 157,
159f., 255; Farbabb. 13, 15
Hverfisfljót 76, 77
Hverfjall 17, 34, 35, 39, **42**
Hvítá (südl.) 97, 98, 145, 156
Hvítá (westl.) 96, 100, 143
Hvítárnes 97
Hvítárvatn 12, 96, **97**, 98, 207
Hvolsvöllur 145

Illahraun 97, 98
Ingólfsfjall 144, 145
Ingólfshöfði 78, 150, 212
Irland 210
Irmingerstrom 13
Ísafjarðardjúp 111, 205
Ísafjörður 111, **112**, 129, 206,
337
Island
– Erdgeschichte 20ff.
– Entfernungen 12, 304
– Entstehung 18ff.
– geographische Daten 12
– Geschichte 208ff.
– Höhenlage 12
– Klima 291f.

Jan Mayen 12
Jökuldalsheiði 137, 139
Jökuldalur (Tungnafellsjökull)
102
Jökulfirðir 337
Jökulgil 74
Jökulsá á Brú 130, 166
Jökulsá á Fjöllum 12, 46, 47,
65, 94, **150ff.**, 320
Jökulsá í Lóni 107
**Jökulsárgljúfur (Jökulsá-
Schlucht)** **150ff.**, 156; Abb. 24
Julianehaab-Distrikt
(Grönland) 252

Kaldakvisl 103
Kaldidalur 99f.
Kalfatraðahraun 91
Kapellugígar 87
Kapelluhraun 87
Kap Farvel 252
Katla 29, 31, 67, **81**, 94, 104
Keflavík 30, 86
Keilir 86
Keldur 280
Kerling 12, 133, 136
Kerlingardyngja 41
Kerlingarfjöll 73, **97**, 98
Kerlingarhraun 27
Ketildyngja 39, 41
Kíðagil 102
Kirkjubæjarklaustur 76, **78**,
110

Kirkjufell 90
Kirkjufellsvatn 74
Kirkjugolf 110
Kistufell (Ostisland) 137
Kistufell (Dyngjujökull) 46
Kjalhraun 98, 167
Kjalvegur 97 f., 322;
Farbabb. 27
Klakkseyjar 251
Klaufardrangur 285
Kleifarvatn 86, 87 f.
Kolbeinsey 12
Kolbeinsdalur Farbabb. 33
Kolgrafafjörður 90
Kollóttadyngja 47, 48
Kolúfoss 141, 156
Konungshver 158
Kópasker 137, 138, 151
Kópavogur 13, 86, 228
Kötlutangi 12
Kræðuborgir 42
Krafla 16, 38, 39, 43, **44**,
157, 160; Farbabb. 9, 14
Kristnes 132, 133
Kristnitöhraun (Bekennerlava)
144
Krísuvík 86, 87
Krísuvíkurbjörg 201
Krossá 104 f., 321
Kúðafljót 76
Kverkfjöll 12, 46, **67**, 92, 94
Kviárjökull 78

Laki 77
Laki-Spalte (Lakagígar,
Ausbrüche) 34, 76, **77 f.**,
218, 268, 321
Lambafell 87
Lambafjöll 92, 151
Lambahraun 34
Landbrot-Region 77; Abb. 10
Landmannalaugar **72 f.**, 74,
157 f., 321
Langanes 137, 139, 201
Langhóll 86
Langidalur 105
Langisjór 12, 76, 103
Langjökull 12, 27, 92, 95 ff.,
166, 320
L'Anse aux Meadows 252

Látrabjarg (Bjargtangar) 109,
111, 112, 201
Laufás 133, 280, 310
Laugahraun 73; Farbabb. 28
Laugar (Sælingsdalur) 325
Laugarvatn 69, 146, 321, 325
Laxá (Nordisland) 44
Laxá-Lava, Ältere 39, 42
–, Jüngere 17, 40, 42 f.
Laxárdalsheiði 88, 111
Laxárdalur 40
Leirhnjúkur 43, 44
Leirur 78
Leitinhraun (Hellisheiði) 87
Lindaá 47
Litladyngja 48
Litla Hekla 70
Litli Strokk 158
Ljósavatnskarð 136
Ljótipollur 73
Löðmundur 68, 73
Lögurinn 130, 131
Lómagnúpur 80, 110, 150
Lóndrangar 88, 201
Lónið 104 f.
Lónsfjörður 107, 205
Lúdent 39, 41 f.
Lúdentsborgir 17, 40, 42
Lyngdalsheiði 37, 146

Mælifell (Ostisland) 137, 139
Málmey 12, 133
Markarfljót 104, 144, 164
Meðallandssandur 76, 77, 110
Melrakkaslétta 27, 46, 111,
136 ff., 323; Abb. 8
Meyrarauga 160
Miðnes 86
Míklafell 102
Missetäter-Wüste
(Ódáðahraun) **46 ff.**, 67,
207, 268; Abb. 1
Mittelatlantischer Rücken
18 f., 146
Mjóifjörður 130, 337
Möðrudalsfjallgarðar 137,
323; Abb. 3
Möðrudalur 137
Möðruvellir 269
Mógilshöfðar 73

Mórsarjökull 149
Mosfellsheiði 37, 86, 146
Mosfellsveit 86, 146
Múlajökull 98, 102, 103
Mýrar-Gebiet (Borgarfjörður)
89, 142, 143
Mýrar-Gebiet (NW Höfn)
107
Mýrdalsjökull 12, 27, 29, 76,
92 f., 94, 104, 106, 162
Mýrdalssandur 76, 94, 110
Mýri (Gehöft) 101
Mývatn 12, 13, 17, **39 f.**, 45,
67, 134, 160, 176, 320;
Abb. 7
Mývatn-Gebiet 39 ff.
Mývatnsöræfi 41, 46

Námafjall 45, 157, **160**
Námaskarð 157
Námshraun 73
Námskvisl 74
Nationalparks
– **Jökulsárgljúfur** 150 ff.
– **Skaftafell** 148 ff.
– **Þingvellir** 146 ff.
Neskaupsstaður 310, 337;
Abb. 16
Niederrheinische Bucht 21
Norðfjörður 130
Norðurá (-rdalur) 89, 90, 143
Norður Barmur 74
Norðurfjörður 111
Norðurhraun (Hekla) 70
Norðurnámshraun 74
Nordwest-Halbinsel
(Vestfirðir) 111 ff., 163, 143
Norwegen 11, 12, 131, 210,
214, 217
Núpar 137
Núpsstaður 110, 285
Nýey oder Nyö 83
Nýidalur (Tungnafellsjökull) 102
Nýjahraun (Fjallabak) 72
Nýjahraun (Kapelluhraun) 87
Nýjahraun (Sveinagjá) 45
Nyrðri Háganga 103

Ódáðahraun siehe Missetäter-
Wüste

Oddi 146, 216, 257
Ófæra 76
Ófærufossar 155 f.
Ok 66, 99, 100
Ólafsfjörður 133
Ólafsvík 88, 91, 325
Ölfusá 144, 145, 205, 213
Önundarfjörður 111, 322
Öræfajökull 30, 34, 35, 67,
  78 f., 81, 92, 149, 150, 217;
  Farbabb. 8
Öræfi 78, 79, 150
Öskjuhlíð 160
Öskjuvatn 12, 66, 67
Ostfjorde siehe Austfirðir
Öxará 156
Öxarárfoss 156; Farbabb. 35

Papafjörður 209
Papey 12, 108, 201, 205, 209
Patreksfjörður 111
Pétursey 30, 104

Rauðhólar 152
Raufarhöfn 137 f., 139
Rettarfoss 151, 152
Reyðarfjörður 129, 130 f.
Reykholt (Westisland) 143,
  144, 325
Reykir 250
Reykjahlíð 42, 44
Reykjanes, Halbinsel 27,
  82 f., 85 ff., 109, 201
– Kap 87
Reykjanes-Rücken 77, 82
Reykjavík 227 ff.;
  Farbabb. 17–19
– Ausflüge 318 f.
– Botanischer Garten 314
– Galerien 311 f.
– Museen 312 f.
– öffentliche Verkehrsmittel
  335 f.
– Schwimmbäder 325
– Sehenswürdigkeiten 313 f.
Rhein 26, 27

Sandfellsheiði 87
Sauðanes 133
Sauðárkrókur 141

Saurbær 283
Schottland 11, 12, 19, 210
Selfoss (Ortschaft) 145, 310
Selfoss (Wasserfall) 151
Seljalandsfoss 104, 156
Sellandafjall 41
Seltjarnarnes 13, 86, 228
Selvogshraun 87
Setberg (Snæfellsnes) 88, 90
Seyðisfjörður 130, 131, 295
Shetland-Inseln 210
Síðujökull 76, 77
Sigalda (Kraftwerk) 103
Siglufjörður 133, 322
Sigridarstaðavatn 142
Skaftá 76, 77, 94, 156, 161, 165
Skaftafell 81, 148 f., 150, 321
Skaftafellsjökull 78, 149
Skaftafellsheiði 150
Skaftáreldahraun 76, 167
Skagafjörður 110, 132
Skagagrunn 141
Skagaheiði 140 f.
Skagaströnd
  (Höfðakaupstaður) 141
Skagi 140 ff.
Skálholt 145, 146, 216, 272,
  283, 287 f.
Skarðsheiði 143
Skeiðará 80 f.
Skeiðarárjökull 80, 149;
  Abb. 12
Skeiðarársandur 80, 94, 110,
  149, 150, 205
Skjaldbreiður 34, 35, 37, 99,
  146
Skjálfandafljót 12, 101, 155
Skjálfandi-Bucht 38, 151
Skógafoss 109, 156, 164;
  Abb. 20
Skógar 109, 310
Skógarsandur 94, 104
Skorradalsvatn 12, 143
Skuggadyngja 42
Skútustaðir 42
Smjörfjöll 92, 130, 137, 139
Snæfell 12, 34, 39, 132, 171
Snæfellsjökull 12, 23, 34, 36,
  39, 81, 89 f., 92, 267, 324;
  Farbabb. 4

Snæfellsnes 15, 17, 26, 88 ff.,
  109; Farbabb. 1–5
Snorralaug 144
Sólkatla 96, 98
Sprengisandur 101 f.
Sprengisandurvegur 101, 103
Stefánshellir 16, 97, 100
Steinholtsjökull 104 f.
Steinholtslón 105
Stöð 88, 90, 322
Stokksnes 107
Stöng 68, 277 ff.; Abb. 28, 30
Stóra Dímon 30, 273;
  Abb. 66
Strandarheiði 16, 86
Strokkur 158 f.;
  Farbabb. 10–12
Strútur 100
Strýtur 96, 99
Stútur 74, 316
Stykkishólmur 88, 91, 325,
  337
Suðurárhraun 37, 101
Suðurhraun (Hekla) 70
Surtsey 11, 12, 21, 36, 83 f.;
  Farbabb. 7
Surtshellir 16, 97, 100, 267
Svartadyngja 48, 66
Svartifoss 17, 78, 150, 156
Svartsengi 86, 87 f.
Sveifluháls 86, 88
Svínafellsjökull 78, 149
Svínavatn 12
Syðri Háganga (Zentralisland)
  103
Syðri-Hágangur (Ostisland)
  137, 139
Systrafoss 155, 156

Teigarhorn 107
Þeistareykjabunga 151
Þingeyrar im Hitardalur 141,
  142
Þingeyri 111; Abb. 25
Þingvallavatn 12, 16, 27, 136,
  146, 147
Þingvellir 16, 37, 146 f., 165,
  215, 219, 273; Abb. 65
Þjórsá (-rdalur) 12, 68, 98,
  102, 103, 110, 145, 278

Þjórsá-Laven
(Þjórsárdalshraun) 27, 45,
144, 167
Þjórsáver 102, 207
Þórðarhyrna 80, 94
Þórisjökull 92, **96**, 99, 100
Þórisvatn 12, 103
Þorlákshöfn 86, 337
Þórshöfn 137, 139
Þórsmörk 104 ff., 165, 321
Þrandarjökull 107
Þrengslaborgir 17, 40, 42
Þverá 144, 145
Þveralda 103
Þvottalaug 250, 275
Tindfjallajökull 92, 104
Tjaldanesfell 111, 112
Tjoldvatn 75
Tjörnes 24, 151, 154, 267, 320
Torfajökull 68, 76, 92
Torfajökull-Massiv (Fjallabak)
18, 67, **72 ff.**, 157 f.
Trölladyngja (Reykjanes) 87
Trölladyngja (Ódáðahraun)
26 f., 34, **37 f.**, 46, 47, 101, 155
Tröllaskagi 92, **134 ff.**, 162,
340; Abb. 13
Tungnaá 68

Tungnaárhraun (Þjórsá-Laven)
70, 103
Tungnaá-Streifenland 68, 75
Tungnafellsjökull 102 f.
Tunguheiði 137, 139

Ultima Thule 209

Vaðalda 46, 66
Vaðlaheiði 136
Vaglaskógur 133, 136, 161,
165
Vaglir (Vaglaskógur) 165
Valahnúkur 105
Valaþjófsstaður 283
Varmahlíð 322
Vatnafjöll 68
Vatnajökull 12, 13, 27, 29,
46, 65, **91 ff.**, 103, 106 ff.,
166, 323; Farbabb. 29
Vatnaöldur 68, 75
Vatneyri 111
Vatnsfjörður 111, 211
Vatnsnes 142
Vatnsnesfjall 141
Veiðivötn 27, **74 f.**, 76
Vestfirðir siehe Nordwest-
Halbinsel

Vestmannaeyjar siehe
Westmänner-Inseln
Vesturhorn **107**, 108, 129;
Abb. 4
Viðey 266
Víðidalsá 141, 142, 156
Víðidalsfjall 141
Víðimýri 132, 133, 283, **285 f.**
Vígabjargfoss 151, 152
Vigur 337
Vík í Mýrdal 93, 104, 109,
201; Farbabb. 32
Vikraborgir 67
Vikrafell 66
Vikrahraun 16, 65 f.
Vindbelgjarfjall 41, 42
Vinland 251, 252
Víti (Askja) 65 ff.
Víti (Krafla) 39, 160
Vogarheiði 86
Vogelsberg 21
Vopnafjörður 139, 311

Westmänner-Inseln 16, **83 ff.**,
106, 201, 208, 213, 310 f.
Wasserfälle 155 ff.

Ytri Hágangur 137, 139

DuMont Kunst-Reiseführer

Alle Titel in dieser Reihe:

- Ägypten und Sinai
- Albanien
- Algerien
- Belgien
- Die Ardennen
- Bhutan
- Brasilien
- Bulgarien
- Bundesrepublik Deutschland
- Das Allgäu
- Das Bergische Land
- Bodensee und Oberschwaben
- Bonn
- Bremen, Bremerhaven und das nördliche Niedersachsen
- Düsseldorf
- Die Eifel
- Franken
- Freie und Hansestadt Hamburg
- Hannover und das südliche Niedersachsen
- Hessen
- Hunsrück und Naheland
- Köln
- Kölns romanische Kirchen
- Die Mosel
- München
- Münster und das Münsterland
- Zwischen Neckar und Donau
- Der Niederrhein
- Oberbayern
- Oberpfalz, Bayerischer Wald, Niederbayern
- Osnabrück, Oldenburg und das westliche Niedersachsen (April '90)
- Ostfriesland
- Die Pfalz
- Der Rhein von Mainz bis Köln
- Das Ruhrgebiet
- Sauerland
- Schleswig-Holstein
- Der Schwarzwald und das Oberrheinland
- Sylt, Helgoland, Amrum, Föhr
- Der Westerwald

- Östliches Westfalen
- Württemberg-Hohenzollern
- Volksrepublik China
- DDR
- Dänemark
- Die Färöer
- Frankreich
- Auvergne und Zentralmassiv
- Die Bretagne
- Burgund
- Côte d'Azur
- Das Elsaß
- Frankreich für Pferdefreunde
- Frankreichs gotische Kathedralen
- Romanische Kunst in Frankreich
- Korsika
- Languedoc – Roussillon
- Das Tal der Loire
- Lothringen
- Die Normandie
- Paris und die Ile de France
- Führer Musée d'Orsay, Paris
- Périgord und Atlantikküste
- Das Poitou
- Die Provence
- Drei Jahrtausende Provence
- Savoyen
- Südwest-Frankreich
- Griechenland
- Athen
- Die griechischen Inseln
- Alte Kirchen und Klöster Griechenlands
- Tempel und Stätten der Götter Griechenlands
- Korfu
- Kreta
- Rhodos
- Großbritannien
- Englische Kathedralen
- Die Kanalinseln und die Insel Wight
- London
- Die Orkney- und Shetland-Inseln
- Ostengland (Mai '90)
- Schottland

- Süd-England
- Wales
- Guatemala
- Holland
- Indien
- Ladakh und Zanskar
- Indonesien
- Bali
- Irland
- Island
- Israel
- Das Heilige Land
- Italien
- Die Abruzzen (Mai '90)
- Apulien
- Elba
- Emilia-Romagna
- Das etruskische Italien
- Florenz
- Gardasee, Verona, Trentino
- Latium
- Lombardei und Oberitalienische Seen
- Die Marken
- Der Golf von Neapel
- Ober-Italien
- Die italienische Riviera
- Piemont und Aosta-Tal
- Rom – Ein Reisebegleiter
- Rom in 1000 Bildern
- Das antike Rom
- Sardinien
- Südtirol
- Toscana
- Umbrien
- Venedig
- Das Veneto (April '90)
- Die Villen im Veneto
- Japan
- Der Jemen
- Jordanien
- Jugoslawien
- Karibische Inseln
- Kenya
- Luxemburg
- Malaysia und Singapur
- Malta und Gozo
- Marokko
- Mexiko
- Mexico auf neuen Wegen
- Namibia und Botswana
- Nepal

- Österreich
- Burgenland
- Kärnten und Steiermark
- Salzburg, Salzkammergut, Oberösterreich
- Tirol
- Vorarlberg und Liechtenstein
- Wien und Umgebung
- Pakistan
- Papua-Neuguinea
- Polen
- Portugal
- Madeira
- Rumänien
- Die Sahara
- Sahel: Senegal, Mauretanien, Mali, Niger
- Die Schweiz
- Tessin
- Das Wallis
- Skandinavien
- Sowjetunion
- Georgien und Armenien
- Moskau und Leningrad
- Sowjetischer Orient
- Spanien
- Die Kanarischen Inseln
- Katalonien
- Mallorca – Menorca
- Nordwestspanien
- Spaniens Südosten – Die Levante
- Südspanien für Pferdefreunde
- Sudan
- Südamerika
- Südkorea
- Syrien
- Thailand und Burma
- Tschechoslowakei
- Türkei
- Istanbul
- Ost-Türkei (Juni '90)
- Tunesien
- Ungarn (Juni '90)
- USA – Der Südwesten
- Zypern

Alle Bände mit vielen, zum Teil farbigen Abbildungen; dazu Zeichnungen, Karten, Grundrisse, praktische Reisehinweise.